中等职业教育国家规划教材
全国中等职业教育教材审定委员会审定

U0836845

政府与非营利组织会计

（第5版）

主编　杨远震　彭　莉

中国财经出版传媒集团
中国财政经济出版社
北京

图书在版编目（CIP）数据

政府与非营利组织会计 / 杨远震，彭莉主编．--5版．--北京：中国财政经济出版社，2024.1
中等职业教育国家规划教材
ISBN 978-7-5223-2577-4

Ⅰ.①政…　Ⅱ.①杨…②彭…　Ⅲ.①单位预算会计-中等专业学校-教材　Ⅳ.①F810.6

中国国家版本馆 CIP 数据核字（2023）第 220396 号

责任编辑：田明晖　　　　责任校对：徐艳丽
封面设计：华乐功　　　　责任印制：史大鹏

政府与非营利组织会计
ZHENGFU YU FEIYINGLI ZUZHI KUIJI

中国财政经济出版社 出版

URL：http://www.cfeph.cn
E-mail：tianmh@cfemg.cn

社址：北京市海淀区阜成路甲 28 号　邮政编码：100142
营销中心电话：010-88191522　编辑部门电话：010-88190670
天猫网店：中国财政经济出版社旗舰店
网址：https://zgczjjcbs.tmall.com
中煤（北京）印务有限公司印刷　各地新华书店经销
成品尺寸：185mm×260mm　16 开　26 印张　610 000 字
2024 年 1 月第 5 版　2024 年 1 月北京第 1 次印刷
定价：52.00 元
ISBN 978-7-5223-2577-4
（图书出现印装问题，本社负责调换，电话：010-88190548）
本社质量投诉电话：010-88190744
打击盗版举报热线：010-88191661　QQ：2242791300

前言

为全面贯彻落实《中华人民共和国职业教育法》和《国家职业教育改革实施方案》，我们依据教育部最新颁布的《中等职业学校会计事务专业教学标准（试行）》对中等职业教育国家规划教材进行了修订，以满足中等职业学校财经类专业教学的新需要。

《政府与非营利组织会计》第5版的修订，主要依据教育部对中等职业教育的要求、教育部颁布的《中等职业教育专业目录》，教育部审定的《中等职业学校会计事务专业教学标准》和财政部最新颁布的《政府会计准则》《政府会计制度》《政府收支分类科目》，紧密联系我国会计改革的实际，充分反映近几年会计理论研究的成果，努力适应改革中的教学需要。同时，根据会计事务专业课程和会计事务专业职业能力的要求，从中等职业教育会计事务专业人才的培养目标出发，全面阐述了政府与非营利组织会计的基本理论和基础知识，突出了会计业务的实际操作技能，便于中等职业学校学生学习，培养从事政府与非营利组织会计工作的能力。新版教材结合二十大精神，落实立德树人根本任务，融入“思政园地”模块；为适应信息化教学需要，本书融入二维码教学资源。

本教材第1版于2002年7月出版，由杨远震担任主编。

本教材第2版于2007年7月出版，由杨远震担任主编。

本教材第3版于2011年5月出版，由杨远震担任主编。

本教材第4版于2016年1月出版，由杨远震担任主编。

本教材第5版由杨远震、彭莉担任主编，杨远震主持修订（全书总纂），武汉市财政学校彭莉（第一、二、六、七、八章）、方毅（第三、四、五章）、杨超（第九、十章）、张璇（第十一、十二章）、张家圆（第十三、十四章）、柯珂（第十五章）、熊璇（第十六、十七、十八章）参加了修订工作。

由于编者水平有限，书中不足之处，敬请读者批评指正。

编　者

2023年11月

目 录

第一章 政府会计概述

学习目标

本章主要介绍了政府会计的概念、组成体系、任务以及会计信息质量要求和会计要素。要求了解政府会计的组成体系、分类和任务；掌握政府会计的概念、会计信息质量要求和会计要素。

第一节 政府会计的概念

按照会计管理活动使用的服务对象，会计可以分为三大部分，即企业会计、政府会计、民间非营利组织会计。政府会计作为会计的一个重要分支，是适用于各级政府、与本级政府财政部门直接或者间接发生预算拨款关系的国家机关、军队、政党组织、社会团体、事业单位等非营利组织的会计体系。

一、政府会计的概念

政府是指国家权力的执行机关，从广义上看，我国的政府组织就是整个公共部门，包括各级政府、行政单位和事业单位。这里是指政府财政部门、政府行政单位和事业单位。政府财政部门包括财政部和地方各级财政机关，是执行各级财政总预算的机构，代表政府执行预算，管理财政收支。政府行政单位是指政府行使国家权力，管理国家事务，执行行政单位预算，进行各项行政管理工作的部门和单位。如文化局、教育局、卫生局等。事业单位是指国家为了社会公益目的，由国家机关举办或者其他组织利用国有资产举办的，从事教育、科技、文化、卫生等活动的社会服务组织。

我国传统的会计体系分为企业会计和预算会计，预算会计又分为财政总预算会计、行政单位会计和事业单位会计。随着我国政府体制的改革和公共财政的建立，2019 年政府会计准则制度的全面实施，标志着我国传统的预算会计模式向现代政府会计模式转变。

我国现代的政府会计标准体系主要由政府会计基本准则、具体准则及应用指南和政府会计制度等组成。政府会计基本准则属于“概念框架”，对具体准则和制度的制定起指导作用。会计准则和会计制度相互补充，共同规范政府会计主体的会计核算，保证会计信息质量。政府会计的标准体系，见表1－1。

表1－1　　　　我国政府会计标准体系

项目	我国已颁布政府会计准则和制度
1. 基本准则 基本准则是规范政府会计目标、政府会计主体、政府会计信息质量要求、政府会计核算基础，以及政府会计要素定义、确认和计量原则、列报要求等原则事项。	《政府会计准则——基本准则》
2. 具体准则和应用指南 (1) 具体准则依据基本准则制定，用于规范政府发生的经济业务或事项的会计处理，详细规定经济业务或事项引起的会计要素变动的确认、计量、记录和报告。 (2) 应用指南是对具体准则的实际应用做出的操作性规定。	《政府会计准则第1号——存货》 《政府会计准则第2号——投资》 《政府会计准则第3号——固定资产》 《政府会计准则第4号——无形资产》 《政府会计准则第5号——公共基础设施》 《政府会计准则第6号——政府储备物资》 《政府会计准则第7号——会计调整》 《政府会计准则第8号——负债》 《政府会计准则第9号——财务报表编制和列报》 《政府会计准则第10号——政府和社会资本合作项目合同》 《政府会计准则第3号——固定资产》应用指南 《政府会计准则第10号——政府和社会资本合作项目合同》应用指南
3. 会计制度 会计制度是依据基本准则制定，规定了政府会计科目及账务处理、报表体系及编制说明等。	《财政总预算会计制度》 《政府会计制度——行政事业单位会计科目和报表》（以下简称《政府会计制度》） 学校、医院等行业执行《政府会计制度》的衔接规定和补充规定和《政府会计准则制度解释第1号》《政府会计准则制度解释第2号》《政府会计准则制度解释第3号》《政府会计准则制度解释第4号》《政府会计准则制度解释第5号》

在现行的政府会计模式下，政府会计是指运用会计专门方法对政府及其组成主体（包括政府所属的行政事业单位等）的财务状况、运行情况（含运行成本，下同）、现金流量、预算执行等情况进行全面核算、监督和报告。

《政府会计准则——基本准则》

根据政府会计准则（包括基本准则和具体准则）规定的原则和政府会计制度及解释的规定，政府会计主体应当对其发生的各项经济业务或事项进行会计核算。根据《政府会计准则——基本准则》第二条，政府会计主体主要包括各级政府、各部门、各单位。各级政府指各级政府财政部门，具体负责财政总会计的核算。各部门、各单位是指与本级政府财政部门直接或者间接发生预算拨款关系的国家机关、军队、政党组织、社会团体、事业单位和其他单位（又称行政单位和事业单位），负责政府单位会计的核算。军队、已纳入企业财务管理体系的单位和执行《民间非营利组织会计制度》的社会团体，其会计核算不适用政府会计准则制度。

政府会计按会计主体分类见表 1－2。

表 1－2　　政府会计按会计主体分类

<table>
<tr><td rowspan="3">政府会计按会计主体分类</td><td>财政总会计</td><td>又称财政总预算会计</td></tr>
<tr><td rowspan="2">政府单位会计</td><td>行政单位会计</td></tr>
<tr><td>事业单位会计</td></tr>
</table>

二、政府会计的对象

会计对象是指会计核算和监督的内容，具体是指社会再生产过程中能以货币表现的资金运动。政府会计对象是政府会计所核算、反映和监督的内容。政府会计分为政府预算会计和政府财务会计，他们各自关注的对象范围是有所不相同的。

（一）政府预算会计的对象

预算会计的对象是各级政府财政部门、行政事业单位的预算资金运动，包括预算资金的取得和预算资金的使用两个阶段。在预算执行过程中，各级政府财政部门、行政事业单位一方面要组织各项收入，另一方面要安排各项支出，各项收支执行的结果又形成结余或超支，收支余超构成了财政部门、行政事业单位的资金运动。预算会计对象限于预算资金本身的收支活动，而其形成的资产、负债不是预算会计对象，而是财务会计的对象。

各级政府财政部门、行政事业单位，由于其工作任务、业务活动的内容各不相同，因此财政总会计、行政事业单位会计的预算会计对象也有所不同。

1. 财政预算收支

各级政府财政部门负责具体执行各级政府总预算，按照核定的预算，从国民经济各部门取得总预算收入，包括税收收入、非税收入等；同时，又按照核定的预算，把集中起来的预算资金再分配出去，用于各项支出，形成总预算支出。总预算收入，反映财政收入的规模和收入积累的水平，以及缴入国库的进度；总预算支出，则反映财政支出的范围、方向和预算拨款的进度；收支结余，反映预算收入和支出的差额。财政总会计的预算活动对象，就是各级政府总预算执行过程中的预算收入、支出和结余。

2. 行政单位预算收支

行政单位的职责是行使政府职能，管理国家事务和进行各项行政管理工作。为此，行政单位一方面从财政部门和上级单位领取行政经费，并在依法行政的过程中收取非税收入等；另一方面，按照国家的有关规定和开支标准，安排人员经费、公用经费等各项经费支出；收支相抵为行政单位的结余，这便形成了行政单位的预算资金运动。行政单位预算会计的对象，就是各级行政单位在单位预算执行过程中的经费收支及其结余。

3. 事业单位预算收支

事业单位，一般不直接从事物质资料的生产，但其开展的业务活动，是社会主义扩大再生产和满足整个社会经常增长的物质和文化的需要所必不可少的部分。事业单位为了执行事业任务，促进事业发展，保证业务活动的资金需要，一方面既要向财政部门或上级主管单位按照核定的预算领取经费，又要在国家规定的范围内积极组织创收，取得包括财政补助收入、事业收入和经营收入等各项收入；另一方面，要按照国家的有关规定和开支标准，安排人员经费、公用经费以及专业业务和经营业务的各项支出，收支相抵为事业单位的结余；这便形成了事业单位的预算资金运动。

（二）政府财务会计的对象

政府财务会计的对象是各级政府财政部门、行政事业单位的全部资金运动，包括收入取得、费用发生、资产形成、使用与耗损、负债的产生与偿还等各种资金活动。政府财务会计对象包含预算会计对象。

1. 政府总会计的资金运动

各级政府财政部门在资金运动的过程中，由一级财政部门掌管的货币资金和债权形成一级财政的资产；由发行公债、与上下级财政、与预算单位之间的应付款项形成一级财政的负债；各项结余和基金形成一级财政的净资产。财政总预算会计的核算对象，就是各级政府总预算执行过程中的预算收入、支出和结余，以及在资金运动中所形成的资产、负债和净资产。

2. 行政单位的资金运动

行政单位在资金运动过程中，由行政单位掌握的各种财产和债权形成行政单位的资产；各项应缴和暂存款项形成行政单位的负债；各项结转和结余形成行政单位的净资产。行政单位会计的核算对象，就是各级行政单位在单位预算执行过程中的经费收支及其结余，以及在行政单位资金运动过程中的财务状况、运行情况和现金流量等。

3. 事业单位的资金运动

事业单位作为公益目的的国有社会法人，肩负完成国家各项事业计划的职责。事业单位在预算拨款或其他资源支持下，自主建设发展专项事业的条件设施和服务能力，履行教育、医疗卫生、科研、文化等各项专门职责。事业单位的资金运动基本过程与行政单位大致相同，但资金来源和运用的范围相对行政单位更广泛。在资金运动过程中，由其掌管的财产物质、债权和其他权利等形成事业单位的资产；由其承担的借入款项、预收款项和应付、应缴款项等形成事业单位的负债；累计盈余和专用基金等形成事业单位的净资产。并且，事业单位资金运动根据其行业不同，是各具特色的。有的事业单位有经营活动，有部分科研单位还有生产性活动，其资产、负债、收入、费用等资金内容更丰富，资金运动过程链更长、资金运动内容更为复杂。

第二节　政府会计的组成体系及其任务

一、政府会计的组成体系

根据会计主体不同分类，政府会计分为政府总预算会计和政府行政事业单位会计。总预算会计是各级政府财政部门核算、反映、监督政府预算执行和财政周转金等各项财政性资金活动的专业会计。我国政权划分为中央、省（自治区、直辖市）、市、县、乡五级，总预算会计也相应划分为五级。在财政部设中央级财政总预算会计；在省（自治区、直辖市）财政厅（局）设省（包括自治区、直辖市）级财政总预算会计；在市（地、州）财政局设市（地、州）级财政总预算会计；在县（市）财政局设县（市）级财政总预算会计；在乡（镇）财政所设乡（镇）级财政总预算会计。

此外，中国人民银行在办理国库业务过程中设立的国库会计，中国建设银行办理基本建设拨贷款过程中设立的基建拨贷款会计，以及税务部门在办理税款征解过程中设立的税收会计等，在执行总预算过程中，均担负一定的总预算会计任务，因此，它们也应包括在广义的总预算会计范围内。

行政事业单位会计是以国家各级权力机关、行政机关、审判机关和检察机关以及党派、政协机关等行政单位和为了社会公益目的，由国家机关举办或者其他组织利用国有资产举办的，从事教育、科技、文化、卫生等活动的社会服务组织实际发生的各项经济业务为对象，核算和监督行政单位预算（财务收支计划）执行情况、财务状况、运行情况和现金流量的专业会计。

根据国家机构建制和经费领拨关系，行政事业单位会计分为主管会计单位、二级会计单位和基层会计单位。向同级财政部门领报经费的为主管会计单位（又称一级单位）；向主管会计单位领报经费，下面又有所属会计单位的为二级会计单位（又称二级单位）；向主管会计单位或二级会计单位领报经费，下面没有所属会计单位的为基层会计单位。以上三级会计单位都要成立单位预算，实行独立的会计核算。有些人数较少，经费不多的单位可以不成立单位预算，不进行独立的会计核算，其经费开支可凭单据向基层会计单位报销，这些单位叫报销单位。

行政事业单位会计与财政总预算会计有着直接的密切的联系，主要表现在：

第一，单位财务收支是同级政府预算的重要组成部分，政府预算核拨的事业费、行政经费和从财政专户核拨的预算资金，是同级行政事业单位收入的主要来源。行政事业单位会计与财政总预算会计相互配合，共同为促进社会事业发展，加强政权建设服务。

第二，在缴拨款上有着直接的联系。单位应上缴财政的收入，要按规定缴入国家金库，应上缴的资金要按时缴入同级财政专户。而各级财政应拨付的事业费、行政经费和从财政专户核拨的资金，要按计划及时拨给主管部门和单位。上述缴款、拨款手续，均通过财政总预算会计、行政事业单位会计办理。

第三，各行政事业单位在预算执行过程中，平时要向主管部门和同级财政部门编制月报或季报，年终要编制年报。同级财政总预算会计要对各单位或主管部门的月报、季报、年报进行审核，并据以编制预算执行月报、季报和财政决算报表。

第四，行政事业单位作为会计主体，具有一定的自主权，但必须接受同级财政总预算会计的管理与监督，执行本级财政部门提出的检查意见。各级财政总预算会计也要加强对行政事业单位会计的工作指导，提高行政事业单位会计的管理水平。

二、政府会计的任务

（一）总预算会计的任务

总预算会计在整个政府会计组成体系中居于主导和核心地位，总预算会计按管理体系可分为中央总预算会计和地方总预算会计。中央总预算会计担负着中央各部门预算资金的核算任务和全国预算资金的核算任务。地方各级总预算会计则担负着所辖各地区和所属单位预算资金的核算任务。各级总预算会计的基本任务主要有以下几个方面：

（1）正确及时地办理各项核算工作。总预算会计对各项预算收支、资金调拨和往来款项，都要进行核算和记载，做到正确、及时，日清月结。每年年度终了，要组织年度财政预算的审核和汇编工作。同时，根据财政体制的有关规定，进行年度上下级财政之间的结算和办理上下级财政之间往来款项的清理工作。

（2）调度各项财政资金。总预算会计为了保证按照核定的预算及时供应资金，要合理调度各项财政资金，妥善解决财政资金库存和用款单位资金需求的矛盾，提高财政资金的使用效益。

（3）实行会计监督，参与预算管理。由于财政的一收一支都要通过总预算会计，因而总预算会计应通过收支核算和反映，加强预算执行情况分析，并对总预算、部门预算和单位预算的执行实施会计监督。总预算会计也要参与预算的管理，对预算执行过程中出现的问题，要及时提出意见和建议，供有关领导机关决策参考。同时，要协调与预算执行的国库会计、收入征解会计等之间的业务关系，共同做好执行的核算、反映和监督工作。

（4）组织和指导下级总预算会计、行政事业单位会计工作。各级总预算会计要指导和组织检查本行政区域内所属总预算会计和同级行政事业单位会计工作，发现问题，并及时解决；要组织会计人员进行业务培训，不断提高会计人员的政策水平和业务素质。

（5）做好政府会计的有关管理工作。省、自治区、直辖市（含计划单列市）总预算会计在与会计制度不相违背的前提下，要制定或审定本行政区域政府会计有关具体核算办法的补充规定；要根据不同的具体情况参与对政府会计人员专业技术资格考试的工作；负责对政府会计基础工作的管理，包括政府会计核算程序的规范化和电算化等。

（二）行政事业单位会计的任务

行政事业单位会计的主要职责是进行会计核算，实行会计监督，参与预算管理。其基本任务如下：

（1）积极组织收入，合理安排支出。各行政事业单位要根据党和国家的方针政策，结合本单位的事业计划和行政任务，积极稳妥地编制单位预算及财务收支计划，并呈报财政部门或上级主管部门审批。然后根据批准的预算，积极组织各项收入，以保证完成事业计划和行政任务所需的资金得到及时供应；保证应缴预算款及时足额地上缴国库；有事业收入和经营收入的单位，要根据国家制定的收费标准，不断扩大服务和经营项目，增产节约，增收节支，力求逐年减少国家的财政补贴。在安排支出时，要根据量入为出，留有余地的原则，有多少钱，办多少事，少花钱，多办事，办好事，讲求资金的使用效益。

（2）处理日常会计事项。对单位发生的一切经济业务要根据有关会计制度和财务制度的规定，及时、真实、准确地做好记账、算账和报账等日常会计工作，做到手续完备，凭证合法，账目清楚，数字准确，内容真实，为加强预算管理提供可靠的数据。同时，遵守国家的会计保密制度，妥善保管好一切会计资料。

（3）加强会计监督和预算管理。要认真贯彻执行党和国家的方针政策和财政财务制度，严格财经纪律，照章办事，向一切违反财经法纪的不良行为作斗争，以保护社会主义财产的安全与完整。要深入调查研究，掌握本单位的业务情况，正确编制单位预算和财务收支计划，定期考核分析单位预算的执行情况，不断提高预算管理水平。

(4) 不断提高财务会计工作水平。要根据有关规定，结合具体情况，制定本单位有关财会工作的具体实施办法，指导和监督所属单位的财会工作，不断提高财务会计工作水平。

第三节　政府会计信息质量要求和会计要素

一、政府会计核算的信息质量要求

会计核算的信息质量要求是对会计核算提供信息的基本要求，是处理具体会计业务的基本依据。政府会计信息质量要求有以下 7 项：

（一）可靠性原则

可靠性原则，是指政府会计主体应当以实际发生的经济业务或者事项为依据进行会计核算，如实反映各项会计要素的情况和结果，保证会计信息真实可靠。这项原则要求：首先，会计核算应当以实际发生的经济业务为依据，每一项经济业务必须取得或填制合法的书面凭证，做到明了可靠，内容真实、数字准确、手续完备，如实反映预算执行情况、财务收支状况和事业成果。其次，会计核算过程应当是真实客观的，对同一会计核算业务，准确进行会计处理，应得出正确的会计核算结果。最后，作为反映会计核算成果的会计报表应是真实的，做到账表、账、账实之间的相互一致。

（二）全面性原则

全面性原则，是指政府会计主体应当将发生的各项经济业务或者事项统一纳入会计核算，确保会计信息能够全面反映政府会计主体预算执行情况和财务状况、运行情况、现金流量等。

（三）相关性原则

相关性原则又称有用性原则，是指政府会计主体提供的会计信息，应当与反映政府会计主体公共受托责任履行情况以及报告使用者决策或者监督、管理的需要相关，有助于报告使用者对政府会计主体过去、现在或者未来的情况作出评价或者预测。会计信息要满足以下三个方面的需要：一是要符合国家宏观经济管理的要求；二是要满足预算管理和有关方面了解单位财务状况和收支情况的需要；三是要满足单位内部加强管理的需要。

（四）及时性原则

及时性原则，是指政府会计主体对已经发生的经济业务或者事项，应当及时进行会计核算，不得提前或者延后。及时性包含两个要求：一是经济业务的会计处理应在当期内进行，不得跨期；二是会计报表应在会计期间结束后按规定的日期报告，不得拖延。

（五）可比性原则

可比性原则，是指政府会计主体提供的会计信息应当具有可比性。同一政府会计主体不同时期发生的相同或者相似的经济业务或者事项，应当采用一致的会计政策，不得随意变更。确需变更的，应当将变更的内容、理由及其影响在附注中予以说明。不同政府会计主体发生的相同或者相似的经济业务或者事项，应当采用一致的会计政策，确保政府会计信息口径一致，相互可比。可比性原则主要表现为会计报表指标口径的一致和所选择的会计处理方法的可比。

（六）明晰性原则

明晰性原则，是指政府会计主体提供的会计信息应当清晰明了，便于报告使用者理解和使用。

（七）实质重于形式原则

实质重于形式原则，是指政府会计主体应当按照经济业务或者事项的经济实质进行会计核算，不限于以经济业务或者事项的法律形式为依据。

二、会计要素

会计要素就是会计对象的构成要素，是对会计对象的基本分类。会计核算对象的内容多种多样，为了对有关核算内容进行确认、计量、记录、报告，就需要对会计对象作基本的分类，把会计对象分解成若干基本的要素，这样就形成了会计要素。科学地确定会计要素，有助于设置会计科目，有助于设计会计报表的种类、格式和列示方式。

（一）会计要素的构成

政府会计要素分为政府预算会计要素和政府财务会计要素。

政府预算会计要素包括预算收入、预算支出与预算结余。符合预算收入、预算支出和预算结余定义及其确认条件的项目应当列入政府决算报表。

1. 预算收入

预算收入是指政府会计主体在预算年度内依法取得的并纳入预算管理的现金流入。预算收入一般在实际收到时予以确认，以实际收到的金额计量。

财政总预算收入是国家为实现其职能，根据法令和法规所取得的非偿还性资金，是一级财政的资金来源。财政总预算会计核算的收入包括一般预算收入、基金预算收入、专用基金收入、资金调拨收入等。

行政事业单位预算收入是单位为开展公务或业务活动，依法取得的非偿还性资金。行政事业单位的预算收入包括财政拨款预算收入、事业预算收入、非同级财政拨款预算收入、经营预算收入、投资预算收益、债务预算收入、上级补助预算收入、附属单位上缴预算收入、其他预算收入等。

2. 预算支出

预算支出是指政府会计主体在预算年度内依法发生并纳入预算管理的现金流出。预算支出一般在实际支付时予以确认，以实际支付的金额计量。

预算支出是一级政府为实现其职能，对财政资金的再分配。财政总预算会计核算的支出包括一般预算支出、基金预算支出、专用基金支出、资金调拨支出等。

行政事业单位的预算支出是单位和组织为开展公务或业务活动所发生的资金耗费的损失。行政事业单位的预算支出包括行政支出、事业支出、经营支出、上缴上级支出、对附属单位补助、投资支出、债务还本支出、其他支出等。

3. 预算结余

预算结余是指政府会计主体预算年度内预算收入扣除预算支出后的资金余额，以及历年滚存的资金余额。预算结余包括结余资金和结转资金。结余资金是指年度预算执行终了，预算收入实际完成数扣除预算支出和结转资金后剩余的资金。结转资金是指预算安排项目的支出年终尚未执行完毕或者因故未执行，且下年需要按原用途继续使用的资金。

政府单位的预算结余一般包括财政拨款结转、财政拨款结余、非财政拨款结转、财政拨款结余等。

政府财务会计要素包括资产、负债、净资产、收入和费用。符合资产、负债、净资产定义和确认条件的项目，应当列入资产负债表；符合收入、费用定义和确认条件的项目，应当列入收入费用表。

4. 资产

资产是指政府会计主体过去的经济业务或者事项形成的，由政府会计主体控制的，预期能够产生服务潜力或者带来经济利益流入的经济资源。服务潜力是指政府会计主体利用资产提供公共产品和服务以履行政府职能的潜在能力。经济利益流入表现为现金及现金等价物的流入，或者现金及现金等价物流出的减少。

资产具有以下特征：其一，资产必须是一种经济资源；其二，资产必须能用货币来计量；其三，资产为一级政府掌管或控制，为一个单位占有或使用；其四，资产的形态可以是有形的，可以是无形的，还可以是其他权利。

政府会计主体的资产按照流动性，分为流动资产和非流动资产。

流动资产是指预计在1年内（含1年）耗用或者可以变现的资产，包括货币资金、短期投资、应收及预付款项、存货等。

非流动资产是指流动资产以外的资产，包括固定资产、在建工程、无形资产、长期投资、公共基础设施、政府储备资产、文物文化资产、保障性住房和自然资源资产等。

符合政府会计资产定义的经济资源，在同时满足以下条件时，确认为资产：

（1）与该经济资源相关的服务潜力很可能实现或者经济利益很可能流入政府会计主体；

（2）该经济资源的成本或者价值能够可靠地计量。

资产的计量属性主要包括历史成本、重置成本、现值、公允价值和名义金额。在历史成本计量下，资产按照取得时支付的现金金额或者支付对价的公允价值计量。在重置成本计量下，资产按照现在购买相同或者相似资产所需支付的现金金额计量。在现值计量下，资产按照预计从其持续使用和最终处置中所产生的未来净现金流入量的折现金额计量。在公允价值计量下，资产按照市场参与者在计量日发生的有序交易中，出售资产所能收到的价格计量。无法采用上述计量属性的，采用名义金额（即人民币1元）计量。

政府会计主体在对资产进行计量时，一般应当采用历史成本。采用重置成本、现值、公允价值计量的，应当保证所确定的资产金额能够持续、可靠计量。

5. 负债

负债是指政府会计主体过去的经济业务或者事项形成的，预期会导致经济资源流出政府会计主体的现时义务。现时义务是指政府会计主体在现行条件下已承担的义务。未来发生的经济业务或者事项形成的义务不属于现时义务，不应当确认为负债。

政府会计主体的负债按照流动性，分为流动负债和非流动负债。

流动负债是指预计在1年内（含1年）偿还的负债，包括应付及预收款项、应付职工薪酬、应缴款项等。

非流动负债是指流动负债以外的负债，包括长期应付款、应付政府债券和政府依法担保形成的债务等。

符合政府会计负债定义的义务，在同时满足以下条件时，确认为负债：

（1）履行该义务很可能导致含有服务潜力或者经济利益的经济资源流出政府会计主体；

（2）该义务的金额能够可靠地计量。

负债的计量属性主要包括历史成本、现值和公允价值。在历史成本计量下，负债按照因承担现时义务而实际收到的款项或者资产的金额，或者承担现时义务的合同金额，或者按照为偿还负债预期需要支付的现金计量。在现值计量下，负债按照预计期限内需要偿还的未来净现金流出量的折现金额计量。在公允价值计量下，负债按照市场参与者在计量日发生的有序交易中，转移负债所需支付的价格计量。

政府会计主体在对负债进行计量时，一般应当采用历史成本。采用现值、公允价值计量的，应当保证所确定的负债金额能够持续、可靠计量。

6. 净资产

净资产是指政府会计主体资产扣除负债后的净额。净资产金额取决于资产和负债的计量。

财政总预算会计核算的净资产是一级政府财政所掌管的资产净值，它包括各项结余、预算周转金等。

行政事业单位的净资产反映国家和单位对资产的所有权，它包括累计盈余和专用基金等。

7. 收入

收入是指报告期内导致政府会计主体净资产增加的、含有服务潜力或者经济利益的经济资源的流入。

政府单位的收入按照来源一般包括财政拨款收入、事业收入、非同级财政拨款收入、经营收入、上级补助收入、附属单位上缴收入、捐赠收入、投资收益、利息收入、租金收入、其他收入等。

收入的确认应当同时满足以下条件：

（1）与收入相关的含有服务潜力或者经济利益的经济资源很可能流入政府会计主体；

（2）含有服务潜力或者经济利益的经济资源流入会导致政府会计主体资产增加或者负债减少；

（3）流入金额能够可靠地计量。

8. 费用

费用是指报告期内导致政府会计主体净资产减少的、含有服务潜力或者经济利益的经济资源的流出。

政府单位的费用按照功能一般分为业务活动费用、单位管理费用、资产处置费用、所得税费用、上缴上级费用、对附属单位补助费用、其他费用等。

费用的确认应当同时满足以下条件：

（1）与费用相关的含有服务潜力或者经济利益的经济资源很可能流出政府会计主体；

（2）含有服务潜力或者经济利益的经济资源流出会导致政府会计主体资产减少或者负债增加；

（3）流出金额能够可靠地计量。

（二）会计要素之间的关系

会计要素之间的关系可用会计等式表现，它是复式记账赖以建立的基础，也是设计会计报表结构的基本依据。

1. “5 要素”核算的会计要素等式

在财政总预算会计中设置预算收入、预算支出、资产、负债、净资产 5 个会计要素（简称“5 要素”）进行会计核算。采用“5 要素”进行核算时，会计要素等式如下：

静态等式：资产 = 负债 + 净资产

动态等式：资产 = 负债 + 净资产 + 预算收入 − 预算支出

2. “5 +3 要素”核算的会计要素等式

在新的政府核算模式下，为了实现财务会计与预算会计适度分离并相互衔接，全面、清晰地反映政府会计主体财务信息和预算执行信息，在政府行政事业单位中设置预算收入、预算支出、预算结余 3 个预算会计要素和资产、负债、净资产、收入、费用 5 个财务会计要素（简称“5 +3 要素”）进行会计核算。采用“5 +3 要素”进行核算时，会计要素等式如下：

预算会计要素等式：预算收入 − 预算支出 = 预算结余

财务会计要素等式：资产 = 负债 + 净资产

收入 − 费用 = 当期盈余

资产 = 负债 + 净资产 +（收入 − 费用）

财务会计要素的关系较预算会计要素的关系更为复杂，下面以事业单位为例说明各财务会计要素之间的关系。事业单位要进行业务活动，必须取得一定数量的资金。资金的付诸使用即为事业单位的资产。资金的取得有两种类型，一种是出资人投入，事业单位是国家投入，出资人投入资金供事业单位永久使用，形成事业单位的净资产；另一种是债权人投入，表现为债权人将款项借给事业单位，或是在业务往来中暂时提供待结算的款项，要求事业单位到期偿还，这形成事业单位的债务。事业单位有多少资产，就有多少负债和净资产。资产、负债、净资产反映了同一资金的两个方面，用会计等式表现为：

资产 = 负债 + 净资产

资产、负债、净资产是用来说明事业单位财务状况的三个基本会计要素。资产 = 负债 + 净资产是事业资金的静态反映。从动态观察，事业单位为进行业务活动，必然发生一定的费用，同时相应地取得各项收入，收入减去费用即为事业单位的盈余，盈余又形成为事业单位的净资产。因此，上述公式又为：

资产 = 负债 + 净资产 + （收入 − 支出）

整理为：

资产 + 支出 = 负债 + 净资产 + 收入

这一会计等式反映了5个财务会计要素之间的基本关系。经济业务发生，可能是引起会计等式左方或者右方某一要素增加，另一要素减少；也可能就是引起会计等式左右双方的要素发生等额的增减变动，但决不会破坏会计等式的平衡关系。

举例说明如下：

【例1－1】 从供应单位购入材料5 000元，货款尚未支付。

这项经济业务，一方面使资产项目增加5 000元，另一方面使负债项目增加5 000元。不会破坏会计等式的平衡关系。

【例1－2】 以银行存款5 000元归还前欠供应单位的货款。

这项经济业务，一方面使资产项目减少5 000元，另一方面使负债项目减少5 000元。会计等式依然保持平衡关系。

【例1－3】 从银行提取现金500元。

这项经济业务，一方面使资产项目增加500元。另一方面使另一资产项目减少500元。资产总额、负债和净资产总额都没有发生变动。

【例1－4】 开出本单位的商业票据3 000元以偿还前欠供应单位的货款。

这项经济业务，一方面使负债项目增加3 000元。另一方面使另一负债项目减少3 000元。负债总额、资产和净资产总额也没有发生变动。

【例1－5】 收到财政拨入本月经费200 000元，存入银行。

这项经济业务，一方面使收入项目增加200 000元，另一方面使资产项目也增加200 000元。收入和资产等额增加，不破坏会计等式的平衡关系。

【例1－6】 职工张某出差，其应发工资1 000元未领，暂存代保管。

这项经济业务，一方面使费用项目增加1 000元，另一方面使负债项目增加1 000元。支出和负债等额增加，也不破坏会计等式的平衡关系。

由此可见，任何经济业务引起会计要素发生增减变动，都不会破坏会计等式的平衡关系。

三、政府行政事业单位新会计核算模式

《政府会计制度》构建了“财务会计和预算会计适度分离并相互衔接”的会计核算

模式。

所谓“适度分离”，是指适度分离行政事业单位预算会计和财务会计功能，决算报告和财务报告功能，全面反映行政事业单位的预算执行信息和财务信息。其特点见表1-3。

表1-3 政府行政事业单位核算模式的特点

序号	项目	预算会计	财务会计
1	双功能	预算会计功能是反映和监督预算收支执行情况	财务会计功能是反映和监督政府会计主体财务状况、运行情况和现金流量等
2	双基础	收付实现制	权责发生制
3	双要素	预算收入、预算支出、预算结余	资产、负债、净资产、收入和费用
4	双报告	政府决算报告，采用预算会计核算	政府财务报告，采用财务会计核算

所谓“相互衔接”，是指在同一会计核算系统中，行政事业单位预算会计要素和财务会计要素相互协调，决算报告和财务报告相互补充，共同反映行政事业单位的预算执行信息和财务信息，主要体现为“平行记账”的方法。

“平行记账”方法，是指行政事业单位对于纳入部门预算管理的现金收支业务，在采用财务会计核算的同时应当进行预算会计核算；对于其他业务，仅需进行财务会计核算。在实际操作中，实际发生的经济业务是否需要采用“平行记账”，可以按照以下两个层次判断：第一个层次是，该业务是否是现金收支业务，如果不是，则不需要进行预算会计核算，仅需在财务会计中核算；第二个层次是，如果该业务是现金收支业务，再进一步判断这一收支业务是否纳入部门预算管理，如果纳入，则在预算会计中核算。也就是说，只有同时满足以上两个条件，才需要采用“平行记账”。在实务中，典型的不纳入部门预算管理的现金收支业务，如受托代理的款项、暂收款业务等，就不需要“平行记账”，仅在财务会计中记录即可。

思政园地

西周的财计官制

西周是我国奴隶制社会经济发展的鼎盛时期。周王是国家的最高统治者，统治整个国家的财政经济。在周王之下，设有天，地，春，夏，秋，冬六卿，其中天官大宰下面设有司会，即当时最高的会计长官，总揽财计的筹划、组织与管理。在整个会计系统中，由司会，司书，职内，职岁，职币共同负责国家的会计事务。司会作为总负责人，统领各项工作的展开，负责财政收支的全面核算并定期提供会计报告，定期考核和检查王朝财物在各个部门的动态。司书则掌管会计账簿，相当于记账会计，主管会计核算，进行人口土地的登记工作及核算各部门的税收及保管财务部门的财务收支。职内“掌邦职赋入，辨其财用之物而执其总”，即负责财政的收入，相当于现在的收入会计。职岁则“掌邦之赋出”，负责财政的支出，相当于现在的支出会计，职币“掌式法，以敛官府，都鄙与凡用邦财者之币，振掌事者之余财”，掌管财务结余之数，类似现代的出纳一职。将出纳的工作分为收、支、余，分别由职内，职岁和职币掌管，可以起到相互牵制和相互监督的作用，这种以入制出，又以出制入，并通过结余和出入相互控制的思想至今都影响着政府的财务管理活动。

感悟：透过西周的财计官制，我们看到了官厅会计的雏形。中华民族生生不息，华夏文明熠熠生辉，从古人身上能够看到我们民族进步的脚印，从而更好的推动我国政府会计制度的发展和完善。

【复习思考题】

1. 何谓政府会计？
2. 简述财政总预算会计、行政事业单位会计对象。
3. 简述政府会计核算的信息质量要求。
4. 什么是会计要素？政府会计的要素有哪些？

第二章
政府会计的核算方法

学习目标

本章主要介绍了政府会计的核算方法，包括设置会计科目、确定记账方法、审核和填制会计凭证、登记会计账簿以及账务处理程序等。要求了解会计科目的设置原则，原始凭证的种类；掌握政府会计的会计科目及其核算内容，明细科目的设置方法，记账凭证的格式及其编制方法，会计账簿的种类和使用要求及账务处理程序。

第一节 会计科目

会计科目是对会计要素的进一步分类，是对各项经济业务的具体内容，按其特征和经济管理要求进行归集、分类的类别名称。设置会计科目便于正确、系统和分门别类地核算、反映和监督各项经济业务活动所引起的资金运动，为经济管理提供有用的会计信息。为了保证会计信息的可比性，使会计核算所提供的指标在国民经济各部门口径一致，便于有关部门和单位对会计指标的逐级汇总和分析利用，财政部分别规定了财政总预算会计、行政事业单位会计的会计科目。

一、会计科目设置的原则

（1）依照《会计法》，充分体现财政预算资金和单位资金的运动规律和特点。国家统一的会计制度由国务院财政部门根据《会计法》制定并公布。会计科目的制定应充分考虑行业、部门资金运动的特点和规律。由于财政预算资金与单位资金具有不同的特点和运动规律，因此要分别设置财政总预算会计科目、行政单位会计科目、非营利组织会计科目。

（2）既要继承，又要借鉴，以继承为主。财政预算资金和单位资金的运动与企业资金运动具有明显的区别，因此在借鉴企业会计科目设置时，应充分考虑财政预算资金和单位资金运动的实际，以继承传统的会计科目为主。

（3）着眼于经济宏观调控，立足于财政资金运动的整体，视点放到基层。因此，会计科目设置应统一准确，简明扼要，特别是一级科目宜简不宜繁。

（4）要充分体现各会计主体的主体地位。收入按来源，支出按用途统一核算，综合平衡。财政总预算会计的会计科目应与预算收支科目相适应，使会计记录和反映的结果，能与预算相对应，便于分析和比较，更好地为预算管理服务。行政事业单位会计的会计科目应适应单位收支统管的需要，收入按来源设置会计科目，支出按用途设置会计科目，各项收支业务统一核算，综合平衡，充分发挥各行政事业单位会计的职能作用。

（5）有利于向领导和有关方面及时提供会计信息。

二、总账科目及其核算内容

《财政总预算会计制度》

（一）财政总预算会计科目

2015年财政部制定了新的《财政总预算会计制度》，新制度自2016年起实施。在《财政总预算会计制度》中规定的会计核算统一使用的总账科目见表2－1。

表2－1　　财政总预算会计科目

类别	科目名称	核算内容
一、资产类	国库存款	核算政府财政存放在国库单一账户的款项。
	国库现金管理存款	核算政府财政实行国库现金管理业务存放在商业银行的款项。
	其他财政存款	核算政府财政未列入“国库存款”“国库现金管理存款”科目反映的各项存款。
	财政零余额账户存款	核算财政国库支付执行机构在代理银行办理财政直接支付的业务。
	有价证券	核算政府财政按照有关规定取得并持有的有价证券金额。
	在途款	核算决算清理期和库款报解整理期内发生的需要通过本科目过渡处理的属于上年度收入、支出等业务的资金数。
	预拨经费	核算政府财政预拨给预算单位尚未列为预算支出的款项。
	借出款项	核算政府财政按照对外借款管理相关规定借给预算单位临时急需的，并需按期收回的款项。
	应收股利	核算政府因持有股权投资应当收取的现金股利或利润。
	与下级往来	核算本级政府财政与下级政府财政的往来待结算款项。
	其他应收款	核算政府财政临时发生的其他应收、暂付、垫付款项。
	应收地方政府债券转贷款	核算本级政府财政转贷给下级政府财政的地方政府债券资金的本金及利息。
	应收主权外债转贷款	核算本级政府财政转贷给下级政府财政的外国政府和国际金融组织贷款等主权外债资金的本金及利息。
	股权投资	核算政府持有的各类股权投资。包括国际金融组织股权投资、投资基金股权投资和企业股权投资等。
	待发国债	核算为弥补中央财政预算收支差额，中央财政预计发行国债与实际发行国债之间的差额。

续表

类别	科目名称	核算内容
二、负债类	应付短期政府债券	核算政府财政部门以政府名义发行的期限不超过1年（含1年）的国债和地方政府债券的应付本金和利息。
	应付国库集中支付结余	核算政府财政采用权责发生制列支，预算单位尚未使用的国库集中支付结余资金。
	与上级往来	核算本级政府财政与上级政府财政的往来待结算款项。
	其他应付款	核算政府财政临时发生的暂收、应付和收到的不明性质款项。
	应付代管资金	核算政府财政代为管理的、使用权属于被代管主体的资金。
	应付长期政府债券	核算政府财政部门以政府名义发行的期限超过1年的国债和地方政府债券的应付本金和利息。
	借入款项	核算政府财政部门以政府名义向外国政府和国际金融组织等借入的款项，以及经国务院批准的其他方式借入的款项。
	应付地方政府债券转贷款	核算地方政府财政从上级政府财政借入的地方政府债券转贷款的本金和利息。
	应付主权外债转贷款	核算本级政府财政从上级政府财政借入的主权外债转贷款的本金和利息。
	其他负债	核算政府财政因有关政策明确要求其承担支出责任的事项而形成的应付未付款项。
	已结报支出	核算政府财政国库支付执行机构已清算的国库集中支付支出数额。
三、净资产类	一般公共预算结转结余	核算政府财政纳入一般公共预算管理的收支相抵形成的结转结余。
	政府性基金预算结转结余	核算政府财政纳入政府性基金预算管理的收支相抵形成的结转结余。
	国有资本经营预算结转结余	核算政府财政纳入国有资本经营预算管理的收支相抵形成的结转结余。
	财政专户管理资金结余	核算政府财政纳入财政专户管理的教育收费等资金收支相抵后形成的结余。
	专用基金结余	核算政府财政管理的专用基金收支相抵形成的结余。
	预算稳定调节基金	核算政府财政设置的用于弥补以后年度预算资金不足的储备资金。
	预算周转金	核算政府财政设置的用于调剂预算年度内季节性收支差额周转使用的资金。
	资产基金	核算政府财政持有的应收地方政府债券转贷款、应收主权外债转贷款、股权投资和应收股利等资产（与其相关的资金收支纳入预算管理）在净资产中占用的金额。
	待偿债净资产	核算政府财政因发生应付政府债券、借入款项、应付地方政府债券转贷款、应付主权外债转贷款、其他负债等负债（与其相关的资金收支纳入预算管理）相应需在净资产中冲减的金额。

续表

类别	科目名称	核算内容
四、收入类	一般公共预算本级收入	核算政府财政筹集的纳入本级一般公共预算管理的税收收入和非税收入。
	政府性基金预算本级收入	核算政府财政筹集的纳入本级政府性基金预算管理的非税收入。
	国有资本经营预算本级收入	核算政府财政筹集的纳入本级国有资本经营预算管理的非税收入。
	财政专户管理资金收入	核算政府财政纳入财政专户管理的教育收费等资金收入。
	专用基金收入	核算政府财政按照法律法规和国务院、财政部规定设置或取得的粮食风险基金等专用基金收入。
	补助收入	核算上级政府财政按照财政体制规定或因专项需要补助给本级政府财政的款项，包括税收返还、转移支付等。
	上解收入	核算按照体制规定由下级政府财政上交给本级政府财政的款项。
	地区间援助收入	核算受援方政府财政收到援助方政府财政转来的可统筹使用的各类援助、捐赠等资金收入。
	调入资金	核算政府财政为平衡某类预算收支、从其他类型预算资金及其他渠道调入的资金。
	动用预算稳定调节基金	核算政府财政为弥补本年度预算资金的不足，调用的预算稳定调节基金。
	债务收入	核算政府财政按照国家法律、国务院规定以发行债券等方式取得的，以及向外国政府、国际金融组织等机构借款取得的纳入预算管理的债务收入。
	债务转贷收入	核算省级以下（不含省级）政府财政收到上级政府财政转贷的债务收入。
五、支出类	一般公共预算本级支出	核算政府财政管理的由本级政府使用的列入一般公共预算的支出。
	政府性基金预算本级支出	核算政府财政管理的由本级政府使用的列入政府性基金预算的支出。
	国有资本经营预算本级支出	核算政府财政管理的由本级政府使用的列入国有资本经营预算的支出。
	财政专户管理资金支出	核算政府财政用纳入财政专户管理的教育收费等资金安排的支出。
	专用基金支出	核算政府财政用专用基金收入安排的支出。
	补助支出	核算本级政府财政按财政体制规定或因专项需要补助给下级政府财政的款项，包括对下级的税收返还、转移支付等。
	上解支出	核算本级政府财政按照财政体制规定上交给上级政府财政的款项。
	地区间援助支出	核算援助方政府财政安排用于受援方政府财政统筹使用的各类援助、捐赠等资金支出。
	调出资金	核算政府财政为平衡预算收支、从某类资金向其他类型预算调出的资金。
	安排预算稳定调节基金	核算政府财政按照有关规定安排的预算稳定调节基金。
	债务还本支出	核算政府财政偿还本级政府财政承担的纳入预算管理的债务本金支出。
	债务转贷支出	核算本级政府财政向下级政府财政转贷的债务支出。

2020年，财政部发布了《预算管理一体化规范（试行）》。在此规范中制定了附录4《预算指标会计核算实施方案》。财政会计根据《预算指标会计核算实施方案》的规定设置财政预算指标会计科目，对财政预算指标进行核算，并与按照《财政总预算会计制度》进行的财政收支预算实际执行数的核算衔接。由于篇幅所限，本书仅介绍《财政总预算会计

制度》中的会计科目。

（二）行政事业单位会计科目

为了规范行政事业单位的会计核算，保证会计信息质量，根据《中华人民共和国会计法》《中华人民共和国预算法》《政府会计准则——基本准则》等法律、行政法规和规章，财政部制定了《政府会计制度——行政事业单位会计科目和报表》（包括行政事业单位等执行政府会计制度的补充规定），为行政事业单位统一确定了会计科目，见表2－2。

《政府会计制度——行政事业单位会计科目和报表》

表2－2　　　　行政事业单位会计科目表

类别	科目名称	核算内容
一、财务会计科目		
（一）资产类	库存现金	核算单位的库存现金。
	银行存款	核算单位存入银行或者其他金融机构的各种存款。
	零余额账户用款额度	核算实行国库集中支付的单位根据财政部门批复的用款计划收到和支用的零余额账户用款额度。
	其他货币资金	核算单位的外埠存款、银行本票存款、银行汇票存款、信用卡存款等各种其他货币资金。
	短期投资	核算事业单位按照规定取得的，持有时间不超过1年（含1年）的投资。
	财政应返还额度	核算实行国库集中支付的单位应收财政返还的资金额度，包括可以使用的以前年度财政直接支付资金额度和财政应返还的财政授权支付资金额度。
	应收票据	核算事业单位因开展经营活动销售产品、提供有偿服务等而收到的商业汇票，包括银行承兑汇票和商业承兑汇票。
	应收账款	核算事业单位提供服务、销售产品等应收取的款项，以及单位因出租资产、出售物资等应收取的款项。
	预付账款	核算单位按照购货、服务合同或协议规定预付给供应单位（或个人）的款项，以及按照合同规定向承包工程的施工企业预付的备料款和工程款。
	应收股利	核算事业单位持有长期股权投资应当收取的现金股利或应当分得的利润。
	应收利息	核算事业单位长期债券投资应当收取的利息。
	其他应收款	核算单位除财政应返还额度、应收票据、应收账款、预付账款、应收股利、应收利息以外的其他各项应收及暂付款项。
	坏账准备	核算事业单位对收回后不需上缴财政的应收账款和其他应收款提取的坏账准备。
	在途物品	核算单位采购材料等物资时货款已付或已开出商业汇票但尚未验收入库的在途物品的采购成本。
	库存物品	核算单位在开展业务活动及其他活动中为耗用或出售而储存的各种材料、产品、包装物、低值易耗品，以及达不到固定资产标准的用具、装具、动植物等的成本。
	加工物品	核算单位自制或委托外单位加工的各种物品的实际成本。
	待摊费用	核算单位已经支付，但应当由本期和以后各期分别负担的分摊期在1年以内（含1年）的各项费用，如预付航空保险费、预付租金等。

续表

类别	科目名称	核算内容
（一）资产类	长期股权投资	核算事业单位按照规定取得的，持有时间超过1年（不含1年）的股权性质的投资。
	长期债券投资	核算事业单位按照规定取得的，持有时间超过1年（不含1年）的债券投资。
	固定资产	核算单位固定资产的原值。
	固定资产累计折旧	核算单位计提的固定资产累计折旧。
	工程物资	核算单位为在建工程准备的各种物资的成本，包括工程用材料、设备等。
	在建工程	核算单位在建的建设项目工程的实际成本。
	无形资产	核算单位无形资产的原值。
	无形资产累计摊销	核算事业单位因购买材料、物资等而应付的款项。
	研发支出	核算单位自行研究开发项目研究阶段和开发阶段发生的各项支出。
	公共基础设施	核算单位控制的公共基础设施的原值。
	公共基础设施累计折旧（摊销）	核算单位计提的公共基础设施累计折旧和累计摊销。
	政府储备物资	核算单位控制的政府储备物资的成本。
	文物文化资产	核算单位为满足社会公共需求而控制的文物文化资产的成本。
	保障性住房	核算单位为满足社会公共需求而控制的保障性住房的原值。
	保障性住房累计折旧	核算单位计提的保障性住房的累计折旧。
	受托代理资产	核算单位接受委托方委托管理的各项资产，包括受托指定转赠的物资、受托存储保管的物资等的成本。
	长期待摊费用	核算单位已经支出，但应由本期和以后各期负担的分摊期限在1年以上（不含1年）的各项费用。
	待处理财产损溢	核算单位在资产清查过程中查明的各种资产盘盈、盘亏和报废、毁损的价值。
（二）负债类	短期借款	核算事业单位经批准向银行或其他金融机构等借入的期限在1年内（含1年）的各种借款。
	应交增值税	核算单位按照税法规定计算应交纳的增值税。
	其他应交税费	核算单位按照税法等规定计算应交纳的除增值税以外的各种税费。
	应缴财政款	核算单位取得或应收的按照规定应当上缴财政的款项，包括应缴国库的款项和应缴财政专户的款项。
	应付职工薪酬	核算单位按照有关规定应付给职工（含长期聘用人员）及为职工支付的各种薪酬。
	应付票据	核算事业单位因购买材料、物资等而开出、承兑的商业汇票，包括银行承兑汇票和商业承兑汇票。
	应付账款	核算单位因购买物资、接受服务、开展工程建设等而应付的偿还期限在1年以内（含1年）的款项。
	应付政府补贴款	核算负责发放政府补贴的行政单位，按照规定应当支付给政府补贴接受者的各种政府补贴款。
	应付利息	核算事业单位按照合同约定应支付的借款利息，包括短期借款、分期付息到期还本的长期借款等应支付的利息。

续表

类别	科目名称	核算内容
(二)负债类	预收账款	核算事业单位预先收取但尚未结算的款项。
	其他应付款	核算单位除应交增值税、其他应交税费、应缴财政款、应付职工薪酬、应付票据、应付账款、应付政府补贴款、应付利息、预收账款以外，其他各项偿还期限在1年内（含1年）的应付及暂收款项。
	预提费用	核算单位预先提取的已经发生但尚未支付的费用，如预提租金费用等。
	长期借款	核算事业单位经批准向银行或其他金融机构等借入的期限超过1年（不含1年）的各种借款本息。
	长期应付款	核算单位发生的偿还期限超过1年（不含1年）的应付款项，如以融资租赁方式取得固定资产应付的租赁费等。
	预计负债	核算单位对因或有事项所产生的现时义务而确认的负债，如对未决诉讼等确认的负债。
	受托代理负债	核算单位接受委托取得受托代理资产时形成的负债。
(三)净资产类	累计盈余	核算单位历年实现的盈余扣除盈余分配后滚存的金额，以及因无偿调入调出资产产生的净资产变动额。
	专用基金	核算事业单位按照规定提取或设置的具有专门用途的净资产，主要包括职工福利基金、科技成果转换基金等。
	权益法调整	核算事业单位持有的长期股权投资采用权益法核算时，按照被投资单位除净损益和利润分配以外的所有者权益变动份额调整长期股权投资账面余额而计入净资产的金额。
	本期盈余	核算单位本期各项收入、费用相抵后的余额。
	本年盈余分配	核算单位本年度盈余分配的情况和结果。
	无偿调拨净资产	核算单位无偿调入或调出非现金资产所引起的净资产变动金额。
	以前年度盈余调整	核算单位本年度发生的调整以前年度盈余的事项，包括本年度发生的重要前期差错更正涉及调整以前年度盈余的事项。
(四)收入类	财政拨款收入	核算单位从同级政府财政部门取得的各类财政拨款。
	事业收入	核算事业单位开展专业业务活动及其辅助活动实现的收入，不包括从同级政府财政部门取得的各类财政拨款。
	上级补助收入	核算事业单位从主管部门和上级单位取得的非财政拨款收入。
	附属单位上缴收入	核算事业单位取得的附属独立核算单位按照有关规定上缴的收入。
	经营收入	核算事业单位在专业业务活动及其辅助活动之外开展非独立核算经营活动取得的收入。
	非同级财政拨款收入	核算单位从非同级政府财政部门取得的经费拨款，包括从同级政府其他部门取得的横向转拨财政款、从上级或下级政府财政部门取得的经费拨款等。
	投资收益	核算事业单位股权投资和债券投资所实现的收益或发生的损失。
	捐赠收入	核算单位接受其他单位或者个人捐赠取得的收入。
	利息收入	核算单位取得的银行存款利息收入。
	租金收入	核算单位经批准利用国有资产出租取得并按照规定纳入本单位预算管理的租金收入。
	其他收入	核算单位取得的除财政拨款收入、事业收入、上级补助收入、附属单位上缴收入、经营收入、非同级财政拨款收入、投资收益、捐赠收入、利息收入、租金收入以外的各项收入。

续表

类别	科目名称	核算内容
（五）费用类	业务活动费用	核算单位为实现其职能目标，依法履职或开展专业业务活动及其辅助活动所发生的各项费用。
	单位管理费用	核算事业单位本级行政及后勤管理部门开展管理活动发生的各项费用，包括单位行政及后勤管理部门发生的人员经费、公用经费、资产折旧（摊销）等费用，以及由单位统一负担的离退休人员经费、工会经费、诉讼费、中介费等。
	经营费用	核算事业单位在专业业务活动及其辅助活动之外开展非独立核算经营活动发生的各项费用。
	资产处置费用	核算单位经批准处置资产时发生的费用，包括转销的被处置资产价值，以及在处置过程中发生的相关费用或者处置收入小于相关费用形成的净支出。
	上缴上级费用	核算事业单位按照财政部门和主管部门的规定上缴上级单位款项发生的费用。
	对附属单位补助费用	核算事业单位用财政拨款收入之外的收入对附属单位补助发生的费用。
	所得税费用	核算有企业所得税缴纳义务的事业单位按规定缴纳企业所得税所形成的费用。
	其他费用	核算单位发生的除业务活动费用、单位管理费用、经营费用、资产处置费用、上缴上级费用、附属单位补助费用、所得税费用以外的各项费用。
二、预算会计科目		
（一）预算收入类	财政拨款预算收入	核算单位从同级政府财政部门取得的各类财政拨款。
	事业预算收入	核算事业单位开展专业业务活动及其辅助活动取得的现金流入。
	上级补助预算收入	核算事业单位从主管部门和上级单位取得的非财政补助现金流入。
	附属单位上缴预算收入	核算事业单位取得附属独立核算单位根据有关规定上缴的现金流入。
	经营预算收入	核算事业单位在专业业务活动及其辅助活动之外开展非独立核算经营活动取得的现金流入。
	债务预算收入	核算事业单位按照规定从银行和其他金融机构等借入的、纳入部门预算管理的、不以财政资金作为偿还来源的债务本金。
	非同级财政拨款预算收入	核算单位从非同级政府财政部门取得的财政拨款，包括本级横向转拨财政款和非本级财政拨款。
	投资预算收益	核算事业单位取得的按照规定纳入部门预算管理的属于投资收益性质的现金流入。
	其他预算收入	核算单位除财政拨款预算收入、事业预算收入、上级补助预算收入、附属单位上缴预算收入、经营预算收入、债务预算收入、非同级财政拨款预算收入、投资预算收益之外的纳入部门预算管理的现金流入。
（二）预算支出类	行政支出	核算行政单位履行其职责实际发生的各项现金流出。
	事业支出	核算事业单位开展专业业务活动及其辅助活动实际发生的各项现金流出。
	经营支出	核算事业单位在专业业务活动及其辅助活动之外开展非独立核算经营活动实际发生的各项现金流出。
	上缴上级支出	核算事业单位按照财政部门和主管部门的规定上缴上级单位款项发生的现金流出。
	对附属单位补助支出	核算事业单位用财政拨款预算收入之外的收入对附属单位补助发生的现金流出。
	投资支出	核算事业单位以货币资金对外投资发生的现金流出。
	债务还本支出	核算事业单位偿还自身承担的纳入预算管理的从金融机构举借的债务本金的现金流出。
	其他支出	核算单位除行政支出、事业支出、经营支出、上缴上级支出、对附属单位补助支出、投资支出、债务还本支出以外的各项现金流出。

续表

类别	科目名称	核算内容
（三）预算结余类	资金结存	核算单位纳入部门预算管理的资金的流入、流出、调整和滚存等情况。
	财政拨款结转	核算单位取得的同级财政拨款结转资金的调整、结转和滚存情况。
	财政拨款结余	核算单位取得的同级财政拨款项目支出结余资金的调整、结转和滚存情况。
	非财政拨款结转	核算单位除财政拨款收支、经营收支以外各非同级财政拨款专项资金的调整、结转和滚存情况。
	非财政拨款结余	核算单位历年滚存的非限定用途的非同级财政拨款结余资金，主要为非财政拨款结余扣除结余分配后滚存的金额。
	专用结余	核算事业单位按照规定从非财政拨款结余中提取的具有专门用途的资金的变动和滚存情况。
	经营结余	核算事业单位本年度经营活动收支相抵后余额弥补以前年度经营亏损后的余额。
	其他结余	核算单位本年度除财政拨款收支、非同级财政专项资金收支和经营收支以外各项收支相抵后的余额。
	非财政拨款结余分配	核算事业单位本年度非财政拨款结余分配的情况和结果。

注：上表中的单位是指行政事业单位。

三、明细科目的设置

在政府会计的核算中，根据管理的需要，会计科目既要提供总括的核算结果，又要反映明细的核算资料。因此，总账科目是按照会计制度的规定设置的，而明细科目是根据核算需要设置的。明细科目的设置一般有三种情况：

（1）按照《政府预算收支科目》设置明细科目。例如财政部门的预算收入和预算支出，是按“款”设明细科目。行政单位的行政支出和事业单位的事业支出，是按“目”“节”设明细科目。

（2）按结算单位、个人名称或事项设置明细科目。例如各种往来款项，是按结算单位或个人名称或某一事项分别设置明细科目。

（3）按财产物资的类别或品名设置明细科目。如固定资产和材料的明细科目。

从总账科目和明细科目的关系来看，总账科目是设置总账账户的依据，明细科目是设置明细账户的依据。总账科目是明细科目的综合，它对明细科目起控制作用；明细科目是总账科目的详细分类，是总账科目的具体说明，它对总账起补充和分析作用。

四、行政事业单位财务会计与预算会计“平行记账”下的会计科目的对应关系

1. 收入类和预算收入类科目的对应关系

在“平行记账”方法下，行政事业单位财务会计的收入类科目和预算会计的预算收入类科目的对应关系见表2－3。

表2-3 收入类科目和预算收入类科目的对应关系

财务会计科目	预算会计科目
财政拨款收入	财政拨款预算收入
事业收入	事业预算收入
上级补助收入	上级补助预算收入
附属单位上缴收入	附属单位上缴预算收入
经营收入	经营预算收入
非同级财政拨款收入	非同级财政拨款预算收入
投资收益	投资预算收益
捐赠收入	其他预算收入
利息收入	
租金收入	
其他收入	
短期借款	债务预算收入
长期借款	

2. 费用类和支出类科目的对应关系

在"平行记账"方法下，行政事业单位财务会计的费用类科目和预算会计的支出类科目的对应关系见表2-4。

表2-4 费用类和支出类科目的对应关系

财务会计科目	预算会计科目
业务活动费用	行政支出、事业支出
单位管理费用	事业支出
经营费用	经营支出
上缴上级费用	上缴上级支出
对附属单位补助费用	对附属单位补助支出
所得税费用	非财政拨款结余——累计盈余
其他费用	其他支出
短期投资	投资支出
长期股权投资	
长期债权投资	
短期借款	债务还本支出
长期借款	

3. 货币资金类和资金结存类科目的对应关系

在"平行记账"方法下，行政事业单位财务会计的货币资金类科目和预算会计的资金结存类科目的对应关系见表2-5。

表 2-5 货币资金类和资金结存类科目的对应关系

财务会计科目	预算会计科目
库存现金	资金结存——货币资金
银行存款	
其他货币资金	
零余额账户用款额度	资金结存——零余额账户用款额度
财政应返还额度	资金结存——财政应返还额度

从表 2-3、表 2-4 和表 2-5 中可以重点看到以下几点：

第一，大部分预算会计收入类科目是在财务会计收入类科目名称中添加了“预算”二字；大部分预算会计支出类科目是将财务会计费用类科目的“费用”调整为“支出”。

第二，在财务会计中，单位将取得和偿还短期借款、长期借款确认为负债，这符合财务会计惯例；在预算会计中，单位取得和偿还短期借款、长期借款分别确认为“债务预算收入”和“债务还本支出”，正好是资金的流入和流出相对应，这与单位预算编制和预算管理相吻合。

第三，预算会计中，将事业三位因短期投资、长期股权投资和长期债权投资所流出的货币资金确认为“投资支出”，这是收付实现制原则的体现。

第四，在财务会计中设置了“库存现金”“银行存款”等货币资金类账户，在预算会计中相关预算收入和预算支出发生时，也应当有对应的货币资金类账户。从而预算会计设置了“资金结存”这一货币资金账户，这是预算资金管理模式的体现，也同时与财务会计相关货币资金类账户相呼应。

第二节 会计凭证

会计凭证是记录经济业务、明确经济责任的书面证明，是登记账簿的依据。会计凭证按其填制程序和用途的不同，分为原始凭证和记账凭证两种。

一、原始凭证

原始凭证是经济业务发生时取得的书面证明，是证明会计事项发生的唯一合法凭证，是填制记账凭证、登记明细账的依据。从原始凭证的种类来看，财政总预算会计与行政单位、非营利组织会计有所不同。总预算会计因为一般不直接办理预算收支，其原始凭证大部分是国库或单位报送的各种报表；而行政事业单位会计是直接办理预算支出的，其原始凭证大部分是外部的单据，如发货票、付款收据等。

（一）各级总预算会计的原始凭证

主要包括：

（1）国库报来的各种收入日报表及其附件。如各种“缴款书”“收入退还书”“更正通知书”等。

（2）各种拨款和转账收款凭证。如预算拨款凭证，各种银行汇款凭证等。

（3）主管部门报来的各种非包干专项拨款支出报表和基本建设支出月报。

（4）其他足以证明会计事项发生经过的凭证和文件。

（二）行政单位会计的原始凭证

主要包括：①收款收据；②借款凭证；③财政直接支付凭证和财政授权支付凭证；④各种税票；⑤材料出、入库单；⑥固定资产出、入库单；⑦开户银行转来的收付款凭证；⑧往来结算凭证；⑨其他足以证明会计事项发生经过的凭证和文件等。

对各种原始凭证要认真审核，经过审核无误的原始凭证，才能作为编制记账凭证的依据。

二、记账凭证

记账凭证是根据审核无误的原始凭证，按照核算要求加以归类而填制的。它是用来确定会计分录，作为记账根据的一种凭证。

（一）记账凭证的格式

1. 财政总预算记账凭证（见表2-6）

表2-6 **记账凭证** 总号________

年　月　日　　分号________

对方单位	摘要	借方		贷方		金额										记账符号	
		总账科目	明细科目	总账科目	明细科目	千	百	十	万	千	百	十	元	角	分		

会计主管　　记账　　稽核　　制单

2. 行政事业单位记账凭证（见表2-7）。

表2-7 **记 账 凭 证** 记字第______号

核算单位：　　年　月　日　　附件______张

摘要	财务会计			预算会计		
	科目	借方	贷方	科目	借方	贷方
合计						

会计主管　　记账　　稽核　　制单

（二）记账凭证的编制方法

记账凭证应具备下列基本要素：①填制单位的名称；②凭证名称；③填制日期；④凭证编号；⑤经济业务的内容摘要；⑥会计科目的名称和金额；⑦所附原始凭证的张数；⑧制单、复核、记账等人员的签章。

记账凭证一般根据每项经济业务的原始凭证编制。对当天发生的同类经济业务，可以适当归并后编制一张记账凭证。但是不同的经济业务不能合并编制，不同日期的经济业务也不能合在一起编制。

记账凭证必须附有所登记经济业务的原始凭证。如果一张原始凭证涉及几张记账凭证，可将原始凭证附在一张主要的记账凭证后面，在其他记账凭证上注明附有原始凭证的记账凭证编号。如果一张原始凭证中所列的费用应由几个单位负担，该原始凭证可由一方保存，保存原始凭证的单位应向其他付费单位开具分割单，作为对方的原始凭证。年终结账的记账凭证和更正错账的记账凭证，以及总预算会计预拨经费转列支出，可不附原始凭证，但应经主管会计人员签章。

记账凭证应按照会计事项发生的日期，顺序整理制证记账。按照制证的顺序，每月从第一号起编一个连续号。

财政总预算会计记账凭证的日期填列有如下规定：

（1）月份终了尚未结账前，收到上月份的收入凭证，可填列所属月份的最末一日。结账后，按实际账务处理的日期填列。

（2）根据支出月报的银行支出数编制的记账凭证，填列会计报表所属月份的最末一日。

（3）办理年终结账的记账凭证，填列实际账务处理的日期，并注上“上年度”字样。凭证编号仍按上年12月份的顺序号连续编制。其余会计事项，一律按发生的日期填列。

第三节　会计账簿

政府会计账簿是以会计凭证为依据，全面、系统、连续地记录财政预算资金和行政事业单位资金运动及其结果的簿籍。

一、会计账簿的作用

政府会计账簿的主要作用是：

（1）能把会计凭证记载的大量分散的核算资料，分别以不同的账户加以归类、整理，连续系统地提供预算收支实际执行数字，随时考核预算执行情况。

（2）为编制各种政府会计报表及时提供准确的基础资料，便于上级和有关部门了解一定时期预算执行情况。

（3）可从账面上了解各种财产物资、货币资金的增减变动情况及实有数额，保护国家财产资金的安全完整。

（4）可据以掌握各项往来款项的占用情况，以便与有关单位和个人及时办理结算。

（5）可以长期保存，以备事后查考。

二、会计账簿的种类

政府会计的会计账簿一般分总账、明细账和日记账三种。

（一）总账

总账是按总账科目设置的，是反映资金活动的总括情况的账簿，用以记录核算各要素的总括情况，平衡账务，也是控制、核对各明细账、编制资产负债表的根据。总账一般采用三栏式订本账簿。

（二）明细账

明细账是按明细账科目设置的，是用以对总账有关科目进行明细核算的账簿。明细账的格式一般采用三栏或多栏式。

三、会计账簿的使用要求

为了严密会计核算手续，明确记账人员的责任，提高会计核算的质量，应按照统一的要求使用账簿。

（1）会计账簿的使用，以每一会计年度为限（总预算会计按放款期限设置的财政周转金放款明细账可以跨年度使用）。每一账簿启用时，应填写“经管人员一览表”和“账簿目录”，附于账簿扉页上。

（2）手工记账必须使用蓝、黑色墨水书写，不得使用铅笔、圆珠笔。红色墨水除登记收入负数使用外，只能在划线、改错、冲账时使用。账簿必须按照编定的页数连续记载不得隔页、跳行。如因工作疏忽发生跳行或隔页时，应当将空行、空页划线注销，并由记账人员签名或盖章。登记账簿要及时、准确，日清月结，文字和数字的书写要清晰整洁。

（3）会计账簿应根据已经审核过的会计凭证登记。记账时，将记账凭证的编号记入账簿内；记账后，在记账凭证上用“√”符号注明，表示已登记入账。

（4）各种账簿记录应按月结账，结出本月合计和本月止累计数。

账簿记录中可能发生各种各样的错误，如填制凭证或记账时发生的笔误，错用会计科目，过账错误或是合计错误等。由于发生错误的具体情况不同，发生错误的时间先后不同，更正错误的方法也不尽相同。可根据情况采用划线更正法或红字更正法更正。

第四节　记账方法和账务处理程序

一、记账方法

记账方法是运用一定的记账符号、记账规则来编制会计分录和登记账簿的方法。我国政府会计使用借贷记账法。借贷记账法基本内容有：

（一）记账符号

以“借”“贷”作为记账符号，借贷的含义视账户的性质而异。资产、费用、预算支出类账户，“借”表示增加，“贷”表示减少；负债、净资产、收入、预算收入类账户，“借”表示减少，“贷”表示增加。

（二）记账规则

借贷记账法的记账规则可概括为：“有借必有贷，借贷必相等”。即在每笔经济业务的会计分录中，借方金额必须等于贷方金额。

（三）平衡公式

1. 余额平衡

余额平衡是指用各账户期末余额进行试算平衡，平衡公式为：

所有账户的借方余额合计 = 所有账户的贷方余额合计

2. 发生额平衡

发生额平衡是指用各账户一定时期的发生额进行试算平衡，平衡公式为：

所有账户的借方发生额合计 = 所有账户贷方发生额合计

二、政府会计账务处理程序

账务处理程序，亦称会计核算形式，就是一定的账簿组织、记账程序和记账方法相互结合的方式。政府与非营利组织会计的账务处理程序通常是：

第一，根据原始凭证编制记账凭证。

第二，根据有关现金出纳的原始凭证登记现金日记账，并编制库存现金日报表，据以编制记账凭证（财政总预算会计无现金收支业务）。

第三，根据记账凭证直接登记总账，或者根据记账凭证定期编制科目汇总表，并据以登记总账。

第四，根据原始凭证和记账凭证登记明细账。

第五，现金日记账、明细账、总账有关账户相互核对，保证账款、账实、账账相符，再根据总账和明细账的核算资料编制会计报表。

思政园地

唐宋时期的政府会计

唐宋时期，我国政府会计理论与方法得到巨大发展推进。

首先，产生了《元和国计簿》《太和国计簿》《会计录》等具有代表性的会计著作。《元和国计簿》和《太和国计簿》分别为唐人李吉甫、韦处厚所撰，收录了唐代人口、赋役、财政、税收等方面的统计资料，按照国家财政收入项目分别记载其收入数字。《会计录》为宋人所编，是一种按照国家规定的财计体制和财政收支项目归类整理，并加以会计分析的经济文献。其内容可分为两大部分：一是会计、统计经济资料部分，包括户籍记账方面的资料和当年财政收支的实际数额；二是会计、统计经济资料的分析比较部分，也可称为会计分析部分。

其次，创立了“四柱结算法”。所谓“四柱”，是指旧管（上期结余）、新收（本期收入）、开除（本期支出）和实在（本期结存）四个栏目。这种结算法把一定时期内财物收付的记录，通过“旧管＋新收＝开除＋实在”这一平衡公式加以总结，既可检查日常记录的正确性，又可分类汇总日常会计记录，使之起到系统、全面和综合的反映作用。“四柱结算法”的发明把我国的簿记发展提到一个较为科学的高度。四柱结算法中四柱平衡关系形成了会计上的方程式，这不仅成为我国传统的中式记账法（中式簿记）的一个特色，而且在世界范围内也一直沿用下来。

最后，在宋代建立了我国会计史上第一个独立的政府会计组织——“三司会计司”，总核天下财赋收入，提高了会计机构的地位。同时，随着人们对账簿的认识，宋代产生并流行着一些有关账簿的专门用语。此外，“簿记”一词作为我国最早的文字记载亦已见于宋代的文献中。宋代的会计凭证可分为收入与支出两类，皆有正副两联，凭证和账簿都作为重要档案一起由专吏负责长期保存。

感悟：唐宋时期社会生产力发展迅速，社会财富不断增加，是中国封建经济发展的鼎盛时期。唐宋经济的繁荣为会计的发展创造了良好的条件，使会计核算的方法有了较大的发展，中式会计处于自己的一个高峰。这正好说明了经济越发展，会计越重要。我们要志存高远、努力学习，争做新时代好少年，强国有我！

【复习思考题】

1. 试述政府与非营利组织会计的会计科目及其核算内容。
2. 什么是会计凭证？会计凭证有哪几类？如何填制记账凭证？
3. 什么是会计账簿？会计账簿的使用有何要求？
4. 政府与非营利组织会计通常采用什么程序进行账务处理？

第三章 财政总预算资产和负债的核算

学习目标

本章主要介绍财政资产、财政负债的涵义、内容及其核算方法。要求掌握财政资产的含义，财政拨款的原则，财政负债的含义和内容，各项财政资产和财政负债核算的基本业务类型，适用科目及其账务处理。

第一节 财政资产的核算

资产是一级财政掌管或控制的能以货币计量的经济资源。包括财政性存款、有价证券、在途款、预拨及借出款项、暂付及应收款项等。

一、财政性存款的核算

财政性存款是指财政部门代表政府所掌管和支配的财政资金。包括国库存款、国库现金管理存款和其他财政存款等。国库存款是指国库的预算资金存款（一般预算存款和基金预算存款）；国库现金管理存款是指政府财政部门将国库资金转存的商业银行的款项。其他财政存款是指未列入国库存款，根据国务院和财政部有关规定在指定的专业银行存入的各项财政性款项。

（一）财政性存款的管理原则

财政性存款的支配权属于同级政府财政部门，并由总预算会计负责管理，统一收付。总预算会计在管理财政性存款中，应当遵循以下原则：

（1）集中资金，统一调度。各种应由财政部门掌管的资金，都应纳入总预算会计的存款账户。调度资金应根据事业进度和资金使用情况，保证满足计划内各项正常支出的需求，并要充分发挥资金效益，把资金用活用好。

（2）严格控制存款开户。财政部门的预算资金除财政部有明确规定者外，一律由总预算会计统一在国库或指定的银行开立存款账户。不得在国家规定之外将预算资金或其他财政性资金任意转存其他金融机构。

（3）根据年度预算或季度分月用款计划支拨资金。为了保证财政部门掌握的资金能够有效使用，确保年度预算的完成，必须根据年度预算编制季度分月用款计划，做到长计划短安排，以此办理款项的支拨。不得办理无计划、超预算的支拨。

（4）转账结算。总预算会计的各种会计凭证只能用以转账结算不得提取现金。

（5）在存款余额内支付，不得透支。

（二）国库存款的核算

为核算各级财政在国库的预算资金（含一般预算和基金预算）存款，应设置“国库存款”（资产类）总账账户。借方登记国库存款增加数，贷方登记国库存款减少数。借方余额反映国库存款的结存款。

该账户应按照一般预算存款和基金预算存款设置明细账，进行明细核算。

有外币收支业务的总预算会计应按外币的种类设置外币存款明细账。发生外币收支业务时，应根据中国人民银行公布的人民币外汇汇率折合为人民币记账，并登记外国货币金额和折合率。年度终了，应将外币账户余额按照期末国家银行颁布的人民币外汇汇价折合为人民币，作为外币账户期末人民币余额。调整后的各种外币账户人民币余额与原账面余额的差额，作为汇兑损益列入有关支出科目。

《中华人民共和国国家金库条例》

【例3-1】某市财政局，收到国库报来“预算收入日报表”列明一般公共预算本级收入合计2 000 000元，政府性基金预算本级收入合计600 000元。会计分录如下：

借：国库存款——一般预算存款	2 000 000	
——基金预算存款	600 000	
贷：一般公共预算本级收入		2 000 000
政府性基金预算本级收入		600 000

【例3-2】某市财政局，直接支付预算单位经费支出1 000 000元，政府性基金预算本级支出180 000元。会计分录如下：

借：一般公共预算本级支出	1 000 000	
政府性基金预算本级支出	180 000	
贷：国库存款——一般预算存款		1 000 000
——基金预算存款		180 000

（三）其他财政存款的核算

为了核算未列入“国库存款”“国库现金管理存款”账户反映的各项财政性存款，各级财政总预算会计应设置“其他财政存款”（资产类）账户，用以核算财政周转金、未设国库的乡（镇）财政在专业银行的预算资金存款以及部分由财政部指定存入专业银行的专用基金存款等。借方登记其他财政存款增加数，贷方登记其他财政存款减少数。借方余额反映其他财政存款的实际结余数。其年终余额结转下年。

该账户应按照交存地点和资金性质分设明细账，进行明细核算。

【例3-3】 某市财政局，通过本级预算支出安排取得粮食风险基金200 000元。会计分录如下：

借：其他财政存款——专用基金存款　　200 000
　　贷：专用基金收入　　200 000

同时记：

借：一般公共预算本级支出　　200 000
　　贷：国库存款——一般预算存款　　200 000

（四）有价证券的核算

有价证券是中央财政以信用方式发行的国家公债。各级财政只能用各项财政结余购买国家指定由地方各级政府购买的有价证券。

有价证券应按取得实际支付的价款记账，购入有价证券（含债券收款单）应视同货币妥善保管。当期取得有价证券的兑付利息及转让有价证券取得的收入与账面成本的差额，记入当期收入。

为了核算各级政府购买的有价证券，财政总预算会计应设置“有价证券”（资产类）账户。借方登记购入有价证券数额，贷方登记到期兑付有价证券本金数额。借方余额反映有价证券的实际库存数。利息收入通过有关收入账户核算。

该账户应按照有价证券的种类和资金性质设置明细账，进行明细核算。

【例3-4】 某市财政局，用一般公共预算结转结余100 000元，政府性基金预算结转结余100 000元，购买国库券。会计分录如下：

借：有价证券——一般公共预算结余购买　　100 000
　　　　　　——政府性基金预算结转结余购买　　100 000
　　贷：国库存款——一般预算存款　　100 000
　　　　　　　　——基金预算存款　　100 000

【例3-5】 某市财政局，以前年度用预算结余资金购买的国库券150 000元到期，兑付，收到本金150 000元，利息20 000元。会计分录如下：

（1）兑付本金：

借：国库存款——一般预算存款　　150 000
　　贷：有价证券——预算结余购买　　150 000

（2）收入利息：

借：国库存款——一般预算存款　　20 000
　　贷：一般公共预算本级收入　　20 000

（五）在途款的核算

由于库款的报解需要一定的结算时间，年终就会存在国库经收处或各级国库已经在年前收纳，但尚未划转到支库或尚未报解到各上级国库的款项。这些款项就称为在途款。

为了在年终决算中全面反映各级财政实际收支总额，解决上下年度间的库款结算问题，各级财政总预算会计应设置“在途款”（资产类）账户，用以核算决算清理期和库款报解整理期内发生的上下年度收入、支出业务及需要通过该账户过渡处理的资金数。借方登记决算清理期内收到的属于上年度的收入数及收回属于上年度的拨款或支出数，贷方登记冲转数。冲转后该账户无余额。

【例3－6】某市财政局，在决算清理期中收到国库报来收入日报表，列明收到属于上年度的一般公共预算本级收入80 000元。会计分录如下：

（1）在上年度账上记：

借：在途款　　80 000

　　贷：一般公共预算本级收入　　80 000

（2）在本年度新账上记：

借：国库存款——一般预算存款　　80 000

　　贷：在途款　　80 000

【例3－7】某市财政局，在决算清理期中收回属于上年度的政府性基金预算本级支出40 000元。会计分录如下：

（1）在上年度账上记：

借：在途款　　40 000

　　贷：政府性基金预算本级支出　　40 000

（2）在本年度新账上记：

借：国库存款——基金预算存款　　40 000

　　贷：在途款　　40 000

（六）国库集中支付的核算

为了加强财政性资金管理与监督，提高资金运行效率和使用效益，从2004年开始，各地方财政部门着手进行国库管理制度的改革试点，实行国库集中收付，财政性资金通过国库单一账户体系存储、支付和清算。

《财政国库管理制度改革试点方案》

1. 国库单一账户体系的构成

国库单一账户体系由国库单一账户、零余额账户、预算外资金财政专户、特设专户等四类账户构成。

各类账户的主要功能：

（1）国库单一账户。用于记录、核算和反映纳入预算管理的财政收入和支出活动，以及与零余额账户进行清算，实现支付。国库单一账户由财政部门在中国人民银行或其分支机构开设，未设中国人民银行分支机构的地区在金库代理银行开设。

（2）零余额账户。用于记录和反映预算资金的日常支付活动，并与国库单一账户清算。零余额账户分为两类：财政部门零余额账户和预算单位零余额账户。财政部门零余额账户用于财政直接支付，由财政部门在商业银行（代理银行）开设；预算单位零余额账户用于财政授权支付，可以转账、提取现金等规定的结算业务，账户由财政部门在商业银行（代理银行）为预算单位开设。

（3）预算外资金专户。用于记录和反映预算外收入和支出活动，并对预算外资金的日常收支进行清算。预算外资金专户由财政部门在商业银行开设，它需按预算单位或资金性质设置收入分类账户，按预算单位设置支出分类账户。

（4）特设专户。指经国务院和省级人民政府批准或授权财政部门开设的特殊过渡性专户。它用于记录和反映预算单位的特殊专项支出活动，并用于与国库单一账户清算。特殊专户由财政部门在代理银行为预算单位开设。

国库单一账户和零余额账户，构成了财政资金收支的基本账户。

2. 零余额账户的开设及其与国库单一账户的清算

国库单一账户体系，与现行制度下的账户体系有较大差别，主要表现就是零余额账户的开设及其与国库存单一账户的清算。零余额账户又称夜晚零余额账户，该账户每个营业日中发生的借方或贷方余额在营业日终了，都要通过与国库单一账户清算而扫平归零。零余额账户的设置，保证了财政资金在支付实际发生前不流出国库单一账户。这一过程是通过财政国库支付执行机构会计进行的。财政国库支付执行机构会计是财政总预算会计的延伸，办理财政对各预算单位的款项支付，并将当日的支付情况按部门分“类”“款”“项”汇总编制“财政资金支出结算清单”报送财政总预算会计，总预算会计据此与国库和预算外资金财政专户代理银行划拨凭证核对无误后，分别列报预算内、外支出。

3. 国库集中支付的方式与会计核算

在国库集中收付的体制下，财政国库对各预算单位的支付方式分为财政直接支付和财政授权支付两种形式。

（1）财政直接支付的核算。财政直接支付是由预算单位按照批准的部门预算和用款计划，向财政部门提出支付申请。财政部门审核无误后，向代理银行签发支付指令，通知代理银行从财政零余额账户存款中将资金直接支付给收款人（商品或劳务供应商）账户。同时，通过清算，从国库单一账户存款拨补到代理银行的财政零余额账户存款中，实现支付。这种方式主要适用于统发工资支出、政府采购支出等。

为了核算财政国库执行机构（一般称为国库收付中心）办理的财政直接支付的资金业务，需设置“财政零余额账户存款”科目。本科目贷方登记财政国库执行机构当天发生的直接支付资金数；本科目借方登记当天国库单一账户存款划入冲销数。当天资金结算后本科目余额为零。

财政国库支付机构为预算单位直接支付款项时，根据财政直接支付凭证（回单），区分预算内、外资金，按部门分“类”“款”“项”，列报相关支出，编制会计凭证。

支付资金时记：

借：一般公共预算本级支出——财政直接支付
　　政府性基金预算本级支出——财政直接支付
　　贷：财政零余额账户存款

财政国库支付机构收到国库和财政专户（预算处）划拨资金凭证与“财政支出结算清单”核对无误后记：

借：财政零余额账户存款
　　贷：已结报支出

财政总预算会计对国库支付机构直接支付资金的“财政资金支出结算清单”审核无误

后，进行会计核算。

借：一般公共预算本级支出

政府性基金预算本级支出

贷：国库存款

（2）财政授权支付的核算。财政授权支付是由预算单位按照批准的部门预算和用款计划，向财政部门提出授权支付的用款额度申请。财政部门批准用款额度并通知国库和代理银行。预算单位自行签发支付指令，从单位零余额账户存款中付款给收款人。通过清算，从国库单一账户存款划账，实现财政授权支付。

财政授权支付方式下，财政部门对批准下达的各预算单位的零余额用款额度，一般不作正式会计分录，只作登记备查。

预算单位对授权支付额度实际支付后，财政国库支付机构根据单位零余额账户存款代理银行报送的“财政支出报表”，经与国库单一账户存款核对无误后，区别预算内外，编制会计凭证。

借：一般公共预算本级支出——单位零余额账户额度

政府性基金预算本级支出——单位零余额账户额度

贷：已结报支出——财政授权支付

财政总预算会计对财政授权支付的资金，根据各代理银行汇总的预算单位零余额账户用款额度的实际支付款，与国库支付执行机构核对无误后，分别列报预算内、外支出，编制会计凭证。

借：一般公共预算本级支出

政府性基金预算本级支出

贷：国库存款

财政国库支付机构年终要将所有支出与财政总预算会计及有关方面对账，并结清账目。年终应无余额。会计分录为：

借：已结报支出——财政直接支付

——财政授权支付

贷：一般公共预算本级支出

政府性基金预算本级支出

二、预拨及借出款项的核算

（一）预拨经费的核算

预拨经费是由于特殊情况用预算资金预拨给用款单位的款项。凡年度预算执行中总预算会计用预算资金预拨出应在以后各期列支的款项以及会计年度终了前预拨给用款单位的下年度经费款，均应作为预拨经费管理。

为了核算预拨经费，各级财政总预算会计应设置“预拨经费”（资产类）账户，用以核算财政部门预拨给行政事业单位尚未列为预算支出的经费。借方登记预拨经费数，贷方登记转列支出或收到用款单位交回数。借方余额反映尚未转列支出或尚待收回的预拨经费数。

该账户应按照接受拨款单位设明细账，进行明细核算。

【例3-8】 某财政局，预拨给边远山区××区正常经费2 500 000元。会计分录如下：

借：预拨经费——××区　　2 500 000

　　贷：国库存款——一般预算存款　　2 500 000

【例3-9】 上述预拨边远山区，经批准2 200 000元转列支出，收回余款300 000元。会计分录如下：

借：一般公共预算本级支出　　2 200 000

　　国库存款——一般预算存款　　300 000

　　贷：预拨经费——××区　　2 500 000

（二）借出款项的核算

借出款项是指政府按照对外借款管理规定借给预算单位临时急需并需按期收回的款项。

为了核算借出款项，各级财政总预算会计应设置“借出款项”（资产类）账户。借方登记借出款项数，贷方登记减少数。借方余额反映政府财政借给预算单位尚未列收回的款项。本科目应当按照借款单位等进行明细核算。

【例3-10】 某市财政局借给水利局临时急需款300 000元，用于该局下属某事业单位设备改造。会计分录如下：

借：借出款项——市水利局　　300 000

　　贷：国库存款——一般预算存款　　300 000

【例3-11】 某市水利局将300 000元借款转作对该部门的经费支出。会计分录如下：

借：一般公共预算本级支出　　300 000

　　贷：借出款项——市水利局　　300 000

三、暂付及应收款项的核算

（一）与下级往来的核算

为了核算与下级往来，财政总预算会计应设置“与下级往来”（资产类）账户，用以核算与下级财政的往来待结算款项。借方登记借给下级财政款及体制结算中应由下级财政上交的收入数，贷方登记借款收回数、转作补助支出数。借方余额反映下级财政应归还本级财政的款项，贷方余额反映本级财政欠下级财政的款项，在编制“资产负债表”时应以负数反映。该账户应及时清理结算。应转作补助支出的部分应在当年结清；其他年终未能结清的余额，结转下年。

该账户应按照资金性质和下级财政部门名称设置明细账，进行明细核算。

【例3-12】 某市财政局，经批准借给所属某县财政局临时周转款项200 000元。会计分录如下：

借：与下级往来——某县财政局　　200 000

　　贷：国库存款——一般预算存款　　200 000

【例3-13】 经批准，将上述借给某县财政局的款项200 000元，转作补助支出。会计分录如下：

借：补助支出　　200 000
　　贷：与下级往来——某财政局　　200 000

（二）其他应收款的核算

其他应收款是指政府财政临时发生的其他应收、暂付、垫付款项。为了核算其他应收款款项，各级财政总预算会计应设置“其他应收款”（资产类）账户。借方登记借出数，贷方登记收回数或转作支出数。借方余额反映尚未结清的其他应收款项。该账户应及时清理结算，年终原则上应无余额。

该账户应按照资金性质及债务单位名称设置明细账，进行明细核算。

【例3-14】 某市财政局，因救灾，经批准借救灾指挥部自然灾害救灾款300 000元。会计分录如下：

借：其他应收款——市救灾指挥部　　300 000
　　贷：国库存款　　300 000

【例3-15】 经批准，同意将市救灾指挥部借款中的200 000元转作救济事业费支出，其余已收回。会计分录如下：

借：一般公共预算本级支出　　200 000
　　国库存款　　100 000
　　贷：其他应收款——市救灾指挥部　　300 000

第二节　财政负债的核算

负债是一级财政所承担的能以货币计量、需以资产偿付债务。包括应付及暂收款项、按法定程序及核定的预算举措的债务等。

一、应付及暂收款的核算

应付及暂收款项是在预算执行期间，上下级财政或财政与其他部门结算中形成的债务。包括与上级往来款、其他应付款等。

（一）与上级往来的核算

与上级往来是上下级财政之间由于财政资金的周转调度以及预算补助、上解结算等事项而形成的债务。

为了核算与上级的往来待结算款项，财政总预算会计应设置“与上级往来”（负债类）

转作上级补助收入数或体制结算中应由上级补给款。贷方余额反映本级财政欠上级财政的款项；借方余额反映上级财政欠本级财政的款项，在编制“资产负债表”时，以负数反映。该账户应及时清理结算，年终未能结清的余额，结转下年。

该账户应按照资金性质设置明细账，进行明细核算。

【例3－16】某市财政局，向省财政厅借入临时借款400 000元。会计分录如下：

借：国库存款——一般预算存款　　400 000

　贷：与上级往来——一般预算往来　　400 000

【例3－17】某市财政局，归还上述临时借款300 000元，余款省财政厅同意转作补助。会计分录如下：

借：与上级往来——一般预算往来　　400 000

　贷：国库存款——一般预算存款　　300 000

　　补助收入——一般预算补助　　100 000

（二）其他应付款的核算

其他应付款是指政府财政临时发生的应付、暂收和收到不明性质的款项。为了核算其他应付款款项，各级财政总预算会计应设置“其他应付款”（负债类）账户。贷方登记临时发生的应付、暂收和收到不明性质的款项，借方登记退还或转作收入数额。期末贷方余额反映尚未结清的其他应付款项。

该账户应按照资金性质、债权单位名称或款项来源设置明细账，进行明细核算。

【例3－18】某市财政局，收到某单位性质不明的预算缴款30 000元，作为其他应付款。会计分录如下：

借：国库存款　　30 000

　贷：其他应付款——某单位　　30 000

【例3－19】上述性质不明的款项中的27 000元为罚没收入，转作一般公共预算本级收入，另3 000元是错收的罚款，需退还被罚者，经批准，办理退库。会计分录如下：

借：其他应付款——某单位　　30 000

　贷：一般公共预算本级收入　　27 000

　　国库存款　　3 000

二、应付政府债券的核算

应付政府债券是指政府财政采用发行政府债券的方式筹集资金而形成的负债，包括应付短期政府债券和应付长期政府债券。

（一）应付短期政府债券的核算

应付短期政府债券是指以政府名义发行的期限不超过1年（含1年）的国债和地方政府债券。为了核算政府财政部门发行的应付短期政府债券的本金和利息，财政总预算会计应当设置“应付短期政府债券”（负债类）账户，该账户贷方登记应付短期政府债券的增加额，借方登记减少额，期末贷方余额反映政府财政尚未偿还的短期政府债券本金和利息。本账户下应当设置“应付国债”“应付地方政府一般债券”“应付地方政府专项债券”等一级明细科目，在一级明细科目下，再分别设置“应付本金”“应付利息”明细科目进行核算。

【例3-20】某省财政发行为期12个月的专项短期政府债券，面额1亿元，实际收到的发行收入0.94亿元。

借：国库存款　　94 000 000
　　一般公共预算本级支出　　6 000 000
　　贷：债务收入　　100 000 000
借：待偿债净资产——应付短期政府债券　　100 000 000
　　贷：应付短期政府债券——应付地方政府专项债券——应付本金　　100 000 000

（二）应付长期政府债券

长期政府债券是指以政府名义发行的期限超过1年的国债和地方政府债券。为了核算政府财政部门发行的应付长期政府债券的本金和利息，财政总预算会计应设置“应付长期政府债券”（负债类）账户。该账户贷方登记应付长期政府债券的增加额，借方登记减少额，期末贷方余额反映政府财政尚未偿还的长期政府债券本金和利息。本账户下应当设置“应付国债”“应付地方政府一般债券”“应付地方政府专项债券”等一级明细科目，在一级明细科目下，再分别设置“应付本金”“应付利息”明细科目进行核算。

【例3-21】某省财政厅收到政府发行长期债券收入21亿元，该批债券的面值是20元，为溢价发行。

借：国库存款　　2 100 000 000
　　贷：债务收入　　2 000 000 000
　　　　一般公共预算本级支出　　100 000 000
借：待偿债净资产——应付长期政府债券　　2 000 000 000
　　贷：应付长期政府债券——应付地方政府一般债券——应付本金　　2 000 000 000

三、借入款项的核算

借入款项是指政府财政部门以政府名义向外国政府和国际金融组织等借入的款项，以及经国务院批准的其他方式借入的款项。为了核算各级财政举借的债务，财政总预算会计应设置“借入款项”（负债类）账户。贷方登记借入款项本金和利息的增加额，借方登记偿还的本金和利息数。贷方余额反映尚未偿还的债务。本账户下应当设置“应付本金”“应付利息”明细科目。

【例3-22】中央财政根据全国人大的决定，向外国政府借入主权外债资金，折合人民币600 000 000元。会计分录如下：

借：其他财政存款　　600 000 000
　　贷：债务收入　　600 000 000
借：待偿债净资产——借入款项　　10 000 000 000
　　贷：借入款项　　10 000 000 000

思政园地

国库的产生和发展是怎样的?

国库是随着人类社会的进步、社会生产力水平的提高、国家的产生而发展起来的，是社会生产发展到一定阶段的必然产物。一方面，国家的统治者为了执行国家职能，开始向公民征税，捐税是国库收入的最初形式，也是当今最主要的形式；另一方面，为了维持国家各方面的正常运转和支持社会事业发展，国家需要将掌握的收入不断地使用出去，这就产生了国库支出。我国国库发展大体上经历了两个阶段：一是实物形式为主的国库：从夏朝一直延续到1904年的清朝；二是货币形式为主的国库：1905年清政府成立“户部银行”并行使中央银行职能。

感悟：人民银行的国库可以看成是一个簿记系统，通过纸质的簿记或者电子的簿记记录所有的财政收入和财政支出，发挥着以下重要作用：

一是体现央行“政府的银行”职能。通过及时、足额收纳、筹集和拨付资金，满足政府和相关部门的资金需求，保证其正常运转。及时向各级政府及相关部门提供预算收支信息，帮助其分析经济社会发展状况及政府财务状况，并进行正确的宏观决策。

二是保障国家预算顺利执行。协助财税机关组织预算收入及时入库；协助财税部门执行经过各级人大审议批准的预算收支计划；同时，对预算资金收纳、支拨、退付等进行事中监督。

三是支持经济社会发展。通过及时、准确办理预算收支业务，加强国库资金管理，使国家预算资金得以及时收纳、筹集和准确反映，安全得以保证，国家经济建设和社会正常运转所需的各项开支得以及时拨付，为经济社会发展提供资金保障。

四是促进货币和财政两大政策协调。通过国库收支资金运行状况的监测分析，为各级政府和财政与货币两大政策部门提供有参考价值的决策信息；通过高效的国库现金管理操作，促进财政货币政策有机结合，提高国家宏观调控政策的实施效果。

五是服务社会公众和国计民生。国库不但要保证财政、税务等部门征缴的预算收入及时足额缴入国库，还要保证各级政府预算单位的正常经费支出；不但要保证各企事业单位和广大人民群众方便缴税和其他纳入预算管理的资金，还要保证国家预算资金安全、及时拨付至社会大众和各行各业。

【复习思考题】

1. 什么是财政性存款？如何对其进行管理？
2. 财政国库执行机构怎样进行财政零余额账户存款的核算？
3. 什么是负债？包括哪些内容？

第四章 财政总预算收入、支出和净资产的核算

学习目标

本章主要介绍财政收入、财政支出和财政净资产的涵义、内容及其核算方法。要求掌握各项收入的概念，预算收入的收纳、划分和报解，办理预算支出的基本规定和支出列报口径，预算周转金的概念及意义，财政收入、支出和净资产核算的基本业务类型、适用科目及其账务处理，了解财政净资产的内容；理解财政结余形成的原因。

第一节 财政收入的核算

财政收入是国家为实现其职能，根据法令和法规所取得的非偿还性资金，是一级财政的资金来源。包括一般公共预算本级收入、政府性基金预算本级收入、专用基金收入、资金调拨收入等。

一、一般公共预算本级收入的核算

（一）一般公共预算本级收入的内容

一般公共预算本级收入是通过一定的形式和程序，有计划组织的，由国家支配，纳入预算管理的资金。

根据财政部制定的《政府预算收支分类科目》的规定，一般公共预算本级收入主要包括以下内容。

《2022年政府收支分类科目》

1. 税收类

（1）增值税：指按《中华人民共和国增值税法》征收的国内增值税、进口货款增值税和经审批退库的出口货物增值税。

（2）消费税：指按《中华人民共和国消费税法》征收的国内消费税、进口消费品消费税和经审批退库的出口消费税。

（3）营业税：已停。

（4）企业所得税：指按《中华人民共和国企业所得税法》征收的企业所得税。

（5）企业所得税退税：指按政策审批退库的企业所得税。

（6）个人所得税：指按《中华人民共和国个人所得税法》《对储蓄存款利息所得征收个人所得税实施法》征收的个人所得税。

（7）资源税：指按《中华人民共和国资源税法》征收的资源税。

（8）固定资产投资方向调节税：已停。

（9）城市维护建设税：指按《中华人民共和国城市维护建设税法》征收的城市维护建设税。

（10）房产税：指按《中华人民共和国房产税暂行条例》征收的房产税以及依照《城市房地产税暂行条例》征收的城市房地产税。

（11）印花税：指按《中华人民共和国印花税法》征收的印花税。

（12）城镇土地使用税：指按《中华人民共和国城镇土地使用税法》征收的城镇土地使用税。

（13）土地增值税：指按《中华人民共和国土地增值税法》征收的土地增值税。

（14）车船税：指按《中华人民共和国车船税法》征收的车船税。

（15）船舶吨税：指船舶吨税收入及税款滞纳金、罚款收入等。

（16）车辆购置税：指按《中华人民共和国车辆购置税法》征收的车辆购置税。

（17）关税：指按《中华人民共和国进出口关税条例》征收的关税，按《中华人民共和国反倾销条例》征收的反倾销税，按《中华人民共和国反补贴条例》征收的反补贴税，按《中华人民共和国保障措施条例》征收的保障措施关税以及财政部按“先征后退”政策审批退库的关税。

（18）耕地占用税：指按《中华人民共和国耕地占用税法》征收的耕地占用税。

（19）契税：指按《中华人民共和国契税法》征收的契税。

（20）烟叶税：指按《中华人民共和国烟叶税法》征收的烟叶税。

（21）其他税收收入：反映除上述项目以外其他税收收入，包括有关停征税种的尾款等。

2. 社会保险基金收入

（1）基本养老保险基金收入。

（2）失业保险基金收入。

（3）基本医疗保险基金收入。

（4）工伤保险基金收入。

（5）生育保险基金收入。

（6）新型农村合作医疗基金收入。

（7）城镇居民基本医疗保险基金收入。

（8）新型农村社会养老保险基金收入。

（9）城镇居民养老保险基金收入。

（10）其他社会保险基金收入。

3. 非税收入

（1）专项收入：反映纳入公共预算管理的有专项用途的非税收入。如排污费收入。

（2）行政事业性收费收入：指依据法律、行政法规、国务院有关规定、国务院财政部门会同价格主管部门共同发布的规章或者规定以及省、自治区、直辖市的地方性法规、政府规章或者规定，省、自治区、直辖市人民政府财政部门会同价格主管部门共同发布的规定所收取的各项收费收入。

（3）罚没收入：指执法机关依法收缴的罚款（罚金）、没收款、赃款，没收物资、赃物的变价款收入。

（4）国有资本经营收入：指各级人民政府及其部门、机构履行出资人职责的企业（即一级企业）上缴的国有资本收益。

（5）国有资源（资产）有偿使用收入：指有偿转让国有资源（资产）使用费而取得的收入。

（6）捐赠收入：本科目核算单位接受其他单位或者个人捐赠取得的收入。

（7）政府住房基金收入

（8）其他收入：反映除上述各款项收入以外的其他收入。

4. 贷款转贷回收本金收入

（1）国内贷款回收本金收入：指收回的技改贷款及其他财政贷款本金收入等。

（2）国外贷款回收本金收入：指收回的我国政府向外国政府贷款的本金收入等。

（3）国内转贷回收本金收入：指收回的政府部门向外国政府、国际金融机构借款转贷给地方政府、相关部门和企业的款项。

（4）国外转贷回收本金收入：指收回的中央政府部门向外国政府、国际金融机构转贷给国外有关机构和企业的款项。

以上贷款转贷回收本金收入，在财政总预算会计核算时，应作为收回债权进行核算，而不作为一般公共预算本级收入核算。但在政府编制预算时，贷款转贷回收本金收入是一项资金来源。因此，纳入预算收入的编制内容。

5. 债务收入

（1）国内债务收入。

（2）国外债务收入。

6. 转移性收入

（1）返还性收入：指下级政府收到上级政府返还性收入。

（2）一般性转移支付收入：反映政府间一般性转移支付收入。

（3）专项转移支付收入：指政府间专项转移支付收入。

（4）政府性基金转移收入。

（5）上年结余收入：指各类资金的上年结余。

（6）调入资金：指不同性质资金之间的调入收入。

（7）债券转贷收入：反映转贷财政部代理发行地方政府债券收入。

（8）接受其他地区援助收入。

（二）一般公共预算本级收入的管理

1. 预算收入的组织机构

（1）征收机关。主要有财政机关、税务机关、海关。对不属于上述机关征收范围的预算收入，以国家指定的负责征收的单位为征收机关。

（2）国库。国库是办理预算收入的收纳、划分、留解和库款支拨的专门机构。国库分为中央国库和地方国库。

2. 预算收入的收纳

预算收入的收纳是指缴款单位或缴款人把应缴预算收入缴入基层国库。

（1）预算收入的缴库方式。预算收入的缴库方式有直接缴库和集中汇缴两种方式。

①直接缴库。它是由预算单位或缴款人按法律法规规定，直接将收入缴入国库单一账户（属预算内的）或预算外资金财政专户（属预算外的）的收入缴库方式。直接缴库方式不需设立各类过渡性账户。实行这种收缴方式的收入，包括税收收入、社会保障缴款、非税收入、转移和捐赠收入、贷款回收本金和产权处置收入以及债务收入。直接缴库的税收收入，由纳税人或税务代理人提出纳税申报，经征收机关审核无误后，由纳税人通过开户银行将税款缴入国库单一账户。社会保障缴款、非税收入、转移和捐赠收入、贷款回收本金和产权处置收入以及债务收入，比照上述程序缴入国库单一账户或预算外资金财政专户。

②集中汇缴。它是由征收机关和依法享有征收权限的单位按法律法规的规定，将所收取的应缴收入汇总直接缴入国库单一账户（属预算内的）或预算外资金财政专户（属预算外的）的收入收缴方式。集中汇缴方式也不需使用过渡性账户。实行这种缴库方式的收入，包括小额零散税收和非税收入中的现金缴款。小额零散税收和法律另有规定的应缴收入，由征收机关于收缴收入的当日汇总缴入国库单一账户。非税收入中的现金缴款，比照本程序缴入国库单一账户或预算外资金财政专户。

（2）预算收入的缴库存凭证。缴款单位向国库缴纳预算收入，包括现金缴纳和转账缴纳，一律使用统一的缴款书，它是国库办理收纳预算收入唯一合法的原始凭证。我国的缴款书分为“税收缴款书”“一般缴款书”“专用缴款书”三种。

3. 预算收入的划分

按照现行“分税制”的财政预算管理体制规定，预算收入可划分为中央预算固定收入、地方预算固定收入、中央与地方共享收入三大类。将与中央权益密切相关和有利于实施宏观调控的税种划为中央固定收入，如关税等。将与地方经济发展关系密切，适合地方征管的税种划为地方固定收入，如城镇土地使用税等。将收入数额较大，同经济发展直接相关的主要税种划为中央与地方共享收入，如增值税等。

4. 预算收入的报解

预算收入的报解是指通过国库向上级财政部门报告预算收入情况，并将属于上级财政的预算收入解缴到中心支库、分库和总库。各级预算收入的报解，原则上应采取逐级报解的方法，但对支库收纳的中央预算收入和省级预算收入，可采取直接向分库报解的办法。

（三）一般公共预算本级收入的核算

一般公共预算本级收入一般以本年度缴入基层国库（支库）的数额为准。

为了核算一般公共预算本级收入，各级财政总预算会计应设置“一般公共预算本级收入”（收入类）账户。贷方登记国库报来收入日报表所列当日预算收入数，当日收入数为负数时，以红字记入（采用计算机记账的用负数反映）；年终结账时，将贷方余额全数转入

"一般公共预算结转结余"账户，转账后本账户无余额。平时贷方余额反映一般公共预算本级收入累计数。

该账户应按照《政府预算收支科目》中的"一般公共预算本级收入科目"（不含一般预算调拨收入类）设置明细账户，进行明细核算。

【例4-1】 某市财政局，收到同级国库报来的"预算收入日报表"及所附收入凭证，列明当日一般公共预算本级收入为210 000元。会计分录如下：

借：国库存款——一般预算存款　　210 000

　　贷：一般公共预算本级收入　　210 000

【例4-2】 某市财政局，收到同级国库报来的"预算收入日报表"及所附收入凭证，列明各种补助退库数大于实际收缴入库数，收退相抵，当日一般公共预算本级收入为负数170 000。会计分录如下：

借：国库存款——一般预算存款　　170 000

　　贷：一般公共预算本级收入　　170 000

二、政府性基金预算本级收入和其他收入的核算

（一）基金收入的内容

根据财政部制定的《政府预算收支分类科目》的规定，政府性基金预算本级收入主要包括以下内容：

1. 非税收入中的政府性基金收入

政府性基金收入是指各级政府及其所属部门根据法律，行政法规规定并经国务院或财政部批准备，向公民、法人和其他组织征收的政府性基金、以及参照政府性基金管理或纳入基金预算，具有特定用途的财政资金。如：三峡工程建设基金收入、农网还贷资金收入、煤炭可持续发展基金收入、电源基地建设基金收入、煤代油基金收入、铁路建设基金收入、铁路建设附加费收入、民航基础设施建设基金收入、民航机场管理建设费收入、其他基金收入等。

2. 转移性收入中政府基金转移收入、政府性基金、上年结余、政府性基金中的调入收入

政府性基金的转移性收入在总预算会计核算时，也分别在"补助收入""上解收入""调入资金"等会计科目核算。

3. 地震灾后恢复重建补助收入（基金预算）

（二）基金收入的核算

为了核算各项政府性基金预算本级收入，各级财政总预算会计应设置"政府性基金预算本级收入"（收入类）账户。贷方登记取得的政府性基金预算本级收入数；年终转账时，将贷方余额全数转入"政府性基金预算结转结余"账户贷方，转账后本账户无余额。平时贷方余额反映当年政府性基金预算本级收入累计数。

该账户应按照"政府性基金预算本级收入"科目（不含基金预算调拨收入类）规定设

置明细账，进行明细核算。

【例4-3】某市财政局收到同级国库“政府性基金预算本级收入日报表”及所附凭证，列报当日机场建设管理费为720 000元。会计分录如下：

借：国库存款——基金预算存款　720 000

　　贷：政府性基金预算本级收入——机场管理建设费　720 000

（三）专用基金收入的核算

为了核算专用基金收入，各级财政总预算会计应设置“专用基金收入”（收入类）账户。贷方登记从上级财政部门或通过本级预算支出安排取得专用基金收入数，借方登记退回专用基金收入数及年终转入“专用基金结余”账户数额。平时贷方余额反映当年专用基金收入累计数。

【例4-4】某市财政局收到省财政厅拨来粮食风险基金3 000 000元，同时，本级财政安排粮食风险基金500 000元，并指定存入农业银行。会计分录如下：

借：其他财政存款　3 000 000

　　贷：专用基金收入——粮食风险基金　3 000 000

借：一般公共预算本级支出　500 000

　　贷：专用基金收入——粮食风险基金　500 000

借：其他财政存款　500 000

　　贷：国库存款——一般预算存款　500 000

三、资金调拨收入的核算

资金调拨收入是根据财政体制规定在各级财政之间进行资金调拨以及在本级财政各项资金之间的调剂所形成的收入。包括补助收入、上解收入和调入资金等。

（一）补助收入的核算

补助收入是指上级财政按财政体制规定或因专项需要补助给本级财政的款项。

为了核算补助收入，财政总预算会计应设置“补助收入”（收入类）账户。贷方登记上级财政拨来的税收返还收入、按财政体制规定的补助款、对本级的专项补助和临时性补助；借方登记退还上级补助款；年终转账时，将贷方余额转入“一般公共预算结转结余”或“政府性基金预算结转结余”贷方。平时贷方余额反映上级补助收入累计数。

本账户下可按“一般预算补助”和“政府性基金预算补助”进行明细核算。

【例4-5】某市财政局，收到省财政拨来的税收返还收入310 000元。会计分录如下：

借：国库存款——一般预算存款　310 000

　　贷：补助收入　310 000

（二）上解收入的核算

上解收入是按财政体制规定由下级财政上缴给本级财政的款项。包括按体制规定由国库在下级预算收入中直接划解给本级财政的款项，按体制结算后由下级财政补缴给本级财政的款项和各种专项上解款。

为了核算上解收入，财政总预算会计应设置“上解收入”（收入类）账户。贷方登记收到的下级上解款；借方登记收入退还款；年终转账时，本账户贷方余额全数转入“一般公共预算结转结余”或“政府性基金预算结转结余”账户贷方。平时贷方余额反映下级上解收入累计数。

该账户应按照上解地区设明细账，进行明细核算。

【例4-6】 某市财政局，收到按体制结算后由所属某县补缴给本级财政的款项100 000元。会计分录如下：

借：国库存款——一般预算存款	100 000	
贷：上解收入		100 000

（三）调入资金的核算

调入资金是为平衡一般预算收支，从预算外资金结余调入预算的资金，以及按规定从其他渠道调入的资金。

为了核算调入资金，财政总预算会计应设置“调入资金”（收入类）账户。贷方登记调入资金数；年终转账时，将本账户贷方余额转入“一般公共预算结转结余”或“政府性基金预算结转结余”账户贷方。

【例4-7】 某市财政局，从政府性基金预算结转结余中调入800 000元，用于平衡一般预算收支。会计分录如下：

借：国库存款——一般预算存款	800 000	
贷：调入资金		800 000
同时记：		
借：调出资金	800 000	
贷：国库存款——基金预算存款		800 000

第二节　财政支出的核算

财政支出是一级政府为实现其职能，对财政资金的再分配。包括一般公共预算本级支出、政府性基金预算本级支出、专用基金支出、资金调拨支出等。

一、一般公共预算本级支出的核算

（一）一般公共预算本级支出的内容

一般公共预算本级支出是国家对集中的预算收入有计划地分配和使用而安排的公共支出。预算支出项目的具体划分和内容，根据财政部制定的《政府收支分类科目》规定如下：

（1）一般公共服务支出：指政府提供一般公共服务的支出。

（2）外交支出：指政府外交事务支出。

（3）国防支出：指政府用于现役部队、国防后备力量、国防动员等方面的支出。

（4）公共安全支出：指政府维护社会公共安全方面的支出。

（5）教育支出：指政府教育事务支出。

（6）科学技术支出：指用于科学技术方面的支出。

（7）文化体育与传媒支出：指政府在文化、文物、体育、广播影视、新闻出版等方面的支出。

（8）社会保障和就业支出：指政府在社会保障和就业方面的支出。

（9）医疗卫生支出：指政府在医疗卫生方面的支出。

（10）节能环保支出：指政府在节能环保方面的支出。

（11）城乡社区支出：指政府城乡社区事务支出。

（12）农林水支出：指政府农林水事务支出。

（13）交通运输支出：指政府在交通运输和邮政业方面的支出。

（14）资源勘探电力信息等支出：指政府用于资源勘探、制造业、建筑业、电力信息等方面的支出。

（15）商业服务业等支出：指政府商业服务业等方面的支出。

（16）金融支出：指政府金融方面的支出。

（17）援助其他地区支出：指援助方政府安排并管理的对其他地区各类援助、捐赠等资金支出。

（18）国土海洋气象等支出：指政府用于国土资源、海洋、测绘、地震、气象等公益服务事业方面的支出。

（19）住房保障支出：集中反映政府用于住房方面的支出。

（20）粮油物资储备支出：指政府用于粮油物资储备方面的支出。

（21）预备费：反映预算中安排的预备费。

（22）国债还本付息支出：指国债还本、付息、发行等方面的支出。

（23）其他支出：指不能划分到上述功能科目的其他政府支出。

（24）转移性支出：指政府的转移支付以及不同性质资金之间的调拨支出。

（二）一般公共预算本级支出的管理

1. 一般公共预算本级支出的列报口径

从总体上而言，财政总预算会计应以国库存款账户中支付给单位的资金数列报支出。具体为国库支付清算数、银行支付清算数、国库拨出数和预算单位结余暂存款。

财政部门从国库存款账户中将资金直接支付给商品供应商或劳务供应者时，财政总预算会计按支付清算数列报支出。

预算单位从银行零余额账户支取时，财政总预算会计按银行报来结算的银行支出清算数列报支出。

财政部门对不通过零余额账户（非集中支付）拨付的专项经费，直接划拨资金给单位时，财政总预算会计以国库存款户的拨出数列报支出；专项经费结余缴回时再冲减支出。

对核准预算单位的年终结余留用数，财政总预算会计列预算支出，同时转入“暂存款”。

预算单位仍以单位的实际支出数列报支出，包括由财政直接支付的部分和财政授权预算单位自行支付的部分。

由此可见，财政总预算会计与预算单位会计列支的口径是不同的。从理论上讲，财政总预算会计的支出，反映财政资金分配的完成，预算单位会计的支出，反映消费的实现。

2. 办理预算支出的基本规定

（1）严格执行《中华人民共和国预算法》。办理拨款支出必须以预算为准。预备费的动用必须经同级人民政府批准。

（2）对主管部门（主管会计单位）提出的季度分月用款计划应认真审核。根据经审核批准的用款申请，结合库款余存情况按时为用款单位支付款项。

（3）总预算会计应根据预算管理要求和用款的实际情况，分“款”“项”核算，列报当期预算支出。

总预算会计不得列报超预算的支出；不得任意调整预算支出科目；未拨付的经费，原则上不得列报当年支出。因特殊情况确需在当年预留的支出，应严格控制，并按规定的审批程序办理。

（三）一般公共预算本级支出的核算

为了核算一般公共预算本级支出，总预算会计应设置“一般公共预算本级支出”（支出类）账户。借方登记总预算会计办理的预算直接支出、预拨行政事业单位经费转列支出、实际限额管理的基本建设单位银行支出数，贷方登记支出收回或冲销转账数。年终，本账户借方余额应全数转入“一般公共预算结转结余”账户借方。平时借方余额反映预算支出累计数。

该账户应按照《政府收支分类科目》中的“一般公共预算本级支出科目”（不含一般预算调拨支出类）分“款”“项”设置明细账，进行明细核算。

1. 财政直接支付方式下一般公共预算本级支出的核算

【例4-8】某市财政局收到当日“财政支出日报表”，显示为环境保护事务支出200 000元。会计分录如下：

借：一般公共预算本级支出——环境保护支出　　200 000

　　贷：国库存款——一般预算存款　　200 000

【例4-9】某市财政局直接支付某科技预算单位本月经费600 000元。会计分录如下：

借：一般公共预算本级支出——科学技术支出　　600 000

　　贷：国库存款　　600 000

【例4-10】年末，将“一般公共预算本级支出”科目借方余额800 000元，划转到有关机构。会计分录如下：

借：一般公共预算结转结余　　800 000

　　贷：一般公共预算本级支出　　800 000

（财政国库支付机构会计核算略）

2. 财政授权支付方式下一般公共预算本级支出的核算

财政总预算会计根据预算单位代理银行报送的“财政支出日报表”与国库付款通知核

对无误后进行会计核算。

【例4-11】某市财政局收到当日“财政支出日报表”，显示授权支付教育事务费用30 000元，文化活动费用60 000元。会计分录如下：

借：一般公共预算本级支出——教育事务支出 30 000
——文化体育与传媒支出 60 000
贷：国库存款 90 000

（财政国库支付机构会计核算略）

二、政府性基金预算本级支出和其他支出的核算

（一）政府性基金预算本级支出的核算

政府性基金预算本级支出是用政府性基金预算本级收入安排的支出。政府性基金预算本级支出应按规定的用途开支，并做到先收后支，量入为出。

为了核算政府性基金预算本级支出，总预算支出应设置“政府性基金预算本级支出”（支出类）账户。借方登记发生的政府性基金预算本级支出数，贷方登记支出收回或冲销转账数。年终，借方余额应全数转入“政府性基金预算结转结余”账户借方。平时借方余额反映政府性基金预算本级支出累计数。

该账户应按照“政府性基金预算本级支出科目”（不含基金预算调拨支出类）设置明细账，进行明细核算。

【例4-12】某市财政局，收到“财政支出日报表”显示支付港口修建费用500 000元，经审查符合用款计划。会计分录如下：

借：政府性基金预算本级支出——港口建设支出 500 000
贷：国库存款——基金预算存款 500 000

（二）专用基金支出的核算

专用基金支出是用专用基金收入安排的支出。专用基金支出应按规定的用途开支，并做到先收后支，量入为出。

为了核算专用基金支出，总预算会计应设置“专用基金支出”（支出类）账户。借方登记发生的专用基金支出数，贷方登记支出收回或冲销转账数。年终，借方余额全数转入“专用基金结余”账户借方。平时借方余额反映专用基金支出累计数。

【例4-13】某市财政局，按有关文件拨付给粮食风险基金400 000元。会计分录如下：

借：专用基金支出 400 000
贷：其他财政存款——专用基金存款 400 000

三、资金调拨支出的核算

资金调查拨支出是根据财政体制规定在各级财政之间进行资金调拨以及在本级财政各项

资金之间的调剂所形成的支出。包括补助支出、上解支出、调出资金等。

（一）补助支出的核算

补助支出是本级财政按财政体制规定或因专项需要补助给下级财政的款项及其他转移支付的支出。

为了核算补助支出，总预算会计应设置“补助支出”（支出类）账户。借方登记拨付给下级财政的税收返还支出，按原财政体制结算应补助给下级财政的款项和专项补助、临时性补助，贷方登记支出退转数。年终，本账户借方余额应转入“一般公共预算结转结余”或“政府性基金预算结转结余”账户借方。平时借方余额反映补助支出累计数。

该账户下可按“一般预算补助”和“基金预算补助”进行明细核算。

【例4-14】 某市财政局，拨给下属某县专项补助款2 600 000元。会计分录如下：

借：补助支出　　2 600 000

　　贷：国库存款——一般预算存款　　2 600 000

（二）上解支出的核算

上解支出是按财政体制规定由本级财政上交给上级财政的款项。

为了核算上解支出，总预算会计应设置“上解支出”（支出类）账户。借方登记按体制由国库在本级预算收入中直接划解给上级财政的款项、按体制结算补解给上级财政款项和各种专项上解款项，贷方登记支出退转数。年终，本账户借方余额全数转入“一般公共预算结转结余”或“政府性基金预算结转结余”账户借方。平时借方余额，反映上解支出累计数。

【例4-15】 某市财政局，按体制结算后应补解给省财政预算款120 000元。会计分录如下：

借：上解支出　　120 000

　　贷：国库存款——一般预算存款　　120 000

（三）调出资金的核算

调出资金是为平衡一般预算收支而从基金预算的地方财政税费附加收入结余中调出，补充一般预算的资金。

为了核算调查出资金，总预算会计应设置“调出资金”（支出类）账户。借方登记调出的政府性基金预算结转结余数。年终，将本账户借方余额全数转入“一般公共预算结转结余”“政府性基金预算结转结余”或“国有资本经营预算调出资金”账户借方。

【例4-16】 某市财政局，为平衡一般预算需要，从基金预算的地方财政税费附加收入结余中调出资金1 900 000元。会计分录如下：

借：调出资金　　1 900 000

　　贷：调入资金　　1 900 000

一般预算与基金预算分设存款账户的地方，应作如下账务处理：

借：调出资金　　1 900 000

　　贷：国库存款——基金预算存款　　1 900 000

借：国库存款——一般预算存款　　1 900 000
　贷：调入资金　　1 900 000

第三节 财政净资产的核算

净资产是资产减去负债的差额。包括各项结余、预算周转金等。

一、结余的核算

结余是财政收支的执行结果。包括一般公共预算结转结余、政府性基金预算结转结余和专用基金结余。

各项结余必须分别核算，不得混淆。各项结余应每年结算一次。年终将各项收入与相应的支出冲销后，即成为该项资金的当年结余。当年结余加上年年末滚存结余为本年年末滚存结余。

（一）一般公共预算结余的核算

一般公共预算结余是各级财政一般公共预算收支的年终执行结果。其计算公式如下：

本年一般公共预算结余 = 一般公共预算本级收入 + 补助收入（一般预算补助）+ 上解收入（一般预算上解收入）+ 调入资金（一般预算调入资金）- 一般公共预算本级支出 - 补助支出（一般预算补助）- 上解支出（一般预算上解支出）- 调出资金（一般预算调出资金）

本年滚存预算结余 = 上年末一般公共预算滚存结余 + 本年一般公共预算结余

各级财政总预算会计应设置“一般公共预算结转结余”“政府性基金预算结转结余”（净资产类）账户。贷方登记年终转账时，从“一般公共预算本级收入”“补助收入——一般预算补助”“上解收入”“调入资金”账户转入的全年贷方累计数；借方登记年终转账时，从“一般公共预算本级支出”“补助支出——一般预算补助”“上解支出”账户转入的全年借方累计数。根据本年预算结余增设预算周转金时，按增设数记入本账户借方。本账户年终贷方余额，反映本年的预算滚存结余数（含有价证券），转入下年度。

【例 4-17】 某市财政局，年终将“一般公共预算本级收入”账户贷方余额 5 000 万元，“补助收入（一般预算补助）”账户贷方余额 2 000 万元，“上解收入”账户贷方余额 2 000 万元、“调入资金”账户贷方余额 1 000 万元，转入“一般公共预算结转结余”“政府性基金预算结转结余”账户。会计分录如下：

借：一般公共预算本级收入　　50 000 000
　　补助收入——一般预算补助　　20 000 000
　　上解收入　　20 000 000
　　调入资金　　10 000 000
　贷：一般公共预算结余　　100 000 000

【例4-18】某市财政局，年终将“一般公共预算本级支出”账户借方余额4 000万元，“补助支出（一般预算补助）”账户借方余额1 500万元，“上解支出”账户借方余额1 500万元，转入预算结余。会计分录如下：

借：预算结余	70 000 000	
贷：一般公共预算本级支出		40 000 000
补助支出——一般预算补助		15 000 000
上解支出		15 000 000

（二）政府性基金预算结转结余的核算

政府性基金预算结转结余是各级财政管理的政府性基金收支的年终执行结果。其计算公式如下：

本年政府性基金预算结转结余＝政府性基金预算本级收入＋补助收入（基金预算补助）＋上解收入（基金预算上解收入）＋调入资金（基金预算调入资金）－政府性基金预算本级支出－补助支出（基金预算补助）－上解支出（基金上解支出）－调出资金（基金预算调出资金）

本年滚存政府性基金预算结转结余＝上年政府性基金预算结转结余＋本年政府性基金预算结转结余

为了进行政府性基金预算结转结余的核算，各级财政总预算会计应设置“政府性基金预算结转结余”（净资产类）账户。贷方登记年终转账时，从“政府性基金预算本级收入”“补助收入——基金预算补助”账户转入的全年贷方累计数；借方登记年终转账时，从“政府性基金预算本级支出”“补助支出——基金预算补助”“调出资金”账户转入的全年借方累计数。贷方余额反映全年基金预算滚存结余，转入下年度。

【例4-19】某市财政局，年终将“政府性基金预算本级收入”账户贷方余额1 000万元，“补助收入——基金预算补助”账户贷方余额500万元，转入“政府性基金预算结转结余”账户。会计分录如下：

借：政府性基金预算本级收入	10 000 000	
补助收入——基金预算补助	5 000 000	
贷：政府性基金预算结转结余		15 000 000

【例4-20】某市财政局，年终将“政府性基金预算本级支出”账户借方余额800万元，“补助支出——基金预算补助”账户借方余额400万元，“调出资金”账户借方余额100万元，转入“政府性基金预算结转结余”账户。会计分录如下：

借：政府性基金预算结转结余	13 000 000	
贷：政府性基金预算本级支出		8 000 000
补助支出——基金预算补助		4 000 000
调出资金		1 000 000

（三）专用基金结余的核算

专用基金结余是各级总预算会计管理的专用基金的年终执行结果。其计算公式如下：

本年专用基金结余 = 专用基金收入 − 专用基金支出

本年滚存专用基金结余 = 上年专用基金结余 + 本年专用基金结余

为了进行专项基金结余的核算，各级财政总预算会计应设置“专用基金结余”（净资产类）账户。贷方登记年终转账时，从“专用基金收入”账户转入的全年贷方累计数；借方登记年终转账时，从“专用基金支出”账户转入的全年借方累计数。年终贷方余额反映本年专用基金的滚存结余，转入下年度。

【例 4−21】 某市财政局，年终将“专用基金收入”账户贷方余额 400 万元，转入“专用基金结余”账户。会计分录如下：

借：专用基金收入　　4 000 000

　　贷：专用基金结余　　4 000 000

【例 4−22】 某市财政局，年终将“专用基金支出”账户借方余额 300 万元，转入“专用基金结余”账户。会计分录如下：

借：专用基金结余　　3 000 000

　　贷：专用基金支出　　3 000 000

二、预算周转金的核算

预算周转金是为了调剂预算年度内季节性收支差额，保证及时用款而设置的周转资金。预算周转金一般用年度预算结余资金设置、补充或由上级财政部门拨入。预算周转金应根据《中华人民共和国预算法》要求设置，并不得随意减少。

为了核算预算周转金，各级财政总预算会计应设置“预算周转金”（净资产类）账户。贷方登记设置和补充预算周转金数，借方一般无发生额。

【例 4−23】 某市财政局，经批准动用一般公共预算结转结余补充预算周转金 500 000 元。会计分录如下：

借：一般公共预算结转结余　　500 000

　　贷：预算周转金　　500 000

【例 4−24】 某市财政局，收到省财政拨补本市的预算周转金 200 000 元。会计分录如下：

借：国库存款　　200 000

　　贷：预算周转金　　200 000

目前中央财政已经初步建立由公共预算、政府性基金预算、国有资本经营预算、社会保险基金预算 4 类预算组成的全口径政府预算体系，根据党的十八大提出的“加强全口径预算管理监督”的总体要求，结合近几年有关方面的反映，在不改变科目体系、科目编码和结构的前提下，将预算科目按 4 类预算各自的收支范围分别归集反映、进行核算。即按公共预算收支科目、政府性基金预算收支科目、国有资本经营预算收支科目、社会保险基金预算收支科目分别列示。同时，为总括反映政府收支科目的全貌，在科目的附录中将全部科目汇总归集。

思政园地

激发创新力量　服务国计民生

2017年年初，我国“科技创新2030—重大项目”已经凝练形成了15个项目立项建议，其中量子通信和量子计算机、脑科学和类脑研究等4个项目的实施方案编制工作全面启动。这一关乎我国未来科技发展方向的项目究竟如何遴选和布局，将在何时全面启动，成为大家关心的话题。

“科技创新2030—重大项目”是我国面向2030年部署的一批与国家战略发展和人民生活紧密相关的重大科技项目，实施时间为2016年至2030年，它与2022年实施的国家科技重大专项在领域分布上有相关性，主要集中在电子信息、先进制造、能源环境、生物健康、海洋天空五大领域，而“科技创新2030—重大项目”更加注重战略必争、重大关键、前瞻引领、切实可行等方面的需求。

在电子信息领域，我国在2022年已开始实施的重大专项有：核心器件、高端芯片和基础软件、极大规模集成电路、新一代无线宽带移动通信等项目。这一次面向2030年，又部署了量子通信和量子计算机、网络空间安全、天地一体化信息网络和大数据四个重大项目。在先进制造领域，我国已经有高端数控机床、大飞机两个重大专项，这次又部署了航空发动机和燃气轮机、智能制造和机器人、重点新材料三个重大项目。

对于科技创新在支撑供给侧结构性改革、惠民生方面所起到的作用，可以用一组数字来概括：中央财政在民用领域的10个重大专项中投入769亿元，企业与地方投入1 080亿元，直接带动了新增产值1.42万亿元，实缴税金1 300亿元，而承担项目的企业、高校院所，获得授权专利11 000多项，技术标准8 478个，同时有将近24万名科技人员以各种方式参与项目实施。未来在“大众创业、万众创新”方面，不仅会进一步支持大企业、龙头骨干院校和青年人共同建造专业化众创空间，使年轻创业者的梦想能够更快对接市场，还要使大国工匠、职业农民这些技能型人才都能为科技创新事业贡献自己的力量，同时还会集聚天下英才，使各国科学家都能够到中国来，参与我国的创新事业。据他介绍，目前全国已有众创空间4 298家，科技企业孵化器3 600余家和400多家科技企业加速器，已形成企业孵化服务链条，提供180万个就业岗位。

感悟：我国建立了市场经济条件下集各方智慧和力量的举国体制，来实施重大专项，为国家经济社会提供支撑引领，为改善民生作出了重大贡献。将进一步让全国老百姓共享科技创新的红利，依托众创空间和科技企业孵化器来拓展大家依靠科技创新创业的渠道。

资料来源：https：//epaper. gmw. cn/gmrb/html/2017 - 03/12/nw. D110000gmrb_20170312_3 - 03. htm

【复习思考题】

1. 什么是财政收入？包括哪些内容？
2. 什么是一般公共预算本级收入？如何对其进行管理？
3. 什么是财政支出？包括哪些内容？
4. 什么是一般公共预算本级支出？办理预算支出有哪些基本规定？
5. 什么是净资产？包括哪些内容？
6. 什么是预算结余？如何计算预算结余？

第五章
财政总预算会计报表

学习目标

本章主要介绍总预算会计报表的种类和编制要求，编制方法，编制年度会计报表的准备工作和年终结账的具体操作，以及总预算会计报表的审核、汇总和分析。要求掌握财政总预算会计报表的种类和编制要求，编制年报的基本步骤和方法。

第一节　会计报表的种类和编制要求

总会计报表是反映政府财政预算执行结果和财务状况的书面文件。是各级政府和上级财政部门了解情况、掌握政策、指导预算执行工作的重要资料，也是编制下年度财政预算的基础。各级总预算会计必须定期编制和汇总预算会计报表。

总会计报表包括资产负债表、收入支出表、一般公共预算执行情况表、政府性基金预算执行情况表、国有资本经营预算执行情况表、财政专户管理资金收支情况表、专用基金收支情况表等会计报表和附注。

一、会计报表的种类

按现行财政总预算会计制度规定，总预算会计报表有资产负债表、预算执行情况表、预算执行情况说明书及其他附表等。其他附表有基本数字表、行政事业单位收支汇总表以及所附会计报表。

总预算会计报表按报送的时期可分为旬报、月报、年报三种。

二、会计报表的编制要求

各级总预算会计报表要做到数字正确，内容完整，报送及时。

1. 数字正确

总预算会计报表的数字，必须根据核对无误的账户记录汇总。要切实做到账表相符。不能估列代编，更不能弄虚作假。

2. 内容完整

总预算会计报表要严格按照统一规定的种类、格式、内容、计算方法和编制口径填制，以保证全国统一汇总和分析。汇总报表的单位，要把所属单位的报表汇集齐全，防止漏报。

3. 报送及时

各级总预算会计要加强日常会计核算工作，督促有关单位及时记账、结账。所有预算会计单位都应在规定的期限内报出报表，以便主管部门和财政部门及时汇总。

第二节　会计报表的编制方法

一、旬报的编制方法

旬报是反映月初至本旬为止的预算收支执行主要情况的报表，每月份上、中旬各报一次，下旬免报，以月报代替，上报时只列报收支总数及一些主要的大类数。

各级财政总门在收到下级财政总门上报的旬报后，加上本级的预算收支数，逐级汇总上报。旬报要求及时、迅速。各省、自治区、直辖市的旬报要求在旬后3天内上报财政部。旬报可采用电话、电报或计算机网络传输的方式上报。

二、月报的编制方法

按月编制的报表主要有预算执行情况表、资产负债表和财政周转金收支情况表。

（一）预算执行情况月报

预算执行情况月报反映从年初至本月末止的预算收支完成情况。按收支配比要求，具体分为一般公共预算执行情况表、政府性基金预算执行情况表、国有资本经营预算执行情况表、财政专户管理资金收支情况表。其基本格式见表5-1、表5-2、表5-3、表5-4。

表5-1　　一般公共预算执行情况表　　会财政03-1表

编制单位：　　____年____月____旬　　单位：元

项目	本月（旬）数	本年（月）累计数
一般公共预算本级收入		
101 税收收入		
10101 增值税		
1010101 国内增值税		
……		
一般公共预算本级支出		
201 一般公共服务支出		
20101 人大事务		
2010101 行政运行		
……		

表 5－2　　政府性基金预算执行情况表　　会财政 03－2 表

编制单位：　　____年____月____旬　　单位：元

项目	本月（旬）数	本年（月）累计数
政府性基金预算本级收入		
10301 政府性基金收入		
1030102 农网还贷资金收入		
103010201 中央农网还贷资金收入		
……		
政府性基金预算本级支出		
206 科学技术支出		
20610 核电站乏燃料处理处置基金支出		
2061001 乏燃料运输		
……		

表 5－3　　国有资本经营预算执行情况表　　会财政 03－3 表

编制单位：　　____年____月____旬　　单位：元

项目	本月（旬）数	本年（月）累计数
国有资本经营预算本级收入		
10306 国有资本经营收入		
1030601 利润收入		
103060103 烟草企业利润收入		
……		
国有资本经营预算本级支出		
208 社会保障和就业支出		
20804 补充全国社会保障基金		
2080451 国有资本经营预算补充社保基金支出		
……		

表 5－4　　财政专户管理资金收支情况表　　会财政 04 表

编制单位：　　____年____月　　单位：元

项目	本月数	本年累计数
财政专户管理资金收入		
财政专户管理资金支出		

（二）资产负债表

资产负债表是反映政府财政在某一特定日期财务状况的报表。资产负债表应当按照资产、负债和净资产分类、分项列示。资产负债表反映期末资产、负债、净资产的规模、结构情况。按照“资产＝负债＋净资产”的平衡公式设置。左方为资产类，右方为负债、净资产类，两方总计数相等。表中年初数按各账户上年结转数填列，期末数则按各账户期末余额数填列。其基本格式见表5－5。

表5－5 **资产负债表** 会财政01表

编制单位：××市财政局 ××××年12月31日 金额单位：万元

资产	年初余额	期末余额	负债和净资产	年初余额	期末余额
流动资产：			流动负债：		
国库存款		5 000	应付短期政府债券		5 000
国库现金管理存款			应付利息		
其他财政存款		2 800	应付国库集中支付结余		
有价证券	略	3 500	与上级往来	略	5 000
在途款			其他应付款		
预拨经费		6 000	应付代管资金		
借出款项		4 000	一年内到期的非流动负债		
应收股利			流动负债合计		10 000
应收利息			非流动负债：		
与下级往来		6 500	应付长期政府债券		
其他应收款			借入款项		3 000
流动资产合计		27 800	应付地方政府债券转贷款		
非流动资产：			应付主权外债转贷款		
应收地方政府债券转贷款		5 200	其他负债		
应收主权外债转贷款			非流动负债合计		3 000
股权投资			负债合计		13 000
待发国债			一般公共预算本级结余		6 000
非流动资产合计		5 200	政府性基金预算结转结余		6 000
			国有资本经营预算结转结余		
			财政专户管理资金结余		
			专用基金结余		4 500
			预算稳定调节基金		
			预算周转金		3 500
			资产基金		
			减：待偿债净资产		
			净资产合计		20 000
资产总计		33 000	负债和净资产总计		33 000

（三）资产负债表的编制说明

1. 年初余额项目

本表“年初余额”栏内各项数字应当根据上年末资产负债表“期末余额”栏内数字填列，如果本年度资产负债表规定的各个项目的名称和内容同上年度不相一致，应对上年年末资产负债表各项目的名称和数字按照本年度的规定进行调整，填入本表“年初余额”栏内。

2. 资产类项目

（1）“国库存款”项目，反映政府财政期末存放在国库单一账户的款项金额。本项目应当根据“国库存款”科目的期末余额填列。

（2）“国库现金管理存款”项目，反映政府财政期末实行国库现金管理业务持有的存款金额。本项目应当根据“国库现金管理存款”科目的期末余额填列。

（3）“其他财政存款”项目，反映政府财政期末持有的其他财政存款金额。本项目应当根据“其他财政存款”科目的期末余额填列。

（4）“有价证券”项目，反映政府财政期末持有的有价证券金额。本项目应当根据“有价证券”科目的期末余额填列。

（5）“在途款”项目，反映政府财政期末持有的在途款金额。本项目应当根据“在途款”科目的期末余额填列。

（6）“预拨经费”项目，反映政府财政期末尚未转列支出或尚待收回的预拨经费金额本项目应当根据“预拨经费”科目的期末余额填列。

（7）“借出款项”项目，反映政府财政期末借给预算单位尚未收回的款项金额。本项目应当根据“借出款项”科目的期末余额填列。

（8）“应收股利”项目，反映政府期末尚未收回的现金股利或利润金额。本项目应当根据“应收股利”科目的期末余额填列。

（9）“应收利息”项目，反映政府财政期末尚未收回的应收利息金额。本项目应当根据“应收地方政府债券转贷款”科目和“应收主权外债转贷款”科目下“应收利息”明细科目的期末余额合计数填列。

（10）“与下级往来”项目，正数反映下级政府财政欠本级政府财政款项金额。负数反映本级政府财政欠下级政府财政的款项金额。本项目应根据“与下级往来”科目期末余额填列，期末余额如在贷方则以“-”号填列。

（11）“其他应收款”项目，反映政府财政期末尚未收回的其他应收款的金额。本项目应根据“其他应收款”科目的期末余额填列。

（12）“应收地方政府债券转贷款”项到余额填列。本项目反映地方政府财政期末尚未收回的地方政府债券转贷款的本金金额，应当根据“应收地方政府债券转贷款”科目下“应收本金”明细科目的期末余额填列。

（13）“应收主权外债转贷款”项目，反映政府财政期末尚未收回的主权外债转贷款的本金金额。本项目应当根据“应收主权外债转贷款”科目下的“应收本金”明细科目的期末余额填列。

（14）“股权投资”项目，反映政府期末持有的股权投资金额。本项目应根据“股权投资”科目的期末余额填列。

(15)“待发国债”项目，反映中央政府财政期末尚未使用的国债发行额度。本项目应根据“待发国债”科目的期末余额填列。

3. 负债类项目

(1)“应付短期政府债券”项目，反映政府财政期末尚未偿还的发行期限不超过1年（含1年）的政府债券的本金金额。本项目应当根据“应付短期政府债券”科目下的“应付本金”明细科目的期末余额填列。

(2)“应付利息”项目，反映政府财政期末尚未支付的应付利息金额。本项目应当根据“应付短期政府债券”“借入款项”“应付地方政府债券转贷款”“应付主权外债转贷款”科目下的“应付利息”明细科目期末余额，以及属于分期付息到期还本的“应付长期政府债券”的“应付利息”明细科目期末余额计算填列。

(3)“应付国库集中支付结余”项目，反映政府财政期末尚未支付的国库集中支付结余金额。本项目应当根据“应付国库集中支付结余”科目的期末余额填列。

(4)“与上级往来”项目，正数反映本级政府财政期末欠上级政府财政的款项金额；负数反映上级政府财政欠本级政府财政的款项金额。本项目应当根据“与上级往来”科目期末余额填列，如为借方余额则以“-”号填列。

(5)“其他应付款”项目，反映政府财政期末尚未支付的其他应付款的金额，本项目应当根据“其他应付款”科目的期末余额填列。

(6)“应付代管资金”项目，反映政府财政期末尚未支付的代管资金金额。本项目应根据“应付代管资金”科目的期末余额填列。

(7)“一年内到期的非流动负债”项目，反映政府期末承担的1年以内（含1年）到偿还期的非流动负债。本项目应当根据“应付长期政府债券”“借入款项”“应付地方政府债券转贷款”“应付主权外债转贷款”“其他负债”等科目的期末余额及债务管理部门提供的资料分析填列。

(8)“应付长期政府债券”项目，反映政府财政期末承担的偿还期限超过1年的长期政府债券的本金金额及到期一次还本付息的长期政府债券的应付利息金额。本项目应根据“应付长期政府债券”科目的期末余额分析填列。

(9)“应付地方政府债券转贷款”项目，反映政府财政期末承担的偿还期限超过1年的地方政府债券转贷款的本金金额。本项目应当根据“应付地方政府债券转贷款”科目下“应付本金”明细科目的期末余额分析填列。

(10)“应付主权外债转贷款”项目，反映政府财政期末承担的偿还期限超过1年的主权外债转贷款的本金金额。本项目应当根据“应付主权外债转贷款”科目下“应付本金”明细科目的期末余额分析填列。

(11)“借入款项”项目，反映政府财政期末承担的偿还期限超过1年的借入款项的本金金额。本项目应当根据“借入款项”科目下“应付本金”明细科目的期末余额分析填列。

(12)“其他负债”项目，反映政府财政期末承担的偿还期限超过1年的其他负债金额。本项目应当根据“其他负债”科目的期末余额分析填列。

4. 净资产类项目

(1)“一般公共预算结转结余”项目，反映政府财政期末滚存的一般公共预算结转金额。本项目应当根据“一般公共预算结转结余”科目的期末余额填列。

(2)“政府性基金预算结转结余”项目，反映政府财政期末滚存的政府性基金预算结转结余金额。本项目应当根据“政府性基金预算结转结余”科目的期末余额填列。

(3)“国有资本经营预算结转结余”项目，反映政府财政期末滚存的国有资本经营预算结转结余金额。本项目应当根据“国有资本经营预算结转结余”科目的期末余额填列。

(4)“财政专户管理资金结余”项目，反映政府财政期末滚存的财政专户管理资金结余金额。本项目应当根据“财政专户管理资金结余”科目的期末余额填列。

(5)“专用基金结余”项目，反映政府财政期末滚存的专用基金结余金额。本项目应当根据“专用基金结余”科目的期末余额填列。

(6)“预算稳定调节基金”项目，反映政府财政期末预算稳定调节基金的余额。本项目应当根据“预算稳定调节基金”科目的期末余额填列。

(7)“预算周转金”项目，反映政府财政期末预算周转金的余额。本项目应当根据“预算周转金”科目的期末余额填列。

(8)“资产基金”项目，反映政府财政期末持有的应收地方政府债券转贷款、应收主权外债转贷款、股权投资和应收股利等资产在净资产中占用的金额。本项目应当根据“资产基金”科目的期末余额填列。

(9)“待偿债净资产”项目，反映政府财政期末因承担应付短期政府债券、应付长期政府债券、借入款项、应付地方政府债券转贷款、应付主权外债转贷款、其他负债等负债相应需在净资产中冲减的金额。本项目应当根据“待偿债净资产”科目的期末借方余额以“-”号填列。

(四) 收入支出表

收入支出表是反映政府财政在某一会计期间各类财政资金收支结余情况的报表。收入支出表根据资金性质按照收入、支出、结转结余的构成成分、分项列示，见表5-6。

表5-6　　收入支出表　　会财政02表

编制单位：××市财政局　　××××年×月　　单位：元

项目	一般公共预算		政府性基金预算		国有资本经营预算		财政专户管理资金		专用基金	
	本月数	本年累计数	本月数	本年累计数	本月数	本年累计数	本月数	本年累计数	本月数	本年累计数
年初结转结余		略		略		略		略		略
收入合计	208 700		5 000						4 300	
本级收入	200 000		5 000						4 300	
其中：来自预算安排的收入	—	—	—	—	—	—	—	—		
补助收入	5 000				—	—	—	—	—	—
上解收入	3 000				—	—	—	—	—	—
地区间援助收入			—	—	—	—	—	—	—	—

续表

项目	一般公共预算		政府性基金预算		国有资本经营预算		财政专户管理资金		专用基金	
	本月数	本年累计数	本月数	本年累计数	本月数	本年累计数	本月数	本年累计数	本月数	本年累计数
债务收入					—	—	—	—	—	—
债务转贷收入					—	—	—	—	—	—
动用预算稳定调节基金			—	—	—	—	—	—	—	—
调入资金	700				—	—	—	—	—	—
支出合计	189 700		4 000						3 300	
本级支出	180 000		4 000						3 300	
其中：权责发生制列支							—	—	—	—
预算安排专用基金的支出			—	—	—	—	—	—	—	—
补助支出	5 700				—	—	—	—	—	—
上解支出	3 400				—	—	—	—	—	—
地区间援助支出			—	—	—	—	—	—	—	—
债务还本支出					—	—	—	—	—	—
债务转贷支出					—	—	—	—	—	—
安排预算稳定调节基金			—	—	—	—	—	—	—	—
调出资金	600						—	—	—	—
结余转出			—	—	—	—	—	—	—	—
其中：增设预算周转金			—	—	—	—	—	—	—	—
年末结转结余										

注：表中有“－”的部分不必填列。

（五）收入支出表的编制说明

1. 本表“本月数”栏反映各项目的本月实际发生数

在编制年度收入支出表时，应将本栏改为“上年数”栏，反映上年度各项目的实际发生数；如果本年度收入支出表规定的各个项目的名称和内容同上年度不一致，应对上年度收入支出表各项目的名称和数字按照本年度的规定进行调整，填入本年度收入支出表的“上年数”栏。

本表“本年累计数”栏反映各项目自年初起至报告期末止的累计实际发生数。编制年度收入支出表时，应当将本栏改为“本年数”。

2. 本表“本月数”栏各项目的内容和填列方法

（1）“年初结转结余”项目，反映政府财政本年初各类资金结转结余金额。其中，一般公共预算的“年初结转结余”应当根据“一般公共预算结转结余”科目的年初余额填列；政府性基金预算的“年初结转结余”应当根据“政府性基金预算结转结余”科目的年初余额填列；国有资本经营预算的“年初结转结余”应当根据“国有资本经营预算结转结余”科目的年初余额填列；财政专户管理资金的“年初结转结余”应当根据“财政专户管理资金结余”科目的年初余额填列；专用基金的“年初结转结余”应当根据“专用基金结余”科目的年初余额填列。

（2）“收入合计”项目，反映政府财政本期取得的各类资金的收入合计金额。其中，一般公共预算的“收入合计”应当根据属于一般公共预算的“本级收入”“补助收入”“上解收入”“地区间援助收入”“债务收入”“债务转贷收入”“动用预算稳定调节基金”和“调入资金”各行项目金额的合计填列；政府性基金预算的“收入合计”应当根据属于政府性基金预算的“本级收入”“补助收入”“上解收入”“债务收入”“债务转贷收入”和“调入资金”各行项目金额的合计填列；国有资本经营预算的“收入合计”应当根据属于国有资本经营预算的“本级收入”项目的金额填列；财政专户管理资金的“收入合计”应当根据属于财政专户管理资金的“本级收入”项目的金额填列；专用基金的“收入合计”应当根据属于专用基金的“本级收入”项目的金额填列。

（3）“本级收入”项目，反映政府财政本期取得的各类资金的本级收入金额。其中，一般公共预算的“本级收入”应当根据“一般公共预算本级收入”科目的本期发生额填列；政府性基金预算的“本级收入”应当根据“政府性基金预算本级收入”科目的本期发生额填列；国有资本经营预算的“本级收入”应当根据“国有资本经营预算本级收入”科目的本期发生额填列；财政专户管理资金的“本级收入”应当根据“财政专户管理资金收入”科目的本期发生额填列；专用基金的“本级收入”应当根据“专用基金收入”科目的本期发生额填列。

（4）“补助收入”项目，反映政府财政本期取得的各类资金的补助收入金额。其中，一般公共预算的“补助收入”应当根据“补助收入”科目下的“一般公共预算补助收入”明细科目的本期发生额填列；政府性基金预算的“补助收入”应当根据“补助收入”科目下的“政府性基金预算补助收入”明细科目的本期发生额填列。

（5）“上解收入”项目，反映政府财政本期取得的各类资金的上解收入金额。其中，一般公共预算的“上解收入”应当根据“上解收入”科目下的“一般公共预算上解收入”明细科目的本期发生额填列；政府性基金预算的“上解收入”应当根据“上解收入”科目下的“政府性基金预算上解收入”明细科目的本期发生额填列。

（6）“地区间援助收入”项目，反映政府财政本期取得的地区间援助收入金额。本项目应当根据“地区间援助收入”科目的本期发生额填列。

（7）“债务收入”项目，反映政府财政本期取得的债务收入金额。其中，一般公共预算的“债务收入”应当根据“债务收入”科目下除“专项债务收入”以外的其他明细科目的本期发生额填列；政府性基金预算的“债务收入”应当根据“债务收入”科目下的“专项债务收入”明细科目的本期发生额填列。

（8）“债务转贷收入”项目，反映政府财政本期取得的债务转贷收入金额。其中，一般公共预算的“债务转贷收入”应当根据“债务转贷收入”科目下“地方政府一般债务转贷收入”明细科目的本期发生额填列；政府性基金预算的“债务转贷收入”应当根据“债务转贷收入”科目下的“地方政府专项债务转贷收入”明细科目的本期发生额填列。

（9）“动用预算稳定调节基金”项目，反映政府财政本期调用的预算稳定调节基金金额。本项目应当根据“动用预算稳定调节基金”科目的本期发生额填列。

（10）“调入资金”项目，反映政府财政本期取得的调入资金金额。其中，一般公共预算的“调入资金”应当根据“调入资金”科目下“一般公共预算调入资金”明细科目的本期发生额填列；政府性基金预算的“调入资金”应当根据“调入资金”科目下“政府性基金预算调入资金”明细科目的本期发生额填列。

（11）“支出合计”项目，反映政府财政本期发生的各类资金的支出合计金额。其中，一般公共预算的“支出合计”应当根据属于一般公共预算的“本级支出”“补助支出”“上解支出”“地区间援助支出”“债务还本支出”“债务转贷支出”“安排预算稳定调节基金”和“调出资金”各行项目金额的合计填列；政府性基金预算的“支出合计”应当根据属于政府性基金预算的“本级支出”“补助支出”“上解支出”“债务还本支出”“债务转贷支出”和“调出资金”各行项目金额的合计填列；国有资本经营预算的“支出合计”应当根据属于国有资本经营预算的“本级支出”和“调出资金”项目金额的合计填列；财政专户管理资金的“支出合计”应当根据属于财政专户管理资金的“本级支出”项目的金额填列；专用基金的“支出合计”应当根据属于专用基金的“本级支出”项目的金额填列。

（12）“补助支出”项目，反映政府财政本期发生的各类资金的补助支出金额。其中，一般公共预算的“补助支出”应当根据“补助支出”科目下的“一般公共预算补助支出”明细科目的本期发生额填列；政府性基金预算的“补助支出”应当根据“补助支出”科目下的“政府性基金预算补助支出”明细科目的本期发生额填列。

（13）“上解支出”项目，反映政府财政本期发生的各类资金的上解支出金额。其中，一般公共预算的“上解支出”应当根据“上解支出”科目下的“一般公共预算上解支出”明细科目的本期发生额填列；政府性基金预算的“上解支出”应当根据“上解支出”科目下的“政府性基金预算上解支出”明细科目的本期发生额填列。

（14）“地区间援助支出”项目，反映政府财政本期发生的地区间援助支出金额。本项目应当根据“地区间援助支出”科目的本期发生额填列。

（15）“债务还本支出”项目，反映政府财政本期发生的债务还本支出金额。其中，一般公共预算的“债务还本支出”应当根据“债务还本支出”科目下除“专项债务还本支出”以外的其他明细科目的本期发生额填列；政府性基金预算的“债务还本支出”应当根据“债务还本支出”科目下的“专项债务还本支出”明细科目的本期发生额填列。

（16）“债务转贷支出”项目，反映政府财政本期发生的债务转贷支出金额。其中，一般公共预算的“债务转贷支出”应当根据“债务转贷支出”科目下“地方政府一般债务转贷支出”明细科目的本期发生额填列；政府性基金预算的“债务转贷支出”应当根据“债务转贷支出”科目下的“地方政府专项债务转贷支出”明细科目的本期发生额填列。

（17）“安排预算稳定调节基金”项目，反映政府财政本期安排的预算稳定调节基金金额。本项目根据“安排预算稳定调节基金”科目的本期发生额填列。

（18）“调出资金”项目，反映政府财政本期发生的各类资金的调出资金金额。其中，一般公共预算的“调出资金”应当根据“调出资金”科目下“一般公共预算调出资金”明细科目的本期发生额填列；政府性基金预算的“调出资金”应当根据“调出资金”科目下“政府性基金预算调出资金”明细科目的本期发生额填列；国有资本经营预算的“调出资金”应当根据“调出资金”科目下“国有资本经营预算调出资金”明细科目的本期发生额填列。

(19)“增设预算周转金”项目，反映政府财政本期设置和补充预算周转金的金额。本项目应当根据“预算周转金”科目的本期贷方发生额填列。

(20)“年末结转结余”项目，反映政府财政本年末的各类资金的结转结余金额。其中，一般公共预算的“年末结转结余”应当根据“一般公共预算结转结余”科目的年末余额填列；政府性基金预算的“年末结转结余”应当根据“政府性基金预算结转结余”科目的年末余额填列；国有资本经营预算的“年末结转结余”应当根据“国有资本经营预算结转结余”科目的年末余额填列；财政专户管理资金的“年末结转结余”应当根据“财政专户管理资金结余”科目的年末余额填列；专用基金的“年末结转结余”应当根据“专用基金结余”科目的年末余额填列。

三、年报的编制方法

总预算会计的年报，即各级政府决算，反映着年度预算收支的最终结果。各级总预算会计在会计年度结束前，应当全面进行年终清理结算，然后办理年终结账，据此编制总预算会计年报。

（一）年终清理

年终清理，是指年终时，总预算会计对年度预算收支及有关经济业务进行全面清理、核对和结算。这是保证年报编制质量的一项重要准备工作。年终清理的主要事项如下：

1. 核对年度预算

预算数字是考核决算和办理收支结算的依据，也是进行会计结算的依据。年终前，各级总预算会计，应配合预算管理部门把本级财政总预算与上、下级财政总预算和本级各单位预算之间的全年预算数核对清楚。追加追减、上划下划数字，必须在年度终了前核对完毕。为了便于年终清理，本年预算的追加追减和企事业单位的上划下划，一般截至11月底为止，各项预算拨款，一般截至12月25日为止。

2. 清理本年预算收支

凡属本年预算收入，都要认真清理，年终前必须如数缴入国库。督促国库在年终库款报解整理期内，迅速报齐当年的预算收入，应在本年预算支领列报的款项，非特殊原因，应在年终前办理完毕。

3. 清理基金预算收支和专用基金收支

凡属应列入本年的收入，应及时催收，并缴入国库或指定的银行账户。

4. 组织征收机关和国库进行年度对账

年度终了后，按照国库制度的规定，支库应设置10天的库款报解整理期（设置决算清理期的年度，库款报解整理期相应顺延）。各经收处12月31日前所收款项均应在“库款报解整理期”内报达支库，列入当年决算。同时，各级国库要按年度决算对账办法编制收入对账单，分送同级财政部门、征收机关核对签章。保证财政收入数字的一致。

5. 清理核对当年拨款支出

各级总预算会计对本级各单位的拨款支出应与单位的拨款收入核对清楚。对于当年安排的非包干使用的拨款，其结余部分应根据具体情况处理。属于单位正常周转占用的资金，可仍作为预算支出的处理；属于应收回的拨款，应及时收回，并按收回数相应冲减预算支出。属于预拨下年度的经费，不得列入当年预算支出。

6. 清理往来款项

各级财政的暂收、暂付等各种往来款项要在年度终了前认真清理结算，做到人欠收回，欠人归还。应转作各项收入或各项支出的款项，要及时转入本年有关收支账。

7. 清理财政周转金收支

各级财政预算部门或周转金管理机构应对财政周转金收支款项、上下级财政之间的财政周转金借入借出款项进行清理。同时对于各项财政周转金货放款进行清理。财政周转金明细账由财政业务部门核算的，各预算部门或周转金管理机构应与业务部门的明细账进行核对，做到账账相符。

（二）年终结算

各级财政要在年终清理的基础上，结清上下级财政总预算之间的预算调拨收支和往来款项。要按照财政管理体制的规定，计算出全年应补助、应上解和应返还数额，与年度预算执行过程中已补助、已上解和已返还数额进行比较，结合借垫款项，计算出全年最后应补或应退数额，填制“年终财政决算结算单”，经核对无误后，作为年终财政结算凭证，据以入账。

【例5-1】 某市财政局，根据“年终财政决算结算单”，列明年终尚欠省财政上解款5 000 000元，省财政应补未补该市专项补助3 000 000元。会计分录如下：

借：上解支出	5 000 000	
贷：与上级往来		5 000 000
借：与上级往来	3 000 000	
贷：补助收入		3 000 000

（三）年终结账

经过年终清理和结算，把各项结算收支记入旧账后，即可办理年终结账。年终结账工作一般分为年终转账、结清旧账和记入新账三个环节。

1. 年终转账

计算出各账户12月份合计数和全年累计数，结出12月末余额，编制结账前的“资产负债表”。再将应对冲账的各个收入、支出账户余额，填制12月份的记账凭证（凭证按12月份连续编号，填制实际处理日期），分别转入“一般公共预算结转结余”“政府性基金预算结转结余”“国有资本经营预算结转结余”“政府性基金预算结转结余”和“专用基金结余”账户冲销。

【例5-2】 某市财政局，总预算会计根据12月末的有关账户余额，见表5-7。

表 5－7　　**12 月末的有关账户余额**　　金额单位：万元

科目名称	期末数	科目名称	期末数
一般公共预算本级收入	200 000	一般公共预算本级支出	180 000
政府性基金预算本级收入	5 000	政府性基金预算本级支出	4 000
专用基金收入	4 300	专用基金支出	3 300
补助收入	5 000	补助支出	5 700
一般公共预算补助收入	5 000	一般公共预算补助支出	5 700
政府性基金预算补助收入	0	政府性基金预算补助支出	0
上解收入	3 000	上解支出	3 400
一般公共预算上解收入	3 000	一般公共预算上解支出	3 400
政府性基金预算上解收入	0	政府性基金预算上解支出	0
调入资金	700	调出资金	600
一般公共预算调入资金	700	一般公共预算调出资金	600
政府性基金预算调入资金	0	政府性基金预算调出资金	0
合计	218 000	合计	197 000

根据年终结账前的收入支出表，总预算会计编制记账凭证，办理年终转账业务。

（1）将全年一般公共预算本级收入、政府性基金预算本级收入、专用基金收入、补助收入、上解收入、调入资金，分别转入一般公共预算结余、政府性基金预算结转结余、专用基金结余账户。会计分录如下：

借：一般公共预算本级收入　　2 000 000 000
　　补助收入　　50 000 000
　　上解收入　　30 000 000
　　调入资金　　7 000 000
　　贷：一般公共预算结转结余　　2 087 000 000
借：政府性基金预算本级收入　　50 000 000
　　贷：政府性基金预算结转结余　　50 000 000
借：专用基金收入　　43 000 000
　　贷：专用基金结余　　43 000 000

（2）将全年一般公共预算本级支出、政府性基金预算本级支出、专用基金支出、补助支出（一般预算补助）、上解支出、调出资金，分别转入一般公共预算结转结余、政府性基金预算结转结余、专用基金结余账户。会计分录如下：

借：一般公共预算结转结余　　1 891 000 000
　　贷：一般公共预算本级支出　　1 800 000 000
　　　　补助支出　　57 000 000
　　　　上解支出　　34 000 000

借：政府性基金预算结转结余　　46 000 000
　　贷：政府性基金预算本级支出　　40 000 000
　　　　调出资金　　6 000 000
借：专用基金结余　　33 000 000
　　贷：专用基金支出　　33 000 000

2. 结清旧账

将各个收入和支出账户的借方、贷方结出全年总计数，然后在下面划双红线，表示本账户全部结清。

对年终有余额的账户。在“摘要”栏内注明“结转下年”字样，表示转入新账。

3. 记入新账

根据本年度各个总账账户和明细账户年终转账后的余额编制年终决算“资产负债表”（见表5-5）和有关明细表（不编记账凭证），将表列各账户的余额直接记入新年度有关总账和明细账各账户预留空行的余额栏内，并在“摘要”栏上注明“上年结转”字样，以区别新年度发生数。

（四）编制年报

各级总预算会计进行年终结账后，应根据上级财政部门颁发的决算编审办法和统一表格，编制总预算会计年报。

1. 资产负债表

资产负债表年报要在12月份资产负债表月报的基础上，办理年终转账后再编制结账后的资产负债表。

2. 预算执行情况表

其中主要包括：一般公共预算执行情况表、政府性基金预算执行情况表、国有资本经营预算执行情况表、财政专户管理资金收支情况表。

第三节　会计报表的审核、汇总和分析

一、会计报表的审核

为了保证总预算会计报表数字正确、内容完整、报送及时，需如实反映预算执行情况，各级财政总预算会计对于本级各主管部门和下级财政部门的会计报表，必须认真审核，以保证会计报表信息质量。

（一）政策性审核

收入方面，着重审查各项收入是否符合政策规定，应当上缴的收入是否及时、足额地缴入国库。

支出方面，着重审查各项支出的安排是否按预算计划办理，是否规定的列报口径列支。

（二）技术性审核

主要审查报表的数字相互关系是否相符，填报的项目是否齐全，有无错填、漏填以及其他技术性差错。如决算报表之间的有关数字是否一致；上下级财政总决算之间、财政部门决算与单位决算之间的有关上解、补助、往来和拨款项目数字是否一致；各种报表中的数字与有关明细表的数字是否一致等。

二、会计报表的汇总

会计报表审核无误后，县以上各级总预算会计，除编制本级报表外，还要连同所属总预算会计报表，汇总成各本级总预算会计报表，逐级上报。在汇总中，应将本级财政的“与下级往来”和下级财政的“与上级往来”、本级财政的“上解收入”和下级财政的“上解支出”、本级财政的“补助支出”和下级财政的“补助收入”等核对无误后互相冲销，以免重复汇总。

三、会计报表的分析

财政部门的总预算会计报表，概括地反映了一定时期财政总预算执行的结果，但还不能反映出预算收支完成的好坏及其原因，所以有必要进行会计报表分析，以总结经验，肯定成绩，揭露矛盾，找出差距。通过分析，提出改进的措施，从而加强预算管理，提高管理水平。

（一）会计报表分析的内容

（1）预算收支完成情况的分析。主要分析预算收入、预算支出及主要项目的计划完成情况，查找出超收、短收以及超支、节约的原因。

（2）财政收支状况的分析。主要分析财政收支的规模、结构等，同时也要对财政资金运行状况进行分析。

（二）会计报表的分析方法

总预算会计报表分析一般采用比较分析法。本期实际数与预算数进行比较，可以考核预算收支的执行情况；本期实际数与上期实际数进行比较，可以分析预算收支的发展趋势；本期实际数与其他地区相同指标进行比较，可以找到差距，进而分析产生差距的原因，寻求有效的解决方法，不断提高预算管理工作的水平。

思政园地

编制预算总会计报表有什么作用？

财政总预算会计报表是各级财政总会计根据会计账簿和有关资料，以统一规定的表格形式总括反映一定时期内总预算执行情况及其结果的报告文件，是分析、检查总预算执行情况的重要依据，也是作为编制下期预算的数字基础。各级财政机关必须定期汇编财政总预算会计报表，并定期向同级人民政府和上级财政机关报告本地区预算收支的执行情况，然后由财政部定期向国务院报告国家预算的收支情况。设置财政总预算会计报表，有利于清晰反映报表单位的预算收支状况，从而为上级部门制定预算计划提供数据支持。

感悟：财政总预算会计报表具有非常重要的作用，可以检查预算执行过程中，对国家的方针政策、财经法令、制度的贯彻执行情况，纠正不符合规定的违反财经纪律的行为，以提高遵守法规、制度的自觉性。反映和考核预算收支任务的完成情况，分析预算收支计划完成或未完成的原因，以便针对预算中的问题，采取有效措施，确保国家预算收支任务的圆满完成。检查和分析预算资金的使用效果和预算收支平衡情况，分析国家预算执行和国家经济之间的相互关系，使预算工作更好的按照客观经济规律办事，促进事业的发展。便于系统地整理和积累预算收支资料，为以后年度编制预算和制订财政预算政策提供数字依据和参考资料，为提高预算管理水平创造条件。

【复习思考题】

1. 什么是财政总预算会计报表？它有哪些种类？
2. 编制年报前需要进行哪些年终清理？
3. 怎样进行年终结算？
4. 年终结账包括哪几个环节？如何进行年终转账？
5. 如何编制“资产负债表”年报？

第六章 行政单位资产和负债的核算

学习目标

本章介绍行政单位资产和负债的内容和核算。要求了解行政单位资产的分类，掌握各类资产核算的账务处理；了解行政单位负债的主要内容，掌握负债业务的账务处理。

第一节 资产的核算

行政单位资产是由政府会计主体过去的经济业务或者事项形成的，由政府会计主体控制的，预期能够产生服务潜力或者带来经济利益流入的经济资源。包括流动资产和非流动资产。由行政单位直接支配，供社会公众使用的政府储备物资、公共基础设施等，也属于行政单位核算的资产，见表6-1。

表6-1 行政单位资产的具体内容

分类	会计科目
流动资产	库存现金、银行存款、零余额账户用款额度、其他货币资金、财政应返还额度、应收账款、预付账款、其他应收款、在途物品、库存物品、加工物品、待摊费用
非流动资产	固定资产、固定资产累计折旧、工程物资、在建工程、无形资产、无形资产累计摊销、研发支出、公共基础设施、公共基础设施累计折旧（摊销）、政府储备物资、文物文化资产、保障性住房、保障性住房累计折旧、受托代理资产、长期待摊费用、待处理财产损溢

本节中，主要介绍行政单位财务会计常见资产的内容和核算，但为了使单位会计核算具备财务会计和预算会计双重功能，实现财务会计和预算会计适度分离并相互衔接，对于涉及纳入部门预算管理的相关业务，也将介绍预算会计体系下的核算情况，以便更好理解两种体系的账务处理问题方式。

一、流动资产的核算

流动资产是指预计在1年内（含1年）耗用或者可以变现的资产。行政单位的流动资产包括库存现金、银行存款、其他货币资金、零余额账户用款额度、财政应返还额度、应收及预付款项、存货等。

（一）行政单位货币资金使用方式

在国库集中支付制度下，各行政单位的经费预算经财政部门审查、同级人民代表大会批准后，资金由财政部门以两种方式供应：一部分由财政直接支付；另一部分由财政授权用款单位支付。（在实行预算管理一体化的地区，行政单位国库集中支付业务流程与本书内容不一致的，应当按照预算管理一体化相关规定进行处理。财政部另有规定的，应当从其规定。）

财政直接支付是指预算单位按照部门预算和用款计划确定的资金用途，提出支付申请，经财政国库执行机构审核后开出支付令，送代理银行，通过国库单一账户体系中的财政零余额账户或预算外资金支付专户，直接将财政性资金支付到收款人或收款单位账户。财政直接支付主要用于预算单位工资支出、大型购买支出和转移支出等。

财政授权支付是指预算单位按照部门预算和用款计划确定资金用途，根据财政部门授权，自行开具支付令送至代理银行，通过国库单一账户体系中的单位零余额账户或特设专户，将财政性资金支付到收款人或用款单位账户。财政授权支付的支出范围是指除财政直接支付支出以外的全部支出。

（二）财政授权用款额度与单位零余额账户

财政授权用款额度是在国库集中收付制度下，各行政预算单位根据批准的部门预算和用款计划向财政部门申请，财政部门下达给行政预算单位及其代理银行的用款控制数。“授权支付额度到账通知书”（见表6-2）是表示授权用款额度到达的原始凭证。

表6-2　　授权支付额度到账通知书

20××年12月27日

资金性质：财政拨款（补助）　　编号：

第　页共　页

银行签章：　　单位国标码：　　零余额账户：　　金额单位：元

科目编码			科目名称	项目（目级）编码	项目（目级）名称	财政授权支付额度	备注
类	款	项					
204	02	01	公共安全	公安	行政运行	100 000	
合计			人民币（大写）　拾万元整				

单位零余额账户是财政部门为预算单位在代理银行开设的零余额账户，用于反映财政授权用款额度的下达和使用情况，不是实存资金账户。

行政预算单位支用财政授权支付的资金时，应在财政授权用款额度以内，填写“财政授权支付凭证”（见表6－3），送交代理银行在单位零余额账户中办理资金支付手续或提取现金。代理银行每天营业终了前将当日实际支付的财政性资金与国库单一账户进行清算。

表6－3　　　　**财政授权支付凭证**

20××年1月4日　　　　编号：

<table>
<tr><td rowspan="3">付款人</td><td>全称</td><td>××市公安局</td><td rowspan="3">收款人</td><td>全称</td><td colspan="11">××文化用品商店</td></tr>
<tr><td>账号</td><td>420100020601</td><td>账号</td><td colspan="11">4201008432</td></tr>
<tr><td>开户行</td><td>××市工商银行</td><td>开户行</td><td colspan="11">××市招商银行</td></tr>
<tr><td colspan="2">一级预算单位</td><td>××市公安局</td><td rowspan="3">功能分类</td><td>类</td><td colspan="11">204 公共安全</td></tr>
<tr><td colspan="2">基层预算单位</td><td>××市公安局</td><td>款</td><td colspan="11">01 公安</td></tr>
<tr><td colspan="2">归口处室</td><td>行财处</td><td>项</td><td colspan="11">01 行政运行</td></tr>
<tr><td colspan="2">结算方式</td><td>转账</td><td colspan="2">经济分类</td><td colspan="11">30201 办公费</td></tr>
<tr><td colspan="2" rowspan="2">支付金额</td><td colspan="3" rowspan="2">人民币
（大写）壹仟贰佰元整</td><td>亿</td><td>千</td><td>百</td><td>十</td><td>万</td><td>千</td><td>百</td><td>十</td><td>元</td><td>角</td><td>分</td></tr>
<tr><td></td><td></td><td></td><td></td><td>¥</td><td>1</td><td>2</td><td>0</td><td>0</td><td>0</td><td>0</td></tr>
<tr><td colspan="2">用　　途</td><td colspan="2">购办公用品</td><td>清算银行</td><td colspan="11"></td></tr>
<tr><td colspan="4" rowspan="2">上述款项已办理
银行盖章　　　经办人
年　　月　　日</td><td colspan="12">备　　注</td></tr>
<tr><td colspan="12"></td></tr>
</table>

核算财政授权支付方式下各行政单位零余额账户用款额度的变化情况，在财务会计中，应设置“零余额账户用款额度”（资产类）账户。借方记财政下达的授权支用额度数，贷方记用款单位签发支付令的支出数，余额在借方，平时余额反映尚未支用的限额数，年终注销单位零余额账户用款额度后，无余额。

行政单位关于货币资金业务，如果涉及预算资金的变动，在预算会计中体现为“资金结存”（预算结存类）账户的变动，否则在预算会计中不做相关分录。

【例6－1】 收到代理银行转来的《财政授权支付额度到账通知书》，列示本月财政授权支付额度为100 000元（基本经费50 000元，项目经费50 000元）。会计分录如下：

财务会计分录：

借：零余额账户用款额度　　100 000

　　贷：财政拨款收入——基本支出　　50 000

　　　　　　　　　——项目支出　　50 000

预算会计分录：

借：资金结存——零余额账户用款额度　　100 000

　　贷：财政拨款预算收入——基本支出　　50 000

　　　　　　　　　　　——项目支出　　50 000

【例6－2】 开出“财政授权支付凭证”，购买办公用品1 200元，验收后交付使用。会计分录为：

财务会计分录：

借：业务活动费用——商品和服务费用　　1 200

　　贷：零余额账户用款额度　　1 200

预算会计分录：

借：行政支出——财政拨款支出（基本支出）　　1 200

　　贷：资金结存——零余额账户用款额度　　1 200

年末，根据代理银行提供的对账单，将已下达但未使用的额度注销，在财务会计中借记“财政应返还额度——财政授权支付”科目，贷记“零余额账户用款额度”；在预算会计中借记“资金结存——财政应返还额度——财政授权支付”科目，贷记“资金结存——零余额账户用款额度”。如单位本年度财政授权支付预算指标数大于财政授权支付额度下达数，在与国库支付执行机构、财政对账后，根据两者间的差额，在财务会计中借记“财政应返还额度——财政授权支付”科目，贷记“财政拨款收入”科目；在预算会计中借记“资金结存——财政应返还额度——财政授权支付”科目，贷记“财政拨款预算收入”科目。

下年度年初，行政单位根据代理银行提供的额度恢复到账通知书作恢复额度的账务处理，在财务会计中借记“零余额账户用款额度”，贷记“财政应返还额度——财政授权支付”科目；在预算会计中借记“资金结存——零余额账户用款额度”，贷记“资金结存——财政应返还额度——财政授权支付”科目。收到财政部门批复的上年末下达零余额账户用款额度时，分录同恢复额度的处理。

（三）现金的管理与核算

1. 现金的管理

现金是存放在行政单位内部的货币资金，包括人民币和外币。

（1）现金实物的管理：①现金由出纳员专人负责保管，财务负责人监督检查。②现金存放必须使用保险柜。③存放地点要安装防盗门、报警设备，配备防火设施，配备保安人员。

（2）现金使用的管理：

①按国家规定的范围使用现金：根据国务院颁布的《现金管理暂行条例》的规定，各单位现金使用范围主要包括：a. 个人的工资、津贴；b. 个人的劳务报酬；c. 根据国家规定颁发给个人的科学技术、文化艺术、体育等各类资金；d. 各种劳保、福利费用以及国家规定的对个人的其他支出；e. 向个人收购农副产品和其他物资的价款；f. 出差人员必须携带的差旅费；g. 给算起点以下的零星支出；h. 中国人民银行确定需要支付现金的其他支出。

②严格现金收付手续，实行收支两条线：出纳人员要根据审核无误的合法凭证办理现金收付手续。收入现金要存入银行，不得“坐支”。不准用不符合财务制定的凭证充抵现金（即不准“白条抵库”）。不准谎报用途套现，不准公款私存。

③严格遵守银行核定的库存现金限额：日常零星开支现金限额由行政单位提出申请，开户银行核定。一般不超过3天零星支付所需现金数额。各单位每日库存现金结存数不得超过限额。超过部分必须送存银行。

④建立现金管理内部控制制度：a. 实行会计、出纳岗位分设，互相监督。b. 建立有关

现金会计处理的流程规范。c. 建立现金清查制度，做到日清月结，定期盘点。

2. 现金的核算

核算行政单位库存现金的收入、支出、结存情况，应设置“库存现金”（资产类）账户。借方登记现金增加数，贷方登记现金减少数，期末借方余额为库存现金实存数。

【例6－3】 开出“财政授权支付凭证”，提取现金2 000元备用。会计分录如下：

财务会计分录：

借：库存现金　　2 000

　　贷：零余额账户用款额度　　2 000

预算会计分录：无

【例6－4】 清理废旧物资，变卖后收到现金150元。会计分录如下：

财务会计分录：

借：库存现金　　150

　　贷：应缴财政款　　150

预算会计分录：无

【例6－5】 将上项现金上缴财政专户。会计分录如下：

财务会计分录：

借：应缴财政款　　150

　　贷：库存现金　　150

预算会计分录：无

“库存现金”应设总分类账和日记账。总账由会计人员根据审核无误的现金收、付凭证登记，日记账由出纳员在现金收、付时根据凭证及时登记。每日终了，出纳员应当计算当日的现金收入合计数、现金支出合计数和结余数，并将结余数与实际库存数核对，做到账款相符。

核对库存现金时如发现有待查明原因的现金短缺或溢余，在财务会计中先通过“待处理财产损溢”科目核算，待查明原因后再作处理。对现金短缺，属于应由责任人赔偿或向有关人员追回的部分，记入“其他应收款”；无法查明原因，经批准核销的，列为“资产处置费用”。如为现金溢余，属于应支付给有关人员或单位的，记入“其他应付款”；无法查明原因的，经批准后，作“其他收入”处理。在预算会计中，现金短缺时，借记“其他支出”科目，贷记“资金结存——货币资金”科目，如果属于应由责任人赔偿或向有关人员追回的部分，在实际收到现金时做相反分录；现金溢余时，借记“资金结存——货币资金”科目，贷记“其他预算收入”科目，如果属于应支付给有关人员或单位的，在实际支付现金时做相反分录。

（四）银行存款的核算

银行存款是行政单位存入银行或者其他金融机构的各种存款，是经批准不需要上缴财政国库的小额零星收入、往来款项等。行政单位代收的预算外资金收入（非税收入）在尚未上缴财政预算资金专户前也存入银行存款账户。银行存款账户为实存资金账户。行政单位使用这部分资金时，直接通过开户银行提取现金或转账支付。

核算行政单位银行存款的增减变动情况，应设置“银行存款”（资产类）账户，借方登记银行存款的增加数，贷方登记银行存款的减少数，期末借方余额反映银行存款的实有数。

【例6-6】收到红十字会捐款的货币资金20 000元。会计分录如下：

财务会计分录：

借：银行存款　　20 000

　　贷：捐赠收入　　20 000

预算会计分录：

借：资金结存——货币资金　　20 000

　　贷：其他预算收入——捐赠收入——公共防疫　　20 000

行政单位应当按开户银行或其他金融机构、存款种类及币种等，分别设置“银行存款日记账”，由出纳人员根据收付款凭证，按照业务的发生顺序逐笔登记，每日终了应结出余额。“银行存款日记账”应定期与“银行对账单”核对，至少每月核对1次。月度终了，行政单位账面余额与银行对账单余额之间如有差额，必须逐笔查明原因并进行处理，按月编制“银行存款余额调节表”，调节相符。

（五）其他货币资金的核算

其他货币资金是单位的外埠存款、银行本票存款、银行汇票存款、信用卡存款等各种其他货币资金。本账户一般按“外埠存款”“银行本票存款”“银行汇票存款”“信用卡存款”等进行明细核算。行政单位通过支付宝、微信等方式取得相关收入，尚未转入银行存款的支付宝、微信等第三方支付平台账户的余额，也应记入其他货币资金账户核算。

行政单位应加强对其他货币资金的管理，及时办理结算，对于逾期尚未办理结算的银行汇票、本票等，应及时转回同时做好相应的会计处理。

（六）财政应返还额度的核算

财政应返还额度是指实行国库集中支付的单位应收财政返还的资金额度，包括可以使用的以前年度财政直接支付资金额度和财政应返还的财政授权支付资金额度。

实行国库集中支付的单位应当设置“财政应返还额度”账户，并按“财政直接支付”“财政授权支付”进行明细核算。

在财政直接支付方式下，年末，单位根据本年度财政直接支付预算指标数大于当年财政直接支付实际发生数的差额，在财务会计中，借记本账户（财政直接支付），贷记“财政拨款收入”；同时，在预算会计中，借记“资金结存——财政应返还额度”，贷记“财政拨款预算收入”。单位使用以前年度财政直接支付额度支付款项时，在财务会计中，借记“业务活动费用”等账户，贷记本账户（财政直接支付）；同时，在预算会计中，借记“行政支出”等账户，贷记“资金结存——财政应返还额度”。

财政授权支付的应返还额度的核算见零余额账户用款额度中的介绍。

按照《国务院关于进一步深化预算管理制度改革的意见》（国发〔2021〕5号）规定，市县级财政国库集中支付结余不再按权责发生制列支，相关单位年末不再进行上述账务处理。中央级和省级单位根据同级财政部门规范国库集中支付结余权责发生制列支的规定，相应进行会计处理。

【例6－7】年末，某行政单位全年项目支出财政直接支付的预算指标为300 000元，已使用270 000元，年末结余30 000元。会计分录如下：

财务会计分录：

借：财政应返还额度——财政直接支付　　30 000

　　贷：财政拨款收入　　30 000

预算会计分录：

借：资金结存——财政应返还额度　　30 000

　　贷：财政拨款预算收入　　30 000

第二年，单位使用财政应返还额度支付用房租金10 000元。会计分录如下：

财务会计分录：

借：业务活动费用　　10 000

　　贷：财政应返还额度——财政直接支付　　10 000

预算会计分录：

借：行政支出　　10 000

　　贷：资金结存——财政应返还额度　　10 000

（七）应收账款的核算

应收账款是行政单位出租资产、出售物资等应当收取的款项。

应收账款应当在资产已出租或物资已出售、且尚未收到款项时确认。

核算行政单位出租资产、出售物资等应收未收的款项，应设置“应收账款”（资产类）账户，借方登记应收账款的增加数，贷方登记应收账款的收回及批准核销数，期末借方余额反映尚未收回的应收账款数。行政单位收到的商业汇票，也通过本账户核算。该账户按照购货、接受服务单位（或个人）或开出、承兑商业汇票的单位等进行明细核算。

行政单位的国有资源（资产）有偿使用收入、国有资产处置收入属于国家所有，应当抵扣相关税费后上交财政。

1. 应收需上缴财政收入的处理

【例6－8】礼堂出租，当月租金6 000元未收（暂不考虑相关税费）。会计分录如下：

财务会计分录：

借：应收账款　　6 000

　　贷：应缴财政款——行政单位国有资产出租出借收入　　6 000

预算会计分录：无

2. 收到列入应收账款需上缴收入，直接缴入非税收入专户的处理

【例6－9】接上题，收到租金6 000元，直接缴入非税收入专户。会计分录如下：

财务会计分录：

借：应缴财政款——行政单位国有资产出租出借收入　　6 000

　　贷：应收账款　　6 000

预算会计分录：无

对于账龄超过规定年限、有确凿证据表明确实无法收回的应收账款，按规定报经批准后予以核销。核销的应收账款应在备查簿中保留登记。按照核销金额，借记“应缴财政款”科目，贷记“应收账款”科目。已核销的应收账款在以后期间收回的，借记“银行存款”科目，贷记“应缴财政款”科目。

（八）预付账款的核算

预付账款是行政单位核算单位按照购货、服务合同或协议规定预付给供应单位（或个人）的款项，以及按照合同规定向承包工程的施工企业预付的备料款和工程款。

预付账款应当在已支付款项且尚未收到物资或服务时确认。

核算行政单位预付账款的发生及结算情况，应设置“预付账款”账户。

“预付账款”（资产类）账户，借方登记预付的款项金额，贷方登记结算冲减、批准核销和退回多付的款项，期末借方余额，反映行政单位实际预付但尚未结算的款项。该账户按供应单位（或个人）进行明细核算；对于基本建设项目发生的预付账款，还应当按项目设置“预付备料款”“预付工程款”“其他预付款”等明细科目，进行明细核算。

【例6－10】以财政直接支付方式预付专题会议费10 000元，会计分录如下：

财务会计分录：

借：预付账款	10 000	
贷：财政拨款收入——项目支出		10 000

预算会计分录：

借：行政支出——其他资金支出（项目支出）	10 000	
贷：财政拨款预算收入——项目支出		10 000

【例6－11】会议结束，经结算总费用18 000元，以财政直接支付方式补付差额。

财务会计分录：

借：业务活动费用——商品和服务费用	18 000	
贷：预付账款		10 000
财政拨款收入——项目支出		8 000

预算会计分录：

借：行政支出——其他资金支出（项目支出）	8 000	
贷：财政拨款预算收入——项目支出		8 000

发生预付账款退回，应分别按情况处理：

（1）发生当年预付账款退回的，在财务会计中，借记“财政拨款收入”“零余额账户用款额度”“银行存款”等账户，贷记“预付账款”；同时，在预算会计中，借记“财政拨款预算收入”“资金结存”，贷记“行政支出”等账户。

（2）发生以前年度预付账款退回的，在财务会计中，借记“财政应返还额度”“零余额账户用款额度”“银行存款”等账户，贷记“预付账款”；同时，在预算会计中，借记“资金结存”，贷记“财政拨款结转”“财政拨款结余”等账户。

行政单位应当于每年年末，对预付账款进行全面检查。如果有确凿证据表明预付账款不再符合预付款项性质，或者因供应单位破产、撤销等原因可能无法收到所购货物、服务的，应当先将其转入其他应收款，再按照规定进行处理。

（九）其他应收款的核算

其他应收款是行政单位除财政应返还额度、应收账款、预付账款以外的其他各项应收及暂付款项，如职工预借的差旅费、拨付给内部有关部门的备用金、应向职工收取的各种垫付款项等。

核算其他应收款的发生及收回情况，应设置“其他应收款”账户，借方登记其他应收、暂付款项，贷方登记收回、核销的其他应收款项，期末借方余额，反映行政单位尚未收回的其他应收款。

本账户应当按照其他应收款的类别以及债务单位（或个人）进行明细核算。

【例6-12】 李婧出差，借差旅费1 500元，以现金支付。会计分录如下：

财务会计分录：

借：其他应收款——李婧　　1 500

　　贷：库存现金　　1 500

预算会计分录：无

行政单位应当于每年年末，对其他应收款进行全面检查。对于超过规定年限、确认无法收回的其他应收款，应当按照有关规定报经批准后予以核销。核销的其他应收款应在备查簿中保留登记。

（1）经批准核销其他应收款时，按照核销金额，借记“资产处置费用”，贷记“其他应收款”。

（2）已核销的其他应收款在以后期间又收回的，按照收回金额，借记“银行存款”等账户，贷记“其他收入”。

根据国库集中支付、推行公务卡强制结算目录的有关规定，职工以现金形式预借差旅费的情况会很少，给单位内部有关部门建立备用金的情况基本不存在。

（十）存货的核算

存货是行政单位在开展业务活动及其他活动中为耗用而储存的资产，包括材料、产品、包装物和低值易耗品及未达到固定资产标准的用具、装具、动植物等。

存货应当在取得时按照成本进行初始计量。

核算行政单位的存货，应设置“在途物品”“库存物品”“加工物品”（资产类）账户。借方登记存货增加额，贷方登记存货减少额，期末借方余额，反映行政单位存货的实际成本。

《政府会计准则第1号——存货》

在途物品核算单位采购材料等物资时货款已付或已开出商业汇票但尚未验收入库的在途物品的采购成本，一般按照供应单位和物品种类进行明细核算。

库存物品核算单位在开展业务活动及其他活动中为耗用或出售而储存的各种材料、产品、包装物、低值易耗品，以及达不到固定资产标准的用具、装具、动植物等的成本。已完成的测绘、地质勘察、设计成果等的成本，也通过该账户核算。本账户应当按照存货的种类、规格和保管地点等进行明细核算。

加工物品核算单位自制或委托外单位加工的各种物品的实际成本。未完成的测绘、地质勘察、设计成果的实际成本，也通过该账户核算。本账户应当设置“自制物品”“委托加工物品”两个一级明细科目，并按照物品类别、品种、项目进行明细核算。

行政单位受托存储保管的物资和受托转赠的物资，应当通过“受托代理资产”账户核算，不计入单位的存货。行政单位随买随用的零星办公用品等，可以在购进时直接列作支出，也不计入单位的存货。

行政单位出租、出借的存货，应当设置备查簿进行登记。

1. 存货取得的核算

（1）购入或加工存货。购入存货成本包括购买价款、相关税费、运输费、装卸费、保险费以及其他使得存货达到目前场所和状态所发生的归属于存货成本的其他支出。

一些单位存在自制或委托加工物品的业务，对于加工物品，应将加工过程发生的全部耗费计入相关物品成本。由于篇幅所限，本节不对加工物品的核算作更多介绍。

【例6－13】从乙公司购入业务用材料，实际金额为5 850元（含税），直接支付货款，但材料尚未达到。会计分录如下：

财务会计分录：

借：在途物品	5 850	
贷：财政拨款收入——基本支出		5 850

预算会计分录：

借：行政支出——财政拨款支出（基本支出）	5 850	
贷：财政拨款预算收入——基本支出		5 850

【例6－14】接上题，购入材料验收入库。会计分录如下：

财务会计分录：

借：库存物品	5 850	
贷：在途物品		5 850

预算会计分录：无

（2）置换换入存货。置换换入存货成本按照换出资产的评估价值，加上支付的补价或减去收到的补价，加上为换入存货支付的其他费用（运输费等）确定。

【例6－15】将本单位业务用实际成本为6 300元评估价为5 000元的甲材料，与A单位评估价为6 000元的乙材料进行置换，支付补价1 000元，支付换入材料运费200元。开出财政授权支付凭证付款，换入材料已验收入库。会计分录如下：

财务会计分录：

借：库存物品——乙材料	6 200	
资产处置费用	1 300	
贷：库存物品——甲材料		6 300
零余额账户用款额度		1 200

预算会计分录：

借：行政支出——财政拨款支出（基本支出）	1 200	
贷：资金结存——零余额账户用款额度		1 200

(3) 接受捐赠、无偿调入存货。接受捐赠、无偿调入的存货，其成本按以下方法确定：对方提供了有关凭据的，按照有关凭据注明的金额加上相关税费、运输费等确定；没有相关凭据可供取得，但依法经过资产评估的，其成本应当按照评估价值加上相关税费、运输费等确定；没有相关凭据可供取得、也未经评估的，其成本比照同类或类似存货的市场价格加上相关税费、运输费等确定；没有相关凭据也未经评估，其同类或类似存货的市场价格无法可靠取得，该存货按照名义金额（即人民币1元）入账。

接受捐赠、无偿调入的存货验收入库，按照确定的成本，在财务会计中，借记“库存物品”等账户，按实际支付的相关税费、运输费等金额，贷记“银行存款”等账户，按照其差额，贷记“捐赠收入”（接受捐赠）或“无偿调拨净资产”（无偿调入）。

接受捐赠、无偿调入的存货按名义金额入账的，按照名义金额，在财务会计中，借记“库存物品”等账户，贷记“捐赠收入”（接受捐赠）或“无偿调拨净资产”（无偿调入）；同时，按实际支付的相关税费、运输费等金额，借记“其他费用”，贷记“银行存款”等账户。

在预算会计中，按实际支付的相关税费、运输费等金额，借记“其他支出”，贷记“资金结存”。

2. 存货发出的核算

由于行政单位每批购入的材料价格不尽相同，这样就导致发出材料时如何确定发出材料的成本问题。常用的方法有先进先出法、加权平均法、个别计价法。计价方法一经确定，不得随意变更。

行政单位用料部门在领用材料时，应填制“领料单”，经部门负责人审核签章后，凭单向保管部门领料。保管部门发料后，在领料单上加盖“材料付讫”戳记，据以登记材料明细账。

(1) 开展业务活动等领用，发出存货。

【例6－16】 业务活动领用材料，成本3 000元。会计分录如下：

财务会计分录：

借：业务活动费用	3 000	
贷：库存物品		3 000

预算会计分录：无

(2) 对外捐赠、无偿调出存货。经批准对外捐赠、无偿调出存货时，按照对外捐赠、无偿调出存货的实际成本，在财务会计中，借记“资产处置费用”（对外捐赠）或“无偿调拨净资产”（无偿调出），贷记“库存物品”。对外捐赠、无偿调出存货发生由行政单位承担的运输费等支出，借记“资产处置费用”，贷记“财政拨款收入”“零余额账户用款额度”“银行存款”等账户。

在预算会计中，对外捐赠、无偿调出存货发生由行政单位承担的运输费等支出，借记“其他支出”，贷记“资金结存”。

(3) 对外出售、置换换出存货。由于行政单位占有、使用的资产均属国家所有，因此，行政单位对外出售、置换换出存货，应按《行政单位国有资产管理暂行办法》的规定报经批准后处理。行政单位国有资产处置的变价收入和残值收入，按照政府非税收入管理的规定，实行“收支两条线”管理。

【例6－17】 将本单位实际成本为8 000元评估价为5 000元的材料对外出售，款项已存入单位的银行存款账户。不考虑相关税费。会计分录如下：

财务会计分录：

借：资产处置费用　　8 000

　　贷：库存物品　　8 000

借：银行存款　　5 000

　　贷：应缴财政款　　5 000

预算会计分录：无

3. 存货报废、毁损的核算

行政单位存货的报废，应由资产管理部门会同财务部门、技术部门审核鉴定，提出意见，按审批权限报送审批。存货发生毁损，应查明原因，分别处理。

【例6－18】 因意外事故导致维修用A材料毁损，材料实际成本6 000元，残值收入现金700元，现金支付运费50元。会计分录如下：

财务会计分录：

借：待处理财产损溢——待处理财产价值　　6 000

　　贷：库存物品　　6 000

借：资产处置费用　　6 000

　　贷：待处理财产损溢——待处理财产价值　　6 000

借：库存现金　　700

　　贷：待处理财产损溢——处理净收入　　700

借：待处理财产损溢——处理净收入　　50

　　贷：库存现金　　50

借：待处理财产损溢——处理净收入　　650

　　贷：应缴财政款　　650

预算会计分录：无

4. 存货清查的核算

由于材料在实际收发保管中会出现差错，记账人员在核算中也会出现记账错误，为此，行政单位应定期盘点库存材料，每年至少盘点一次，以保证实际库存数和账面数一致。如果发生盘盈盘亏的情况，在报经批准后按规定进行账务处理。

盘盈的存货，其成本按照有关凭据注明的金额确定；没有相关凭据、但按照规定经过资产评估的，其成本按照评估价值确定；没有相关凭据、也未经过评估的，其成本按照重置成本确定。如无法采用上述方法确定盘盈的库存物品成本的，按照名义金额入账。

【例6－19】 月末盘点材料，发现B材料盘亏5千克，每千克40元，盘盈C材料1件，同类材料每件20元。经批准，按会计制度处理。会计分录如下：

盘亏：

借：待处理财产损溢——待处理财产价值　　200

　　贷：库存物品　　200

借：资产处置费用　　200

　　贷：待处理财产损溢——待处理财产价值　　200

盘盈：

借：库存物品　　20

　　贷：待处理财产损溢——待处理财产价值　　20

借：待处理财产损溢——待处理财产价值　　20

　　贷：业务活动费用　　20

预算会计分录：无

（九）待摊费用的核算

待摊费用是指行政单位已经支付，但应当由本期和以后各期分别负担的分摊期在1年以内（含1年）的各项费用，如预付航空保险费、预付租金等。

“待摊费用”（资产类）账户，借方登记实际预付的金额，贷方登记摊销转出金额，期末借方余额反映单位各种已支付但尚未摊销的分摊期在1年以内（含1年）的费用。

待摊费用应当在其受益期限内分期平均摊销，如预付航空保险费应在保险期的有效期内、预付租金应在租赁期内分期平均摊销，计入当期费用。

二、固定资产的核算

《政府会计准则第3号——固定资产》

固定资产是指行政单位为满足自身开展业务活动或其他活动需要而控制的，使用年限超过1年（不含1年）、单位价值在规定标准以上，并在使用过程中基本保持原有物质形态的资产，一般包括房屋及构筑物、专用设备、通用设备等。单位价值虽未达到规定标准，但是耐用时间超过1年（不含1年）的大批同类物资，应当作为固定资产核算。

（一）固定资产的分类

为了加强固定资产的核算和管理，行政单位应按固定资产的用途和自然属性进行分类。固定资产一般分为六类：房屋及构筑物；通用设备；专用设备；文物和陈列品；图书、档案；家具、用具、装具及动植物。

（二）固定资产的确认

（1）购入、换入、无偿调入、接受捐赠不需安装的固定资产，在固定资产验收合格时确认。

（2）购入、换入、无偿调入、接受捐赠需要安装的固定资产，在固定资产安装完成交付使用时确认。

（3）自行建造、改建、扩建的固定资产，在建造完成交付使用时确认。

（三）固定资产的计价

取得固定资产时，应当按照其成本入账。固定资产取得的方式多样，不同方式下“成本”的含义如下：

（1）购入的固定资产，其成本包括实际支付的购买价款、相关税费、使固定资产交付使用前所发生的可归属于该项资产的运输费、装卸费、安装费和专业人员服务费等。

以一笔款项购入多项没有单独标价的固定资产，按照各项固定资产同类或类似固定资产市场价格的比例对总成本进行分配，分别确定各项固定资产的入账价值。

（2）自行建造的固定资产，其成本包括建造该项资产至交付使用前所发生的全部必要支出。

固定资产的各组成部分需要分别核算的，按照各组成部分固定资产造价确定其成本；没有各组成部分固定资产造价的，按照各组成部分固定资产同类或类似固定资产市场造价的比例对总造价进行分配，确定各组成部分固定资产的成本。

（3）自行繁育的动植物，其成本包括在达到可使用状态前所发生的全部必要支出。

（4）在原有固定资产基础上进行改建、扩建、修缮的固定资产，其成本按照原固定资产的账面价值（“固定资产”科目账面余额减去“累计折旧”科目账面余额后的净值）加上改建、扩建、修缮发生的支出，再扣除固定资产拆除部分账面价值后的金额确定。

（5）置换取得的固定资产，其成本按照换出资产的评估价值加上支付的补价或减去收到的补价，加上为换入固定资产支付的其他费用（运输费等）确定。

（6）接受捐赠、无偿调入的固定资产，其成本按照有关凭据注明的金额加上相关税费、运输费等确定；没有相关凭据可供取得，但依法经过资产评估的，其成本应当按照评估价值加上相关税费、运输费等确定；没有相关凭据可供取得、也未经评估的，其成本比照同类或类似固定资产的市场价格加上相关税费、运输费等确定；没有相关凭据也未经评估，其同类或类似固定资产的市场价格无法可靠取得，所取得的固定资产应当按照名义金额入账。

（7）盘盈的固定资产，按规定经过资产评估的，其成本按照评估价值确定；未经资产评估的，其成本按照重置成本确定。

（四）固定资产核算的有关说明

（1）固定资产的各组成部分具有不同的使用寿命、适用不同折旧率的，应当分别将各组成部分确认为单项固定资产。

（2）购入需要安装的固定资产，应当先通过“在建工程”科目核算，安装完毕交付使用时再转入固定资产核算。

（3）行政单位的软件，如果其构成相关硬件不可缺少的组成部分，应当将该软件的价值包括在所属的硬件价值中，一并作为固定资产进行核算；如果其不构成相关硬件不可缺少的组成部分，应当将该软件作为无形资产核算。

（4）行政单位购建房屋及构筑物不能够分清支付价款中的房屋及构筑物与土地使用权部分的，应当全部作为固定资产核算；能够分清支付价款中的房屋及构筑物与土地使用权部分的，应当将其中的房屋及构筑物部分作为固定资产核算，将其中的土地使用权部分作为无形资产核算；境外行政单位购买具有所有权的土地，作为固定资产核算。

（5）行政单位借入、以经营租赁方式租入的固定资产，不作为本单位的固定资产核算，应当设置备查簿进行登记。

（五）固定资产的核算

1. 账户设置

为核算行政单位固定资产的取得、折旧和提取和处置情况，应设置“固定资产”“固定资产累计折旧”“工程物资”“在建工程”等账户。

“固定资产”（资产类）账户，核算固定资产原值，借方登记固定资产的购入、调入、自建、接受捐赠、盘盈等的增加数，贷方登记调出、报废、盘亏等的减少数。借方余额反映实存固定资产的原值。

行政单位应当设置“固定资产登记簿”和“固定资产卡片”，按照固定资产类别、项目和使用部门等进行明细核算。出租、出借的固定资产，应当设置备查簿进行登记。

“固定资产累计折旧”（资产类）账户，是固定资产的备抵调整账户，用于核算固定资产的累计折旧。贷方登记提取的折旧，借方登记固定资产减少转出的累计折旧，期末贷方余额，反映固定资产的累计折旧额。

“工程物资”（资产类）账户，反映行政单位为在建工程准备的各种物资的成本，包括工程用材料、设备等。借方登记购入为工程准备的物资，贷方登记领用工程物资或工程完工后将剩余的工程物资转作本单位存货等，期末借方余额，反映单位为在建工程准备的各种物资的成本。

“在建工程”（资产类）账户，反映行政单位已经发生必要支出，但尚未交付使用的建设工程价值。借方登记各项在建工程的实际支出，贷方登记完工工程转出的成本，固定资产改建、扩建或修缮中拆除部分的账面价值、拆除部分获得的残值收入，期末借方余额，反映企业尚未达到预定可使用状态的在建工程成本。单位在建的信息系统项目工程、公共基础设施项目工程、保障性住房项目工程的实际成本，也通过本账户核算。

2. 固定资产取得

【例6-20】 经批准，通过政府采购，购置计算机两台，货款34 000元，验收后交付使用。款项由财政直接支付（项目经费）。会计分录如下：

财务会计分录：

借：固定资产——通用设备　　34 000

　　贷：财政拨款收入——项目支出　　34 000

预算会计分录：

借：行政支出——财政拨款支出（项目支出）　　34 000

　　贷：财政拨款预算收入——项目支出　　34 000

【例6-21】 通过政府采购购进燃气锅炉一台，发票上注明的买价为300 000元，增值税51 000元，运费5 000元，款项由财政直接支付（项目支出），锅炉验收，交付安装。会计分录如下：

财务会计分录：

借：在建工程——锅炉安装　　356 000

　　贷：财政拨款收入——项目支出　　356 000

预算会计分录：

借：行政支出——财政拨款支出（项目支出） 356 000

　　贷：财政拨款预算收入——项目支出 356 000

【例6-22】锅炉安装完工，验收合格交付使用，开出财政授权支付凭证支付安装费20 000元。会计分录如下：

财务会计分录：

借：在建工程——锅炉安装 20 000

　　贷：零余额账户用款额度 20 000

同时，

借：固定资产——专用设备 376 000

　　贷：在建工程——锅炉安装 376 000

预算会计分录：

借：行政支出——财政拨款支出（项目支出） 20 000

　　贷：资金结存——零余额账户用款额度 20 000

【例6-23】购入不需安装的专用设备一台，价款150 000元，扣留质保金30 000元（2年），款项财政直接支付（项目支出）。会计分录如下：

财务会计分录：

借：固定资产——专用设备 150 000

　　贷：财政拨款收入——项目支出 120 000

　　　　长期应付款 30 000

预算会计分录：

借：行政支出——财政拨款支出（项目支出） 120 000

　　贷：财政拨款预算收入——项目支出 120 000

【例6-24】为增加功能对办公楼进行改建，办公楼原值为2 000万元，已提折旧800万元，当月完成改建，改建费用共计60万元由财政直接支付（项目支出）。会计分录如下：

将办公楼转入改建：

财务会计分录：

借：在建工程 12 000 000

　　固定资产累计折旧 8 000 000

　　贷：固定资产——房屋及构筑物 20 000 000

与施工企业结算工程款：

借：在建工程 600 000

　　贷：财政拨款收入——项目支出 600 000

工程完工交付使用：

借：固定资产——房屋及构筑物 12 600 000

　　贷：在建工程——建筑工程 12 600 000

预算会计分录：

借：行政支出——财政拨款支出（项目支出） 600 000

　　贷：财政拨款预算收入——项目支出 600 000

【例6－25】接受上级部门无偿调入的办公设备，金额140 000元，从零余额账户中支付运输费1 000元。会计分录如下：

财务会计分录：

借：固定资产——通用设备　141 000

　　贷：无偿调拨净资产　140 000

　　　　零余额账户用款额度　1 000

预算会计分录：

借：其他支出——其他资金支出（项目支出）　1 000

　　贷：资金结存——零余额账户用款额度　1 000

3. 固定资产折旧

固定资产折旧是指在固定资产使用寿命内，按照确定的方法对应计折旧额进行系统的分摊。行政单位固定资产计提折旧不考虑预计净残值，因此应计折旧额就是固定资产原价。

行政单位对下列固定资产不计提折旧：文物及陈列品；动植物；图书、档案；单独计价入账的土地；以名义金额入账的固定资产；境外行政单位持有的能够与房屋及构筑物区分、拥有所有权的土地。

行政单位一般应当采用年限平均法或工作量法计提固定资产折旧。

固定资产应当按月计提折旧，当月增加的固定资产，当月开始计提折旧；当月减少的固定资产，当月不再计提折旧。

固定资产提足折旧后，无论能否继续使用，均不再计提折旧；提前报废的固定资产，也不再补提折旧。已提足折旧的固定资产，可以继续使用的，应当继续使用，规范实物管理。固定资产因改建、扩建或修缮等原因而提高使用效能或延长使用年限的，应当按照重新确定的固定资产成本以及重新确定的折旧年限，重新计算折旧额。

【例6－26】计提本月固定资产折旧26 000元。会计分录如下：

财务会计分录：

借：业务活动费用　26 000

　　贷：固定资产累计折旧　26 000

预算会计分录：无

4. 与固定资产有关的后续支出

固定资产的后续支出是指资产使用过程中发生的更新改造支出、修理费用等。后续支出的处理原则为：为增加固定资产使用效能或延长其使用寿命而发生的改建、扩建或修缮等后续支出，应当计入固定资产成本，账务处理见【例6－25】。为维护固定资产正常使用而发生的日常修理等后续支出，应当计入当期支出但不计入固定资产成本。

5. 固定资产出售、转让、置换换出

固定资产出售、转让需按规定报经批准后处理。报经批准置换换出固定资产，参照“库存物品”中置换换入库存物品的规定进行账务处理。

【例6－27】将原值为130 000元，已提折旧20 000元的小汽车出售，收进款项90 000元存入银行。会计分录如下：

财务会计分录：

借：资产处置费用　110 000
　　固定资产累计折旧　20 000
　　贷：固定资产　130 000
借：银行存款　90 000
　　贷：应缴财政款　90 000
预算会计分录：无

6. 固定资产无偿调出、对外捐赠

在财务会计中，经批准对外捐赠固定资产时，按照已计提折旧，借记“固定资产累计折旧”，按照固定资产的账面余额，贷记“固定资产”，对外捐赠过程中发生由行政单位承担的拆除费用、运输费等，按照实际支付的金额，借记“资产处置费用”，贷记“财政拨款收入”“零余额账户用款额度”“银行存款”等。

经批准无偿调出时，按照已计提折旧，借记“固定资产累计折旧”，按照固定资产的账面余额，贷记“固定资产”，按照其差额，借记“无偿调拨净资产”。同时，对无偿调出过程中发生由行政单位承担的拆除费用、运输费等，按照实际支付的金额，借记“资产处置费用”，贷记“财政拨款收入”“零余额账户用款额度”“银行存款”等。

在预算会计中，对外捐赠、无偿调出固定资产发生由行政单位承担的拆除费用、运输费等支出，借记“其他支出”，贷记“资金结存”。

7. 固定资产清查

行政单位的固定资产应当定期进行清查盘点，每年至少盘点一次。对于固定资产发生盘盈、盘亏或毁损、报废，应当及时查明原因，按照规定报经批准后进行账务处理。

盘盈的固定资产，其成本按照有关凭据注明的金额确定；没有相关凭据、但按照规定经过资产评估的，其成本按照评估价值确定；没有相关凭据、也未经过评估的，其成本按照重置成本确定。如无法采用上述方法确定盘盈固定资产成本的，按照名义金额（人民币1元）入账。盘盈的固定资产，按照确定的入账价值，借记“固定资产”，贷记“待处理财产损溢”。

盘亏、毁损或报废的固定资产，按照盘亏固定资产的账面价值，借记“待处理财产损溢”，按照已计提折旧，借记“累计折旧”，按照固定资产账面余额，贷记“固定资产”。

【例6-28】报废房屋一栋，原值520 000元，已提足折旧，残料变价收入3 000元存入银行，同时以现金支付清理费用400元，处置净收入2 600元按规定上缴国库。会计分录如下：

财务会计分录：
借：固定资产累计折旧　520 000
　　贷：固定资产　520 000
借：银行存款　3 000
　　贷：待处理财产损溢——处理净收入　3 000
借：待处理财产损溢——处理净收入　400
　　贷：库存现金　400
借：待处理财产损溢——处理净收入　2 600
　　贷：应缴财政款　2 600
预算会计分录：无

三、无形资产的核算

（一）无形资产及其种类

无形资产是指行政单位控制的没有实物形态的可辨认非货币性资产，如专利权、商标权、著作权、土地使用权、非专利技术等。

行政单位购入的不构成相关硬件不可缺少组成部分的软件，应当作为无形资产核算。

（二）无形资产的确认与计价

《政府会计准则第4号——无形资产》

无形资产应当在完成对其权属的规定登记或其他证明单位取得无形资产时确认。

取得无形资产时，应当按照其实际成本入账。

（1）外购的无形资产，其成本包括实际支付的购买价款、相关税费以及可归属于该项资产达到预定用途所发生的其他支出。

（2）委托软件公司开发软件，视同外购无形资产进行处理。

（3）自行开发并按法律程序申请取得的专利权等无形资产，应当区分研究阶段支出与开发阶段支出。研究阶段的支出，应当于发生时计入当期费用。开发阶段的支出，先按合理方法进行归集，如果最终形成无形资产的，应当确认为无形资产；如果最终未形成无形资产的，应当计入当期费用。自行研究开发项目尚未进入开发阶段，或者确实无法区分研究阶段支出和开发阶段支出，但按法律程序已申请取得无形资产的，按照依法取得时发生的注册费、聘请律师费等费用确定成本。

（4）置换取得的无形资产，其成本按照换出资产的评估价加上支出的补价或减去收到的补价、加上为换入无形资产支付的其他费用（登记费等）确定。

（5）接受捐赠、无偿调入的无形资产，其成本按照有关凭据注明的金额加上相关税费确定；没有相关凭据可供取得，但依法经过资产评估的，其成本应当按照评估价值加上相关税费确定；没有相关凭据可供取得，也未经评估的，其成本比照同类或类似资产的市场价格加上相关税费确定；没有相关凭据也未经评估，其同类或类似无形资产的市场价格无法可靠取得，所取得的无形资产应当按照名义金额入账。

（三）无形资产的核算

行政单位应设置“无形资产”“无形资产累计摊销”等账户，对无形资产进行核算。

“无形资产”（资产类）账户，核算无形资产的原值，借方登记行政单位取得的无形资产的成本，贷方登记减少的无形资产的账面余额，期末借方余额，反映无形资产的现有无形资产的成本。本账户可按照无形资产的类别、项目等进行明细核算。

“无形资产累计摊销”（资产类）账户，属于无形资产的调整账户，用于核算行政单位对无形资产计提的累计摊销。贷方登记计提的无形资产摊销，借方登记无形资产减少时转出的累计摊销，期末贷方余额反映无形资产的累计摊销额。

1. 无形资产取得的账务处理

行政单位取得无形资产可通过外购、委托软件公司开发、自行开发、置换、接受捐赠、无偿调入等形式。

【例6-29】委托某软件公司开发办公系统，总价款8万元（项目支出）。合同约定签订合同当日预付开发费3万元，开发完成交付使用付余款，合同签订后1个月交货。款项由财政授权支付。会计分录如下：

合同签订时：

财务会计分录：

借：预付账款　30 000

　贷：零余额账户用款额度　30 000

预算会计分录：

借：行政支出——财政拨款支出（项目支出）　30 000

　贷：资金结存——零余额账户用款额度　30 000

1个月后，软件开发完成交付使用时：

财务会计分录：

借：无形资产　80 000

　贷：零余额账户用款额度　50 000

　　预付账款　30 000

预算会计分录：

借：行政支出——财政拨款支出（项目支出）　50 000

　贷：资金结存——零余额账户用款额度　50 000

2. 无形资产摊销的账务处理

无形资产摊销是指在无形资产使用寿命内，按照确定的方法对应摊销进行系统分摊。

有关说明如下：

(1) 行政单位对于使用年限有限的无形资产，应当按照以下原则确定无形资产的摊销年限：①法律规定了有效年限的，按照法律规定的有效年限作为摊销年限；②法律没有规定有效年限的，按照相关合同或单位申请书中的受益年限作为摊销年限；③法律没有规定有效年限、相关合同或单位申请书也没有规定受益年限的，应当根据无形资产为政府会计主体带来服务潜力或经济利益的实际情况，预计其使用年限；④非大批量购入、单价小于1 000元的无形资产，可以于购买的当期，一次将成本全部摊销。

(2) 行政单位应当采用年限平均法或者工作量法计提无形资产摊销。

(3) 行政单位应当自无形资产取得当月起，按月计提摊销；无形资产减少的当月，不再计提摊销。

(4) 无形资产提足摊销后，无论能否继续带来服务潜力或经济利益，均不再计提摊销；核销的无形资产，如果未提足摊销，也不再补提摊销。

(5) 因发生后续支出而增加无形资产成本的，应当按照重新确定的无形资产成本，重新计算摊销额。

(6) 名义金额计量的无形资产不进行摊销。使用年限不确定的无形资产不应摊销。

【例6-30】计提当月无形资产摊销2 000元。会计分录如下：

财务会计分录：

借：业务活动费用 2 000

　　贷：无形资产累计摊销 2 000

预算会计分录：无

3. 与无形资产有关的后续支出的账务处理

无形资产的后续支出是指在无形资产使用过程中发生的增加无形资产效能的支出和保持无形资产正常使用的维护支出。分以下情况处理：

（1）为增加无形资产使用效能而发生的后续支出，如对软件进行升级改造或扩展其功能等所发生的支出，应当计入无形资产的成本。

（2）为维护无形资产的正常使用而发生的后续支出，如对软件进行的漏洞修补、技术维护等所发生的支出，应当计入当期支出但不计入无形资产的成本。

4. 无形资产出售的账务处理

报经批准出售无形资产时，按照待出售无形资产的账面价值，借记“资产处理费用”科目，按照已计提摊销，借记“累计摊销”科目，按照无形资产的账面余额，贷记“无形资产”科目。

【例6-31】转让一项无形资产，收到转让价款70 000元存入银行，该无形资产账面余额100 000元，已提摊销40 000元，应交增值税4 200元。会计分录如下：

财务会计分录：

转入待处置资产：

借：资产处置费用 60 000

　　无形资产累计摊销 40 000

　　贷：无形资产 100 000

收到转让款和应缴增值税：

借：银行存款 70 000

　　贷：应交增值税 4 200

　　　　应缴财政款 65 800

预算会计分录：无

5. 无形资产无偿调出、对外捐赠、置换换出的账务处理

报经批准无偿调出、对外捐赠无形资产，可参照“固定资产”账户中无偿调出、对外捐赠的账户处理；报经批准置换换出无形资产，可参照“库存物品”账户中置换换出的账户处理。

6. 无形资产预期不能为行政单位带来服务潜力或经济利益的，应当按规定报经批准后将无形资产的账面价值予以核销

待核销的无形资产转入待处理财产损溢时，按照待核销无形资产的账面价值，借记“资产处理费用”，按照已计提摊销，借记“累计摊销”，按照无形资产的账面余额，贷记“无形资产”。

四、政府储备物资的核算

政府储备物资包括战略及能源物资、抢险抗灾救灾物资、农产品、医药物资和其他重要商品物资，通常情况下由政府单位委托承储单位存储。

负责采购并拥有储备物资调拨权力的行政单位（简称“采购单位”）将政府储备物资交由其他行政单位（简称“代储单位”）代为储存的，由采购单位通过“政府储备物资”科目核算政府储备物资，代储单位将受托代储的政府储备物资作为受托代理资产核算。

《政府会计准则第6号——政府储备物资》

政府储备物资应当在其到达存放地点并验收时确认。

行政单位应设置“政府储备物资”（资产类）账户，核算行政单位管理控制的各项政府应急或救灾储备物资等。借方登记购入、接受捐赠、无偿调入、盘盈等物资的成本，贷方登记对外捐赠、无偿调出、报废、毁损、盘亏等物资的成本，期末借方余额，反映行政单位管理的政府储备物资的实际成本。

政府储备物资应当按照政府储备物资的种类、品种、存放地点等进行明细核算。

政府储备物资购入、接受捐赠、无偿调入，经批准对外捐赠、无偿调出，盘盈、盘亏或报废、毁损的核算和存货核算类似。

五、公共基础设施的核算

公共基础设施指由行政单位占有并直接负责维护管理、供社会公众使用的工程性公共基础设施资产，主要包括市政基础设施（如城市道路、桥梁、隧道、公交场站、路灯、广场、公园绿地、室外公共健身器材，以及环卫、排水、供水、供电、供气、供热、污水处理、垃圾处理系统等）、交通基础设施（如公路、航道、港口等）、水利基础设施（如大坝、堤防、水闸、泵站、渠道等）和其他公共基础设施。

《政府会计准则第5号——公共基础设施》

与公共基础设施配套使用的修理设备、工具器具、车辆等动产，作为管理公共基础设施的行政单位的固定资产核算。与公共基础设施配套、供行政单位在公共基础设施管理中自行使用的房屋构筑物等，能够与公共基础设施分开核算的，作为行政单位的固定资产核算。

行政单位应当结合本单位的具体情况，制定适合于本单位管理的公共基础设施目录、分类方法，作为进行公共基础设施核算的依据。

公共基础设施应当在对其取得占有权利时确认。

行政单位为核算行政单位占有并负责维护管理、供社会公众使用的工程性基础设施资产应分别设置“公共基础设施”和“公共基础设施累计折旧（摊销）”（资产类）账户。

公共基础设施的取得（自行建造、接受其他单位移交）、后续支出、处置（向其他单位移交、毁损、报废）的核算类似“固定资产”。

六、文物文化资产、保障性住房的核算

文物文化资产、保障性住房和公共基础设施、政府储备物资一样，都是政府管理的公用资产。行政单位为其管理其公用资产设置以下账户：

(1)“文物文化资产”，核算行政单位为满足社会公共需求而控制的文物文化资产的成本。

(2)“保障性住房”，核算行政单位为满足社会公共需求而控制的保障性住房的原值。

(3)“保障性住房累计折旧”，核算行政单位计提的保障性住房的累计折旧。

其中文物文化资产、保障性住房的核算，可参照“固定资产”。

七、受托代理资产的核算

受托代理资产指行政单位接受委托方委托管理的各项资产，包括受托指定转赠的物资、受托储存管理的物资等。

行政单位接受受托代理资产时，相应会形成受托代理负债。

受托代理资产为现金和银行存款的，通过“库存现金”“银行存款”科目进行核算。

受托代理资产应当在行政单位收到受托代理的资产时确认。

行政单位应设置“受托代理资产”（资产类）账户，核算行政单位接受委托方委托管理的各项资产。借方登记受托转赠、受托储存管理物资的成本，贷方登记交付受托物资的成本或转为受托单位存货或固定资产的物资的成本，期末借方余额，反映单位受托代理资产中实物资产的价值。

“受托代理资产”应当按照资产的种类和委托人进行明细核算；属于转赠资产的，还应当按照受赠人进行明细核算。

（一）受托转赠物资的核算

(1) 接受委托人委托需要转赠给受赠人的物资，其成本按照有关凭据注明的金额确定；没有相关凭据可供取得的，其成本比照同类或类似物资的市场价格确定。

接受委托转赠的物资验收入库，按照确定的成本，借记“受托代理资产”，贷记“受托代理负债”；受托协议约定由行政单位承担相关税费、运输费等的，按照实际支付的相关税费、运输费等金额，在财务会计中借记“其他费用”，贷记“银行存款”等账户；同时，在预算会计中借记“其他支出”，贷记“资金结存——货币资金”等账户。

(2) 将受托转赠物资交付受赠人时，按照转赠物资的成本，借记“受托代理负债”，贷记“受托代理资产”。

(3) 转赠物资的委托人取消了对捐赠物资的转赠要求，且不再收回捐赠物资的，应当将转赠物资转为存货或固定资产，按照转赠物资的成本，借记“受托代理负债”，贷记“受托代理资产”；同时，借记“库存物资”“固定资产”，贷记“其他收入”。

（二）受托储存管理物资的核算

（1）接受委托人委托储存管理的物资，其成本按照有关凭据注明的金额确定。

接受委托储存的物资验收入库，按照确定的成本，借记“受托代理资产”，贷记“受托代理负债”。

（2）支付由受托单位承担的与受托储存管理的物资相关的运输费、保管费等费用时，按照实际支付的金额，在财务会计中借记“其他费用”，贷记“银行存款”等账户；同时，在预算会计中借记“其他支出”，贷记“资金结存——货币资金”等账户。

（3）根据委托人要求交付受托储存管理的物资时，按照储存管理物资的成本，借记“受托代理负债”科目，贷记“受托代理资产”。

【例6-32】 某民政局接受捐赠人的委托，将一批救灾物资500 000元转赠给灾区，物资已收到。会计分录如下：

借：受托代理资产	500 000	
贷：受托代理负债		500 000

八、长期待摊费用的核算

长期待摊费用是指行政单位已经支付，但应当由本期和以后各期分别负担的分摊期在1年以上（不含1年）的各项费用，如以经营租赁方式租入的固定资产发生的改良支出等。

“长期待摊费用”（资产类）账户，借方登记实际预付的金额，贷方登记摊销转出金额，期末借方余额反映单位尚未摊销完毕的长期待摊费用。

长期待摊费用应当在其受益期限内分期平均摊销，如以经营租赁方式租入的固定资产发生的改良支出应在受益期间内分期平均摊销，计入当期费用。

九、待处理财产损溢的核算

待处理财产损溢是指行政单位在资产清查过程中查明的各种资产盘盈、盘亏和报废、毁损的价值。

本账户应当按照待处理的资产项目进行明细核算；对于在资产处理过程中取得收入或发生相关费用的项目，还应当设置“待处理财产价值”“处理净收入”明细科目，进行明细核算。

行政单位资产清查中查明的资产盘盈、盘亏、报废和毁损，一般应当先记入本科目，按照规定报经批准后及时进行账务处理。年末结账前一般应处理完毕。具体账务处理参照相关资产清查。

第二节　负债的核算

负债是行政单位过去的经济业务或者事项形成的，预期会导致经济资源流出政府会计主体的现时义务。行政单位的负债按照流动性，分为流动负债和非流动负债。

流动负债是指预计在1年（含1年）内偿还的负债，包括应缴财政款、应交增值税、其他应交税费、应付职工薪酬、应付及暂存款项、应付政府补贴款等。非流动负债是指流动负债以外的负债。

《政府会计准则第8号——负债》

表6-4 行政单位负债的具体内容

分类	会计科目
流动负债	应交增值税、其他应交税费、应缴财政款、应付职工薪酬、应付账款、应付政府补贴款、其他应付款、预提费用
非流动负债	长期应付款、预计负债、受托代理负债

一、应缴财政款的核算

（一）应缴财政款的内容

应缴财政款是行政单位取得的按规定应当上缴财政的款项，包括罚没收入、行政事业性收费、政府性基金、国有资产处置和出租收入等。

1. 罚没收入

是罚款与没收收入的统称，是指法律、法规和规章授权的执行处罚的部门依法对当事人实施处罚取得的罚款、没收款、没收物品的折价款、无主财物变价款等。如公安、检察院、法院、工商、税务、海关、审计、食品药品监督、交通、证监会等行政单位，依照法律法规，对公民、法人、其他经济组织实施经济处罚取得的各项罚款等。

2. 行政性收费

指行政单位在行使管理职能的过程中，依照国家法律法规向公民、法人、其他经济组织收取的行政性费用。如各级公安、司法、民政、法院、财政、税务、工商行政管理等行政单位，为发放证照、簿册等而向有关单位和个人收取的证照（身份证、结婚证、机动车号牌、行驶证等）工本费、手续费、商标注册费、企业登记注册费、房屋所有权登记费、公证费、从业资格考试费等。行政事业性收费实行中央和省（自治区、直辖市）两级审批管理制度。省（自治区、直辖市）以下各级人民政府及其部门无权审批设行政性收费项目或调整收费标准。

3. 政府性基金

是指行政单位根据法律法规和有关文件规定，为支持某项事业发展，按照国家规定程序批准，向公民、法人和其他组织征收的具有专项用途的资金。如民航基础设施建设基金、铁路建设基金、新菜地开发基金、南水北调基金、地方教育费附加等。

4. 国有资产处置和出租收入

国有资产处置收入指行政单位的存货、固定资产、无形资产、政府储备物资、公共基础设施等经批准出售、报废或意外毁损的净收入；国有资产出租收入指固定资产等的出租收入。

（二）应缴财政款的核算

行政单位应设置“应缴财政款”（负债类）账户，核算行政单位应当上缴财政的款项。贷方登记应缴数，借方登记已缴数，贷方余额，反映行政单位应当上缴财政但尚未缴纳的款项。年终清缴后，本账户一般应无余额。

应缴预算款的核算可以分两种情况处理：

（1）对尚未实行非税收入收缴制度改革、暂未取消收入过渡账户的行政单位，收到应缴预算款时，借记“银行存款”，贷记“应缴财政款”，上缴应缴财政款时，借记“应缴财政款”，贷记“银行存款”。

（2）对于已实行非税收入收缴制度改革，取消了收入过渡户的行政单位，开具《非税收入一般缴款书》或收到并于当日上缴应缴预算款时，可以仅在应缴预算款备查登记簿中进行备查登记，不做会计分录，也可同时借记和贷记“应缴财政款”。

行政单位应缴财政款的资金不是单位的预算资金，因此预算会计不对此类业务进行会计核算。

【例6-33】 以银行存款上缴应缴财政款164 050元。

财务会计分录：

借：应缴财政款	164 050	
贷：银行存款		164 050

预算会计分录：无

二、应交增值税的核算

（一）应交增值税的内容

应交增值税是指按照税法规定计算应交纳的增值税。在中国境内销售货物或者提供加工、修理修配劳务，销售服务、无形资产、不动产以及进口货物的单位和个人，为增值税的纳税人。增值税按其经营规模大小以及会计核算是否健全划分为一般纳税人和小规模纳税人。

应交增值税应当在发生应税事项导致承担纳税义务时确认。

（二）应交增值税的核算

由于增值税业务复杂，行政单位应单独设置“应交增值税”（负债类）账户，专门核算按照税法规定计算应交纳的增值税。有关增值税的计算以及明细账户的设置和核算，可参考企业增值税的相关内容。

“应交增值税”账户，贷方登记应缴的税款数，借方登记已缴税款数，期末贷方余额，反映单位应交未交的增值税；期末如为借方余额，反映单位尚未抵扣或多交的增值税。

根据财政部、国家税务总局《关于全面推开营业税改征增值税试点的通知》财税

〔2016〕36号规定：年应税销售额超过规定标准但不经常发生应税行为的单位和个体工商户可选择按照小规模纳税人纳税。行政单位不经常发生增值税纳税行为，一般为出租、出售房屋等，按小规模纳税人缴纳增值税。属于增值税小规模纳税人的单位只需在本账户下设置“转让金融商品应交增值税”“代扣代交增值税”明细科目。

【例6-34】 通过银行存款账户收到门面1年租金105 000元，收款时计算相关税费。

（1）收到租金。

财务会计分录：

借：银行存款	105 000	
贷：应缴财政款		105 000

预算会计分录：无

（2）计提税费。

应交增值税 = 105 000/（1 + 5%）×5% = 5 000（元）

应交房产税 = 105 000 × 12% = 12 600（元）

应交城建税 = 5 000 × 7% = 350（元）

应交教育费附加 = 5 000 × 3% = 150（元）

应交地方教育费附加 = 5 000 × 2% = 100（元）

应交其他税费 = 12 600 + 350 + 150 + 100 = 13 200（元）

财务会计分录：

借：应缴财政款	18 200	
贷：应交增值税——代扣代交增值税		5 000
应交其他税费		13 200

预算会计分录：无

【例6-35】 单位缴纳税费18 200元。

财务会计分录：

借：应交增值税——代扣代交增值税	5 000	
应交其他税费	13 200	
贷：银行存款		18 200

预算会计分录：无

【例6-36】 单位收到门面租金105 000元，缴纳税费18 200元，剩余款项上缴财政。

财务会计分录：

借：应缴财政款	86 800	
贷：银行存款		86 800

预算会计分录：无

三、其他应交税费的核算

（一）其他应交税费的内容

行政单位按照税法等规定计算应交纳的除增值税以外的各种税费，包括城市维护建设税、教育费附加、地方教育费附加、车船税、房产税、城镇土地使用税和企业所得税以及由行政单位代扣代缴的个人所得税等。

其他应交税费应当在产生缴纳税费义务时确认。

（二）其他应交税费的核算

行政单位应设置“其他应交税费”（负债类）账户，核算行政单位按税法规定应缴的其他各种税费，贷方登记应缴的税款数，借方登记已缴税款数，期末贷方余额，反映单位应交未交的除增值税以外的税费金额；期末如为借方余额，反映单位多交纳的除增值税以外的税费金额。其他应交税费应当按照应缴纳的税费种类进行明细核算。

单位应交纳的印花税不需要预提应交税费，直接通过“业务活动费用”账户核算，不通过本账户核算。

其他应交税费的核算举例见“应交增值税”和“应付职工薪酬”。

四、应付职工薪酬的核算

（一）应付职工薪酬的内容

应付职工薪酬指行政单位按照有关规定应付给职工（含长期聘用人员）及为职工支付的各种薪酬，包括基本工资、国家统一规定的津贴补贴、规范津贴补贴（绩效工资）、改革性补贴、社会保险费（如职工基本养老保险费、职业年金、基本医疗保险费等）、住房公积金等。

应付职工薪酬应当在规定支付职工薪酬的时间确认。

行政单位应加强和规范对工资、津贴补贴和其他个人收入发放业务的管理，全面准确地进行核算。

（二）应付职工薪酬的核算

行政单位应设置“应付职工薪酬”（负债类）账户，核算行政单位按规定应付给职工及为职工支付的各种薪酬，贷方登记计提的应支付给职工的薪酬数额，借方登记实际发放的职工薪酬数额，期末贷方余额，反映行政单位应付未付的职工薪酬。

【例6-37】 支付职工工资，应付基本工资100 500元，津贴补贴72 500元，改革性补贴12 600元，应付合计185 600元（基本支出）。代扣职工个人所得税900元，各种保险费5 100元，住房公积金17 300元，扣款合计22 400元。工资均由公共财政预算资金直接支付。凭工资汇总表、财政直接支付到账通知书等填记账凭证。会计分录如下：

（1）计算应付职工薪酬。

财务会计分录：

借：业务活动费用——工资福利费用	185 600	
贷：应付职工薪酬——基本工资		100 500
——国家统一规定的津贴补贴		72 500
——改革性补贴		12 600

预算会计分录：无

（2）支付职工工资。

①按照实际支付的金额：

财务会计分录：

借：应付职工薪酬——基本工资　77 200

——国家统一规定的津贴补贴　72 500

——改革性补贴　12 600

贷：财政拨款收入——基本支出　162 300

预算会计分录：

借：行政支出——财政拨款支出（基本支出）　162 300

贷：财政拨款预算收入——基本支出　162 300

②从应付职工薪酬中代扣代缴个人所得税，按照代扣代缴的金额：

财务会计分录：

借：应付职工薪酬——基本工资　900

贷：应交其他税费——应交个人所得税　900

预算会计分录：无

③从应付职工薪酬中代扣代缴社会保险费和住房公积金，按照代扣代缴的金额：

财务会计分录：

借：应付职工薪酬——基本工资　22 400

贷：应付职工薪酬——社会保险费　5 100

——住房公积金　17 300

预算会计分录：无

【例 6－38】按规定计提本月职工社会保险费 30 000 元，住房公积金 34 600 元。会计分录如下：

财务会计分录：

借：业务活动费用——工资福利费用　64 600

贷：应付职工薪酬——社会保险费　30 000

——住房公积金　34 600

预算会计分录：无

【例 6－39】财政直接支付本月社会保险费 35 100 元，住房公积金 51 900 元。会计分录如下：

财务会计分录：

借：应付职工薪酬——社会保险费　35 100

——住房公积金　51 900

贷：财政拨款收入——基本支出　87 000

预算会计分录：

借：行政支出——财政拨款支出（基本支出）　87 000

贷：财政拨款预算收入——基本支出　87 000

【例 6－40】财政直接支付代扣个人所得税 900 元。

财务会计分录：

借：应交其他税费　　900

　　贷：财政拨款收入——基本支出　　900

预算会计分录：

借：行政支出——财政拨款支出（基本支出）　　900

　　贷：财政拨款预算收入——基本支出　　900

五、应付账款的核算

（一）应付账款的概念及其确认

应付账款指行政单位因购买物资或服务、工程建设等而应付的偿还期限在1年以内（含1年）的款项。

应付账款应当在收到所购物资或服务、完成工程时确认。

（二）应付账款的核算

行政单位应设置“应付账款”（负债类）账户，核算因购买物资或服务、工程建设等而应付的偿还期限在1年以内（含1年）的款项。贷方登记应付未付款，借方登记支付及转销的无法支付的应付账款，期末贷方余额，反映行政单位尚未支付的应付账款。

应付账款应当按照债权单位（或个人）进行明细核算。

【例6-41】 某行政单位为小规模纳税人，购进维修用材料，价款3 000元，增值税510元，款未付，材料已验收入库。会计分录如下：

财务会计分录：

借：库存物品　　3 510

　　贷：应付账款　　3 510

预算会计分录：无

【例6-42】 开出财政授权支付凭证，支付上述货款3 510元（基本支出）。会计分录如下：

财务会计分录：

借：应付账款　　3 510

　　贷：零余额账户用款额度　　3 510

预算会计分录：

借：行政支出——财政拨款支出（基本支出）　　3 510

　　贷：资金结存——零余额账户用款额度　　3 510

若因债权单位撤销上述货款无法偿还，则：

财务会计分录：

借：应付账款

　　贷：其他收入

预算会计分录：无

六、应付政府补贴款的核算

（一）应付政府补贴款的内容及确认

应付政府补贴款指负责发放政府补贴的行政单位，按照规定应当支付给政府补贴接受者的各种政府补贴款。如低保补贴、粮食直补、农资综合补贴、禽流感补贴、家电下乡补贴等。

应付政府补贴款应当在规定发放政府补贴的时间确认。

（二）应付政府补贴款的核算

行政单位应设置“应付政府补贴款”（负债类）账户，核算负责发放政府补贴的行政单位，按照规定应当支付给政府补贴接受者的各种政府补贴款。贷方登记按照规定应支付给政府补贴接受者的各种政府补贴款，借方登记已支付的政府补贴款，期末贷方余额，反映行政单位应付未付的政府补贴金额。

应付政府补贴款应当按照应支付的政府补贴种类进行明细核算。行政单位还应当按照补贴接受者建立备查簿，进行相应明细核算。

【例 6－43】 按规定计算低保户补贴，某月应付补贴款 30 000 元。会计分录如下：

财务会计分录：

借：业务活动费用——对个人和家庭的补助费用　　30 000

　　贷：应付政府补贴款　　30 000

预算会计分录：无

【例 6－44】 用财政授权支付方式支付应付补贴款 30 000 元。会计分录如下：

财务会计分录：

借：应付政府补贴款　　30 000

　　贷：零余额账户用款额度　　30 000

预算会计分录：

借：行政支出——财政拨款支出——项目支出　　30 000

　　贷：资金结存——零余额账户用款额度　　30 000

七、其他应付款的核算

（一）其他应付款的内容

其他应付款指行政单位核算单位除应交增值税、其他应交税费、应缴财政款、应付职工薪酬、应付票据、应付账款、应付政府补贴款、应付利息、预收账款以外，其他各项偿还期限在 1 年内（含 1 年）的应付及暂收款项，如收取的押金、存入保证金、已经报销但尚未偿还银行的本单位公务卡欠款等。

同级政府财政部门预拨的下期预算款和没有纳入预算的暂付款项，以及采用实拨资金方式通过本单位转拨给下属单位的财政拨款，也通过本科目核算。

（二）其他应付款的核算

行政单位应设置“其他应付款”（负债类）账户，核算各种其他应付款，贷方登记发生的应付、暂收款项，借方登记归还或转销款项，期末贷方余额，反映行政单位尚未支付的其他应付款。

其他应付款应按其他应付款的类别以及债权单位（或个人）进行明细核算。

【例6-45】 将单位礼堂借给外单位召开会议，收到其交来的押金1 000元（现金）。会计分录如下：

财务会计分录：

借：库存现金　　1 000

　贷：其他应付款　　1 000

预算会计分录：无

八、预提费用的核算

预提费用是指行政单位预先提取的已经发生但尚未支付的费用，如预提租金费用等。

行政单位应设置“预提费用”（负债类）账户，核算预提的费用，贷方登记预提的金额，借方登记实际支付金额，期末贷方余额，反映行政单位已预提但尚未支付的各项费用。

预提费用应当按照预提费用的种类进行明细核算。

【例6-46】 预提本年度物业费，本月应负担10 000元。会计分录如下：

财务会计分录：

借：业务活动费用　　10 000

　贷：预提费用　　10 000

预算会计分录：无

例：若年底，某行政单位采用授权支付本年度物业费120 000元，已全部预提。会计分录如下：

财务会计分录：

借：预提费用　　120 000

　贷：零余额账户用款额度　　120 000

预算会计分录：

借：行政支出——财政拨款支出（基本支出）　　120 000

　贷：资金结存——零余额账户用款额度　　120 000

九、长期应付款的核算

（一）长期应付款的概念及确认条件

长期应付款指行政单位发生的偿还期限超过1年（不含1年）的应付款项，如跨年度分期付款购入固定资产的价款等。

长期应付款的确认条件：

（1）因购买物资、服务等发生的长期应付款，应当在收到所购物资或服务时确认。

（2）因其他原因发生的长期应付款，应当在承担付款义务时确认。

（二）长期应付款的核算

行政单位应设置“长期应付款”（负债类）账户，核算单位发生的偿还期限超过1年（不含1年）的应付款项，并按长期应付款的类别以及债权单位（或个人）进行明细核算。

【例6-47】收到施工单位交来的建筑工程质量保证金30 000元（偿还期2年以上），存入银行。会计分录如下：

财务会计分录：

借：银行存款　30 000

　　贷：长期应付款　30 000

预算会计分录：无

十、预计负债的核算

预计负债是指行政单位对因或有事项所产生的现时义务而确认的负债，如对未决诉讼等确认的负债。

行政单位应设置“预计负债”（负债类）账户，核算单位发生预计负债，并按照预计负债的项目进行明细核算。

【例6-48】某行政单位因合同违约被起诉，法院尚未正式判决，但根据律师判断，本单位很可能需要进行赔偿，赔偿金额估计为20 000元。会计分录如下：

财务会计分录：

借：其他费用　20 000

　　贷：预计负债　20 000

预算会计分录：无

【例6-49】法院正式判决，通过银行存款支付赔偿金额25 000元。会计分录如下：

财务会计分录：

借：其他费用　5 000

　　贷：预计负债　5 000

借：预计负债　25 000

　　贷：银行存款　25 000

预算会计分录：

借：其他支出　25 000

　　贷：资金结存——货币资金　25 000

十一、受托代理负债的核算

受托代理负债是指行政单位接受委托取得受托代理资产时形成的负债。受托代理负债应当在行政单位收到受托代理资产并产生受托代理义务时确认。

行政单位应设置“受托代理负债”（负债类）账户，核算行政单位受托代理负债业务。贷方登记受托代理负债的增加，借方登记受托代理负债的减少，期末贷方余额，反映单位尚未交付或发出受托代理资产形成的受托代理负债金额。

“受托代理负债”应当按照委托人进行明细核算；属于转赠资产的，还应当按照受赠人进行明细核算。

本账户的账务处理参见“受托代理资产”“库存现金”“银行存款”等账户。

思政园地

行政单位的固定资产为什么要提折旧？

以前固定资产不计提折旧给行政单位带来诸多弊端，给单位的发展带来了消极影响。固定资产从取得到停止使用，其使用价值是随着时间的变化而变化的，使用的时间越长，固定资产的账面价值和实际价值的差值越大。

国家发布《政府会计准则第3号——固定资产》，规范了固定资产范围及分类，进一步明确固定资产的折旧年限、折旧方法，借鉴企业会计准则新增会计科目，借鉴事业单位会计固定资产的账务处理，逐步完善行政单位固定资产的管理。

感悟：行政单位的固定资产计提折旧，是对固定资产在使用过程中的价值损耗进行评估和整理，从而真实反映固定资产的价值，有利于行政单位对固定资产的价值损耗进行弥补，提高固定资产的使用效率，提高领导对固定资产的判断决策，使机关运行成本数据更加真实准确，有利于国有资产的保值增值，以及节约型机关建设。

【复习思考题】

1. 什么是流动资产？行政单位的流动资产包括哪些项目？
2. 行政单位的货币资金使用方式有哪几种？
3. 行政单位的存货包括哪些内容？
4. 什么是固定资产？行政单位固定资产如何分类？如何计价？
5. 什么是行政单位的负债？行政单位的负债包括哪些项目？
6. 简述行政单位应缴财政款的内容。
7. 行政单位核算的应交税费包括哪些科目？分别应怎么核算？
8. 简述应付账款、其他应付款、长期应付款的区别。

第七章
行政单位收入、费用支出、净资产和预算结余的核算

学习目标

本章介绍了行政单位收入、费用支出、净资产和预算结余的内容和核算。要求了解行政单位收入的主要内容，掌握收入核算的账务处理；掌握费用支出的分类和报销口径，掌握各项费用支出核算账务处理；掌握行政单位净资产和预算结余的内容，净资产和预算结余业务的账务处理。

第一节　收入的核算

收入是行政单位依法取得的非偿还性资金。我国《政府会计准则——基本准则》规定：政府会计由预算会计和财务会计构成。因此，行政单位会计收入也区分财务会计收入和预算会计收入。

财务会计收入简称收入，是指报告期内导致政府会计主体净资产增加的、含有服务潜力或者经济利益的经济资源的流入。在财务会计中，行政单位的收入包括财政拨款收入、非同级财政拨款收入、捐赠收入、利息收入和其他收入等，采用权责发生制核算，一般在实现时（应收或实际收到）予以确认。

预算会计收入简称预算收入，是指政府会计主体在预算年度内依法取得的并纳入预算管理的现金流入。在预算会计中，行政单位的预算收入包括财政拨款预算收入、非同级财政拨款预算收入和其他预算收入，采用收付实现制核算，一般在实际收到时予以确认，以实际收到的金额计量。

行政单位对于纳入部门预算管理的现金收入业务，在采用财务会计核算的同时应当进行预算会计核算；对于其他业务，仅需进行财务会计核算。

行政单位收入的构成内容，见表 7－1。

表7-1　　行政单位收入构成内容

款项来源	收入（财务会计）	预算收入（预算会计）
同级财政拨款	财政拨款收入	财政拨款预算收入
非同级财政拨款	非同级财政拨款收入	非同级财政拨款预算收入
其他各项收入	捐赠收入	其他预算收入
	利息收入	
	租金收入	
	其他收入	

一、同级财政拨款

（一）同级财政拨款的管理

行政单位从同级政府财政部门取得的各类财政拨款，是完成公务活动的最主要资金来源。在国库集中支付制度下，接受财政拨款的预算单位，应先按部门预算的要求向财政部门编报预算。在财政批复的预算总额内，各预算单位向财政部门编报用款计划，申请用款，不可申请无预算或超预算的拨款，不可擅自改变预算规定的资金用途。

2020年2月，财政部印发《预算管理一体化规范（试行）》（财办〔2020〕13号）。在本规范中谈到建立“预算指标直接控制资金支付”的控制机制，规定预算指标下达后，单位根据预算指标申请支付资金，财政部门严格按照预算指标进行支付控制，支付直接对应明细、具体的预算指标，加强了资金支付与项目预算指标的衔接。

使用预算管理一体化系统进行国库集中支付的单位，国库集中支付一般是如下流程：单位在一体化系统中填报支付申请报送财政部门；财政部门在一体化系统中预设校验规则，支付申请在一体化系统中进行事中校验；支付申请校验通过后，一体化系统将国库集中支付凭证发送至开设零余额账户的代理银行；代理银行按照国库集中支付凭证完成资金支付，按日与人民银行清算；代理银行支付资金后，通过一体化系统将国库集中支付凭证回单发送至单位，作为单位会计核算的依据。

（二）同级财政拨款的核算

为核算行政单位的财政预算拨款收入的增减变化情况，应分别设置“财政拨款收入”（收入类）账户和“财政拨款预算收入”（预算收入类）账户。

财政拨款收入是核算单位从同级政府财政部门取得的各类财政拨款。贷方登记收到的财政拨款数和年末转入“财政应返还额度”账户数，借方登记直接支付收回数，期末结转数。期末，贷方余额转入“本期盈余”账户，转账后本账户应无余额。本科目可按照一般公共预算财政拨款、政府性基金预算财政拨款等拨款种类进行明细核算。

同级政府财政部门预拨的下期预算款和没有纳入预算的暂付款项，以及采用实拨资金方式通过本单位转拨给下属单位的财政拨款，通过“其他应付款”账户核算，不通过本账户核算。

财政拨款预算收入与财政拨款收入的范围一样，是核算单位从同级政府财政部门取得的各类财政拨款。贷方登记收到的财政拨款数和年末转入“资金结转——财政应返还额度”账户数，借方登记直接支付收回数，期末结转数。平时贷方余额反映财政拨款收入的累计数。年终，贷方余额转入“财政拨款结转”账户，转账后应无余额。本科目应当设置“基本支出”和“项目支出”两个明细科目，分别核算行政单位取得用于基本支出和项目支出的财政拨款资金。

基本支出是行政单位为了完成行政工作任务所需要的经常性经费，是行政单位收入的主要来源。国家财政对行政单位的基本经费实行定员员额管理。定员是国家机构编制主管部门根据行政单位的性质、职能、业务范围和工作任务下达的人员配置标准。定额是指行政单位各项支出的开支标准，由财政部门根据国家政策、行政单位的合理需要和财力的许可核定。行政单位的预算编制和经费开支，财政部门对行政单位预算的审核、下达和经营供给，都应以行政单位的定员定额作为依据。同时，财政部门还要根据行政单位经费开支的内容、数额的大小等具体情况，按照《政府收支分类科目》中“支出功能分类科目”的项级科目，在“基本支出”明细科目下按照“人员经费”和“日常公用经费”进行明细核算。

项目支出是行政单位在基本经费支出以外，为完成特定的行政任务或特殊需要由财政部门供给的资金。如大型修缮、大型购置、大型会议等。项目经费应专项申请，专项使用、专项列报、专项核算。从而，按照《政府收支分类科目》中“支出功能分类科目”的项级科目，在“项目支出”明细科目下按照具体项目进行明细核算。

财政拨款预算收入若有一般公共预算财政拨款、政府性基金预算财政拨款等两种或两种以上财政拨款的单位，还应当按照财政拨款的种类进行明细核算。

1. 财政直接支付方式下财政拨款（预算）收入的处理

在财务会计中，在财政直接支付方式下，单位根据收到的“财政直接支付入账通知书”及相关原始凭证，按照通知书中的直接支付入账金额，借记“库存物品”“固定资产”“业务活动费用”“单位管理费用”“应付职工薪酬”等科目，贷记“财政拨款收入”。涉及增值税业务的，相关账务处理参见“应交增值税”科目。

同时，在预算会计中借记“行政支出”等科目，贷记“财政拨款预算收入”科目。

【例7-1】按经批准的部门预算和分月用款计划，经单位申请，同级财政部门审核同意，直接支付为本单位提供安全服务的某保安公司安全服务费30 000元（基本支出），单位收到财政零余额账户代理银行转来的财政直接支付入账通知书。会计分录如下：

财务会计分录：

借：业务活动费用　　30 000

　　贷：财政拨款收入——基本支出（日常公用经费）　　30 000

预算会计分录：

借：行政支出——财政拨款支出（基本支出）（日常公用经费）　　30 000

　　贷：财政拨款预算收入——基本支出（日常公用经费）　　30 000

【例7-2】组织召开全市系统内业务研讨会议，财政直接支付会议费用200 000元（项目支出），单位收到财政零余额账户代理银行转来的财政直接支付入账通知书。会计分录如下：

财务会计分录：

借：业务活动费用　200 000

　　贷：财政拨款收入——项目支出（会议费）　200 000

预算会计分录：

借：行政支出——财政拨款支出（项目支出）（会议费）　200 000

　　贷：财政拨款预算收入——项目支出（会议费）　200 000

【例7-3】 以财政直接支付方式购入专用设备1台，价款300 000元（项目支出），单位收到财政零余额账户代理银行转来的财政直接支付入账通知书。会计分录如下：

财务会计分录：

借：固定资产　300 000

　　贷：财政拨款收入——项目支出（专用设备费用）　300 000

预算会计分录：

借：行政支出——财政拨款支出（项目支出）（设备购置费）　300 000

　　贷：财政拨款预算收入——项目支出（专用设备费用）　300 000

2. 财政授权支付方式下财政拨款（预算）收入的处理

在财务会计中，在财政授权支付方式下，单位根据收到的"财政授权支付额度到账通知书"，按照通知书中的授权支付额度，借记"零余额账户用款额度"科目，贷记"财政拨款收入"科目。

同时，在预算会计中借记"资金结存——零余额账户用款额度"科目，贷记"财政拨款预算收入"科目。

【例7-4】 按经批准的部门预算和分月用款计划申请，财政部门审核同意，下达授权支付用款额度100 000元（基本支出拨款），单位收到财政零余额账户代理银行转来的财政授权支付入账通知书。会计分录如下：

财务会计分录：

借：零余额账户用款额度　100 000

　　贷：财政拨款收入——基本支出　100 000

预算会计分录：

借：资金结存——零余额账户用款额度　100 000

　　贷：财政拨款预算收入——基本支出　100 000

3. 年末未用预算指标的处理

若行政单位的年度预算指标没用完，在行政单位、财政部门、国库收付执行机构、零余额账户代理银行等多方核对一致的基础上，根据本年度财政直接支付预算指标数与财政直接支付实际支出数的差额，以及财政授权支付预算指标数大于财政授权支付额度下达数的差额，将未用指标注销，转入财务会计科目"财政应返还额度"和预算会计科目"资金结存——财政应返还额度"，下年度由行政单位申请使用。

按照《国务院关于进一步深化预算管理制度改革的意见》（国发〔2021〕5号）规定，

市县级财政国库集中支付结余不再按权责发生制列支，相关单位年末不再进行上述账务处理。中央级和省级单位根据同级财政部门规范国库集中支付结余权责发生制列支的规定，相应进行会计处理。

【例7-5】 年末，某行政单位经过清理核对，将未使用的直接支付指标60 000元（项目支出）、未下达的授权支付指标20 000元（基本支出）转入财政应返还额度。会计分录如下：

财务会计分录：

借：财政应返还额度——财政直接支付　　60 000

——财政授权支付　　20 000

贷：财政拨款收入——项目支出　　60 000

——基本支出　　20 000

预算会计分录：

借：资金结存——财政应返还额度——财政直接支付　　60 000

——财政授权支付　　20 000

贷：财政拨款预算收入——项目支出　　60 000

——基本支出　　20 000

下年使用以前年度财政资金额度，根据支付方式分别处理。

（1）直接支付额度，在支出发生时，

财务会计分录：

借：库存物品等科目

贷：财政应返还额度——财政直接支付

预算会计分录：

借：行政支出——财政拨款支出等科目

贷：资金结存——财政应返还额度——财政直接支付

（2）授权支付额度，在收到财政部门批复的上年度未下达零余额账户用款额度时，

财务会计分录：

借：零余额账户用款额度

贷：财政应返还额度——财政授权支付

预算会计分录：

借：资金结存——零余额账户用款额度

贷：资金结存——财政应返还额度——财政授权支付

4. 其他方式下财政拨款（预算）收入的处理

在财务会计中，其他方式下收到财政拨款收入时，按照实际收到的金额，借记“银行存款”等科目，贷记“财政拨款收入”科目。

在预算会计中，其他方式下单位按照本期预算收到财政拨款预算收入时，按照实际收到的金额，借记“资金结存——货币资金”科目，贷记“财政拨款预算收入”科目；单位收到下期预算的财政预拨款，应当在下个预算期，按照预收的金额，借记“资金结存——货币资金”科目，贷记“财政拨款预算收入”科目。

二、非同级财政拨款

（一）非同级财政拨款的管理

非同级财政拨款是指单位从非同级政府财政部门取得的拨款，主要包括以下方面：
（1）从同级政府其他部门取得的横向转拨财政款。
（2）从上级政府财政部门取得的经费拨款。
（3）从下级政府财政部门取得的经费拨款等。

（二）非同级财政拨款的核算

为核算行政单位的非同级财政拨款收入的增减变动情况，应分别设置“非同级财政拨款收入”（收入类）账户和“非同级财政拨款预算收入”（预算收入类）账户。

非同级财政拨款收入核算单位从非同级政府财政部门取得的经费拨款。贷方登记应收或实际收到的非同级财政拨款数，借方登记期末结转数。期末，贷方余额转入“本期盈余”账户，转账后本账户应无余额。本账户应当按照本级横向转拨财政款和非本级财政拨款进行明细核算，并按照收入来源进行明细核算。

非同级财政拨款预算收入是核算单位从非同级政府财政部门取得的财政拨款。贷方登记收到的非同级财政拨款数，借方登记期末结转数。年末，将其中的专项资金收入转入“非财政拨款结余——本年收支结余”；将其中的非专项资金收入转入“其他结余”账户，转账后本账户应无余额。本账户应当按照非同级财政拨款预算收入的类别、来源、《政府收支分类科目》中“支出功能分类科目”的项级科目等进行明细核算。非同级财政拨款预算收入中如有专项资金收入，还应按照具体项目进行明细核算。

在财务会计中，确认非同级财政拨款收入时，按照应收或实际收到的金额，借记“其他应收款”“银行存款”等科目，贷记“非同级财政拨款收入”。

在预算会计中，实际收到非同级财政拨款预算收入时，借记“资金结存——货币资金”科目，贷记“非同级财政拨款预算收入”。

【例7-6】收到同级政府其他部门拨款50 000元，用于补充日常公用经费。收到上级财政局发来的拨款通知单，注明拨付精神文明建设经费30 000元。会计分录如下：

财务会计分录：

借：银行存款	80 000	
贷：非同级财政拨款收入——本级横向转拨财政款		50 000
——非本级财政拨款		30 000

预算会计分录：

借：资金结存——货币资金	80 000	
贷：非同级财政拨款预算收入——本级横向转拨财政款		50 000
——非本级财政拨款		30 000

三、其他各项收入

（一）其他各项收入的管理

其他各项收入是指行政单位除同级财政拨款、非同级财政拨款以外的各项收入，包括：

（1）捐赠收入，是指单位接受其他单位或者个人捐赠取得的收入。

（2）利息收入，是指单位取得，不用上交财政的银行存款利息收入。

（3）租金收入，是指单位经批准利用国有资产出租取得并按照规定纳入本单位预算管理的租金收入，不包括上缴财政的租金收入。

（4）其他收入，包括现金盘盈收入、按照规定纳入单位预算管理的科技成果转化收入、行政单位收回已核销的其他应收款、无法偿付的应付及预收款项、置换换出资产评估增值等。

行政单位的租金收入要上缴财政非税收入。取得的其他各项收入，必须是按照国家有关规定合法取得，纳入单位预算，统一核算，统一管理。

（二）其他各项收入的核算

为核算行政单位的其他各项收入的增减变化情况，应分别设置“捐赠收入”“利息收入”“租金收入”“其他收入”（收入类）账户和“其他预算收入”（预算收入类）账户。

在预算会计中，如果单位发生的捐赠预算收入、利息预算收入、租金预算收入金额较大或业务较多的，可单独设置“捐赠预算收入”“利息预算收入”等账户，这里我们采用设置“其他预算收入”账户。

捐赠收入、利息收入、租金收入和其他收入，贷方登记应收或实际收到相关收入，借方登记期末结转数。期末，贷方余额转入“本期盈余”账户，转账后本账户应无余额。捐赠收入应当按照捐赠资产的用途和捐赠单位等进行明细核算。其他收入应当按照其他收入的类别、来源单位、项目资金和非项目资金进行明细核算。对于项目资金收入，还应当按照具体项目进行明细核算。

其他预算收入核算行政单位除财政拨款预算收入、非同级财政拨款预算收入之外的纳入部门预算管理的现金流入，包括捐赠预算收入、利息预算收入、现金盘盈收入等。贷方登记收到收入数，借方登记退还数和年终结转数。平时贷方余额反映其他收入累计数。年末，将其中的专项资金收入转入“非财政拨款结余——本年收支结余”；将其中的非专项资金收入转入“其他结余”账户，转账后本账户应无余额。本账户应当按照其他收入类别、《政府收支分类科目》中“支出功能分类科目”的项级科目等进行明细核算。其他预算收入中如有专项资金收入，还应当按照具体项目进行明细核算。

1. 接受捐赠收入的处理

在财务会计中，接受捐赠的货币资金，按照实际收到的金额，借记“银行存款”“库存现金”等科目，贷记“捐赠收入”科目。接受捐赠的存货、固定资产等非现金资产，按照确定的成本，在财务会计中，借记“库存物品”“固定资产”等科目，按照发生的相关税费、运输费等，贷记“银行存款”等科目，按照其差额，贷记“捐赠收入”科目。接受捐赠的资产按照名义金额入账的，按照名义金额，借记“库存物品”“固定资产”等科目，贷记“捐赠收入”科目；同时，按照发生的相关税费、运输费等，借记“其他费用”科目，贷记“银行存款”等科目。

在预算会计中，接受捐赠现金资产，按照实际收到的金额，借记“资金结存——货币资金”科目，贷记“其他预算收入”科目。

行政单位按规定接受捐赠，应当区分以下情况进行会计处理：

（1）单位取得捐赠的货币资金按规定应当上缴财政的，应当按照《政府会计制度——行政事业单位会计科目和报表》中“应缴财政款”科目相关规定进行财务会计处理。预算会计不做处理。

（2）单位接受捐赠人委托转赠的资产，应当按照《政府会计制度》中受托代理业务相关规定进行财务会计处理。预算会计不做处理。

（3）除上述两种情况外，单位接受捐赠取得的资产，应当按照《政府会计制度——行政事业单位会计科目和报表》中“捐赠收入”科目相关规定进行财务会计处理；接受捐赠取得货币资金的，还应当同时按照“其他预算收入”科目相关规定进行预算会计处理。

单位使用、处置受赠资产，应当按照《政府会计制度》相关规定进行会计处理。处置受赠资产取得的净收入（取得价款扣减支付的相关税费后的金额），按规定上缴财政的，应当通过“应缴财政款”科目核算；按规定纳入本单位预算管理的，应当通过“其他（预算）收入”科目核算。

【例7-7】接受社会组织捐赠的货币资金5 000元，用于应急公共防疫物资保障款，已存入银行。会计分录如下：

财务会计分录：

借：银行存款	5 000	
贷：捐赠收入		5 000

预算会计分录：

借：资金结存——货币资金	5 000	
贷：其他预算收入——捐赠收入（公共防疫）		5 000

【例7-8】接受社会收到社会组织捐赠的办公设备一台价值80 000元，支付运输费2 000元，款项以银行存款支付。会计分录如下：

财务会计分录：

借：固定资产	82 000	
贷：银行存款		2 000
捐赠收入		80 000

预算会计分录：

借：其他支出	2 000	
贷：资金结存——货币资金		2 000

2. 取得银行存款利息收入的处理

在财务会计中，取得银行存款利息时，按照实际收到的金额，借记“银行存款”科目，贷记“利息收入”科目。同时，在预算会计中，借记“资金结存——货币资金”科目，贷记“其他预算收入”科目。

【例 7-9】收到存款利息 7 000 元。会计分录如下：

财务会计分录：

借：银行存款　　7 000

　　贷：利息收入　　7 000

预算会计分录：

借：资金结存——货币资金　　7 000

　　贷：其他预算收入　　7 000

3. 确认现金盘盈收入的处理

在财务会计中，每日现金账款核对中发现的现金溢余，属于无法查明原因的部分，报经批准后，借记“待处理财产损溢”科目，贷记“其他收入”科目。

在预算会计中，每日现金账款核对中如发现现金溢余，按照溢余的现金金额，借记“资金结存——货币资金”科目，贷记“其他预算收入”科目。经核实，属于应支付给有关个人和单位的部分，按照实际支付的金额，借记“其他预算收入”科目，贷记“资金结存——货币资金”科目。

【例 7-10】核对现金发现盘盈 1 000 元，无法查明原因，经领导批准作为单位其他预算收入。会计分录如下：

财务会计分录：

借：库存现金　　1 000

　　贷：待处理财产损溢　　1 000

借：待处理财产损溢　　1 000

　　贷：其他收入　　1 000

预算会计分录：

借：资金结存——货币资金　　1 000

　　贷：其他预算收入　　1 000

4. 确认收回已核销的其他应收款的处理

在财务会计中，行政单位已核销的其他应收款在以后期间收回的，按照实际收回的金额，借记“银行存款”等科目，贷记“其他收入”科目。

同时，在预算会计中，借记“资金结存——货币资金”科目，贷记“其他预算收入”科目。

【例 7-11】收回一笔已核销的其他应收款，金额为 2 000 元。会计分录如下：

财务会计分录：

借：银行存款　　2 000

　　贷：其他收入　　2 000

预算会计分录：

借：资金结存——货币资金　　2 000

　　贷：其他预算收入　　2 000

5. 确认无法偿付的应付及预收款项的处理

在财务会计中，无法偿付或债权人豁免偿还的应付账款、预收账款、其他应付款及长期应付款，借记“应付账款”“预收账款”“其他应付款”“长期应付款”等科目，贷记“其他收入”科目。

此事项无预算会计处理。

【例7-12】有一笔债权人豁免偿还的款项，金额为3 000元。会计分录如下：

财务会计分录：

借：应付账款　　3 000

　　贷：其他收入　　3 000

预算会计分录：无

第二节　费用支出的核算

行政单位为保障机构正常运转和完成工作任务，必然会发生各种耗费和损失，这些耗费和支出财务会计称为费用，预算会计称为预算支出。这里我们把财务会计确认的费用和预算会计确认的预算支出统称为费用支出。

费用是指报告期内导致政府会计主体净资产减少的、含有服务潜力或者经济利益的经济资源的流出。在财务会计中，行政单位的费用包括业务活动费用、资产处置费用和其他费用等，采用权责发生制核算，一般在实现时（应付或实际支付）予以确认。

预算支出是指政府会计主体在预算年度内依法发生并纳入预算管理的现金流出。在预算会计中，行政单位的预算支出包括行政支出和其他支出，采用收付实现制核算，一般在实际支付时予以确认，以实际支付的金额计量。

行政单位对于纳入部门预算管理的现金支出业务，在采用财务会计核算的同时应当进行预算会计核算；对于其他业务，仅需进行财务会计核算。

行政单位费用支出的构成内容，见表7-2。

表7-2　　行政单位费用支出构成内容

费用支出（内容分类）	费用（财务会计）	预算支出（预算会计）
业务活动费用支出	业务活动费用	行政支出
资产处置活动费用支出	资产处置费用	其他支出
其他费用支出	其他费用	

一、常用部门预算支出的分类

为全面反映行政单位各项费用支出的内容和结构，便于分析考核各项费用支出的实际发生情况及效果，从而有针对性地加强和改善对费用支出的管理，有必要对费用支出按一定要求进行分类。

（一）按经济用途分类

按经济用途分类，即是按《2022年政府收支分类科目》中的“支出经济分类科目”分类。《政府收支分类科目》中的“支出经济分类科目”分设类、项两级科目，两级科目在内容上逐渐细化。按《2022年政府收支分类科目》，行政单位的部门预算支出分为以下几类：

《2022年政府收支分类科目》

1. 工资福利支出

反映单位开支的在职职工和编制外长期聘用人员的各类劳动报酬，以及为上述人员缴纳的各项社会保险费等。

（1）基本工资。反映按规定发放的基本工资，包括公务员的职务工资、级别工资；机关工人的岗位工资、技术等级工资；事业单位工作人员的岗位工资、薪级工资；各类学校毕业生试用期（见习期）工资、新参加工作工人学徒期、熟练期工资；军队（含武警）军官、文职干部的职务（专业技术等级）工资、军衔（级别）工资和军龄工资；军队士官的军衔等级工资和军龄工资等。

（2）津贴补贴。反映按规定发放的津贴、补贴，包括机关工作人员工作性津贴、生活性补贴、地区附加津贴、岗位津贴，机关事业单位艰苦边远地区津贴，事业单位工作人员特殊岗位津贴补贴，机关事业单位提租补贴、购房补贴、采暖补贴、物业服务补贴等。

（3）奖金。反映按规定发放的奖金，包括机关工作人员年终一次性奖金等。

（4）伙食补助费。反映单位发给职工的伙食补助费，因公负伤等住院治疗、住疗养院期间的伙食补助费，军队（含武警）人员的伙食费等。

（5）绩效工资。反映事业单位工作人员的绩效工资。

（6）机关事业单位基本养老保险缴费。反映单位为职工缴纳的基本养老保险费。由单位代扣的工作人员基本养老保险缴费，不在此科目反映。

（7）职业年金缴费。反映单位为职工实际缴纳的职业年金（含职业年金补记支出）。由单位代扣的工作人员职业年金缴费，不在此科目反映。

（8）职工基本医疗保险缴费。反映单位为职工缴纳的基本医疗保险费。

（9）公务员医疗补助缴费。反映按规定可享受公务员医疗补助单位为职工缴纳的公务员医疗补助费。

（10）其他社会保障缴费。反映单位为职工缴纳的失业、工伤等社会保险费，残疾人就业保障金，军队（含武警）为军人缴纳的退役养老、医疗等社会保险费。

（11）住房公积金。反映单位按规定为职工缴纳的住房公积金。

（12）医疗费。反映未参加医疗保险单位的医疗经费和单位按规定为职工支出的其他医疗费用。

（13）其他工资福利支出。反映上述科目未包括的工资福利支出，如各种加班工资、病假两个月以上期间的人员工资，职工探亲旅费，困难职工生活补助，编制外长期聘用人员（不包括劳务派遣人员）劳务报酬 及社保缴费，公务员及参照公务员法管理的事业单位工作人员转入企业工作并按规定参加企业职工基本养老保险后给予的一次性补贴等。

2. 商品和服务支出

反映单位购买商品和服务的支出，不包括用于购置固定资产、战略性和应急性物资储备等资本性支出。

（1）办公费。反映单位购买日常办公用品、书报杂志等支出。

（2）印刷费。反映单位的印刷费支出。

（3）咨询费。反映单位咨询方面的支出。

（4）手续费。反映单位的各类手续费支出。

（5）水费。反映单位的水费、污水处理费等支出。

（6）电费。反映单位的电费支出。

（7）邮电费。反映单位开支的信函、包裹、货物等物品的邮寄费及电话费、电报费、传真费、网络通讯费等。

（8）取暖费。反映单位取暖用燃料费、热力费、炉具购置费、锅炉临时工的工资、节煤奖以及由单位支付的未实行职工住房采暖补贴改革的在职职工和离退休人员宿舍取暖费。

（9）物业管理费。反映单位开支的办公用房以及未实行职工住宅物业服务改革的在职职工和离退休人员宿舍等的物业管理费，包括综合治理、绿化、卫生等方面的支出。

（10）差旅费。反映单位工作人员国（境）内出差发生的城市间交通费、住宿费、伙食补助费和市内交通费。

（11）因公出国（境）费用。反映单位公务出国（境）的国际旅费、国外城市间交通费、住宿费、伙食费、培训费、公杂费等支出。

（12）维修（护）费。反映单位日常开支的固定资产（不包括车船等交通工具）修理和维护费用，网络信息系统运行与维护费用，以及按规定提取的修购基金。

（13）租赁费。反映租赁办公用房、宿舍、专用通讯网以及其他设备等方面的费用。

（14）会议费。反映单位在会议期间按规定开支的住宿费、伙食费、会议场地租金、交通费、文件印刷费、医药费等。

（15）培训费。反映除因公出国（境）培训费以外的，在培训期间发生的师资费、住宿费、伙食费、培训场地费、培训资料费、交通费等各类培训费用。

（16）公务接待费。反映单位按规定开支的各类公务接待（含外宾接待）费用。

（17）专用材料费。反映单位购买日常专用材料的支出。具体包括药品及医疗耗材，农用材料，兽医用品，实验室用品，专用服装，消耗性体育用品，专用工具和仪器，艺术部门专用材料和用品，广播电视台发射台发射机的电力、材料等方面的支出。

（18）被装购置费。反映法院、检察院、公安、税务、海关等单位的被装购置支出。

（19）专用燃料费。反映用作业务工作设备的车（不含公务用车）、船设施等的油料支出。

（20）劳务费。反映支付给外单位和个人的劳务费用，如临时聘用人员、钟点工工资，稿费、翻译费，评审费等。

（21）委托业务费。反映因委托外单位办理业务而支付的委托业务费。

（22）工会经费。反映单位按规定提取或安排的工会经费。

（23）福利费。反映单位按规定提取的福利费。

（24）公务用车运行维护费。反映单位按规定保留的公务用车燃料费、维修费、过桥过路费、保险费、安全奖励费用等支出。

（25）其他交通费用。反映单位除公务用车运行维护费以外的其他交通费用。如公务交通补贴，租车费用、出租车费用，飞机、船舶等的燃料费、维修费、保险费等。

（26）税金及附加费用。反映单位提供劳务或销售产品应负担的税金及附加费用，包括消费税、城市维护建设税、资源税和教育费附加等。

（27）其他商品和服务支出。反映上述科目未包括的日常公用支出。如诉讼费、国内组织的会员费、来访费、广告宣传费以及离休人员特需费、离退休人员公用经费等。

3. 对个人和家庭的补助

反映政府用于对个人和家庭的补助支出。

（1）离休费。反映机关事业单位和军队移交政府安置的离休人员的离休费、护理费以及提租补贴、购房补贴、采暖补贴、物业服务补贴等。

（2）退休费。反映机关事业单位和军队移交政府安置的退休人员的退休费以及提租补贴、购房补贴、采暖补贴、物业服务补贴等。

（3）退职（役）费。反映机关事业单位退职人员的生活补贴，一次性支付给职工或军官、军队无军籍退职职工、运动员的退职补助，一次性支付给军官、文职干部、士官、义务兵的退役费，按月支付给自主择业的军队转业干部的退役金。

（4）抚恤金。反映按规定开支的烈士遗属、牺牲病故人员遗属的一次性和定期抚恤金，烈士褒扬金，牺牲病故和伤残人员的抚恤金，离退休人员等其他人员的各项抚恤金，以及按规定开支的机关事业单位职工和离退休人员丧葬费。

（5）生活补助。反映按规定开支的优抚对象定期定量生活补助费，退役军人生活补助费，退役军人及其他优抚对象慰问金、机关事业单位职工遗属生活补助，长期赡养人员补助费，由于国家实行退耕还林禁牧舍饲政策补偿给农牧民的现金、粮食支出，对农村党员、复员军人以及村干部的补助支出，罪犯、戒毒人员的伙食费、被服费、医疗卫生费等。

（6）救济费。反映按规定开支的城乡困难群众、灾民、归侨、外侨及其他人员的生活救济费，包括城乡居民的最低生活保障金，随同资源枯竭矿山破产但未参加养老保险统筹的矿山所属集体企业退休人员按最低生活保障标准发放的生活费，特困救助供养对象、临时救助对象、贫困户、麻风病人的生活救济费，精简退职老弱残职工救济费，福利、救助机构发生的收养费以及救助支出等。实物形式的救济也在此科目反映。

（7）医疗费补助。反映机关事业单位和军队移交政府安置的离退休人员的医疗费，学生医疗费，优抚对象医疗补助，按国家规定资助居民参加城乡居民医疗保险的支出，对城乡贫困家庭的医疗救助支出。

（8）助学金。反映学校学生助学金、奖学金、学生贷款、出国留学（实习）人员生活费，青少年业余体校学员伙食补助费和生活费补贴，按照协议由我方负担或享受我方奖学金的来华留学生、进修生生活费等。

（9）奖励金。反映对个体私营经济的奖励、计划生育目标责任奖励、独生子女父母奖励等。

（10）个人农业生产补贴。反映对个人及新型农业经营主体（包括种粮大户、家庭农场、农民专业合作社等）发放的生产补贴支出，如国家对农民发放的农业生产发展资金以及发放给残疾人的各种生产经营补贴等。

（11）代缴社会保险费。反映财政为城乡生活困难人员缴纳的社会保险费。

（12）其他对个人和家庭的补助。反映未包括在上述科目的对个人和家庭的补助支出，如婴幼儿补贴、退职人员及随行家属路费、符合条件的退役回乡义务兵一次性建房补助、符合安置条件的城镇退役士兵自谋职业的一次性经济补助费、保障性住房租金补贴等。

4. 债务利息及费用支出

反映单位的债务利息及费用支出。

（1）国内债务付息。反映用于偿还国内债务利息的支出。

（2）国外债务付息。反映用于偿还国外债务利息的支出。

（3）国内债务发行费用。反映用于国内债务发行、兑付、登记等费用的支出。

（4）国外债务发行费用。反映用于国外债务发行、兑付、登记等费用的支出。

5. 资本性支出

反映各单位安排的资本性支出。切块由发展改革部门安排的基本建设支出不在此科目反映。

（1）房屋建筑物购建。反映用于购买、自行建造办公用房、仓库、职工生活用房、教学科研用房、学生宿舍、食堂等建筑物（含附属设施，如电梯、通讯线路、水气管道等）的支出。

（2）办公设备购置。反映用于购置并按财务会计制度规定纳入固定资产核算范围的办公家具和办公设备的支出，以及按规定提取的修购基金。

（3）专用设备购置。反映用于购置具有专门用途、并按财务会计制度规定纳入固定资产核算范围的各类专用设备的支出。如通信设备、发电设备、交通监控设备、卫星转发器、气象设备、进出口监管设备等，以及按规定提取的修购基金。

（4）基础设施建设。反映用于农田设施、道路、铁路、桥梁、水坝、机场、车站、码头等公共基础设施建设方面的支出。

（5）大型修缮。反映按财务会计制度规定允许资本化的各类设备、建筑物、公共基础设施等大型修缮的支出。

（6）信息网络及软件购置更新。反映用于信息网络和软件方面的支出。如服务器购置、软件购置、开发、应用支出等，如果购置的相关硬件、软件等不符合财务会计制度规定的固定资产确认标准的，不在此科目反映。

（7）物资储备。反映为应对战争、自然灾害或意料不到的突发事件而提前购置的具有特殊重要性的军事用品、石油、医药、粮食等战略性和应急性物资储备支出。

（8）土地补偿。反映按规定征地和收购土地过程中支付的土地补偿费。

（9）安置补助。反映按规定征地和收购土地过程中支付的安置补助费。

（10）地上附着物和青苗补偿。反映按规定征地和收购土地过程中支付的地上附着物和青苗补偿费。

（11）拆迁补偿。反映按规定征地和收购土地过程中支付的拆迁补偿费。

（12）公务用车购置。反映公务用车购置支出（含车辆购置税、牌照费）。

（13）其他交通工具购置。反映除公务用车外的其他各类交通工具（如船舶、飞机等）购置支出（含车辆购置税、牌照费）。

（14）文物和陈列品购置。反映文物和陈列品购置支出。

（15）无形资产购置。反映著作权、商标权、专利权、土地使用权等无形资产购置支出。软件购置、开发、应用支出不在此科目反映。

（16）其他资本性支出。反映上述科目中未包括的资本性支出。

6. 对企业补助（基本建设）

反映切块由发展改革部门安排的基本建设支出中对企业补助支出。

（1）资本金注入。反映对企业注入资本金的支出，不包括政府投资基金股权投资。

（2）其他对企业补助。反映对企业的其他补助支出。

7. 对企业补助

反映政府对各类企业的补助支出。切块由发展改革部门安排的基本建设支出中对企业补助支出不在此科目反映。

（1）资本金注入。反映对企业注入资本金的支出，不包括政府投资基金股权投资。

（2）政府投资基金股权投资。反映设立或者参与政府投资基金的股权投资支出。

（3）费用补贴。反映对企业的费用性补贴。

（4）利息补贴。反映对企业的利息补贴。

（5）其他对企业补助。反映对企业的其他补助支出。

8. 对社会保障基金补助

反映政府对社会保险基金的补助以及补充全国社会保障基金的支出。

（1）对社会保险基金补助。反映政府对社会保险基金的补助支出。

（2）补充全国社会保障基金。反映中央政府补充全国社会保障基金的支出。

（3）对机关事业单位职业年金的补助。反映政府对机关事业单位职业年金记账利息的补助支出。

9. 其他支出

反映不能划分到上述经济分类科目的其他支出。

（1）国家赔偿费用支出。反映用于国家赔偿方面的支出。

（2）民间非营利组织和群众性自治组织补贴。反映对民间非营利组织和群众性自治组织补贴支出。

（3）经常性赠与。反映对外国政府、国内外组织等提供的援助、捐赠以及交纳国际组织会费等方面的支出。

（4）资本性赠与。反映向国际金融组织交纳的股金或基金支出。

（5）其他支出。反映除上述科目以外的其他支出。

（二）按部门预算要求分类

按照部门预算管理的要求，行政单位的费用支出可分为基本支出和项目支出。

1. 基本支出

基本支出是行政单位保障其机构正常运转、完成日常工作任务所必需的资金耗费。如行政单位工作人员的工资支出、办公费支出、水电费支出等。基本支出是行政单位的基本资金耗费，是行政单位维持日常正常运转的基本资金保证，具有常规性、稳定性的特点。按照部门预算的要求，行政单位的基本支出再分为人员支出和日常公用支出两大类。其中人员支出包括《政府收支分类科目》中的“工资福利支出”和“对个人和家庭的补助支出”两个科目；日常公用经费支出具体包括《政府收支分类科目》中的“商品和服务支出”，“基本建设支出”和“其他资本性支出”中的“办公设备购置”“专用设备购置”“交通工具购置”。

2. 项目支出

项目支出是行政单位在基本支出外为完成专项工作或特定任务而发生的支出。包括专项业务项目、大型修缮、大型购置、大型会议和其他项目。与基本支出相比，项目支出具有非常规性、不稳定性的特点。

（1）专项业务项目，是指行政单位为履行其职能，在开展业务活动中持续发生的特定支出项目。这类项目是行政单位完成行政工作任务的重要保障，是财政安排时应优先予以考虑的。

（2）大型修缮项目，是指行政单位按照国家有关规定，经有关部门鉴定需要进行修理的危险性房屋、建筑物及其附属设施和大型专业设备等项目，其中：危险性房屋、建筑物及附属设施项目一般指按照国家住建部的规定属于C级和D级危险性房屋、建筑物的修缮；大型设备是指一些技术复杂、专业性较强、维修价值较高的设备，如大型计算机主机、气象卫星地面设施、大型科考调查船等；此外行政单位对其所属房屋因改变用途而进行修缮的项目，也按大型修缮项目申报预算。

（3）大型购置项目，是指行政单位按照国家有关规定在基本支出以外的设备购置项目。由于这类项目涉及国家有关基本建设支出与行政事业经费支出划分的规定，以及不同性质、不同规模的单位在设备购置的品目、标准和金额上的差异，很难制定具体的量化标准。在执行中，可由财政部门根据基本支出预算和项目支出预算管理的基本原则，结合部门和单位的实际情况，进行具体核定。

（4）大型会议项目，是指行政单位按照国家有关部门规定召开的一定级别的会议和经国务院批准召开的国际性会议等。

（5）其他项目，指行政单位在上述项目之外发生的支出类项目。

将行政单位的费用支出区分为基本支出和项目支出，主要是为了更好地安排使用行政单位的行政经费，确保行政单位的正常运转，在此基础上，推动重点工作，有效完成行政任务。

（三）按支出的资金来源渠道分类

按支出的资金来源渠道，可将支出分为财政拨款支出、非财政专项资金支出和其他资金支出。

财政拨款资金支出指行政单位使用财政拨款预算收入安排的支出；非财政专项资金支出指行政单位使用非同级财政拨款预算收入中限定用途资金安排的支出；其他资金支出指行政单位使用非同级财政拨款预算收入中非限定用途资金安排的支出。

二、业务活动费用支出的核算

为核算行政单位的业务活动费用支出的增减变化情况，应分别设置“业务活动费用”

（费用类）账户和“行政支出”（预算支出类）账户。

业务活动费用核算单位为实现其职能目标，依法履职或开展专业业务活动及其辅助活动所发生的各项费用。借方登记业务活动费用的增加金额，贷方登记业务活动费用的减少或转销金额。平时借方余额反映业务活动费用的累计金额。期末，将借方余额转入“本年盈余”账户，转账后本账户无余额。

业务活动费用账户应当按照项目、服务或者业务类别、支付对象等进行明细核算。为了满足成本核算需要，行政单位可按照《政府收支分类科目》中“部门预算支出经济分类科目”的类级科目，设置“工资福利费用”“商品和服务费用”“对个人和家庭的补助费用”“对企业补助费用”“固定资产折旧费”“无形资产摊销费”“公共基础设施折旧（摊销）费”“保障性住房折旧费”“计提专用基金”等明细科目，归集能够直接计入业务活动或采用一定方法计算后计入业务活动的费用。

行政支出核算行政单位履行其职责实际发生的各项现金流出。借方登记行政支出的发生数，贷方登记已列支又收回数和年终转账数。平时借方余额反映累计支出数。年终，将借方余额分别转入“财政拨款结转——本年收支结转”“非财政拨款结转——本年收支结转”“其他结余”账户，转账后本账户无余额。

行政支出账户应当分别按照“财政拨款支出”“非财政专项资金支出”和“其他资金支出”“基本支出”和“项目支出”等进行明细核算，并按照《政府收支分类科目》中“支出功能分类科目”的项级科目进行明细核算；“基本支出”和“项目支出”明细科目下应当按照《政府收支分类科目》中“部门预算支出经济分类科目”的款级科目进行明细核算，同时在“项目支出”明细科目下按照具体项目进行明细核算。

有一般公共预算财政拨款、政府性基金预算财政拨款等两种或两种以上财政拨款的行政单位，还应当在“财政拨款支出”明细科目下按照财政拨款的种类进行明细核算。

对于预付款项，可通过在本科目下设置“待处理”明细科目进行核算，待确认具体支出项目后再转入本科目下相关明细科目。年末结账前，应将本科目“待处理”明细科目余额全部转入本科目下相关明细科目。

1. 单位为履职或开展专业业务活动及其辅助活动发生各项支出的处理

在财务会计中，单位为履职或开展专业业务活动及其辅助活动发生各项支出时，按照计算确定的金额，借记“业务活动费用”科目，贷记“财政拨款收入”“零余额账户用款额度”“银行存款”“应付职工薪酬”“库存物品”“应付账款”“其他应付款”等科目。

同时，在预算会计中，按照实际支付的金额，借记“行政支出”科目，贷记“财政拨款预算收入”“资金结存”科目。

【例 7－13】聘请专家参加评审工作，确认劳务费 12 000 元（其中代扣代缴个人所得税 1 200 元），并通过财政授权支付方式支付。会计分录如下：

（1）外部人员劳务费不属于应付职工薪酬，应计入其他应付款核算，计提外部人员劳务费时：

财务会计分录：

借：业务活动费用——商品和服务费用	12 000	
贷：其他应付款		12 000

计提外部人员劳务费，未发生现金流出，故不做预算会计处理。

（2）实际支付并代扣个人所得税时：

财务会计分录：

借：其他应付款　　12 000

　　贷：零余额账户用款额度　　10 800

　　　　其他应交税费——应交个人所得税　　1 200

预算会计分录：

借：行政支出——财政拨款支出（基本支出）（日常公用经费）　　10 800

　　贷：资金结存——零余额账户用款额度　　10 800

（3）实际缴纳个人所得税时：

财务会计分录：

借：其他应交税费——应交个人所得税　　1 200

　　贷：零余额账户用款额度　　1 200

预算会计分录：

借：行政支出——财政拨款支出（基本支出）（日常公用经费）　　1 200

　　贷：资金结存——零余额账户用款额度　　1 200

【例7-14】从零余额账户中支付本月电费12 000元（基本支出）。

财务会计分录：

借：业务活动费用——商品和服务费用　　12 000

　　贷：零余额账户用款额度　　12 000

预算会计分录：

借：行政支出——财政拨款支出（基本支出）（电费）　　12 000

　　贷：资金结存——零余额账户用款额度　　12 000

【例7-15】从零余额账户中支付本月水费1 000元（基本支出）。

财务会计分录：

借：业务活动费用——商品和服务费用　　1 000

　　贷：零余额账户用款额度　　1 000

预算会计分录：

借：行政支出——财政拨款支出（基本支出）（水费）　　1 000

　　贷：资金结存——零余额账户用款额度　　1 000

【例7-16】由财政直接支付本月物业管理费10 000元（基本支出）。

财务会计分录：

借：业务活动费用——商品和服务费用　　10 000

　　贷：财政拨款收入——基本支出　　10 000

预算会计分录：

借：行政支出——财政拨款支出（基本支出）（物业管理费）　　10 000

　　贷：财政拨款预算收入——基本支出　　10 000

【例7-17】从零余额账户中支付公务用车保险费12 000元（基本支出）。

财务会计分录：

借：业务活动费用——商品和服务费用　12 000

　　贷：零余额账户用款额度　12 000

预算会计分录：

借：行政支出——财政拨款支出（基本支出）（公务用车运行维护费）　12 000

　　贷：资金结存——零余额账户用款额度　12 000

【例7-18】从零余额账户中支付电话费1 400元（基本支出）。

财务会计分录：

借：业务活动费用——商品和服务费用　1 400

　　贷：零余额账户用款额度　1 400

预算会计分录：

借：行政支出——财政拨款支出（基本支出）（邮电费）　1 400

　　贷：资金结存——零余额账户用款额度　1 400

【例7-19】通过政府采购，购买空调5台，共计18 000元，款项由财政直接支出（项目支出）。

财务会计分录：

借：固定资产　18 000

　　贷：财政拨款收入——项目支出　18 000

预算会计分录：

借：行政支出——财政拨款支出（项目支出）（办公设备购置）　18 000

　　贷：财政拨款预算收入——项目支出　18 000

发生当年购货退回或者发生差错更正等业务，在财务会计中对于已计入本年业务活动费用的，按照收回或应收的金额，借记“财政拨款收入”“零余额账户用款额度”“银行存款”“其他应收款”等科目，贷记“业务活动费用”科目。

同时，在预算会计中属于当年支出收回的，按照收回或更正金额，借记“财政拨款预算收入”“资金结存”科目，贷记“行政支出”科目。

2. 单位为履职或开展业务活动所使用的固定资产、无形资产以及为所控制的公共基础设施、保障性住房计提的折旧、摊销的处理

单位为履职或开展业务活动所使用的固定资产、无形资产以及为所控制的公共基础设施、保障性住房计提的折旧、摊销时，按照计提金额，借记“业务活动费用”科目，贷记“固定资产累计折旧”“无形资产累计摊销”“公共基础设施累计折旧（摊销）”“保障性住房累计折旧”科目。

三、资产处置活动费用支出的核算

为核算行政单位的资产处置活动费用支出的增减变化情况，应分别设置“资产处置费用”（费用类）账户和“其他支出”（预算支出类）账户。

资产处置费用核算单位经批准处置资产时发生的费用，包括转销的被处置资产价值，以及在处置过程中发生的相关费用或者处置收入小于相关费用形成的净支出。资产处置的形式按照规定包括无偿调拨、出售、出让、转让、置换、对外捐赠、报废、毁损以及货币性资产损失核销等。借方登记资产处置费用的增加金额，贷方登记资产处置费用的减少或转销金额。平时借方余额反映资产处置费用的累计金额。期末，将借方余额转入“本年盈余”账户，转账后本账户无余额。

其他支出核算单位除行政支出以外的各项现金流出，包括利息支出、对外捐赠现金支出、现金盘亏损失、接受捐赠（调入）和对外捐赠（调出）非现金资产发生的税费支出、资产置换过程中发生的相关税费支出、罚没支出等。借方登记其他支出的发生数，贷方登记已列支又收回数和年终转账数。平时借方余额反映累计支出数。年终，将借方余额分别转入“财政拨款结转——本年收支结转”“非财政拨款结转——本年收支结转”“其他结余”账户，转账后本账户无余额。本账户应当按照其他支出的类别，“财政拨款支出”“非财政专项资金支出”和“其他资金支出”，《政府收支分类科目》中“支出功能分类科目”的项级科目和“部门预算支出经济分类科目”的款级科目等进行明细核算。其他支出中如有专项资金支出，还应按照具体项目进行明细核算。

关于资产处置活动费用支出业务的账务处理在第六章相关资产处置中已经介绍，这处不再重复。

四、其他费用支出的核算

为核算行政单位的其他各项费用支出的增减变化情况，应分别设置“其他费用”（费用类）账户和“其他支出”（预算支出类）账户。

其他费用核算行政单位发生的除业务活动费用、资产处置费用以外的各项费用，包括利息费用、罚没支出、现金资产捐赠支出以及相关税费、运输费等。借方登记其他费用的增加金额，贷方登记其他费用的减少或转销金额。平时借方余额反映其他费用的累计金额。期末，将借方余额转入“本年盈余”账户，转账后本账户无余额。本账户应当按照其他费用的类别等进行明细核算。

1. 利息费用支出的处理

在财务会计中，按期计算确认借款利息费用时，按照计算确定的金额，借记“在建工程”科目或“其他费用”科目，贷记“应付利息”“长期借款——应计利息”科目。

在预算会计中，支付银行借款利息时，按照实际支付金额，借记“其他支出”科目，贷记“资金结存”科目。

【例7－20】 借入2年期的借款600 000元，该借款分年付息到期还本，合同约定利率4%。会计分录如下：

（1）年末，计算确认利息费用时：

财务会计分录：

借：其他费用——利息费用	24 000	
贷：应付利息		24 000

单位每年应确认的利息＝600 000×4%＝24 000

计提利息时，未发生现金流出，故不做预算会计处理。

(2) 实际支付利息费用时：

财务会计分录：

借：应付利息　　　　24 000

　贷：银行存款　　　　24 000

预算会计分录：

借：其他支出——其他资金支出（基本支出）（国内债务付息）　　　　24 000

　贷：资金结存——货币资金　　　　24 000

2. 现金资产捐赠的处理

在财务会计中，单位对外捐赠现金资产的，按照实际捐赠的金额，借记“其他费用”科目，贷记“银行存款”“库存现金”等科目。

同时，在预算会计中，按照捐赠金额，借记“其他支出”科目，贷记“资金结存——货币资金”科目。

【例7-21】向对口支援贫困山区小学现金捐赠100 000元，通过银行转账支付。会计分录如下：

财务会计分录：

借：其他费用——现金资产捐赠　　　　100 000

　贷：银行存款　　　　100 000

预算会计分录：

借：其他支出——其他资金支出（基本支出）（赠与）　　　　100 000

　贷：资金结存——货币资金　　　　100 000

3. 罚没支出的处理

在财务会计中，单位发生罚没支出的，按照实际缴纳或应当缴纳的金额，借记“其他费用”科目，贷记“银行存款”“库存现金”“其他应付款”等科目。

同时，在预算会计中，按照实际支出金额，借记“其他支出”科目，贷记“资金结存”科目。

第三节　预算结余的核算

预算结余是指政府会计主体预算年度内预算收入扣除预算支出后的资金余额，以及历年滚存的资金余额。预算结余包括结余资金和结转资金。

结余资金是指年度预算执行终了，预算收入实际完成数扣除预算支出和结转资金后剩余的资金。

结转资金是指预算安排项目的支出年终尚未执行完毕或者因故未执行，且下年需要按原用途继续使用的资金。

符合预算收入、预算支出和预算结余定义及其确认条件的项目应当列入政府决算报表。

行政单位的预算结余类科目包括：资金结存、财政拨款结转、财政拨款结余、非财政拨款结转、非财政拨款结余、其他结余。

行政单位年末预算收入、预算支出和预算结余的关系图，如图7－1所示。

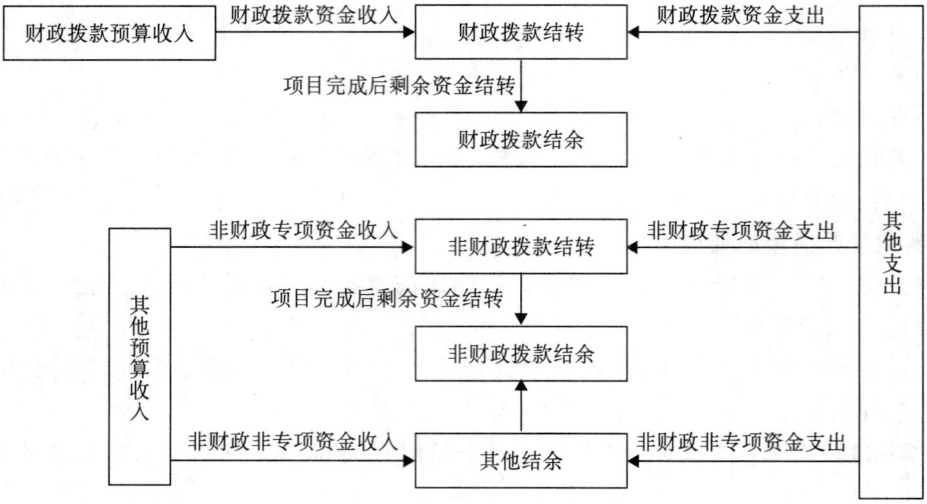

图7－1　年末预算收入、预算支出和预算结余的关系图

一、资金结存的核算

为核算行政单位纳入部门预算管理的资金的增减变化情况，应设置“资金结存”（预算结存类）账户。

行政单位的资金结存包括以下内容：

（1）零余额账户用款额度，是指实行国库集中支付的单位根据财政部门批复的用款计划收到和支用的零余额账户用款额度。

（2）货币资金，是指单位以库存现金、银行存款、其他货币资金形态存在的资金。

（3）财政应返还额度，是指实行国库集中支付的单位可以使用的以前年度财政直接支付资金额度和财政应返还的财政授权支付资金额度。

资金结存核算单位纳入部门预算管理的资金的流入、流出、调整和滚存等情况。他是实际发生预算收入、预算支出时，预算收入或预算支出的对应科目。借方登记资金的流入数或结转数等，贷方登记流出数或结转数等。年末有借方余额，反映单位预算资金的累计滚存情况。

资金结存账户应当设置“零余额账户用款额度”“货币资金”“财政应返还额度”三个明细科目。“零余额账户用款额度”明细科目年末结账后应无余额；“货币资金”年末有借方余额，反映单位尚未使用的货币资金；“财政应返还额度”还可设置“财政直接支付”“财政授权支付”两个明细科目进行明细核算，该明细科目年末有借方余额，反映单位应收财政返还的资金额度。

关于资金结存业务的账务处理在第六章、第七章已经介绍，这处不再重复。

二、财政拨款结转结余的核算

为核算行政单位同级财政拨款结转结余的增减变化情况，应设置“财政拨款结转”（预算结存类）和“财政拨款结余”（预算结存类）账户。

财政拨款结转核算单位取得的同级财政拨款结转资金的调整、结转和滚存情况。贷方登记年末从“财政拨款预算收入”账户转入的本年发生数；以前年度财政拨款结转的调增数；从其他单位归集调入财政资金数；经财政部门批准对财政拨款结余资金改变用途，调整用于其他未完成项目的单位内部调剂数；借方登记从“行政支出——财政拨款支出”账户和“其他支出——财政拨款支出”账户转入的本年发生数；以前年度财政拨款结转的调减数，归集上缴财政拨款结转资金数。期末贷方余额，反映行政单位滚存的财政拨款结转资金数额。

财政拨款结转账户应当设置“基本支出结转”、“项目支出结转”两个明细账户；在“基本支出结转”明细账户下按照“人员经费”和“日常公用经费”进行明细核算，在“项目支出结转”明细账户下按照具体项目进行明细核算；本账户还应当按照《政府收支分类科目》中“支出功能分类科目”的项级科目进行明细核算。

有公共财政预算拨款、政府性基金预算拨款等两种或两种以上财政拨款的行政单位，还应当按照财政拨款种类分别进行明细核算。

本账户还可以根据管理需要按照财政拨款结转变动原因，设置“年初余额调整”“归集调入”“归集调出”“归集上缴”“单位内部调剂”“本年收支结转”“累计结转”等明细科目，进行明细核算。

财政拨款结余是指行政单位当年预算工作目标已完成，或因故终止，剩余的财政拨款滚存资金。年末，行政单位财政拨款收支分别转入财政拨款结转账户后，对各项目执行情况进行分析，对已经完成了的项目，将其剩余资金转入财政拨款结余账户。基本支出拨款的结余以及未完成项目的结余留在“财政拨款结转”账户中。

行政单位应设置“财政拨款结余”（预算结余类）账户，核算行政单位取得的同级财政拨款项目支出结余资金的调整、结转和滚存情况。贷方登记年末从完成项目结转资金转入数、以前年度财政拨款结余的调增数；借方登记以前年度财政拨款结余调减数、经财政部门批准单位内部调剂，将完成项目结余资金调整用于基本支出或其他未完成项目数。期末贷方余额，反映行政单位滚存的财政拨款结余资金数额。

本账户应当按照具体项目、《政府收支分类科目》中“支出功能分类科目”的项级科目等进行明细核算。有公共财政预算拨款、政府性基金预算拨款等两种或两种以上财政拨款的行政单位，还应当按照财政拨款的种类分别进行明细核算。本账户还可以根据管理需要按照财政拨款结余变动原因，设置“年初余额调整”“归集上缴”“单位内部调剂”“结转转入”“累计结余”等明细科目，进行明细核算。

1. 年末，将财政拨款预算收入和对应的财政拨款支出结转入“财政拨款结转”科目的处理

【例 7 - 22】 年末，某行政单位预算收入、支出相关总账、明细账账户当年发生额见表 7 - 3，将财政拨款预算收入、行政支出转入“财政拨款结转”账户。

表7-3　　　　预算收支账户发生额明细表　　　　单位：元

总账科目	明细科目	借方金额	贷方金额
财政拨款预算收入	基本支出		4 585 900
	项目支出		18 458 000
	小计		23 043 900
非同级财政拨款预算收入	专项资金收入		400 000
	其他资金收入		80 000
	小计		480 000
其他预算收入	专项资金收入		100 000
	其他资金收入		20 000
	小计		120 000
行政支出	财政拨款支出（基本支出）	4 575 900	
	财政拨款支出（项目支出）	18 378 000	
	小计	22 953 900	
	非财政专项资金支出	380 000	
	其他资金支出	80 000	
	小计	460 000	
其他支出	非财政专项资金支出	100 000	
	其他资金支出	10 000	
	小计	110 000	

预算会计分录如下：

借：财政拨款预算收入——基本支出　　4 585 900

　　　　　　　　　　——项目支出　　18 458 000

　贷：财政拨款结转——本年收支结转——基本支出结转　　4 585 900

　　　　　　　　　——本年收支结转——项目支出结转　　18 458 000

借：财政拨款结转——本年收支结转——基本支出结转　　4 575 900

　　　　　　　　——本年收支结转——项目支出结转　　18 378 000

　贷：行政支出——财政拨款支出（基本支出）　　4 575 900

　　　　　　　——财政拨款支出（项目支出）　　18 378 000

2. 年末，冲销“财政拨款结转”有关明细科目余额的处理

年末，将“财政拨款结转”科目（本年收支结转、年初余额调整、归集调入、归集调出、归集上缴、单位内部调剂）余额转入“财政拨款结转”（累计结转）。结转后，“财政拨款结转”科目除“累计结转”明细科目外，其他明细科目应无余额。

【例7-23】 年末，某行政单位将财政拨款结转——本年收支结转中基本支出结转10 000元和项目支出结转80 000元转入财政拨款结转——累计结转。预算会计分录如下：

借：财政拨款结转——本年收支结转——基本支出结转 10 000
——本年收支结转——项目支出结转 80 000
贷：财政拨款结转——累计结转——基本支出结转 10 000
——累计结转——项目支出结转 80 000

3. 年末，按照有关规定将符合财政拨款结余性质的项目余额转入财政拨款结余的处理

年末，完成上述财政拨款收支结转后，应当对财政拨款各明细项目执行情况进行分析，按照有关规定将符合财政拨款结余性质的项目余额转入财政拨款结余，借记“财政拨款结转——累计结转”科目，贷记“财政拨款结余——结转转入”科目。

【例7-24】 年末，某行政单位“财政拨款结转”各明细账户余额如下：基本支出结转10 000元；项目支出结转80 000元，其中A项目余额60 000元（未完成），B项目余额20 000元（完成）。将完成项目结转资金转入财政拨款结余。预算会计分录如下：

借：财政拨款结转——累计结转——项目支出结转（B项目） 20 000
贷：财政拨款结余——结转转入——B项目 20 000

4. 年末，冲销“财政拨款结余”有关明细科目余额的处理

年末，将“财政拨款结余”科目（年初余额调整、归集上缴、单位内部调剂、结转转入）余额转入“财政拨款结余”科目（累计结余）。结转后，本科目除“累计结余”明细科目外，其他明细科目应无余额。

【例7-25】 年末，某行政单位“财政拨款结余——结转转入”账户贷方余额为20 000元，将其转销。预算会计分录如下：

借：财政拨款结余——结转转入 20 000
贷：财政拨款结余——累计结余 20 000

三、非财政拨款结转结余的核算

为核算行政单位非同级财政拨款结转结余的增减变化情况，应设置“非财政拨款结转”（预算结存类）和“非财政拨款结余”（预算结存类）账户。

非财政拨款结转核算单位除财政拨款收支、经营收支以外各非同级财政拨款专项资金的调整、结转和滚存情况。贷方登记年末从“非同级财政拨款预算收入”和“其他预算收入”账户中专项资金转入的本年发生数；以前年度非同级财政拨款结转的调增数；提取项目管理费或间接费；缴回非财政拨款结转资金等；借方登记从“行政支出——非财政专项资金支出”账户和“其他支出——非财政专项资金支出”账户转入的本年发生数；以前年度非同级财政拨款结转的调减数等。期末贷方余额，反映行政单位非同级财政拨款滚存的专项结转资金数额。

非财政拨款结转账户应当根据管理需要按照非同级财政拨款结转变动原因，设置“年初余额调整”“缴回资金”“项目间接费用或管理费”“本年收支结转”“累计结转”等明细科目，进行明细核算。本账户还应当按照具体项目、《政府收支分类科目》中“支出功能分类科目”的相关科目等进行明细核算。

非财政拨款结余指单位历年滚存的非限定用途的非同级财政拨款结余资金，主要为非财政拨款结余扣除结余分配后滚存的金额。贷方登记年末从完成项目结转资金转入数；以前年度非同级财政拨款结余的调增数；其他结余转入数；借方登记以前年度非同级财政拨款结余调减数；其他结余转入数。期末贷方余额，反映行政单位非同级财政拨款滚存的非专项结余资金数额。

非财政拨款结余账户应当设置“年初余额调整”“项目间接费用或管理费”“结转转入”“累计结余”等明细科目，进行明细核算。本账户还应当按照《政府收支分类科目》中“支出功能分类科目”的相关科目等进行明细核算。

1. 年末非财政拨款专项资金预算收支结转的处理

年末，将非同级财政拨款预算收入和其他预算收入本年发生额中的专项资金收入转入“非财政拨款结转”科目，将行政支出和其他支出本年发生额中的非财政拨款专项资金支出转入“非财政拨款结转”科目。

【例7-26】 年末，某行政单位专项资金收入和非财政专项支出有关明细账账户年末余额如下：专项资金收入500 000元，其中，非同级财政拨款预算收入400 000元，其他预算收入100 000元；非财政专项资金支出480 000元，其中，行政支出380 000元，其他支出100 000元。办理转账。预算会计分录如下：

借：非同级财政拨款预算收入——专项资金收入	400 000	
其他预算收入——专项资金收入	100 000	
贷：非财政拨款结转——本年收支结转		50 000
借：非财政拨款结转——本年收支结转	480 000	
贷：行政支出——非财政专项资金支出		380 000
其他支出——非财政专项资金支出		100 000

2. 年末冲销“非财政拨款结转”有关明细科目余额的处理

将“非财政拨款结转——年初余额调整、项目间接费用或管理费、缴回资金、本年收支结转”科目余额转入“非财政拨款结转——累计结转”科目。结转后，“非财政拨款结转”科目除“累计结转”明细科目外，其他明细科目应无余额。

【例7-27】 年末，将上题中非财政拨款结转——本年收支结转的金额转入非财政拨款结转——累计结转。预算会计分录如下：

借：非财政拨款结转——本年收支结转	20 000	
贷：非财政拨款结转——累计结转		20 000

3. 将留归本单位使用的非财政拨款专项剩余资金转入非财政拨款结余的处理

年末，完成上述结转后，应当对非财政拨款专项结转资金各项目情况进行分析，将留归本单位使用的非财政拨款专项（项目已完成）剩余资金转入非财政拨款结余，借记“非财政拨款结转——累计结转”科目，贷记“非财政拨款结余——结转转入”科目。

【例7-28】 年末，按规定将留归本单位使用的非同级财政拨款专项（项目已完成）剩余资金18 000元转账。预算会计分录如下：

借：非财政拨款结转——累计结转	18 000	
贷：非财政拨款结余——结转转入		18 000

4. 年末冲销“非财政拨款结余”有关明细科目余额的处理

年末，将“非财政拨款结余——年初余额调整、项目间接费用或管理费、结转转入”

科目余额结转入“非财政拨款结余——累计结余”科目。结转后，“非财政拨款结余”科目除“累计结余”明细科目外，其他明细科目应无余额。

【例7-29】 年末，将上题中非财政拨款结余——结转转入的金额转入非财政拨款结余——累计结转。预算会计分录如下：

借：非财政拨款结余——结转转入　　18 000

　　贷：非财政拨款结余——累计结余　　18 000

5. 年末将“其他结余”科目余额转入“非财政拨款结余”的处理

年末，“其他结余”科目为借方余额的，借记“非财政拨款结余——累计结余”科目，贷记“其他结余”科目；“其他结余”科目为贷方余额的，借记“其他结余”科目，贷记“非财政拨款结余——累计结余”科目。

四、其他结余的核算

为了核算行政单位除财政拨款收支、非同级财政专项资金收支以外的各项收支相抵后剩余资金的增减变化情况，应设置“其他结余”（预算结余类）账户。

其他结余核算财政拨款收支、非同级财政专项资金收支以外的各项收支相抵后剩余的滚存资金。贷方登记从“非同级财政拨款预算收入”和“其他预算收入”账户中非同级财政、非专项资金转入的本年发生数；借方登记从“行政支出”账户和“其他支出”账户中非同级财政、非专项资金转入的本年发生数。年末，再将本账户余额转入“非财政拨款结余——累计结余”账户，结转后应无余额。

【例7-30】 年末，某行政单位非同级财政、非专项资金收支有关明细账户年末余额如下：其他资金收入100 000元，其中，非同级财政拨款预算收入80 000元，其他预算收入20 000元；其他资金支出90 000元，其中，行政支出80 000元，其他支出10 000元。办理转账。预算会计分录如下：

借：非同级财政拨款预算收入——其他资金收入　　80 000

　　其他预算收入——其他资金收入　　20 000

　　贷：其他结转　　100 000

借：其他结转　　90 000

　　贷：行政支出——其他资金支出　　80 000

　　　　其他支出——其他资金支出　　10 000

借：其他结转　　10 000

　　贷：非财政拨款结余——累计结余　　10 000

第四节　净资产的核算

净资产是指政府会计主体资产扣除负债后的净额。行政单位财务会计净资产的主要来源包括累计实现的盈余和无偿调拨的净资产。

行政单位净资产类科目包括累计盈余、无偿调拨净资产、本期盈余、本年盈余分配和以前年度盈余调整等。

行政单位财务会计净资产类账户之间的关系图，如图7－2所示。

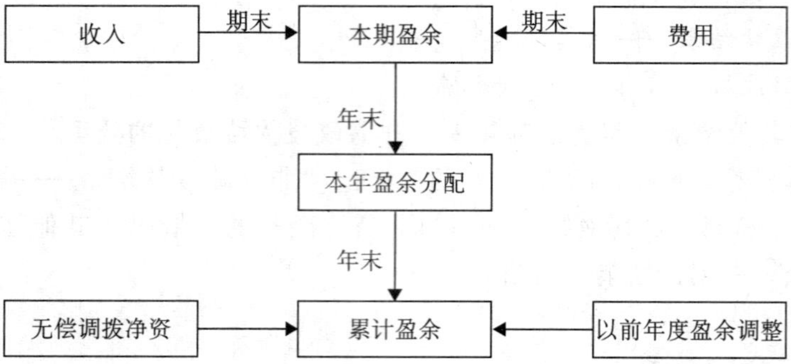

图7－2　行政单位净资产类账户之间的关系

一、本期盈余及本年盈余分配的核算

本期盈余是净资产类账户，核算行政单位本期各项收入、费用相抵后的余额。期末应当将各项收入和各项费用的本期发生额转入“本期盈余”账户。年末，再将“本期盈余”账户余额转入“本年盈余分配”账户。年末结转后，应无余额。

本年盈余分配是净资产类账户，核算行政单位本年度盈余分配的情况和结果。年末，应当将“本期盈余”科目余额转入本账户。然后，再将“本年盈余分配”账户余额转入“累计盈余”账户。

1. 期末结转收入费用的处理

【例7－31】 1月末，收入费用发生额见表7－4。财务会计分录如下：

表7－4　　1月份收入费用发生额

收入类科目	贷方发生额	费用类科目	借方发生额
财政拨款收入	2 132 050	业务活动费用	618 780
非同级财政拨款收入	80 000	资产处置费用	185 500
捐赠收入	105 000	其他费用	149 000
利息收入	7 000		
其他收入	6 000		

借：财政拨款收入　　2 132 050
　　非同级财政拨款收入　　80 000
　　捐赠收入　　105 000
　　利息收入　　7 000
　　其他收入　　6 000
　　贷：本期盈余　　2 330 050

借：本期盈余　　953 280

　　贷：业务活动费用　　618 780

　　　　资产处置费用　　185 500

　　　　其他费用　　149 000

2. 年末结转本期盈余的处理

【例7-32】某行政单位12月份本期盈余账户的余额为60 000元。财务会计分录如下：

借：本期盈余　　60 000

　　贷：本年盈余分配　　60 000

二、累计盈余及其调整的核算

无偿调拨净资产是净资产类账户，核算无偿调入或调出非现金资产所引起的净资产变动金额。年末，行政单位应将“无偿调拨净资产”账户余额转入“累计盈余”账户，结转后该账户无余额。按照行政单位资产管理相关规定，政府单位之间可以无偿调拨资产。通常情况下，无偿调拨非现金资产不涉及资金业务，因此不需要进行预算会计核算（除非以现金支付相关费用等）。从本质上讲，无偿调拨资产业务属于政府间净资产的变化，调入调出方不确认相应的收入和费用。

以前年度盈余调整是净资产类账户，核算行政单位本年度发生的调整以前年度盈余的事项，包括本年度发生的重要前期差错更正涉及调整以前年度盈余的事项。单位对相关事项调整后，应当及时将“以前年度盈余调整”账户余额转入“累计盈余”账户，结转后该账户无余额。

累计盈余是净资产类账户，核算单位历年实现的盈余扣除盈余分配后滚存的金额，因无偿调入调出资产产生的净资产变动额，以及对以前年度盈余的调整金额。年末，将“本年盈余分配”“无偿调拨净资产”“以前年度盈余调整”账户的余额转入“累计盈余”账户。按照规定上缴、缴回、单位间调剂结转结余资金产生的净资产变动额也通过“累计盈余”账户核算。

年末结转本年盈余分配、无偿调拨净资产、以前年度盈余调整的处理。

【例7-33】某行政单位12月份本年盈余分配账户的余额为60 000元。预算会计分录如下：

借：本年盈余分配　　60 000

　　贷：累计盈余　　60 000

思政园地

何为“三公”经费？

“三公”经费，指政府部门人员因公出国（境）费用、公务接待费、公务用车购置和运行维护费。其中，公务接待费反映单位按规定开支的各类公务接待支出。公务用车购置及运行费反映单位公务用车车辆购置支出（含车辆购置税），以及燃料费、维修费、保险费等支出。因公出国（境）费反映单位公务出国（境）的国际旅费、国外城市间交通费、食宿费等支出。

国务院在《机关事务管理条例》中规定，县级以上政府需将“三公”经费纳入预算管理，并定期公布。从2019年到2021年年底，中央本级支出连续两年负增长，中央部门财政拨款“三公”经费连年压减，从2019年的81.07亿元减少到2021年的51.87亿元，累计下降了36%。政府过紧日子不是一个短期的应对措施，而是必须长期坚持的方针政策。

感悟：我国将“三公”经费公开，目的是加强机关运行经费管理，提高资金使用效益。这是社会主义民主的体现，是各级政府走向法治化、廉洁化的必经途径，公众都为政策叫好。我们同学们一方面可以进入行政单位的官网，了解各行政单位的“三公”经费，做一名关心社会的热心人，同时做政府“三公”经费的监督者。另一方面，参与学习讨论，如何缩减“三公”经费，为我国政府更好的用好人民的钱出谋划策，献上自己的一份力量。

【复习思考题】

1. 什么是行政单位的收入和预算收入？包括哪些内容？
2. 行政单位的其他预算收入包括哪些？
3. 什么是行政单位的费用和预算支出？包括哪些内容？
4. 行政单位的预算支出如何分类？
5. 行政单位年终如何进行财政拨款结转、财政拨款结余的核算？
6. 什么是行政单位的净资产？包括哪些内容？

第八章
行政单位会计报表

学习目标

本章介绍了行政单位会计报表的内容、编制要求、编制方法和分析方法。要求了解行政单位会计报表的种类，掌握行政单位会计报表的内容和编制方法，主要财务分析评价指标。

行政单位会计报表是反映行政单位财务状况、运行情况、现金流量和预算收支执行结果的书面文件，由财务报表和预算会计报表组成。会计报表以行政单位日常的会计核算资料为依据，定期整理汇总后，按照规定的格式、内容和编制方法编报。

第一节　行政单位会计报表的编制要求及编制年报的准备工作

一、行政单位会计报表的种类

《政府会计准则第9号——财务报表编制和列报》

行政单位的会计报表按照不同的标准可分为不同的种类。按会计报表编报的时间划分，可分为月报、季报、年报；按会计报表的服务对象划分，可分为内部会计报表和外部会计报表；按会计报表的编制单位划分，可分为单位会计报表和汇总会计报表等。

按照我国政府会计制度的规定，行政单位会计报表的构成见表8-1。

表8-1　行政单位的会计报表的构成

编号	报表名称	编制期
	财务报表	
会政财01表	资产负债表	月度、年度
会政财02表	收入费用表	月度、年度
会政财03表	净资产变动表	年度
会政财04表	现金流量表	年度
	附注	年度
	预算会计报表	
会政预01表	预算收入支出表	年度
会政预02表	预算结转结余变动表	年度
会政预03表	财政拨款预算收入支出表	年度

二、行政单位会计报表的编制要求

为了充分发挥会计报表的作用，各单位必须按照财政部门和主管部门统一规定的格式、内容和编制方法编制会计报表，做到数字真实、内容完整、报送及时。

（一）数字真实

单位会计报表必须提供真实可靠的数据资料，如实反映单位预算执行情况，编制会计报表时应以核对无误的会计账簿数字为依据，不能以估计数、计划数填报，更不能弄虚作假，篡改和伪造会计数据，也不能由上级单位估列代编。为此，各单位必须按期结账，绝不可以为赶编会计报表而提前结账。编制会计报表之前，要认真核对有关账目，切实做到账表相符、账证相符、账账相符和账实相符，保证会计报表的真实可靠性。

（二）内容完整

单位会计报表必须按财政部门或主管部门规定的格式、内容完整列示，按照报表统一规定的种类编报齐全，不得漏填漏报。规定的格式栏次不论是表内项目还是补充资料，应填的项目、内容必须填列齐全，不能任意取舍，使报表中所提供的内容成为一套完整的指标体系，以保证会计报表在本部门、本地区以及在全国的逐级汇总分析之需要。

各级主管部门根据本系统内的特殊情况和特殊要求，可以规定增加一些报表或项目，但不得影响统一规定的报表和报表项目的编制，以保证会计报表内容的完整性。

（三）报送及时

单位会计报表必须按照国家或上级机关规定的期限和程序，在保证报表真实、完整的前提下，在规定的期限内报送上级单位。如果一个单位的会计报表不及时报送，就会影响主管单位、财政部门以及全国的逐级汇总，影响各方面对会计信息的需要、分析。因此，各单位应科学、合理地组织好日常的会计核算工作，加强会计部门内部及会计部门与有关部门的协作与配合，以便尽快地编出会计报表，满足预算管理和财务管理的需要。

行政单位财务报表应当由单位负责人和主管会计工作的负责人、会计机构负责人（会计主管人员）签名并盖章。

三、编制年报的准备工作

年报即年度决算，是全面反映行政单位全年预算执行情况和财务状况、运行情况等信息的报表。为了保证会计报表数字真实、内容完整、报送及时，各行政单位应根据财政机关或上级单位的要求，做好年终清理和年终结算等年报编制的准备工作。

（一）年终清理的内容

行政单位年终清理的内容包括：

（1）清理核对年度预算数和拨入款项。各预算单位要清理核对本部门年度预算数，年度中追加追减数，与财政部门核对相符，并清查核实下属各单位的预算数，与之核对相符。基层单位主要清理本单位的预算数，并与上级单位核对相符。清理核对拨入经费数，主管行政单位应根据“政府收支分类科目”按照“类”“款”“项”汇总本单位及所属基层单位的各项支出数。与财政部门核对预算指标财政直接支付数和结余数；与财政部门、代理银行核对财政授权支付额度、支用数和结余数。

（2）清理核对应缴财政款。清理核对应缴财政款是否全部入账，已入账的是否在年终前全部缴清。

（3）清理各项支出。各项支出要全部清理入账，支出的列报口径要符合规定。行政支出，一律以基层用款单位 12 月 31 日止的本年实际支出数为准。对行政支出中的专款支出项目，年终前要进行清理，对已完成项目，及时办理结算。

（4）清理往来款项。对应收、应付等往来款项，要全面清理，抓紧结算，做到人欠收回，欠人归还。年终确实不能结清的，要与对方进行核对，以保证数字正确。

（5）清理财产物资。对各项物资进行清查盘点，发生盘盈、盘亏，要及时查明原因，按规定作出处理，并调整账务，做到账账相符，账实相符。

（6）清理货币资金。现金、有价证券和银行存款等货币资金，要在轧平账户的基础上，分别与出纳人员、开户行核对清楚，现金和有价证券要进行实物盘点，做到账实相符。

（二）年终结账的步骤及各步骤的具体内容

年终清理完毕，在账目核对相符的基础上，即可进行年终结账。年终结账工作，一般分为三个步骤：即年终转账、结清旧账和记入新账。

1. 年终转账

转账的程序是：

（1）计算出各账户的借方和贷方的 12 月份合计数和本年累计数，结出 12 月末的余额。

（2）编制结账前的“资产负债表”，并试算平衡。

（3）按年终转账办法填制 12 月 31 日的记账凭证，并记入有关账户。年终转账的具体账务处理方法详见第七章第三节预算结余的核算和第四节净资产的核算。

2. 结清旧账

结清旧账的做法如下：

（1）将转账后无余额的账户结出本年累计数，然后在下面划双红线，表示本账户全部结清。

（2）对年终有余额的账户，在“本年累计数”下行的“摘要”栏内注明“结转下年”字样，再在下面划双红线，表示年终余额转入新账，结束旧账。

3. 记入新账

根据本年度各账户余额，编制年终决算的“资产负债表”和有关明细表，按表列各账户的年终余额数，不编制记账凭证，直接记入新年度相应的各有关账户，并在“摘要”栏注明“上年结转”字样，以区别新年度发生数。

第二节　会计报表的内容和编制方法

行政单位财务会计报表的编制主要以权责发生制为基础，以财务会计核算生成的数据为准。行政单位决算报表的编制主要以收付实现制为基础，以预算会计核算生成的数据为准。

由于篇幅有限，本节仅介绍行政单位资产负债表、收入费用表、预算收入支出表和财政拨款预算收入支出表的编制。

一、行政单位资产负债表的编制方法

（一）资产负债表及其结构

资产负债表是反映行政单位某一特定日期财务状况的报表。资产负债表按照资产、负债和净资产分类、分项列示。政府会计制度规定，行政单位的资产负债表要求按月和年编制。

（二）资产负债表的编制方法

1. 本表“年初余额”栏内各项数字，应当根据上年年末资产负债表“期末余额”栏内数字填列

如果本年度资产负债表规定的各个项目的名称和内容同上年度不相一致，应对上年年末资产负债表各项目的名称和数字按照本年度的规定进行调整，填入本表“年初余额”栏内。

2. 本表“期末余额”栏各项目的内容和填列方法

（1）资产类项目。

①“货币资金”项目，反映行政单位期末库存现金、银行存款、零余额账户用款额度、其他货币资金的合计数。本项目应当根据“库存现金”“银行存款”“零余额账户用款额度”“其他货币资金”科目的期末余额的合计数填列；若行政单位存在通过“库存现金”“银行存款”科目核算的受托代理资产还应当按照前述合计数扣减“库存现金”“银行存款”科目下“受托代理资产”明细科目的期末余额后的金额填列。

②“财政应返还额度”项目，反映行政单位期末财政应返还额度的金额。本项目应当根据“财政应返还额度”科目的期末余额填列。

③“应收账款净额”项目，反映单位期末尚未收回的应收账款减去已计提的坏账准备后的净额。本项目应当根据“应收账款”科目的期末余额，减去“坏账准备”科目中对应收账款计提的坏账准备的期末余额后的金额填列。

④“预付账款”项目，反映行政单位预付给商品或者劳务供应单位的款项。本项目应当根据“预付账款”科目的期末余额填列。

⑤“其他应收款净额”项目，反映行政单位期末尚未收回的其他应收款减去已计提的坏账准备后的净额。本项目应当根据“其他应收款”科目的期末余额减去“坏账准备”科目中对其他应收款计提的坏账准备的期末余额后的金额填列。

⑥“存货”项目，反映行政单位期末存储的存货的实际成本。本项目应当根据“在途物品”“库存物品”“加工物品”科目的期末余额的合计数填列。

⑦“待摊费用”项目，反映行政单位期末已经支出，但应当由本期和以后各期负担的分摊期在1年以内（含1年）的各项费用。本项目应当根据“待摊费用”科目的期末余额填列。

⑧“一年内到期的非流动资产”项目，反映行政单位期末非流动资产项目中将在1年内（含1年）到期的金额。本项目应当根据“长期应付款”等科目的明细科目的期末余额分析填列。

⑨“其他流动资产”项目，反映行政单位期末除本表中上述各项之外的其他流动资产的合计金额。本项目应当根据有关科目期末余额的合计数填列。

⑩“流动资产合计”项目，反映行政单位期末流动资产的合计数。本项目应当根据本表中“货币资金”“财政应返还额度”“应收账款净额”“预付账款”“其他应收款净额”“存货”“待摊费用”“一年内到期的非流动资产”“其他流动资产”项目金额的合计数填列。

⑪“固定资产原价”项目，反映行政单位期末各项固定资产的原价。本项目应当根据“固定资产”科目的期末余额填列。

“固定资产累计折旧”项目，反映行政单位期末各项固定资产的累计折旧金额。本项目应当根据“固定资产累计折旧”科目的期末余额填列。

“固定资产净值”项目，反映行政单位期末各项固定资产的账面价值。本项目应当根据“固定资产”科目的期末余额减去“固定资产累计折旧”科目的期末余额后的金额填列。

⑫“工程物资”项目，反映行政单位期末为在建工程准备的各种物资的实际成本。本项目应当根据“工程物资”科目的期末余额填列。

⑬“在建工程”项目，反映行政单位期末所有的建设项目工程的实际成本。本项目应当根据“在建工程”科目的期末余额填列。

⑭“无形资产原价”项目，反映行政单位期末各项无形资产的原价。本项目应当根据“无形资产”科目的期末余额填列。

“无形资产累计摊销”项目，反映行政单位期末各项无形资产的累计摊销金额。本项目应当根据“无形资产累计摊销”科目的期末余额填列。

“无形资产净值”项目，反映行政单位期末各项无形资产的账面价值。本项目应当根据“无形资产”科目的期末余额减去“无形资产累计摊销”科目的期末余额后的金额填列。

⑮“研发支出”项目，反映行政单位期末正在进行的无形资产开发项目开发阶段发生的累计支出数。本项目应当根据“研发支出”科目的期末余额填列。

⑯“公共基础设施原价”项目，反映行政单位期末控制的公共基础设施的原价。本项目应当根据“公共基础设施”科目的期末余额填列。

“公共基础设施累计折旧”项目，反映行政单位期末控制的公共基础设施的累计折旧金额。本项目应当根据“公共基础设施累计折旧”科目的期末余额填列。

“公共基础设施净值”项目，反映行政单位期末控制的公共基础设施的账面价值。本项目应当根据“公共基础设施”科目的期末余额减去“公共基础设施累计折旧”科目的期末余额后的金额填列。

⑰“政府储备物资”项目，反映行政单位期末控制的政府储备物资的实际成本。本项目应当根据“政府储备物资”科目的期末余额填列。

⑱“文物文化资产”项目，反映行政单位期末控制的文物文化资产的成本。本项目应当根据“文物文化资产”科目的期末余额填列。

⑲“保障性住房原值”项目，反映行政单位期末控制的保障性住房的原值。本项目应当根据“保障性住房”科目的期末余额填列。

“保障性住房累计折旧”项目，反映行政单位期末控制的保障性住房已计提的累计折旧金额。本项目应当根据“保障性住房累计折旧”科目的期末余额填列。

“保障性住房净值”项目，反映行政单位期末控制的保障性住房的账面价值。本项目应当根据“保障性住房”科目期末余额减去“保障性住房累计折旧”科目期末余额后的金额填列。

⑳“长期待摊费用”项目，反映行政单位期末已经支出，但应由本期和以后各期负担的分摊期限在1年以上（不含1年）的各项费用。本项目应当根据“长期待摊费用”科目的期末余额填列。

㉑“待处理财产损溢”项目，反映行政单位期末待处理财产的价值及处理损溢。本项目应当根据“待处理财产损溢”科目的期末借方余额填列；如“待处理财产损溢”科目期末为贷方余额，则以“-”号填列。

㉒“其他非流动资产”项目，反映行政单位期末除本表中上述各项之外的其他非流动资产的合计数。本项目应当根据有关科目的期末余额合计数填列。

㉓“非流动资产合计”项目，反映行政单位期末非流动资产的合计数。本项目应当根据本表中“固定资产净值”“工程物资”“在建工程”“无形资产净值”“研发支出”“公共基础设施净值”“政府储备物资”“文物文化资产”“保障性住房净值”“长期待摊费用”“待处理财产损溢”“其他非流动资产”项目金额的合计数填列。

㉔“受托代理资产”项目，反映行政单位期末受托代理资产的价值。本项目应当根据“受托代理资产”科目的期末余额加上“库存现金”“银行存款”科目中属于受托代理资产的现金余额和银行存款余额的合计数填列。

㉕“资产总计”项目，反映行政单位期末资产的合计数。本项目应当根据本表中“流动资产合计”“非流动资产合计”“受托代理资产”项目金额的合计数填列。

（2）负债类项目。

①“应交增值税”项目，反映行政单位期末应缴未缴的增值税税额。本项目应当根据“应交增值税”科目的期末余额填列；如“应交增值税”科目期末为借方余额，以“-”号填列。

②“其他应交税费”项目，反映行政单位期末应缴未缴的除增值税以外的税费金额。本项目应当根据“其他应交税费”科目的期末余额填列；如“其他应交税费”科目期末为借方余额，以“-”号填列。

③“应缴财政款”项目，反映行政单位期末按规定应当上缴财政但尚未缴纳的款项。本项目应当根据“应缴财政款”科目的期末余额填列。

④“应付职工薪酬”项目，反映行政单位期末尚未支付给职工的各种薪酬。本项目应当根据“应付职工薪酬”科目的期末余额填列。

⑤“应付账款”项目，反映行政单位期末尚未支付的偿还期限在1年以内（含1年）的应付账款的金额。本项目应当根据“应付账款”科目的期末余额填列。

⑥“应付政府补贴款”项目，反映负责发放政府补贴的行政单位期末按照规定应当支付给政府补贴接受者的各种政府补贴款余额。本项目应当根据“应付政府补贴款”科目的期末余额填列。

⑦“其他应付款”项目，反映行政单位期末尚未支付的其他各项应付及暂收款项的金额。本项目应当根据“其他应付款”科目的期末余额填列。

⑧“预提费用”项目，反映行政单位期末已预先提取的已经发生但尚未支付的各项费用。本项目应当根据“预提费用”科目的期末余额填列。

⑨“一年内到期的非流动负债”项目，反映行政单位期末承担的1年以内（含1年）到偿还期的非流动负债。本项目应当根据“长期应付款”等科目的期末余额分析填列。

⑩“其他流动负债”项目，反映行政单位期末除本表中上述各项之外的其他流动负债的合计数。本项目应当根据有关科目的期末余额的合计数填列。

⑪“流动负债合计”项目，反映单位期末流动负债合计数。本项目应当根据本表“应交增值税”“其他应交税费”“应缴财政款”“应付职工薪酬”“应付账款”“应付政府补贴款”“其他应付款”“预提费用”“一年内到期的非流动负债”“其他流动负债”项目金额的合计数填列。

⑫“长期应付款”项目，反映行政单位期末承担的偿还期限超过1年的应付款项。本项目应当根据“长期应付款”科目的期末余额减去其中1年以内（含1年）到偿还期的长期应付款金额后的余额填列。

⑬“预计负债”项目，反映行政单位期末已确认但尚未偿付的预计负债的余额。本项目应当根据“预计负债”科目的期末余额填列。

⑭“其他非流动负债”项目，反映行政单位期末除本表中上述各项之外的其他非流动负债的合计数。本项目应当根据有关科目的期末余额合计数填列。

⑮“非流动负债合计”项目，反映行政单位期末非流动负债合计数。本项目应当根据本表中“长期应付款”“预计负债”“其他非流动负债”项目金额的合计数填列。

⑯“受托代理负债”项目，反映行政单位期末受托代理负债的金额。本项目应当根据“受托代理负债”科目的期末余额填列。

⑰“负债合计”项目，反映行政单位期末负债的合计数。本项目应当根据本表中“流动负债合计”“非流动负债合计”“受托代理负债”项目金额的合计数填列。

（3）净资产类项目。

①“累计盈余”项目，反映行政单位期末未分配盈余（或未弥补亏损）以及无偿调拨净资产变动的累计数。本项目应当根据“累计盈余”科目的期末余额填列。

②“无偿调拨净资产”项目，反映行政单位本年度截至报告期期末无偿调入的非现金资产价值扣减无偿调出的非现金资产价值后的净值。本项目仅在月度报表中列示，年度报表中不列示。月度报表中本项目应当根据“无偿调拨净资产”科目的期末余额填列；“无偿调

拨净资产”科目期末为借方余额时，以“-”号填列。

③“本期盈余”项目，反映行政单位本年度截至报告期期末实现的累计盈余或亏损。本项目仅在月度报表中列示，年度报表中不列示。月度报表中本项目应当根据“本期盈余”科目的期末余额填列；“本期盈余”科目期末为借方余额时，以“-”号填列。

④“净资产合计”项目，反映行政单位期末净资产合计数。本项目应当根据本表中“累计盈余”“无偿调拨净资产”（月度报表）“本期盈余”（月度报表）项目金额的合计数填列。

⑤“负债和净资产总计”项目，应当按照本表中“负债合计”“净资产合计”项目金额的合计数填列。

设第六至七章中除去【例6-7】、【例7-5】、【例7-22】至【例7-30】，是某市公安局20××年1月份发生的经济业务，据以编制财务会计科目汇总表，见表8-2。

表8-2 财务会计科目汇总表

科目名称	借方金额	贷方金额
零余额账户用款额度	200 000	187 310
库存现金	4 850	2 100
银行存款	417 000	420 050
在途物品	5 850	5 850
库存物品	15 580	23 500
应收账款	6 000	6 000
预付账款	40 000	40 000
其他应收款	1 500	0
固定资产	13 701 000	20 650 000
固定资产累计折旧	8 540 000	26 000
在建工程	12 976 000	12 976 000
无形资产	80 000	100 000
无形资产累计摊销	40 000	2 000
待处理财产损溢	10 920	10 920
受托代理资产	500 000	
应缴财政款	275 200	275 200
其他应付款	12 000	13 000
应付账款	6 510	3 510
应付职工薪酬	272 600	272 600
应交增值税	5 000	9 200
应交其他税费	15 300	15 300
应付政府补贴款	30 000	30 000
预提费用		10 000
预计负债	25 000	25 000

续表

科目名称	借方金额	贷方金额
应付利息	24 000	24 000
长期应付款		60 000
受托代理负债		500 000
无偿调拨净资产		140 000
本期盈余	953 280	2 330 050
财政拨款收入——基本支出	436 050	436 050
——项目支出	1 696 000	1 696 000
非同级财政拨款收入	80 000	80 000
捐赠收入	105 000	105 000
利息收入	7 000	7 000
其他收入	6 000	6 000
业务活动费用	618 780	618 780
资产处置费用	185 500	185 500
其他费用	149 000	149 000
合　计	41 440 920	41 440 920

该单位财务会计各账户年初余额、本期发生额及期末余额见表8－3。

表8－3　　财务会计账户发生额及余额表

科目名称	年初余额		本期发生额		期末余额	
	借方	贷方	借方	贷方	借方	贷方
零余额账户用款额度			200 000	187 310	12 690	
库存现金	1 200		4 850	2 100	3 950	
银行存款	28 800		417 000	420 050	25 750	
在途物品			5 850	5 850	0	
库存物品	240 000		15 580	23 500	232 080	
应收账款			6 000	6 000	0	
预付账款	1 000		40 000	40 000	1 000	
其他应收款	50 000		1 500		51 500	
固定资产	32 000 000		13 701 000	20 650 000	25 051 000	
固定资产累计折旧		8 950 000	8 540 000	26 000		436 000
在建工程			12 976 000	12 976 000	0	
无形资产	200 000		80 000	100 000	180 000	
无形资产累计摊销		50 000	40 000	2 000		12 000
待处理财产损溢			10 920	10 920	0	
受托代理资产			500 000		500 000	

续表

科目名称	年初余额		本期发生额		期末余额	
	借方	贷方	借方	贷方	借方	贷方
应缴财政款			275 200	275 200		0
其他应付款		2 000	12 000	13 000		3 000
应付账款		3 000	6 510	3 510		0
应付职工薪酬			272 600	272 600		0
应交增值税			5 000	9 200		4 200
应交其他税费			15 300	15 300		0
应付政府补贴款			30 000	30 000		0
预提费用				10 000		10 000
预计负债			25 000	25 000		0
应付利息			24 000	24 000		0
长期应付款				60 000		60 000
受托代理负债				500 000		500 000
无偿调拨净资产				140 000		140 000
本期盈余			953 280	2 330 050		1 376 770
累计盈余		23 516 000				23 516 000
财政拨款收入			2 132 050	2 132 050		
非同级财政拨款收入			80 000	80 000		
捐赠收入			105 000	105 000		
利息收入			7 000	7 000		
其他收入			6 000	6 000		
业务活动费用			618 780	618 780		
资产处置费用			185 500	185 500		
其他费用			149 000	149 000		
合　计	32 521 000	32 521 000	41 440 920	41 440 920	26 057 970	26 057 970

根据各账户期末余额，编制1月份资产负债表，见表8-4。

表8-4　　资产负债表

会政财01表

编制单位：某市公安局　　20××年1月31日　　单位：元

资产	期末余额	年初余额	负债和净资产	期末余额	年初余额
流动资产：			流动负债：		
货币资金	42 390	30 000	短期借款		
短期投资			应交增值税	4 200	
财政应返还额度			其他应交税费		
应收票据			应缴财政款		

续表

资产	期末余额	年初余额	负债和净资产	期末余额	年初余额
应收账款净额			应付职工薪酬		
预付账款	1 000	1 000	应付票据		
应收股利			应付账款		3 000
应收利息			应付政府补贴款		
其他应收款净额	51 500	50 000	应付利息		
存货	232 080	240 000	预收账款		
待摊费用			其他应付款	3 000	2 000
一年内到期的非流动资产			预提费用	10 000	
其他流动资产			一年内到期的非流动负债		
流动资产合计	326 970	321 000	其他流动负债		
非流动资产：			流动负债合计	17 200	5 000
长期股权投资			非流动负债：		
长期债券投资			长期借款		
固定资产原值	25 051 000	32 000 000	长期应付款	60 000	
减：固定资产累计折旧	436 000	8 950 000	预计负债		
固定资产净值	24 615 000	23 050 000	其他非流动负债		
工程物资			非流动负债合计	60 000	
在建工程			受托代理负债	500 000	
无形资产原值	180 000	200 000	负债合计	577 200	5 000
减：无形资产累计摊销	12 000	50 000			
无形资产净值	168 000	150 000			
研发支出					
公共基础设施原值					
减：公共基础设施累计折旧（摊销）					
公共基础设施净值					
政府储备物资					
文物文化资产					
保障性住房原值					
减：保障性住房累计折旧			净资产：		
保障性住房净值			累计盈余	23 516 000	23 516 000
长期待摊费用			专用基金		
待处理财产损溢			权益法调整		
其他非流动资产			无偿调拨净资产*	140 000	
非流动资产合计	24 783 000	23 200 000	本期盈余*	1 376 770	
受托代理资产	500 000		净资产合计	25 032 770	23 516 000
资产总计	25 609 970	23 521 000	负债和净资产总计	25 609 970	23 521 000

注：“*”标识项目为月报项目，年报中不需列示。

二、行政单位收入费用表的编制方法

收入费用表是反映行政单位某一会计期间内发生的收入、费用及当期盈余情况。收入费用表应当按照收入、费用的构成和本期盈余情况分类、分项列示。根据前述资料编制“收入费用表”，见表8－5。

表8－5 收入费用表

会政财02表

编制单位：某市公安局 20××年1月 单位：元

项目	本月数	本年累计数
一、本期收入		
（一）财政拨款收入	2 132 050	
其中：政府性基金收入		
（二）事业收入		
（三）上级补助收入		
（四）附属单位上缴收入		
（五）经营收入		
（六）非同级财政拨款收入	80 000	
（七）投资收益		
（八）捐赠收入	105 000	
（九）利息收入	7 000	
（十）租金收入		
（十一）其他收入	6 000	
二、本期费用		
（一）业务活动费用	618 780	
（二）单位管理费用		
（三）经营费用		
（四）资产处置费用	185 500	
（五）上缴上级费用		
（六）对附属单位补助费用		
（七）所得税费用		
（八）其他费用	149 000	
三、本期盈余	1 376 770	

收入费用表各项目的填列方法：

（一）本表“本月数”栏反映各项目的本月实际发生数

编制年度收入费用表时，应当将本栏改为“本年数”，反映本年度各项目的实际发生数。如果本年度收入费用表规定的项目的名称和内容同上年度不一致，应当对上年度收入费用表项目的名称和数字按照本年度的规定进行调整，将调整后的金额填入本年度收入费用表的“上年数”栏内。

本表“本年累计数”栏反映各项目自年初至报告期期末的累计实际发生数。编制年度收入费用表时，应当将本栏改为“上年数”，反映上年度各项目的实际发生数，“上年数”栏应当根据上年年度收入费用表中“本年数”栏内所列数字填列。

（二）本表“本月数”栏各项目的内容和填列方法

1. 本期收入

（1）“本期收入”项目，反映行政单位本期收入总额。本项目应当根据本表中“财政拨款收入”“非同级财政拨款收入”“捐赠收入”“利息收入”“租金收入”“其他收入”项目金额的合计数填列。

（2）“财政拨款收入”项目，反映行政单位本期从同级政府财政部门取得的各类财政拨款。本项目应当根据“财政拨款收入”科目的本期发生额填列。“政府性基金收入”项目，反映行政单位本期取得的财政拨款收入中属于政府性基金预算拨款的金额。本项目应当根据“财政拨款收入”相关明细科目的本期发生额填列。

（3）“非同级财政拨款收入”项目，反映行政单位本期从非同级政府财政部门取得的财政拨款。本项目应当根据“非同级财政拨款收入”科目的本期发生额填列。

（4）“捐赠收入”项目，反映行政单位本期接受捐赠取得的收入。本项目应当根据“捐赠收入”科目的本期发生额填列。

（5）“利息收入”项目，反映行政单位本期取得的银行存款利息收入。本项目应当根据“利息收入”科目的本期发生额填列。

（6）“租金收入”项目，反映行政单位本期经批准利用国有资产出租取得并按规定纳入本单位预算管理的租金收入。本项目应当根据“租金收入”科目的本期发生额填列。

（7）“其他收入”项目，反映行政单位本期取得的除以上收入项目外的其他收入的总额。本项目应当根据“其他收入”科目的本期发生额填列。

2. 本期费用

（1）“本期费用”项目，反映行政单位本期费用总额。本项目应当根据本表中“业务活动费用”“资产处置费用”和“其他费用”项目金额的合计数填列。

（2）“业务活动费用”项目，反映行政单位本期为实现其职能目标，依法履职或开展专业业务活动及其辅助活动所发生的各项费用。本项目应当根据“业务活动费用”科目本期发生额填列。

（3）“资产处置费用”项目，反映行政单位本期经批准处置资产时转销的资产价值以及在处置过程中发生的相关费用或者处置收入小于处置费用形成的净支出。本项目应当根据“资产处置费用”科目的本期发生额填列。

（4）“其他费用”项目，反映行政单位本期发生的除以上费用项目外的其他费用的总额。本项目应当根据“其他费用”科目的本期发生额填列。

3. 本期盈余

“本期盈余”项目，反映单位本期收入扣除本期费用后的净额。本项目应当根据本表中

“本期收入”项目金额减去“本期费用”项目金额后的金额填列；如为负数，以“-”号填列。

三、行政单位预算收入支出表的编制方法

预算收入支出表反映行政单位在某一会计年度内各项预算收入、预算支出和预算收支差额的情况。它的编制依据是“预算收入-预算支出=本年预算收支差额”。某市公安局当年各项预算收入和预算支出总账、明细账的发生额见表7-3，根据该资料编制“预算收入支出表”见表8-6。

表8-6　　预算收入支出表

会政预01表

编制单位：某市公安局　　20××年　　单位：元

项目	本年数	上年数
一、本年预算收入	23 643 900	（略）
（一）财政拨款预算收入	23 043 900	
其中：政府性基金收入		
（二）事业预算收入		
（三）上级补助预算收入		
（四）附属单位上缴预算收入		
（五）经营预算收入		
（六）债务预算收入		
（七）非同级财政拨款预算收入	480 000	
（八）投资预算收益		
（九）其他预算收入	120 000	
其中：利息预算收入		
捐赠预算收入		
租金预算收入		
二、本年预算支出	23 063 900	
（一）行政支出	22 953 900	
（二）事业支出		
（三）经营支出		
（四）上缴上级支出		
（五）对附属单位补助支出		
（六）投资支出		
（七）债务还本支出		
（八）其他支出	110 000	
其中：利息支出		
捐赠支出		
三、本年预算收支差额	580 000	

预算收入支出表各项目的填列方法：

（一）本表“本年数”栏反映各项目的本年实际发生数

本表“上年数”栏反映各项目上年度的实际发生数，应当根据上年度预算收入支出表中“本年数”栏内所列数字填列。如果本年度预算收入支出表规定的项目的名称和内容同上年度不一致，应当对上年度预算收入支出表项目的名称和数字按照本年度的规定进行调整，将调整后金额填入本年度预算收入支出表的“上年数”栏。

（二）本表“本年数”栏各项目的内容和填列方法

1. 本年预算收入

（1）“本年预算收入”项目，反映行政单位本年预算收入总额。本项目应当根据本表中“财政拨款预算收入”“非同级财政拨款预算收入”“其他预算收入”项目金额的合计数填列。

（2）“财政拨款预算收入”项目，反映行政单位本年从同级政府财政部门取得的各类财政拨款。本项目应当根据“财政拨款预算收入”科目的本年发生额填列。“政府性基金收入”项目，反映单位本年取得的财政拨款收入中属于政府性基金预算拨款的金额。本项目应当根据“财政拨款预算收入”相关明细科目的本年发生额填列。

（3）“非同级财政拨款预算收入”项目，反映行政单位本年从非同级政府财政部门取得的财政拨款。本项目应当根据“非同级财政拨款预算收入”科目的本年发生额填列。

（4）“其他预算收入”项目，反映行政单位本年取得的除上述收入以外的纳入单位预算管理的各项预算收入。本项目应当根据“其他预算收入”科目的本年发生额填列。

“利息预算收入”项目，反映行政单位本年取得的利息预算收入。本项目应当根据“其他预算收入”科目的明细记录分析填列。单位单设“利息预算收入”科目的，应当根据“利息预算收入”科目的本年发生额填列。

“捐赠预算收入”项目，反映行政单位本年取得的捐赠预算收入。本项目应当根据“其他预算收入”科目明细账记录分析填列。单位单设“捐赠预算收入”科目的，应当根据“捐赠预算收入”科目的本年发生额填列。

“租金预算收入”项目，反映行政单位本年取得的租金预算收入。本项目应当根据“其他预算收入”科目明细账记录分析填列。单位单设“租金预算收入”科目的，应当根据“租金预算收入”科目的本年发生额填列。

2. 本年预算支出

（1）“本年预算支出”项目，反映行政单位本年预算支出总额。本项目应当根据本表中“行政支出”和“其他支出”项目金额的合计数填列。

（2）“行政支出”项目，反映行政单位本年履行职责实际发生的支出。本项目应当根据“行政支出”科目的本年发生额填列。

（3）“其他支出”项目，反映行政单位本年除以上支出以外的各项支出。本项目应当根据“其他支出”科目的本年发生额填列。

“利息支出”项目，反映行政单位本年发生的利息支出。本项目应当根据“其他支出”

科目明细账记录分析填列。单位单设“利息支出”科目的，应当根据“利息支出”科目的本年发生额填列。

“捐赠支出”项目，反映行政单位本年发生的捐赠支出。本项目应当根据“其他支出”科目明细账记录分析填列。单位单设“捐赠支出”科目的，应当根据“捐赠支出”科目的本年发生额填列。

3. 本年预算收支差额

“本年预算收支差额”项目，反映行政单位本年各项预算收支相抵后的差额。本项目应当根据本表中“本期预算收入”项目金额减去“本期预算支出”项目金额后的金额填列；如相减后金额为负数，以“－”号填列。

四、财政拨款预算收入支出表的编制方法

财政拨款预算收入支出表是反映行政单位本年财政拨款预算资金收入、支出及相关变动的具体情况。财政拨款预算收入支出表的结构见表8－7。

表8－7　　财政拨款预算收入支出表

会政预03表

编制单位：　　年度　　单位：元

项目	年初财政拨款结转结余		调整年初财政拨款结转结余	本年归集调入	本年归集上缴或调出	单位内部调剂		本年财政拨款收入	本年财政拨款支出	年末财政拨款结转结余	
	结转	结余				结转	结余			结转	结余
一、一般公共预算财政拨款											
（一）基本支出											
1. 人员经费											
2. 日常公用经费											
（二）项目支出											
1. ××项目											
2. ××项目											
……											
二、政府性基金预算资金											
（一）基本支出											
1. 人员经费											
2. 日常公用经费											
（二）项目支出											
1. ××项目											
2. ××项目											
……											
总计											

财政拨款预算收入支出表各项目的填列方法：

（一）本表“项目”栏内各项目，应当根据行政单位取得的财政拨款种类分项设置

其中“项目支出”项目下，根据每个项目设置；单位取得除一般公共财政预算拨款和政府性基金预算拨款以外的其他财政拨款的，应当按照财政拨款种类增加相应的资金项目及其明细项目。

（二）本表各栏及其对应项目的内容和填列方法

（1）“年初财政拨款结转结余”栏中各项目，反映行政单位年初各项财政拨款结转结余的金额。各项目应当根据“财政拨款结转”“财政拨款结余”及其明细科目的年初余额填列。本栏中各项目的数额应当与上年度财政拨款预算收入支出表中“年末财政拨款结转结余”栏中各项目的数额相等。

（2）“调整年初财政拨款结转结余”栏中各项目，反映行政单位对年初财政拨款结转结余的调整金额。各项目应当根据“财政拨款结转”“财政拨款结余”科目下“年初余额调整”明细科目及其所属明细科目的本年发生额填列；如调整减少年初财政拨款结转结余，以“－”号填列。

（3）“本年归集调入”栏中各项目，反映行政单位本年按规定从其他单位调入的财政拨款结转资金金额。各项目应当根据“财政拨款结转”科目下“归集调入”明细科目及其所属明细科目的本年发生额填列。

（4）“本年归集上缴或调出”栏中各项目，反映行政单位本年按规定实际上缴的财政拨款结转结余资金，及按照规定向其他单位调出的财政拨款结转资金金额。各项目应当根据“财政拨款结转”“财政拨款结余”科目下“归集上缴”科目和“财政拨款结转”科目下“归集调出”明细科目，及其所属明细科目的本年发生额填列，以“－”号填列。

（5）“单位内部调剂”栏中各项目，反映行政单位本年财政拨款结转结余资金在单位内部不同项目等之间的调剂金额。各项目应当根据“财政拨款结转”和“财政拨款结余”科目下的“单位内部调剂”明细科目及其所属明细科目的本年发生额填列；对单位内部调剂减少的财政拨款结余金额，以“－”号填列。

（6）“本年财政拨款收入”栏中各项目，反映行政单位本年从同级财政部门取得的各类财政预算拨款金额。各项目应当根据“财政拨款预算收入”科目及其所属明细科目的本年发生额填列。

（7）“本年财政拨款支出”栏中各项目，反映行政单位本年发生的财政拨款支出金额。各项目应当根据“行政支出”等科目及其所属明细科目本年发生额中的财政拨款支出数的合计数填列。

（8）“年末财政拨款结转结余”栏中各项目，反映行政单位年末财政拨款结转结余的金额。各项目应当根据“财政拨款结转”“财政拨款结余”科目及其所属明细科目的年末余额填列。

五、附注

行政单位的报表附注应当至少披露下列内容：

（1）单位的基本情况；

（2）会计报表编制基础；

（3）遵循政府会计准则、制度的声明；

（4）重要会计政策和会计估计；

（5）会计报表重要项目说明；

（6）本年盈余与预算结余的差异情况说明；

（7）其他重要事项说明。

思政园地

何为“三重一大”制度？

“三重一大”制度，是指重大事项决策、重要干部任免、重要项目安排、大额资金的使用，必须经集体讨论做出决定的制度。

在日常工作实践中，“三重一大”往往被作为审计监督一个重点和切入点，也是惩治和预防腐败体系建设的重要体现，是加强和改进对党政一把手管理和监督的重要手段，也是促进党员领导干部廉洁从政的重要举措，其中大额资金使用，也是行政事业单位财务管理工作的重点，单位“三重一大”执行不好，也必然会带来诸多财务管理问题。例如：A局未经县国资部门同意，也未经县房产主管部门对房屋进行价格评估，经局党组会议研究确定，将位于某乡的基层单位房产以协议价格68万元出让给李某个人。审计过程中，审计机关提请房产评估部门对该房屋进行了评估，评估价为120万元，造成国有资产流失50多万元。在此案例中，A局的决策是经过局党组集体研究的，属集体决策行为；但其决策程序是不符合法律规定的，属于不依法依规决策的行为。审计机关提出了对该局局长实行“诫勉谈话”和给予党纪处分的问责建议。

感悟：作为各级行政事业单位，应在国家层面政策的指引下，结合本地区、本部门下发的具体文件要求，研究制定本单位的“三重一大”事项决策制度，并加以认真的贯彻和执行，营造一个风清气正的政治生态环境。

【复习思考题】

1. 简述行政单位的财务报表的种类。
2. 行政单位的年终清理有哪些内容？
3. 试述资产负债表的结构和编制方法。
4. 简述收入费用表的编制方法。
5. 简述预算收入支出表的编制方法。
6. 行政单位会计报表附注至少应当披露哪些内容？

第九章 事业单位资产的核算

学习目标

本章主要介绍事业单位资产的特征以及各项资产的有关内容及核算。要求理解事业单位资产及特征；了解资产的分类；掌握应收票据贴现的计算，存货的计价，固定资产的分类和计价，无形资产的特点和分类，各项资产核算的基本业务类型、适用科目及其账务处理。

我国事业单位主要是指根据社会发展需要利用国有资产依法设立和举办的非企业单位，包括科教文卫、环保气象、社会福利等公益性组织。

事业单位虽然不直接从事物质资料的生产和流通，但其开展的业务是社会主义所必不可少的。事业单位为了执行事业计划，完成事业活动任务，必须要有资金保证。一方面要向财政部门或上级主管部门申报预算、领取补助收入，同时要在国家规定的范围内积极组织创收，取得事业收入、经营收入等；另一方面要按照国家的有关规定和开支标准，安排各项业务活动的支出，从而形成事业单位的资金运动。

事业单位会计就是以货币为主要计量单位，对事业单位日常业务活动过程中发生的经济业务，进行连续、系统、完整地核算、反映和监督的经济管理工作。

第一节 流动资产的核算

一、库存现金的核算

事业单位对库存现金的管理与行政单位库存现金的管理相同。

现以某学校为例说明事业单位的会计核算方法，某学校某年 12 月份发生的经济业务。该校为增值税一般纳税人，12 月份发生的现金收付业务如下：

【例 9－1】 开出现金支票，提现 500 元备用。凭现金支票存根填记账凭证，会计分录如下：

财务会计分录：

借：库存现金	500	
贷：银行存款		500

【例9-2】李某因公出差，预借差旅费2 000元。凭借款凭证填记账凭证，会计分录如下：

财务会计分录：

借：其他应收款——李某　　2 000

　　贷：库存现金　　2 000

【例9-3】总务部门购办公用品200元，凭发票报销，付给现金。凭发票填记账凭证，会计分录如下：

财务会计分录：

借：单位管理费用　　200

　　贷：库存现金　　200

预算会计分录：

借：事业支出　　200

　　贷：资金结存——货币资金　　200

每日账款核对中发现有待查明原因的现金短缺或溢余的，应当通过“待处理财产损溢”科目核算。属于现金溢余，应当按照实际溢余的金额，借记本科目，贷记“待处理财产损溢”科目；属于现金短缺，应当按照实际短缺的金额，借记“待处理财产损溢”科目，贷记本科目。

二、银行存款

银行存款是指事业单位存入银行或其他金融机构的各种存款。为了反映银行存款的收付及结存情况，单位应设置“银行存款”（资产类）账户。借方登记存入银行或其他金融机构的存款数，贷方登记提取和支出存款数，借方余额表示实际存放在银行或其他金融机构的款项。

【例9-4】某学校根据银行转来的委托收款凭证，用事业经费转账支付本月单位办公楼电费3 000元。

财务会计分录：

借：单位管理费用　　3 000

　　贷：银行存款　　3 000

预算会计分录：

借：事业支出　　3 000

　　贷：资金结存——货币资金　　3 000

三、零余额账户用款额度

零余额账户用款额是在国库集中收付制度下，财政部门授权单位使用的资金额度。实行国库集中支付的事业单位，为了反映根据财政部门批复的用款计划收到和支用的零余额账户用款额度的情况，单位应设置“零余额账户用款额度”（资产类）账户。借方登记下达的授权支付额度，贷方登记按规定支用的额度，借方余额表示尚未支用的零余额账户用款额度。年终注销处理后，本科目年末应无余额。

【例9-5】收到“授权支付到账通知书”，列明财政下达本月日常公用经费用款额度200 000元。

财务会计分录：

借：零余额账户用款额度　200 000

　　贷：财政拨款收入——基本支出　200 000

预算会计分录：

借：资金结存——零余额账户用款额度　200 000

　　贷：财政拨款预算收入——基本支出　200 000

【例9-6】某学校开出授权支付凭证，通知代理银行向单位的车辆定点保养单位支付公务用车运行维护费5 200元。

财务会计分录：

借：单位管理费用　5 200

　　贷：零余额账户用款额度　5 200

预算会计分录：

借：事业支出　5 200

　　贷：资金结存——零余额账户用款额度　5 200

四、短期投资的核算

短期投资是指事业单位按照规定取得的，持有时间不超过1年（含1年）的投资。

短期投资在取得时，应当按照其实际成本作为投资成本，包括购买价款以及税金、手续费等相关税费、已到付息期但尚未领取的利息。

为了反映单位按照规定取得的短期投资，单位应设置“短期投资”（资产类）账户。借方登记取得的短期投资，贷方登记出售或到期收回的短期投资，借方余额表示单位持有的短期投资成本。本科目应当按照投资的种类等进行明细核算。

【例9-7】学校购入1 308期短期国债，款项50 000元以银行存款支付，无相关税费。

财务会计分录：

借：短期投资——1308期国债　50 000

　　贷：银行存款　50 000

预算会计分录：

借：投资支出　50 000

　　贷：资金结存——货币资金　50 000

【例9-8】本年兑付到期短期国债，收回本金50 000元，收到利息1 500元。

财务会计分录：

借：银行存款　51 500

　　贷：短期投资——1308期国债　50 000

　　　　投资收益——1308期国债　1 500

预算会计分录：

借：资金结存——货币资金 51 500

贷：投资支出 50 000

投资预算收益 1 500

五、财政应返还额度

财政应返还额度是指事业单位年终注销的、需要在次年恢复的年度未实现的用款额度。为了反映实行国库集中支付的事业单位应收财政返还的资金额度，单位应设置“财政应返还额度”（资产类）账户。借方登记年终注销的财政直接支付额度和年终注销的财政授权支付额度，贷方登记年初恢复的财政授权支付额度或本年使用已经恢复的上年直接支付额度，借方余额表示应收财政返还的资金额度。本科目应当设置“财政直接支付”“财政授权支付”两个明细科目，进行明细核算。

（一）财政直接支付方式下

【例9-9】年度终了，全年财政直接支付预算指标为500万元，实际支付数为490万元，差额10万元为甲项目预算指标。

财务会计分录：

借：财政应返还额度——财政直接支付 100 000

贷：财政补助收入——项目支出——甲项目 100 000

预算会计分录：

借：资金结存——财政应返还额度 100 000

贷：财政拨款预算收入 100 000

次年初，财政恢复上年度未直接支付的甲项目用款额度，直接支付专用设备购置费4万元。

财务会计分录：

借：业务活动费用/单位管理费用/库存物品等 50 000

贷：财政应返还额度——财政直接支付 50 000

预算会计分录：

借：行政支出/事业支出等 50 000

贷：资金结存——财政应返还额度 50 000

（二）财政授权支付方式下

【例9-10】年终，代理银行提供的对账单列明注销额度5万元。

财务会计分录：

借：财政应返还额度——财政授权支付 50 000

贷：零余额账户用款额度 50 000

预算会计分录：

借：资金结存——财政应返还额度 50 000

贷：资金结存——零余额账户用款额度 50 000

次年初，收到“财政授权支付额度恢复到账通知书”，上年注销的授权额度5万元已全额恢复，且已下达到代理银行。

财务会计分录：

借：零余额账户用款额度　　50 000

　　贷：财政应返还额度——财政授权支付　　50 000

预算会计分录：

借：资金结存——零余额账户用款额度　　50 000

　　贷：资金结存——财政应返还额度　　50 000

六、应收及预付款项的核算

应收及预付款项属于事业单位的债权，是流动资产的组成部分。它包括应收账款、应收票据、其他应收款和预付账款等。

（一）应收账款的核算

应收账款是事业单位因提供服务、销售产品等应收取的款项，以及单位因出租资产、出售物资等应收取的款项。

一般而言，事业单位赊销商品或提供劳务等，应按买卖成交时的实际金额入账。但如果应收账款有现金折扣时，要考虑折扣因素。在存在现金折扣的情况下，应收账款入账金额的确定有两种方法：总价法和净价法。我国会计实务中采用的是总价法，即以不扣除现金折扣的金额作为应收账款的入账金额。

为了反映应收账款的发生、收回和结存等情况，单位应设置“应收账款”（资产类）账户。借方登记应收的账款数，贷方登记应收账款的收回数或坏账的核销数，借方余额表示待结算应收账款的累计数。本账户应按债务人设置明细账，反映应收账款的详细情况，以便及时向债务人催收欠款。对于账龄超过规定年限、确认无法收回的应收账款，按规定报经批准后予以核销。核销的应收账款应在备查簿中保留登记。

【例9-11】 某学校附属的非独立核算的书刊门市部销售专业书籍一批，成交价为12 000元，款未收。应收账款收回后不需上缴财政，凭发票填记账凭证，会计分录如下：

财务会计分录：

借：应收账款　　12 000

　　贷：经营收入　　10 619.47

　　　　应交增值税——应交税金（销项税额）　　1 380.53

若上述应收账款12 000元已逾期3年，确实已无法收回，经批准核销。

财务会计分录：

借：坏账准备　　12 000

　　贷：应收账款　　12 000

核销应收账款在以后期间收回。

财务会计分录：

借：应收账款　　12 000
　　贷：坏账准备　　12 000
借：银行存款　　12 000
　　贷：应收账款　　12 000
预算会计分录：
借：资金结存——货币资金　　12 000
　　贷：非财政拨款结余　　12 000

（二）应收票据的核算

应收票据是事业单位在采用商业汇票结算方式下，因开展经营活动销售产品、提供有偿服务等而收到的商业汇票。商业汇票根据承兑人的不同，可分为商业承兑汇票和银行承兑汇票。

为了反映商业汇票收到及到期收回票面金额和结存等情况，应设置“应收票据”（资产类）账户。借方登记收到经承兑的商业汇票金额，贷方登记到期或已贴现、已背书转让或付款人无力支付的商业汇票的金额。余额在借方，表示尚未到期、尚未贴现或背书转让的商业汇票金额。

【例9－12】非独立核算的书刊部门销售高自考用书一批，收到票面金额为14 000元，期限2个月的商业承兑现汇票1张。图书的增值税适用税率为13%。凭发票填记账凭证，会计分录如下：

财务会计分录：
借：应收票据　　14 000
　　贷：经营收入　　12 389.38
　　　　应交增值税——应交税金（销项税额）　　1 610.62
若2个月后如期收到票款，凭进账单回单填记账凭证，会计分录如下：
财务会计分录：
借：银行存款　　14 000
　　贷：应收票据　　14 000
预算会计分录：
借：资金结存——货币资金　　14 000
　　贷：经营预算收入　　14 000
若2个月后付款人不能付款，则将“应收票据”的票面金额转入“应收账款”。
若由于资金短缺，该校持票1个月时向银行申请贴现，贴现率为12%，则：
贴现息＝14 000×12%÷12×1＝140（元）
贴现净额＝14 000－140＝13 860（元）
财务会计分录：
借：银行存款　　13 860
　　经营费用　　140
　　贷：应收票据　　14 000
预算会计分录：

借：资金结存——货币资金 13 860

贷：经营预算收入 13 860

单位应当设置“应收票据备查簿”，逐笔登记每一应收票据的种类、号数、出票日期、到期日、票面金额、交易合同号和付款人、承兑人、背书人姓名或单位名称、背书转让日、贴现日期、贴现率和贴现净额、收款日期、收回金额和退票情况等资料。应收票据到期结清票款或退票后，应当在备查簿内逐笔注销。

（三）预付账款的核算

预付账款是指事业单位按照购货、服务合同或协议规定预付给供应单位（或个人）的款项，以及按照合同规定向承包工程的施工企业预付的备料款和工程款。

为了反映事业单位按照购货、劳务合同规定预付给供应单位的款项，应设置“预付账款”（资产类）账户。借方登记预付给供应单位的款项及补付的款项，贷方登记收到所购物品或劳务结算时，发票账单所列金额及退回的多余款项，或在坏账发生时，登记坏账的核销数。借方余额表示实际预付但尚未结算的款项。本科目应当按照供应单位（或个人）进行明细核算。

事业单位应当按照供应单位（或个人）及具体项目进行明细核算；对于基本建设项目发生的预付账款，还应当在本科目所属基建项目明细科目下设置“预付备料款”“预付工程款”“其他预付款”等明细科目，进行明细核算。

如果有确凿证据表明预付账款不再符合预付款项性质，或者因供应单位破产、撤销等原因可能无法收到所购货物、服务的，应当先将其转入其他应收款。

【例 9－13】学校为提高教学质量，改善教学环境，拟安装电教系统，与×公司签订合同，由其包工包料，2个月完成，总价款1 900 000元。合同规定工程开始时预付款项800 000元，余款等安装完成验收合格后支付。学校开出财政授权支付凭证，预付款项800 000元。凭支票存根填记账凭证，会计分录如下：

财务会计分录：

借：预付账款——×公司（财政补助资金） 800 000

贷：零余额账户用款额度 800 000

预算会计分录：

借：事业支出 800 000

贷：财政拨款预算收入 800 000

2个月后，电教系统安装完成，验收合格。开出财政授权支付凭证，补付余款。会计分录如下：

财务会计分录：

借：固定资产 1 900 000

贷：预付账款——×公司（财政补助资金） 800 000

零余额账户用款额度 1 100 000

预算会计分录：

借：事业支出 1 900 000

贷：财政拨款预算收入 1 900 000

（四）其他应收款的核算

其他应收款是指除财政应返还额度、应收票据、应收账款、预付账款、应收股利、应收利息以外的其他各项应收及暂付款项，如职工预借的差旅费、已经偿还银行尚未报销的本单位公务卡欠款、拨付给内部有关部门的备用金、应向职工收取的各种垫付款项、支付的可以收回的订金或押金、应收的上级补助和附属单位上缴款项等。

为了反映其他应收款发生、收回和结存等情况，应设置“其他应收款”（资产类）账户。借方登记其他应收款的应收额，贷方登记其他应收款的收回数或坏账的核销数。余额在借方，表示尚未收回的其他应收款金额。

本账户应按其他应收款的类别以及债务单位（或个人）进行明细核算。

【例9－14】 一台仪器设备发生非正常报废，本仪器已投保。账面价93 000元，经与保险公司联系，保险公司同意赔偿10 000元。凭固定资产报废单等填记账凭证，会计分录如下：

财务会计分录：

借：其他应收款　　10 000

　　贷：其他收入　　10 000

【例9－15】 收到保险公司的赔款10 000元。凭收账通知填记账凭证，会计分录如下：

财务会计分录：

借：银行存款　　10 000

　　贷：其他应收款　　10 000

预算会计分录：

借：资金结存——货币资金　　10 000

　　贷：其他预算收入　　10 000

七、存货的核算

存货是指事业单位在开展业务活动及其他活动中为耗用或出售而储存的资产，包括材料、产品、包装物、低值易耗品等，以及未达到固定资产标准的用具、装具、动植物等。存货是事业单位流动资产中最重要的组成部分。凡是法定所有权属于单位的一切材料、产品、包装物、低值易耗品，无论其存放何处，均视为该单位的存货。单位随买随用的零星办公用品，可以在购进时直接列作支出，不通过本科目核算。

事业单位应加强对存货的管理，必须建立、健全存货的购买、验收、领用、保管等管理制度，明确责任，并提高存货使用效益；同时，应对存货进行清查盘点，保证账实相符，保证存货的安全。

（一）存货的分类

事业单位的存货一般可分为以下几种：

（1）原材料。指使用后即消耗或改变原有形态的各种物质。如原料、燃料、包装物、实验材料、改装使用的元件、零配件等。

（2）低值易耗品。指因价值低、易损耗等原因而不作固定资产管理的劳动资料。如仪器、仪表、工具、量具、器皿、一般用品和劳动保护用品等。

（3）办公用品类。指事业单位在办公活动中使用的各种物料。如纸张、笔墨等。

（4）产成品。指事业单位生产完工并已验收入库的产品。

（二）存货的核算

1. 存货的计价

事业单位的材料包括材料、产品、包装物、低值易耗品等。存货计价是存货核算中一个十分重要的问题，存货计价的一般原则是：

（1）存货在取得时，应当按照成本进行初始计量。存货的取得方式包括采购、加工、捐赠等方式。

存货成本包括采购成本、加工成本和其他成本。

采购成本包括购买价款、相关税费、运输费、装卸费、保险费以及其他使得存货达到目前场所和状态所发生的归属于存货成本的其他支出。“购价”对不同的事业单位的不同用途的材料，其具体含义如下：事业单位按税法规定属于一般纳税人（以下简称一般纳税人）的，其购进的材料非自用部分，购价是指不含税价格；自用部分，购价是指含税价格。规定属于小规模纳税人的，其购进材料的购价是指含税价格。

加工成本包括耗用的直接材料费用、发生的直接人工费用和按照一定方法分配的与存货加工有关的间接费用。

其他成本是指除采购成本、加工成本以外的，使存货达到目前场所和状态所发生的其他支出。

（2）存货在发出时，可以根据实际情况选择先进先出法、加权平均法或个别计价法确定其实际成本。计价方法一经确定，不得随意变更。低值易耗品的应采用一次摊销法或五五摊销法，将其成本计入当期费用或者相关资产成本。

2. 存货的取得

（1）购入的存货。各单位采购材料，应按批准的计划进行。无论是购入或调入，在收进材料时，应由保管员根据凭单验收，无误后在凭单上加盖“验收”戳记和验收人名章，并填制“入库单”一式二份，一份自存，作为登记材料明细账的依据，一份连同购料的原始单据交会计部门报账。

为了核算存货的增减变化，应设置“存货”（资产类）账户。借方记采购入库的存货的实际成本，贷方记按先进先出法、加权平均法或个别计价法计算的领出材料的实际成本。借方余额反映事业单位存货的实际成本。本科目应当按照存货的种类、规格、保管地点等进行明细核算。单位应当通过明细核算或辅助登记方式，登记取得存货成本的资金来源。

【例 9-16】 开出支票，购进自用甲材料 50 公斤，价款为 4 000 元，增值税专用发票上注明的税额为 680 元，材料已验收入库，货款已付。财政授权支付凭证、发票、入存单等填记账凭证，会计分录如下：

财务会计分录：

借：库存物品——甲材料（财政补助资金）	4 680	
贷：零余额账户用款额度		4 680

预算会计分录：

借：事业支出　4 680

　贷：财政拨款预算收入　4 680

【例9－17】购进非自用丙材料80公斤，货款为6 000元，增值税专用发票上注明的税额为1 020元，运费300元。材料已验收入库，开出财政授权支付凭证支付材料款及运费。凭财政授权支付凭证存根、发票、入存单等填记账凭证，会计分录如下：

财务会计分录：

借：库存物品——丙材料（财政补助资金）　6 300

　　应交增值税——应交税金（进项税额）　1 020

　贷：零余额账户用款额度　7 320

预算会计分录：

借：事业支出　7 320

　贷：财政拨款预算收入　7 320

（2）自行加工的存货。发生自行加工存货业务的单位，应当在本科目下设置“生产成本”明细科目，归集核算自行加工存货所发生的实际成本（包括耗用的直接材料费用、发生的直接人工费用和分配的间接费用）。

【例9－18】自行加工生产一种自用A产品，现领用乙材料一批，采用加权平均法计算其价值为1 000元。

财务会计分录：

借：加工物品（A产品）　1 000

　贷：库存物品——乙材料　1 000

【例9－19】加工的某批A产品完工后验收入库，共30件，其加工成本总计9 000元。

财务会计分录：

借：库存物品——A产品　9 000

　贷：加工物品（A产品）　9 000

（3）捐赠或调入的存货。事业单位接受捐赠的存货其成本按照有关凭据注明的金额加上相关税费、运输费等确定；没有相关凭据的，其成本比照同类或类似存货的市场价格加上相关税费、运输费等确定；没有相关凭据、同类或类似存货的市场价格也无法可靠取得的，该存货按照名义金额（即人民币1元，下同）入账，相关税费、运输费等计入当期费用。相关财务制度仅要求进行实物管理的除外。事业单位接受无偿调入的存货，其成本按照调出方账面价值加上相关税费、运输费等确定。

【例9－20】从其他单位无偿调入一台仪器，没有相关凭据，但单位存在的一台类似仪器的市场价格为480元，调入时，发生运输费20元。

财务会计分录：

借：库存物品——仪器　500

　贷：捐赠收入——无偿调入　480

　　　库存现金　20

预算会计分录：

借：其他支出　　　　　　　　　　　　　　　　　　　　20

　　贷：资金结存　　　　　　　　　　　　　　　　　　　　20

3. 存货的发出

（1）开展业务活动等领用存货。各事业单位应根据用料计划节约用料。领料时由领用部门填“领料单”，注明材料的品种、规格、数量、用途等，经审核后，向材料管理部门领料。领料单一式三联，发料后，在领料单上加盖“发讫”戳记。一联由领料部门存查；一联由材料保管人员留存据以登记材料明细账；一联由材料保管人员转交会计部门。在发出材料的核算中，一般采用“加权平均法”计算发出材料的单价。

【例9-21】 月末仓库报来的“材料明细账”和“发出材料汇总表”，列示本月业务上领用甲材料60公斤（该材料期初结存30公斤，单价82.067元，本月购入50公斤，单价93.6元）。凭发出材料汇总表填写记账凭证，会计分录如下：

$$甲种材料的加权平均单价=\frac{2\ 462+4\ 680}{30+50}=89.275（元/公斤）$$

本月发出材料成本 $=60\times89.275=5\ 356.50$（元）

财务会计分录：

借：业务活动费用　　　　　　　　　　　　　　　　5 356.50

　　贷：库存物品——甲材料　　　　　　　　　　　　　　5 356.50

全月一次加权平均法，只需在月末一次计算加权平均单价，平时领料时，不计单价和金额，由材料管理人员在材料明细账上登记材料的发出数量。月末在平均单价计算出来以后一次登记发出金额。

（2）对外捐赠、无偿调出的存货，应当将其账面余额予以转销，对外捐赠、无偿调出中发生的归属于捐出方、调出方的相关费用应当计入当期费用。

4. 存货的清查盘点

事业单位的存货应当定期进行清查盘点，每年至少盘点一次。对于发生的存货盘盈、盘亏或者报废、毁损，应当及时查明原因，按规定报经批准后进行账务处理。

【例9-22】 年终盘点，发现甲材料盘亏2公斤，计160元。填“材料盘盈盘亏报告表”，将盘亏的材料转入待处理资产损溢，同时上报情况。

财务会计分录：

借：待处理财产损溢　　　　　　　　　　　　　　　　160

　　贷：库存物品——甲材料　　　　　　　　　　　　　　160

第二节　非流动资产的核算

一、长期投资的核算

长期投资是指政府会计主体取得的除短期投资以外的债权和股权性质的投资。

长期投资包括长期股权投资和长期债券投资。事业单位利用货币资金、实物资产和无形资产等形式向其他单位投资。事业单位资金主要是来源于财政拨款，进行投资不构成经济活动的主要内容。因此，事业单位对外投资应以不影响本单位完成正常的事业计划为前提，保证国有资产的完整性，防止流失，并按照规定程序审批。

（一）长期投资的计价

1. 长期股权投资在取得时，应当按照其实际成本作为投资成本

（1）以支付现金取得的长期股权投资，按照实际支付的全部价款（包括购买价款和相关税费）作为实际成本。实际支付价款中包含的已宣告但尚未发放的现金股利，应当单独确认为应收股利，不计入长期股权投资初始投资成本。

（2）以现金以外的其他资产置换取得的长期股权投资，其成本按照换出资产的评估价值加上支付的补价或减去收到的补价，加上换入长期股权投资发生的其他相关支出确定。

（3）接受捐赠的长期股权投资，其成本按照有关凭据注明的金额加上相关税费确定；没有相关凭据可供取得，但按规定经过资产评估的，其成本按照评估价值加上相关税费确定；没有相关凭据可供取得、也未经资产评估的，其成本比照同类或类似资产的市场价格加上相关税费确定。

（4）无偿调入的长期股权投资，其成本按照调出方账面价值加上相关税费确定。

2. 长期债券投资在取得时，应当按照实际成本作为初始投资成本。实际支付价款中包含的已到付息期但尚未领取的债券利息，应当单独确认为应收利息，不计入长期债券投资初始投资成本

（二）长期投资的核算

为了核算长期投资的形成和变化情况，应设置“长期股权投资”账户和“长期债券投资”账户。

“长期股权投资”（资产类）账户借方登记长期股权投资增加数，贷方登记长期股权投资的减少数。借方余额表示长期股权投资的实有数。本账户应按照被投资单位和长期股权投资取得方式进行明细核算。长期股权投资采用权益法核算的，还应当按照“成本”“损益调整”“其他权益变动”设置明细科目，进行明细核算。

“长期债券投资”（资产类）账户借方登记长期债券投资增加数，贷方登记长期债券投资的减少数。借方余额表示长期债券投资的实有数。本账户应按照债券投资的种类进行明细核算，设置“成本”“应计利息”明细科目进行明细核算。

长期投资出资方式不同、投资种类不同，具体核算也不完全一样。现举例说明如下：

【例9-23】 某学校以库存物品置换一项长期股权投资，该库存物品账面原价150 000元，协议价为145 000元。凭库存物品移交凭证等填记账凭证，会计分录如下：

财务会计分录：

借：长期股权投资	145 000	
资产处置费用	5 000	
贷：库存物品		150 000

【例9-24】购入三年期国债50 000元，利率为10%，以银行存款支付。

财务会计分录：

借：长期债券投资　　50 000

　　贷：银行存款　　50 000

预算会计分录：

借：投资支出　　50 000

　　贷：资金结存——货币资金　　50 000

【例9-25】兑付一批按面值购入的三年期国债100 000元，利率为10%。凭兑付利息清单填记账凭证，会计分录如下：

财务会计分录：

借：银行存款　　130 000

　　贷：长期债券投资　　100 000

　　　　投资收益　　30 000

预算会计分录：

借：资金结存——货币资金　　130 000

　　贷：投资支出　　100 000

　　　　投资预算收益　　30 000

二、固定资产的核算

固定资产指政府会计主体为满足自身开展业务活动或其他活动需要而控制的，使用年限超过1年（不含1年）、单位价值在规定标准以上，并在使用过程中基本保持原有物质形态的资产，一般包括房屋及构筑物、专用设备、通用设备等。

（一）固定资产的计价

固定资产的取得方式包括购入、自行建造、置换、接受捐赠、无偿调入、盘盈、融资租赁租入等。

固定资产在取得时，应当按照成本进行初始计量。

（1）购入的固定资产，其成本包括购买价款、相关税费以及固定资产交付使用前所发生的可归属于该项资产的运输费、装卸费、安装调试费和专业人员服务费等。

（2）自行建造的固定资产，其成本包括建造该项资产至交付使用前所发生的全部必要支出。

（3）在原有固定资产基础上进行改建、扩建、修缮后的固定资产，其成本按照原固定资产账面价值加上改建、扩建、修缮发生的支出，再扣除固定资产被替换部分的账面价值后的金额确定。

（4）通过置换取得的固定资产，其成本按照换出资产的评估价值加上支付的补价或减去收到的补价，加上换入固定资产发生的其他相关支出确定。

（5）接受捐赠的固定资产，其成本按照有关凭据注明的金额加上相关税费、运输费等确定；没有相关凭据的，但按规定经过资产评估的，其成本按照评估价值加上相关税费、运输费等确定；没有相关凭据、也未经资产评估的，其成本比照同类或类似固定资产的市场价格加上相关税费、运输费等确定；没有相关凭据且未经资产评估、同类或类似固定资产的市场价格也无法可靠取得的，该固定资产按照名义金额入账，相关税费、运输费等计入当期费用。

（6）无偿调入的固定资产，其成本按照调出方账面价值加上相关税费、运输费等确定。

（7）盘盈的固定资产，按规定经过资产评估的，其成本按照评估价值确定；未经资产评估的，其成本按照重置成本确定。

（二）固定资产的计价增加的账务处理

"固定资产"（资产类）账户是核算事业单位固定资产原价的，借方登记固定资产增加的原价，贷方登记减少固定资产的原价，借方余额表示单位现有的固定资产的原价。事业单位应当设置"固定资产登记簿"和"固定资产卡片"，按照固定资产类别、项目和使用部门等进行明细核算。出租、出借的固定资产，应当设置备查簿进行登记。

【例9－26】 开出财政授权支付凭证以零余额用款额度购入教学设备一批，货款300 000元，增值税额51 000元。设备已验收交付使用。凭支票存根、发票等填记账凭证，会计分录如下：

财务会计分录：

借：固定资产	351 000	
贷：零余额账户用款额度		351 000

预算会计分录：

借：事业支出——财政补助支出——基本支出（日常公用经费）	351 000	
贷：财政拨款预算收入		351 000

【例9－27】 以融资租赁方式租入设备一台，经双方协商，价格为60 000元，分2次付款，每次付50%。本期付款30 000元，发生的运杂费、安装费计1 000元通过银行用零余额账户用款额度支付。凭财政授权支付凭证存根等填记账凭证，会计分录如下：

财务会计分录：

借：固定资产	61 000	
贷：长期应付款		60 000
零余额账户用款额度		1 000

预算会计分录：

借：事业支出	1 000	
贷：财政拨款预算收入		1 000

支付本期租金时：

财务会计分录：

借：长期应付款	30 000	
贷：零余额账户用款额度		30 000

预算会计分录：

借：事业支出	30 000	
贷：财政拨款预算收入		30 000

（三）固定资产计提折旧的账务处理

事业单位如果建立的固定资产折旧制度，为了核算单位固定资产计提的折旧，应当设置“累计折旧”（资产类）账户，本账户应当按照所对应固定资产的类别、项目等进行明细核算。一般应采用年限平均法或工作量法计提固定资产折旧。一般按月计提固定资产折旧，当月增加的固定资产，当月不提折旧，从下月起计提；当月减少的固定资产，当月照提折旧，下月起不提折旧。固定资产提足折旧后，无论能否继续使用，均不再提折旧；当前报废的固定资产，也不再不提折旧。

应当对除下列各项资产以外的其他固定资产计提折旧：文物和陈列品；动植物；图书、档案；单独计价入账的土地；以名义金额计量的固定资产。

【例9－28】 按规定，计提本月固定资产折旧50 000元。

财务会计分录：

借：业务活动费用	50 000	
贷：固定资产累计折旧		50 000

（四）固定资产减少的账务处理

事业单位固定资产减少的原因主要有出售、无偿调出、对外捐赠、对外投资等。

事业单位财务规则规定：事业单位固定资产的报废和转让，一般经本单位负责人批准后核销；大型、精密贵重的设备仪器报废和转让，应当经过有关部门鉴定，报主管部门或者国有资产管理部门、财政部门批准，具体审批权限由财政部门会同国有资产管理部门规定。

【例9－29】 出售旧面包车一辆，该车账面余额为67 000元，已计提折旧64 000元，出售该车取得价款5 000元，款已收并存到银行。同时为出售该设备，以银行存款支付了相关费用1 000元。凭收据、进账单回单填记账凭证，会计分录如下：

转入待处置资产时

财务会计分录：

借：资产处置费用	3 000	
固定资产累计折旧	64 000	
贷：固定资产		67 000
借：银行存款	5 000	
贷：应缴财政款		4 000
银行存款		1 000

三、在建工程的核算

事业单位在建工程是指已经发生必要支出，但尚未达到交付使用状态的建设工程。在建工程达到交付使用状态时，应当按照规定办理工程竣工财务决算和资产交付使用。事业单位在建工程包括各种建筑工程和设备安装工程。

为了反映事业单位建筑工程及安装工程的转入、结算工程款、完工交付及尚未完工的实际成本等情况，应设置“建筑安装工程投资”“设备投资”“待摊投资”“其他投资”“待核销基建支出”“基建转出投资”等明细科目，并按照具体项目进行明细核算。

“在建工程”（资产类）账户核算已经发生必要支出，但尚未完工交付使用的各种建筑（包括新建、改建、扩建、修缮等）和设备安装工程的实际成本，借方登记建筑工程及安装工程转入改建、扩建、修缮时的账面价值，结算的工程价款及产生的专门借款利息等，贷方登记工程交付使用时，所发生的实际成本。本账户应按照工程性质和具体工程项目等进行明细核算。

【例9-30】扩建办公楼，办公楼账面金额为2 000万元，已提折旧800万元，扩建费用共计200万元以银行存款支付。

将办公楼转入扩建：

财务会计分录：

借：在建工程——建筑安装工程投资	12 000 000	
固定资产累计折旧	8 000 000	
贷：固定资产——办公楼		20 000 000

与施工企业结算工程款：

财务会计分录：

借：在建工程——建筑安装工程投资	2 000 000	
贷：银行存款		2 000 000

预算会计分录：

借：事业支出——项目支出（其他资金支出）——房屋建筑物购建	2 000 000	
贷：财政拨款预算收入		2 000 000

工程完工交付使用：

财务会计分录：

借：固定资产——办公楼	14 000 000	
贷：在建工程——建筑安装工程投资		14 000 000

【例9-31】若购入需安装的专业设备，设备价值及运费共计10 000元，通过银行存款支付。

财务会计分录：

借：在建工程——设备投资	10 000	
贷：银行存款		10 000

预算会计分录：

借：事业支出——项目支出（其他资金支出）——购设备	10 000	
贷：财政拨款预算收入		10 000

四、无形资产的核算

无形资产是指事业单位控制的没有实物形态的可辨认非货币性资产，如专利权、商标权、著作权、土地使用权、非专利技术等。

（一）无形资产的计价

无形资产按取得时的实际成本计价。具体标准为：

（1）外购的无形资产，其成本包括购买价款、相关税费以及可归属于该项资产达到预定用途所发生的其他支出。委托软件公司开发软件视同外购无形资产进行处理。

（2）自行开发的无形资产，其成本包括自该项目进入开发阶段后至达到预定用途前所发生的支出总额。

（3）置换取得的无形资产，其成本按照换出资产的评估价值加上支付的补价或减去收到的补价，加上换入无形资产发生的其他相关支出确定。

（4）接受捐赠的无形资产，其成本按照有关凭据注明的金额加上相关税费确定；没有相关凭据可供取得，但按规定经过资产评估的，其成本按照评估价值加上相关税费确定；没有相关凭据可供取得、也未经资产评估的，其成本比照同类或类似资产的市场价格加上相关税费确定；没有相关凭据且未经资产评估、同类或类似资产的市场价格也无法可靠取得的，按照名义金额入账，相关税费计入当期费用。

（5）无偿调入的无形资产，其成本按照调出方账面价值加上相关税费确定。

（二）无形资产的账务处理

为了核算和监督事业单位的无形资产取得、转让和摊销等情况，应设置“无形资产”和“无形资产累计摊销”账户。

“无形资产”（资产类）账户借方登记单位外购、委托软件公司开发、自行开发、接受捐赠、无偿调入的无形资产，贷方登记对外投资或向外转让的无形资产，借方余额表示无形资产的原价。本账户应按无形资产类别、项目等设明细账户。

单位如果建立了无形资产摊销制度，应设置“无形资产累计摊销”（资产类）账户核算无形资产的摊销，本科目应按照对无形资产的类别、项目等进行明细核算。一般应采用年限平均法。单位应当自无形资产取得当月起，按月计提无形资产摊销。以名义金额计量的无形资产不进行无形资产摊销。

【例9－32】 某事业单位按法定程序购入一项专利技术，价款为100 000元，支付手续费10 000元，款由零余额账户用款额度支付。根据付款凭证填记账凭证，会计分录如下：

财务会计分录：

借：无形资产——专利权	110 000	
贷：零余额账户用款额度		110 000

预算会计分录：

借：事业支出——财政补助支出——基本支出	110 000	
贷：财政拨款预算收入		110 000

【例9－33】 某事业单位经过计算，本月应计提无形资产摊销60 000元，会计分录如下：

财务会计分录：

借：业务活动费用	60 000	
贷：无形资产累计摊销		60 000

五、待处理财产损溢的核算

事业单位待处理财产损溢科目核算单位在资产清查过程中查明的各种资产盘盈、盘亏和报废、毁损的价值。

本科目应当按照待处理资产项目进行明细核算；对于在资产处理过程中取得收入或发生相关费用的项目，还应设置“待处理财产价值”“处理净收入”明细科目，进行明细核算。

为了反映待处理资产的价值及处理损溢，单位应设置“待处理财产损溢”（资产类）账户，借方登记转入待处理资产的账面价值或取得的变价收入，贷方登记处理资产的价值或发生的处理费用，期末如为借方余额，反映尚未处理完毕的各种资产价值及净损失，期末如为贷方余额，反映尚未处理完毕的各种资产净溢余。年度终了报经批准处理后，本账户一般应无余额。资产处理置完毕，按照处理收入扣除相关处理费用后的净收入，借记“待处理财产损溢——处理净收入”，贷记“应缴财政款”等科目。

在讲各项资产的账务处理时，已涉及资产的处理事项，此处不再另行举例。

思政园地

财政部根据《政府会计准则——基本准则》（财政部令第78号，以下简称《基本准则》），制定印发了《政府会计准则第1号——存货》《政府会计准则第2号——投资》《政府会计准则第3号——固定资产》和《政府会计准则第4号——无形资产》（以下简称四项具体准则）。

党的十八届三中全会要求建立权责发生制的政府综合财务报告制度，国务院批转财政部的《改革方案》指出，权责发生制政府综合财务报告制度改革是基于政府会计规则的重大改革，其前提和基础任务是建立健全政府会计核算体系，包括制定政府会计基本准则和具体准则及应用指南。《改革方案》明确要求，2015年要制定政府会计基本准则，2016年起要制定发布政府会计具体准则及应用指南，力争在2020年前建立具有中国特色的政府会计准则体系。2015年10月23日，财政部印发了《基本准则》，为建立统一、科学、规范的政府会计准则体系奠定了基础。为了积极落实《改革方案》，进一步规范政府存货、投资、固定资产和无形资产的确认、计量和相关信息的披露，我们根据《基本准则》制定发布了存货等四项具体准则。

四项准则的出台，是财政部贯彻落实党中央、国务院关于建立权责发生制政府综合财务报告制度的决策部署的重要举措，标志着政府会计准则体系建设工作继《基本准则》出台后又迈出了坚实一步，对于进一步规范政府会计主体的会计核算，提高会计信息质量，夯实国有资产管理基础，对保障权责发生制政府综合财务报告制度改革顺利推进具有重要的意义。

【复习思考题】

1. 应收账款如何计价，怎样核算？
2. 应收票据如何核算？
3. 其他应收款的内容有哪些？
4. 存货如何计价，购入、发出存货时分别如何核算？
5. 长期投资如何核算？
6. 怎样核算事业单位的固定资产？

第十章 事业单位负债的核算

学习目标

本章介绍了事业单位负债的种类、概念及各项负债的核算。要求了解负债的分类和计价；掌握事业单位应缴税费的主要税种及其计算，各项负债核算的基本业务类型、适用科目及其账务处理。

第一节　流动负债的核算

一、短期借款的核算

短期借款是指事业单位经批准向银行或其他金融机构等借入的期限在1年内（含1年）的各种借款。

为了核算和监督事业单位借入的短期借款，应设置“短期借款”（负债类）账户。贷方登记短期借款借入数，借方登记短期借款归还数。贷方余额表示尚未归还的短期借款，该账户应按贷款单位和贷款种类进行明细核算。

【例10-1】 月初向中国银行××支行借入事业业务发展用短期借款100 000元，期限1个月。凭贷款凭证填记账凭证，会计分录如下：

财务会计分录：

借：银行存款　　100 000

　　贷：短期借款——××支行　　100 000

预算会计分录：

借：资金结存——货币资金　　100 000

　　贷：债务预算收入　　100 000

1个月后偿还上述短期借款时，应办理还款手续，会计分录如下：

财务会计分录：

借：短期借款——××支行　　100 000

　　贷：银行存款　　100 000

预算会计分录：

借：债务还本支出　100 000

　　贷：资金结存——货币资金　100 000

二、应缴款项的核算

应缴款项是指事业单位按照有关法规应向国家财政、税务部门缴纳的款项，包括应交增值税、其他应交税费、应缴财政款。

（一）应交增值税的核算

应交税费，是指政府会计主体因发生应税事项导致承担纳税义务而形成的负债。应交增值税科目核算单位按照税法规定计算应交纳的增值税。

属于增值税一般纳税人的单位，应当在本科目下设置“应交税金”“未交税金”“预交税金”“待抵扣进项税额”“待认证进项税额”“待转销项税额”“简易计税”“转让金融商品应交增值税”“代扣代交增值税”等明细科目。属于增值税小规模纳税人的单位只需在本科目下设置“转让金融商品应交增值税”“代扣代交增值税”明细科目。

增值税是对在我国境内销售货物或者提供加工、修理、修配劳务以及进口货物的单位和个人征收的一种流转税。增值税的纳税义务人可分为一般纳税人和小规模纳税人。

1. 一般纳税人的购销业务的账务处理

（1）购入应税资产或服务时。

财务会计分录：

借：库存物品

　　应交增值税——应交税金（进项税额）[当月已认证可抵扣]

　　应交增值税——待认证进项税额 [当月未认证可抵扣]

　　贷：银行存款、应付账款等（按实际支付或应付的金额）

预算会计分录：

借：事业支出/经营支出等

　　贷：资金结存等 [实际支付的金额]

（2）购进属于增值税应税项目的资产后，发生非正常损失或改变用途的。

属于增值税一般纳税人的事业单位所购进的非自用材料发生盘亏、毁损、报废、对外捐赠、无偿调出等税法规定不得从增值税销项税额中抵扣进项税额的，将所购进的非自用材料转入待处置资产时。

财务会计分录：

借：待处理财产损溢/固定资产/无形资产等 [按照现行增值税制度规定不得从销项税额中抵扣的进项税额]

　　贷：应交增值税——应交税金（进项税额转出）

　　　　应交增值税——待认证进项税额

　　　　应交增值税——待抵扣进项税额

(3) 销售应税产品或提供应税服务时。

财务会计分录:

借: 银行存款/应收账款/应收票据等［包含增值税的价款总额］

　　贷: 事业收入/经营收入等［扣除增值税销项税额后的价款］

　　　　应交增值税——应交税金（销项税额）

　　　　应交增值税——简易计税

预算会计分录:

借: 资金结存［实际收到的含税金额］

　　贷: 事业预算收入/经营预算收入等

(4) 本月缴纳本月增值税时。

财务会计分录:

借: 应交增值税——应交税金（已交税金）

　　贷: 银行存款/零余额账户用款额度等

预算会计分录:

借: 事业支出/经营支出等

　　贷: 资金结存

2. 小规模纳税人购销业务的账务处理

(1) 销售资产或提供服务。

财务会计分录:

借: 银行存款/应收账款/应收票据［包含增值税的价款总额］

　　贷: 事业收入/经营收入等［扣除增值税金额后的价款］

　　　　应交增值税

预算会计分录:

借: 资金结存［实际收到的含税金额］

　　贷: 事业预算收入/经营预算收入等

(2) 实际缴纳增值税时。

财务会计分录:

借: 应交增值税

　　贷: 银行存款

预算会计分录:

借: 事业支出/经营支出等

　　贷: 资金结存

属于小规模纳税人的事业单位，销售货物或提供劳务，一般情况下，只开普通发票，按不含税价格的3%计算应交增值税。采用销售额和应纳税金合并定价的，按照公式“销售额=含税金额×（1+3%）”还原为不含税销售额。

【例10-2】 某事业单位为小规模纳税人，本期购入甲材料，增值税专用发票注明的采购价格为50 000元，增值税额8 500元。开出财政授权支付凭证支付，材料验收入库，单位本期销售产品取得收入（含税）15 900元，收到面额为15 450元的商业汇票1张。凭支票存根、发票等填记账凭证，会计分录如下：

（1）购入材料时：

财务会计分录：

借：库存物品　58 500

　　贷：零余额账户用款额度　58 500

预算会计分录：

借：经营支出　58 500

　　贷：资金结存　58 500

（2）销售产品，取得收入时：

不含税销售额 15 450/（1+3%）=15 000（元）

应交增值税额 15 000×3%=450（元）

财务会计分录：

借：应收票据　15 450

　　贷：经营收入　15 000

　　　　应交增值税　450

预算会计分录：

借：资金结存　15 450

　　贷：经营预算收入　15 450

（二）其他应交税费的核算

其他应交税费科目核算单位按照税法等规定计算应交纳的除增值税以外的各种税费，包括城市维护建设税、教育费附加、地方教育费附加、车船税、房产税、城镇土地使用税和企业所得税等。单位代扣代缴的个人所得税，也通过本科目核算。

单位应交纳的印花税不需要预提应交税费，直接通过"业务活动费用""单位管理费用""经营费用"等科目核算，不通过本科目核算。

1. 城市维护建设税、教育费附加、地方教育费附加

发生城市维护建设税、教育费附加、地方教育费附加、车船税、房产税、城镇土地使用税等纳税义务的，按照税法规定计算的应缴税费金额，借记"业务活动费用""单位管理费用""经营费用"等科目，贷记本科目（应交城市维护建设税、应交教育费附加、应交地方教育费附加、应交车船税、应交房产税、应交城镇土地使用税等）。

单位实际交纳上述各种税费时，借记本科目（应交城市维护建设税、应交教育费附加、应交地方教育费附加、应交车船税、应交房产税、应交城镇土地使用税、应交个人所得税、单位应交所得税等），贷记"财政拨款收入""零余额账户用款额度""银行存款"等科目。

【例10-3】 某学校本月经营活动中产生城市维护建设税1 050元。会计分录如下：

财务会计分录：

借：经营费用　1 050

　　贷：其他应交税费——应交城市维护建设税　1 050

上缴该笔税费时：

财务会计分录：

借：其他应交税费——应交城市维护建设税 1 050

贷：银行存款 1 050

预算会计分录：

借：经营支出 1 050

贷：资金结存 1 050

2. 房产税、车船税、城镇土地使用税

事业单位按规定应缴纳的房产税、车船税、城镇土地使用税，在“其他应交税费”账户分别下设置“应交房产税”“应交车船税”“应交城镇土地使用税”明细账进行核算。

发生房产税、车船税、城镇土地使用税的，按税法规定计算的应缴税费金额，借记“业务活动费用/单位管理费用/经营费用等”科目或有关支出科目，贷记“其他应交税费——应交车船税/应交房产税/应交城镇土地使用税等”等科目。实际缴纳时，借记其他应交税费科目，“财政拨款收入”“零余额账户用款额度”“银行存款”等科目。

（1）发生应交房产税、城镇土地使用税、车船税。

财务会计分录：

借：业务活动费用/单位管理费用/经营费用等

贷：其他应交税费——应交车船税/应交房产税/应交城镇土地使用税等

（2）实际缴纳时。

财务会计分录：

借：其他应交税费——应交车船税/应交房产税/应交城镇土地使用税等

贷：银行存款等

预算会计分录：

借：事业支出/经营支出等

贷：资金结存

3. 个人所得税

单位按照税法规定计算应代扣代缴职工（含长期聘用人员）的个人所得税，财务会计分录借记“应付职工薪酬”科目，贷记“其他应交税费——应交个人所得税”科目。实际缴纳时，财务会计分录借记“其他应交税费——应交个人所得税”科目，贷记“银行存款”科目，预算会计分录借记“行政支出/事业支出/经营支出等”科目，“财政拨款收入”“零余额账户用款额度”“银行存款”等科目。

4. 企业所得税

发生企业所得税纳税义务的，按税法规定计算的应交所得税额，财务会计分录借记“所得税费用”科目，贷记“其他应交税费——单位应交所得税”科目。实际缴纳时，财务会计分录借记“其他应交税费——单位应交所得税”科目，贷记“银行存款”科目，预算会计分录借记“非财政拨款结余”科目，“财政拨款收入”“零余额账户用款额度”“银行存款”等科目。

（三）应缴财政款的核算

本科目核算单位取得或应收的按照规定应当上缴财政的款项，包括应缴国库的款项和应缴财政专户的款项。单位取得或应收按照规定应缴财政的款项时，借记“银行存款”“应收账款”等科目，贷记本科目。单位上缴应缴财政的款项时，按照实际上缴的金额，借记本科目，贷记“银行存款”科目。

本账户应当按照应缴财政款项类别进行明细核算。

【例10－4】 某学校根据其职能要求，开出“非税收收入缴款书”，代收政府性基金收费10 000元，此款项纳入预算管理，需要上缴财政。

财务会计分录：

借：银行存款　　10 000

　　贷：应缴财政款——非税收收入（政府性基金）　　10 000

当按规定上缴上述应缴国库款款项时

财务会计分录：

借：应缴财政款——非税收收入（政府性基金）　　10 000

　　贷：银行存款　　10 000

三、应付职工薪酬

应付职工薪酬是事业单位为获得职工（含长期聘用人员）提供的服务而给予各种形式的报酬或因辞退等原因而给予职工补偿所形成的负债。职工薪酬包括基本工资、国家统一规定的津贴补贴、规范津贴补贴（绩效工资）、改革性补贴、社会保险费（如职工基本养老保险费、职业年金、基本医疗保险费等）、住房公积金等。

事业单位为了反映按有关规定应付给职工及为职工支付的各种薪酬情况，应设置“应付职工薪酬”（负债类）账户，贷方登记单位当期计算的应付职工薪酬数额，借方登记向职工支付的工资、津贴补贴等薪酬或按税法规定代扣的款项，贷方余额反映单位应付未付的职工薪酬。

本账户应当根据国家有关规定按照“基本工资（含离退休费）”“国家统一规定的津贴补贴”“规范津贴补贴（绩效工资）”“改革性补贴”“社会保险费”“住房公积金”“其他个人收入”等进行明细核算。其中，“社会保险费”“住房公积金”明细科目核算内容包括单位从职工工资中代扣代缴的社会保险费、住房公积金，以及单位为职工计算缴纳的社会保险费、住房公积金。

（1）计算当期应付职工薪酬。

财务会计分录：

借：业务活动费用/单位管理费用

　　贷：应付职工薪酬

（2）向职工支付工资、津贴补贴等薪酬。

财务会计分录：

借：应付职工薪酬

　　贷：财政拨款收入/零余额账户用款额度/银行存款等

预算会计分录：

借：行政支出/事业支出/经营支出等

　　贷：财政拨款预算收入/资金结存

（3）按税法规定代扣代缴个人所得税。

财务会计分录：

借：应付职工薪酬——基本工资

　　贷：其他应交税费——应交个人所得税

（4）按照国家有关规定缴纳职工社会保险费和住房公积金。

财务会计分录：

借：应付职工薪酬——基本工资

　　贷：应付职工薪酬——社会保险费/住房公积金

【例 10－5】 按规定计提本月职工社会保险费 3 万元，住房公积金 20 万元。

财务会计分录：

借：应付职工薪酬——基本工资	230 000	
贷：应付职工薪酬——社会保险费		30 000
——住房公积金		200 000

【例 10－6】 财政直接支付本月社会保险费 3 万元，住房公积金 20 万元。

财务会计分录：

借：应付职工薪酬——社会保险费	30 000	
——住房公积金	200 000	
贷：零余额账户用款额度		230 000

预算会计分录：

借：事业支出	230 000	
贷：财政拨款预算收入		230 000

四、应付及预收款项

应付及预收款项是指事业单位在开展业务活动中发生的各项债务，包括应付票据、应付账款、预收账款、其他应付款。

（一）应付票据

应付票据是指事业单位因购买材料、物资等而开出、承兑的商业汇票，包括银行承兑汇票和商业承兑汇票。商业汇票分为带息票据和不带息票据，事业单位开出的一般为不带息票据。

为了反映商业汇票的开出、承兑、到期等情况，事业单位应设置“应付票据”（负债类）账户，贷方登记应付票据的开出、承兑数，借方登记应付票据到期减少数，贷方余额反映开出、承兑的尚未到期的商业汇票票面金额。本账户应当按照债权单位进行明细核算。

单位应当设置“应付票据备查簿”，详细登记每一应付票据的种类、号数、出票日期、到期日、票面金额、交易合同号、收款人姓名或单位名称，以及付款日期和金额等资料。应付票据到期结清票款后，应当在备查簿内逐笔注销。

【例10-7】某事业单位采购一批材料，开1张不带息商业承兑汇票，面额5 000元，期限3个月。材料已入库。

财务会计分录：

借：库存物品——材料　　5 000

　　贷：应付票据——某供应商　　5 000

【例10-8】上述商业汇票已到期，收到银行通知，兑付5 000元。

借：应付票据——某供应商　　5 000

　　贷：银行存款　　5 000

【例10-9】某事业单位本月有1张面值5 000元的银行承兑汇票按时期偿付。

财务会计分录：

借：应付票据　　5 000

　　贷：银行存款　　5 000

预算会计分录：

借：事业支出　　5 000

　　贷：资金结存——货币资金　　5 000

（二）应付账款的核算

应付账款是指因取得资产、接受劳务、开展工程建设等而形成的负债。应付账款和应付票据不同，两者虽然都是由于交易而引起的负债，但应付账款是尚未结清的债务，而应付票据是一种期票，是延期付款的证明。

为了核算和监督应付账款增减变化及结算情况，事业单位应设置"应付账款"（负债类）账户，贷方登记应付的账款数，借方登记应付账款结算减少数，贷方余额反映尚未支付的应付账款数额。该账户适用于实行内部成本核算的单位，应按债权单位（或个人）设置明细账。应付账款的计价，可参照应收账款的计价办法。

【例10-10】购入经营用丙材料一批，增值税专用发票上注明材料价款为150 000元，增值税额为19 500元。材料已验收入库，款未付。凭发票、入库单填记账凭证，会计分录如下：

财务会计分录：

借：库存物品——丙材料　　150 000

　　应交增值税——应交税金（进项税额）　　19 500

　　贷：应付账款　　169 500

开出财政授权会计凭证支付该项材料款时：

财务会计分录：

借：应付账款　　169 500

　　贷：零余额账户用款额度　　169 500

预算会计分录：

借：事业支出　　169 500

　　贷：财政拨款预算收入　　169 500

（三）预收账款的核算

预收账款是指事业单位按照货物、服务合同或协议或者相关规定，向接受货物或服务的主体预先收款而形成的负债。事业单位按合同规定如期交货或提供劳务以后，预收款项才能转为收入，债务才得以解除。

对预收款项较多的事业单位，应设置“预收账款”（负债类）账户进行核算。贷方记预收款和购货方补付的款项数，借方记发出货物或提供劳务后结算减少及退付多收货款数。贷方余额反映尚未结算的预收账款数。预收账款业务不多的单位，也可将预收的账款直接记入“应付账款”账户的贷方，不设本账户。本账户应按购买单位设置明细账。

【例10－11】收到外单位汇来的预订图书资料款60 000元。凭收账通知填记账凭证，会计分录如下：

财务会计分录：

借：银行存款　　60 000

　　贷：预收账款　　60 000

预算会计分录：

借：资金结存——货币资金　　60 000

　　贷：事业预算收入　　60 000

【例10－12】月末向外单位发出图书资料，经结算货款为59 000元，余款通过银行汇还。凭银行凭证、发票填记账凭证，会计分录如下：

财务会计分录：

借：预收账款　　60 000

　　贷：事业收入　　59 000

　　　　银行存款　　1 000

预算会计分录：

借：事业预算收入　　1 000

　　贷：资金结存——货币资金　　1 000

（四）其他应付款的核算

其他应付款是指事业单位除应交增值税、其他应交税费、应缴财政款、应付职工薪酬、应付票据、应付账款、应付政府补贴款、应付利息、预收账款以外，其他各项偿还期限在1年内（含1年）的应付及暂收款项，如收取的押金、存入保证金、已经报销但尚未偿还银行的本单位公务卡欠款等。

为了核算和监督其他应付款的发生和结存情况，应设置“其他应付款”（负债类）账户。贷方登记发生的应付及暂收款，借方登记已结算支付款，贷方余额表示尚未结算的应付及暂收款。本科目应当按照其他应付款的类别以及债权单位（或个人）进行明细核算。

【例10－13】外单位租借微机房两周，按协议交来保证金50 000元，收进支票。凭进账单回单、收据填记账凭证，会计分录如下：

财务会计分录：

借：银行存款　　50 000

　　贷：其他应付款——业务保证金　　50 000

【例10－14】两周后，办理结算，租金为20 000元，余款退回。凭银行凭证等填记账凭证，会计分录如下：

财务会计分录：

借：其他应付款——业务保证金　　50 000

　　贷：事业收入　　20 000

　　　　银行存款　　30 000

预算会计分录：

借：资金结存　　20 000

　　贷：事业预算收入　　20 000

第二节　非流动负债的核算

非流动负债是指流动负债以外的负债，包括长期借款、长期应付款、应付长期政府债券等。

一、长期借款

长期借款是指事业单位经批准向银行或其他金融机构等借入的期限超过1年（不含1年）的各种借款本息。

事业单位的借入款项包括短期借款和长期借款。长期借款的偿还期限较长，借款数额较大。关系到单位的长远发展。通过长期借款筹集到的资金，一般用于单位扩大事业规模、购建固定资产、开展工程项目和基建项目等。

为了反映长期借款的发生及偿还等情况，本科目应设置“本金”和“应计利息”明细科目。贷方登记长期借款的发生额，借方登记长期借款的偿还额，贷方余额，反映尚未偿还的长期借款本金。科目应当按照贷款单位和贷款种类进行明细核算。对于基建项目借款，还应按具体项目进行明细核算。

【例10－15】为建设网络信息中心向银行借款200 000元，期限2年，到期一次还本付息，年利率8%。

取得借款时：

财务会计分录：

借：银行存款　　200 000

　　贷：长期借款——××银行——两年期　　200 000

预算会计分录：

借：资金结存——货币资金　　200 000

　　贷：债务预算收入　　200 000

支付第 1 年利息，此时工程尚未竣工：20 万元 ×8% =1.6 万元

财务会计分录：

借：在建工程——网络信息中心工程 16 000

贷：长期借款——应计利息 16 000

两年后借款到期归还本金及支付第 2 年利息

财务会计分录：

借：长期借款——××银行（两年期）（本金） 200 000

——应计利息 32 000

贷：银行存款 232 000

预算会计分录：

借：债务还本支出 200 000

其他支出 32 000

贷：资金结存 232 000

二、长期应付款

长期应付款是指事业单位发生的偿还期限超过 1 年（不含 1 年）的应付款项，如以融资租赁租入固定资产的租赁费等。

为了反映长期应付款的增减变动等情况，应设置“长期应付款”（负债类）账户，贷方登记长期应付款的增加额，借方登记长期应付款的减少额，贷方余额，反映事业单位尚未支付的长期应付款。本科目应当按照长期应付款的类别以及债权单位（或个人）进行明细核算。

【例 10 -16】 购入专用设备一台，价款 500 000 元，合同约定设备交付后付款 80%，剩余 20% 作为质保金 18 个月后支付，取得全款发票，首付款 400 000 元以银行存款支付。

支付首付及质保金，设备支付使用：

财务会计分录：

借：固定资产 500 000

贷：银行存款 400 000

长期应付款——质保金 100 000

预算会计分录：

借：事业支出 400 000

贷：财政拨款预算收入 400 000

财务会计分录：

18 个月到期支付剩余 100 000 元：

财务会计分录：

借：长期应付款 100 000

贷：银行存款 100 000

预算会计分录：

借：事业支出 100 000

贷：财政拨款预算收入 100 000

思政园地

制定负债准则主要遵循的原则

一是依据和遵循基本准则。《政府会计准则——基本准则》（以下简称《基本准则》）将“负债”作为一项会计要素进行了定义。负债准则依据《基本准则》制定，其适用范围与《基本准则》保持一致，在负债确认标准、计量要求等方面也遵循了《基本准则》的基本原则。

二是与相关法规制度相协调。负债准则贯彻会计法、预算法和担保法等法律精神，并充分考虑了与现行政府债务管理规范和《财政总预算会计制度》《政府会计制度——行政事业单位会计科目和报表》等相关法规制度的协调。

三是借鉴企业会计经验并充分考虑政府会计特点。负债准则立足于建立政府负债的一般性会计处理规范，对于与企业会计共性的业务和事项，适当吸收和借鉴了企业会计准则相关规定。同时，负债准则充分考虑了政府会计主体的业务特点及其面临的政策环境，在负债确认计量方法、借款费用处理等方面，与企业会计准则规定有一定差别。

四是着力提高准则可操作性。负债准则在制定过程中坚持问题导向，充分考虑政府负债会计核算的实际需要和政府会计改革所处发展阶段，注重准则语言的通俗易懂和相关会计处理的可操作性，着力确保准则可理解、可落地、可执行。

【复习思考题】

1. 什么是短期借款？什么是长期借款？分别如何进行核算？
2. 应付账款如何核算？
3. 预收账款如何核算？
4. 其他应付款包括哪些内容？
5. 事业单位应交税费的主要税种有哪些？各税种如何核算？

第十一章
事业单位收入和预算收入核算

学习目标

本章主要介绍事业单位各项收入和预算收入的概念、具体内容和相关核算。要求了解事业单位各项收入和预算收入内容，各项收入和预算收入核算的基本业务类型、适用科目及其账务处理。重点是事业单位各项收入和预算收入的核算。

第一节　财政拨款收入与财政拨款预算收入的核算

财政拨款收入与财政拨款预算收入核算单位从同级政府财政部门取得的各类财政拨款，可按照一般公共预算财政拨款、政府性基金预算财政拨款等拨款种类进行明细核算。财政拨款预算收入核算应当设置“基本支出”和“项目支出”两个明细科目，在“基本支出”明细科目下按照“人员经费”和“日常公用经费”进行明细核算，在“项目支出”明细科目下按照具体项目进行明细核算。

1. 财政直接支付方式下，根据收到的“财政直接支付入账通知书”及相关原始凭证，按照通知书中的直接支付入账金额，财务会计借记“库存物品”“固定资产”“业务活动费用”“单位管理费用”“应付职工薪酬”等科目，贷记“财政拨款收入”。年末，根据本年度财政直接支付预算指标数与当年财政直接支付实际支付数的差额，借记“财政应返还额度——财政直接支付”科目，贷记“财政拨款收入”。

预算会计借记“事业支出”等科目，贷记“财政拨款预算收入”。年末，根据本年度财政直接支付预算指标数与当年财政直接支付实际支出数的差额，借记“资金结存——财政应返还额度”科目，贷记“财政拨款预算收入”。

【例 11-1】某单位收到国库支付执行机构委托代理银行转来的“财政直接支付入账通知书”及原始凭证，单位的一笔办公费用 600 元已经完成支付。

财务会计处理：

借：业务活动费用——商品和服务费用　　600
　　贷：财政拨款收入　　600

预算会计处理：

借：事业支出　　600
　　贷：财政拨款预算收入——基本支出　　600

2. 财政授权支付方式下，根据收到的“财政授权支付额度到账通知书”，按照通知书中的授权支付额度，财务会计借记“零余额账户用款额度”科目，贷记“财政拨款收入”。年末，本年度财政授权支付预算指标数大于零余额账户用款额度下达数的，根据未下达的用款额度，借记“财政应返还额度——财政授权支付”科目，贷记“财政拨款收入”。

预算会计借记“资金结存——零余额账户用款额度”科目，贷记“财政拨款预算收入”。年末，单位本年度财政授权支付预算指标数大于零余额账户用款额度下达数的，按照两者差额，借记“资金结存——财政应返还额度”科目，贷记“财政拨款预算收入”。

【例11-2】 某单位收到代理银行转来的“授权支付到账通知书”，本月事业单位财政授权支付额度为200 000元已经下达到代理银行，其中基本支出拨款50 000元，项目支出拨款150 000元。

财务会计处理：

借：零余额账户用款额度	200 000	
贷：财政拨款收入——基本支出		50 000
——项目支出		150 000

预算会计处理：

借：资金结存——零余额账户用款额度	200 000	
贷：财政拨款预算收入——基本支出		50 000
——项目支出		150 000

3. 其他方式下收到财政拨款收入时，按照实际收到的金额，财务会计借记“银行存款”等科目，贷记“财政拨款收入”；预算会计按照实际收到的金额借记“资金结存——货币资金”科目，贷记“财政拨款预算收入”。

【例11-3】 某事业单位收到开户银行转来的“到账通知书”，财政部门拨入的项目经费150 000元已经到账。

财务会计处理：

借：银行存款	150 000	
贷：财政拨款收入——项目支出——××项目		150 000

预算会计处理：

借：资金结存	150 000	
贷：财政拨款预算收入——项目支出——××项目		150 000

4. 因差错更正或购货退回等发生国库直接支付款项退回的，属于以前年度支付的款项，按照退回金额，财务会计借记“财政应返还额度——财政直接支付”科目，贷记“以前年度盈余调整”“库存物品”等科目。属于本年度支付的款项，按照退回金额，借记财政拨款收入，贷记“业务活动费用”“库存物品”等科目。

属于本年度支付的款项，按照退回金额，预算会计借记“财政拨款预算收入”，贷记“事业支出”等科目。

【例11-4】 某单位退回本年4月份采购的材料一批，价值2 800元，购买材料款项是国库直接支付。

财务会计处理：

借：财政拨款收入　　2 800

　　贷：库存物品——××材料　　2 800

预算会计处理：

借：财政拨款预算收入　　2 800

　　贷：事业支出　　2 800

5. 期末，将财政拨款收入本年发生额转入本期盈余科目，财务会计借记“财政拨款收入”，贷记“本期盈余”科目，年末结转后，本科目应无余额。

预算会计将财政拨款预算收入本年发生额转入财政拨款结转，借记“财政拨款预算收入”，贷记“财政拨款结转——本年收支结转”科目。年末结转后，本科目应无余额。

【例 11－5】 2023 年年末，某单位“财政拨款收入”“财政拨款预算收入”科目贷方金额均为 600 000 元，有关明细科目贷方余额为：“基本支出” 500 000 元、“项目支出” 100 000 元。

财务会计处理：

借：财政拨款收入　　600 000

　　贷：本期盈余　　600 000

预算会计处理：

借：财政拨款预算收入——基本支出　　500 000

　　　　　　　　　　——项目支出　　100 000

　　贷：财政拨款结转——本年收支结转　　600 000

第二节　事业收入与事业预算收入的核算

事业收入与事业预算收入核算是事业单位开展专业业务活动及其辅助活动实现的收入，不包括从同级政府财政部门取得的各类财政拨款。其中，事业预算收入应当单设“非同级财政拨款”明细科目进行明细核算；事业预算收入中如有专项资金收入，还应按照具体项目进行明细核算。

1. 采用财政专户返还方式，实现应上缴财政专户的事业收入时，按照实际收到或应收的金额，财务会计借记“银行存款”“应收账款”等科目，贷记“应缴财政款”科目；向财政专户上缴款项时，按照实际上缴的款项金额，借记“应缴财政款”科目，贷记“银行存款”等科目；收到从财政专户返还的事业收入时，按照实际收到的返还金额，借记“银行存款”等科目，贷记“事业收入”。

收到从财政专户返还的事业预算收入时，按照实际收到的返还金额，预算会计借记“资金结存——货币资金”科目，贷记“事业预算收入”。

（1）实现应上缴财政专户的事业收入时，按照实际收到的或应收的款项金额，借记“银行存款”“应收账款”等科目，贷记“应缴财政款”科目，预算会计不做处理。

【例 11－6】 某事业单位开展专业业务活动收到事业服务费 50 000 元，款项已经存入银行账户，此款项纳入财政专户管理，按规定需要全额上缴财政专户。

财务会计处理：

借：银行存款　　50 000

　　贷：应缴财政款　　50 000

预算会计不处理。

（2）向财政专户上缴款项时，按照实际上缴的款项金额，借记“应缴财政款”科目，贷记“银行存款”等科目。

【例11－7】 某事业单位将开展专业业务活动收到的应缴财政专户款50 000元通过银行账户上缴财政专户。

财务会计处理：

借：应缴财政款　　50 000

　　贷：银行存款　　50 000

预算会计不处理。

（3）收到从财政专户返还的事业收入时，按照实际收到的返还金额，借记“银行存款”等科目，贷记“事业收入”科目。

【例11－8】 某事业单位收到开户银行通知，申请财政专户核拨的基本经费90 000元已经到账。此款项是事业单位上缴的检测服务收费。

财务会计处理：

借：银行存款　　90 000

　　贷：事业收入——检验业务——服务费　　90 000

预算会计处理：

借：资金结存——货币资金　　90 000

　　贷：事业预算收入　　90 000

2. 采用预收款方式，实际收到预收款项时，按照收到的款项金额，财务会计借记“银行存款”等科目，贷记“预收账款”科目。

【例11－9】 某事业单位为博物馆，其专业业务活动为文化艺术品展览，开展展览活动取得门票预收款90 000元，款项已经存入银行。

财务会计处理：

借：银行存款　　90 000

　　贷：预收账款——展览业务门——门票收入　　90 000

预算会计不处理。

3. 采用应收款方式，根据合同完成进度计算本期应收的款项，财务会计借记“应收账款”科目，贷记“事业收入”，预算会计不做处理；实际收到款项时，借记“银行存款”等科目，贷记“应收账款”科目。

实际收到款项时，预算会计借记“资金结存”等科目，贷记“事业预算收入”。

【例11－10】 某事业单位为培训中心，9月为某企业举办两期业务培训班，根据培训进度培训收费总计52 000元，款项暂未收到。

财务会计处理：

借：应收账款　　52 000

　　贷：事业收入　　52 000

预算会计不处理。

【例 11-11】某事业单位为培训中心，10 月收到前期培训进度款项 52 000 元。

财务会计处理：

借：银行存款　　52 000

　　贷：应收账款　　52 000

预算会计处理：

借：资金结存——货币资金　　52 000

　　贷：事业预算收入　　52 000

4. 期末，将事业收入本期发生额转入本期盈余，借记“事业收入”，贷记“本期盈余”科目。年末结转后，本科目应无余额。

将事业预算收入本年发生额中的专项资金收入转入非财政拨款结转，借记“事业预算收入”下各专项资金收入明细科目，贷记“非财政拨款结转——本年收支结转”科目；将非专项资金收入转入其他结余，借记“事业预算收入”下各非专项资金收入明细科目，贷记“其他结余”科目。年末结后，本科目应无余额。

【例 11-12】2023 年年末，某单位“事业收入”“事业预算收入”科目贷方金额均为 200 000 元，其中专项资金收入 80 000 元、非专项资金收入 120 000 元。

财务会计处理：

借：事业收入　　200 000

　　贷：本期盈余　　200 000

预算会计处理：

借：事业预算收入　　200 000

　　贷：非财政拨款结转——本年收支结转　　80 000

　　　　其他结余　　120 000

第三节　上级补助收入与上级补助预算收入的核算

上级补助收入与上级补助预算收入核算事业单位从主管部门和上级单位取得的非财政拨款收入。应当按照发放补助单位、补助项目等进行明细核算。其中上级补助预算收入中如有专项资金收入，还应按照具体项目进行明细核算。

1. 确认上级补助收入时，按照应收到的金额，财务会计借记“其他应收款”等科目，贷记“上级补助收入”，预算会计不处理。实际收到应收上级补助款时，按照实际收到的金额，财务会计借记“银行存款”等科目，贷记“其他应收款”科目，预算会计借记“资金结存——货币资金”科目，贷记“上级补助预算收入”。

【例 11-13】某事业单位收到主管部门拨来的补助款 300 000 元，款项已经到账。此款项是上级单位用其所集中的款项，对附属单位基本支出进行的调剂。

财务会计处理：

借：银行存款　　300 000

　　贷：上级补助收入——主管部门　　300 000

预算会计处理：

借：资金结存——货币资金　　300 000

　　贷：上级补助预算收入——主管部门　　300 000

2. 期末，将本科目上级补助收入本期发生额转入本期盈余，借记“上级补助收入”，贷记“本期盈余”科目。年末结转后，本科目应无余额。

将上级补助预算收入本年发生额中的专项资金收入转入非财政拨款结转，借记“上级补助预算收入”科目下各专项资金收入明细科目，贷记“非财政拨款结转——本年收支结转”科目；将上级补助预算收入本年发生额中的非专项资金收入转入其他结余，借记“上级补助预算收入”下各非专项资金收入明细科目，贷记“其他结余”科目。年末结转后，本科目应无余额。

【例11-14】2023年年终结账时，某事业单位本年上级补助收入发生额为390 000元，上级补助预算收入本期发生额中的专项资金收入如下：“上级补助预算收入——专项资金收入”300 000元，“上级补助预算收入——非专项资金收入”90 000元。

财务会计处理：

借：上级补助收入　　390 000

　　贷：本期盈余　　390 000

预算会计处理：

借：上级补助预算收入——专项资金收入　　300 000

　　　　　　　　　　——非专项资金收入　　90 000

　　贷：非财政拨款结转——本年收支结转　　300 000

　　　　　　　　　　——其他结余　　90 000

第四节　附属单位上缴收入与附属单位上缴预算收入核算

附属单位上缴收入与附属单位上缴预算收入核算事业单位取得的附属独立核算单位按照有关规定上缴的收入。应当按照附属单位、缴款项目等进行明细核算。附属单位上缴预算收入中如有专项资金收入，还应按照具体项目进行明细核算。

1. 确认附属单位上缴收入时，按照应收到的金额，借记“其他应收款”科目，贷记“附属单位上缴收入”，预算会计不做处理；实际收到应收附属单位上缴款时，按照实际收到的金额，借记“银行存款”科目，贷记“其他应收款”科目，预算会计借记“资金结存——货币资金”科目，贷记“附属单位上缴预算收入”。

【例11-15】某事业单位下属的招待所为独立核算的附属单位。按事业单位与招待所签订的收入分配办法，20××年招待所应交纳分成收入100 000元，事业单位已收到招待所上缴的款项。

财务会计处理：

借：银行存款　100 000

　贷：附属单位上缴收入——招待所——20××年分成收入　100 000

预算会计处理：

借：资金结存——货币资金　100 000

　贷：附属单位上缴预算收入——非专项资金收入　100 000

2. 期末，将附属单位上缴收入本期发生额转入本期盈余，借记“附属单位上缴收入”，贷记“本期盈余”科目。年末结转后，本科目应无余额。

将附属单位上缴预算收入本年发生额中的专项资金收入转入非财政拨款结转，借记“附属单位上缴预算收入”科目下各专项资金收入明细科目，贷记“非财政拨款结转——本年收支结转”科目；将附属单位上缴预算收入本年发生额中的非专项资金收入转入其他结余，借记“附属单位上缴预算收入”下各非专项资金收入明细科目，贷记“其他结余”科目。年末结转后，本科目应无余额。

【例 11－16】 2023 年年终结账时，某事业单位“附属单位上缴收入”科目贷方余额 100 000 元，上缴单位为 A 单位。其中专项资金收入 60 000 元，非专项资金收入 40 000 元。

财务会计处理：

借：附属单位上缴收入　100 000

　贷：本期盈余　100 000

预算会计处理：

借：附属单位上缴预算收入——专项资金收入　60 000

　　　　　　　　　　　——非专项资金收入　40 000

　贷：非财政补助结转——本年收支结转　60 000

　　　其他结余　40 000

第五节　经营收入与经营预算收入的核算

经营收入与经营预算收入核算是事业单位在专业业务活动及其辅助活动之外开展非独立核算经营活动取得的收入。应当按照经营活动类别、项目和收入来源等进行明细核算。

1. 实现经营收入时，按照实际收到的收入金额，财务会计借记“银行存款”科目，贷记“经营收入”科目。

按照实际收到的收入金额，预算会计借记“资金结存——货币资金”科目，贷记“经营预算收入”。

【例 11－17】 某档案管理事业单位，下设复印服务部为客户服务（没有实行独立核算），当日收到复印费收入 980 元，款项已经存入银行。

财务会计处理：

借：银行存款　980

　贷：经营收入——复印费　980

预算会计处理：

借：资金结存——货币资金　　980

　贷：经营预算收入　　980

2. 期末，将经营收入本期发生额转入本期盈余，借记"经营收入"，贷记"本期盈余"科目。年末结转后，本科目应无余额。

将经营预算收入本年发生额转入经营结余，借记"经营预算收入"，贷记"经营结余"科目。年末结转后，本科目应无余额。

【例11－18】 2023年终结账时，某事业单位本年"经营预算收入"科目贷方发生额为51 000元。

财务会计处理：

借：经营收入　　51 000

　贷：本期盈余　　51 000

预算会计处理：

借：经营预算收入　　51 000

　贷：经营结余　　51 000

第六节　非同级财政拨款收入与非同级财政拨款预算收入的核算

非同级财政拨款收入与非同级财政拨款预算收入核算是单位从非同级政府财政部门取得的经费拨款，包括从同级政府其他部门取得的横向转拨财政款、从上级或下级政府财政部门取得的经费拨款等。应当按照本级横向转拨财政款和非本级财政拨款进行明细核算，并按照收入来源进行明细核算。非同级财政拨款预算收入中如有专项资金收入，还应按照具体项目进行明细核算。

1. 确认非同级财政拨款收入时，按照实际收到的金额，财务会计借记"银行存款"科目，贷记"非同级财政拨款收入"科目。

按照实际收到的金额，预算会计借记"资金结存——货币资金"科目，贷记"非同级财政拨款预算收入"科目。

【例11－19】 某事业单位为市财政预算单位，现收到省财政部门拨来的补助款项25 000元，用于完成一项指定的甲项目。该单位收到开户银行转来的"到账通知书"，款项已经到账。

财务会计处理：

借：银行存款　　25 000

　贷：非同级财政拨款收入——项目资金——甲项目　　25 000

预算会计处理：

借：资金结存——货币资金　　25 000

　贷：非同级财政拨款预算收入——项目资金——甲项目　　25 000

2. 期末，将非同级财政拨款收入本期发生额转入"本期盈余"科目，借记"非同级财政拨款收入"，贷记"本期盈余"科目。年末结转后，本科目应无余额。

将非同级财政拨款预算收入本年发生额中的专项资金收入转入非财政拨款结转，借记“非同级财政拨款预算收入”下各专项资金收入明细科目，贷记“非财政拨款结转——本年收支结转”科目；将非同级财政拨款预算收入本年发生额中的非专项资金收入转入其他结余，借记“非同级财政拨款预算收入”下各非专项资金收入明细科目，贷记“其他结余”科目。期末结转后，非同级财政拨款收入与非同级财政拨款预算收入应无余额。年末结转后，本科目应无余额。

【例 11-20】 2023 年年终结账时，某单位“非同级财政拨款收入”本期发生额共计 16 800 元，其中，专项资金收入本期发生额 8 000 元，非专项资金收入本期发生额 8 800 元。

财务会计处理：

借：非同级财政拨款收入	16 800	
贷：本期盈余		16 800

预算会计处理：

借：非同级财政拨款预算收入——专项资金收入	8 000	
非财政拨款结转——非专项资金收入	8 800	
贷：非财政拨款结转——本年收支结转		8 000
其他结余		8 800

第七节　投资收益与投资预算收益的核算

投资收益与投资预算收益科目核算是事业单位股权投资和债券投资所实现的收益或发生的损失，应当按照投资的种类等进行明细核算。

1. 收到短期投资持有期间的利息，按照实际收到的金额，财务会计借记“银行存款”科目，贷记“投资收益”科目。

按照实际收到的金额，预算会计借记“资金结存——货币资金”科目，贷记“投资预算收益”科目。

【例 11-21】 某事业单位取得一项长期股权投资分配利润，按投资份额计算该事业单位应取得投资收益 100 000 元。款项已经收到，存入银行。

财务会计处理：

借：银行存款	100 000	
贷：投资收益		100 000

预算会计处理：

借：资金结存——货币资金	100 000	
贷：投资预算收益		100 000

2. 出售或到期收回短期债券本息，按照实际收到的金额，财务会计借记“银行存款”科目，按照出售或收回短期投资的成本，贷记“短期投资”科目，按照其差额，贷记或借记本科目；预算会计借记“资金结存——货币资金”科目，按照取得债券时“投资支出”科目的发生额，贷记“投资支出”科目，贷记或借记“投资预算收益”。

出售或到期收回以前年度取得的短期、长期债券，按照实际取得的价款或实际收到的本息金额，预算会计借记“资金结存——货币资金”科目，按照取得债券时“投资支出”科目的发生额，贷记“其他结余”科目，贷记或借记“投资预算收益”。

【例11－22】 20××年8月7日，某事业单位的一项短期国债投资到期兑付，收回国债投资本息82 500元。其中短期投资成本80 000元，利息2 500元。

财务会计处理：

借：银行存款　　82 500

　　贷：短期投资　　80 000

　　　　投资收益　　2 500

预算会计处理：

借：资金结存——货币资金　　82 500

　　贷：投资支出　　80 000

　　　　投资预算收益　　2 500

3. 持有的分期付息、一次还本的长期债券投资，按期确认利息收入时，按照计算确定的应收未收利息，财务会计借记“应收利息”科目，贷记“投资收益”；持有的到期一次还本付息的债券投资，按期确认利息收入时，按照计算确定的应收未收利息，借记“长期债券投资——应计利息”科目，贷记“投资收益”。

按照实际收到的金额，预算会计借记“资金结存——货币资金”科目，贷记“投资预算收益”。

【例11－23】 2023年12月31日，某事业单位持有的一项分期付息，一次还本的长期国债年末应计利息5 000元。该单位的账务处理如下：

财务会计处理：

借：应收利息　　5 000

　　贷：投资收益　　5 000

预算会计不处理。

4. 出售长期债券投资或到期收回长期债券投资本息，按照实际收到的金额，借记“银行存款”等科目，按照债券初始投资成本和已计未收利息金额，贷记“长期债券投资——成本、应计利息”科目［到期一次还本付息债券］或“长期债券投资”“应收利息”科目［分期付息债券］，按照其差额，贷记或借记“投资收益”。

按照实际取得的价款扣减支付的相关费用和应缴财政款后的余额（按照规定纳入单位预算管理的），预算会计借记“资金结存——货币资金”科目，贷记“投资预算收益”。

【例11－24】 20××年4月10日，单位转让持有的M公司到期一次还本付息债券，债券账面价值100 000元，其中：成本70 000元，应计利息10 000元，实际转让价格为120 000元。

财务会计处理：

借：银行存款　　100 000

　　贷：长期债券投资——成本　　70 000

　　　　长期债券投资——应计利息　　10 000

　　　　投资收益　　20 000

预算会计处理：

借：资金结存——货币资金　　20 000

　　贷：投资预算收益　　20 000

5. 采用成本法核算的长期股权投资持有期间，被投资单位宣告分派现金股利或利润时，按照宣告分派的现金股利或利润中属于单位应享有的份额，借记“应收股利”科目，贷记“投资收益”。

【例 11－25】某事业单位取得一项长期股权投资，按投资份额计算该事业单位应取得宣告分配利润 100 000 元。

财务会计处理：

借：应收股利　　100 000

　　贷：投资收益　　100 000

预算会计不处理。

6. 采用权益法核算的长期股权投资持有期间，按照应享有或应分担的被投资单位实现的净损益的份额，借记或贷记“长期股权投资——损益调整”科目，贷记或借记“投资收益”；被投资单位发生净亏损，但以后年度又实现净利润的，单位在其收益分享额弥补未确认的亏损分担额等后，恢复确认投资收益，借记“长期股权投资——损益调整”科目，贷记本“投资收益”。

7. 按照规定处置长期股权投资时有关投资收益的账务处理，参见“长期股权投资”科目。

8. 期末，将投资收益本期发生额转入本期盈余，借记或贷记“投资收益”，贷记或借记“本期盈余”科目。年末结转后，本科目应无余额。

将投资预算收益本年发生额转入其他结余，借记或贷记“投资预算收益”，贷记或借记“其他结余”科目。年末结转后，本科目应无余额。

【例 11－26】2023 年年终结账时，本年投资收益与投资预算收益发生额均为 2 000 元，年末对该收入进行结转。

财务会计处理：

借：投资收益　　2 000

　　贷：本期盈余　　2 000

预算会计处理：

借：投资预算收益　　2 000

　　贷：其他结余　　2 000

第八节　捐赠收入、利息收入、租金收入、其他收入与其他预算收入的核算

捐赠收入核算是单位接受其他单位或者个人捐赠所取得的收入，应当按照捐赠资产的用途和捐赠单位等进行明细核算；利息收入核算单位取得的银行存款利息收入；租金收入核算

单位经批准利用国有资产出租取得并按照规定纳入本单位预算管理的租金收入，应当按照出租国有资产类别和收入来源等进行明细核算。其他收入核算单位取得的除财政拨款收入、事业收入、上级补助收入、附属单位上缴收入、经营收入、非同级财政拨款收入、投资收益、捐赠收入、利息收入、租金收入以外的各项收入，包括现金盘盈收入、按照规定纳入单位预算管理的科技成果转化收入、行政单位收回已核销的其他应收款、无法偿付的应付及预收款项、置换换出资产评估增值等，应当按照其他收入的类别、来源等进行明细核算。

其他预算收入科目核算单位除财政拨款预算收入、事业预算收入、上级补助预算收入、附属单位上缴预算收入、经营预算收入、债务预算收入、非同级财政拨款预算收入、投资预算收益之外的纳入部门预算管理的现金流入，包括捐赠预算收入、利息预算收入、租金预算收入、现金盘盈收入等。本科目应当按照其他收入类别进行明细核算。其他预算收入中如有专项资金收入，还应按照具体项目进行明细核算。单位发生的捐赠预算收入、利息预算收入、租金预算收入金额较大或业务较多的，可单独设置“捐赠预算收入”“利息预算收入”“租金预算收入”等科目。

1. 捐赠收入与其他（捐赠）预算收入的核算

（1）接受捐赠的货币资金，按照实际收到的金额，财务会计借记“银行存款”“库存现金”等科目，贷记“捐赠收入”。

按照实际收到的金额，预算会计借记“资金结存——货币资金”科目，贷记“其他（捐赠）预算收入”。

【例11－27】 2024年1月12日，某事业单位收到捐赠人捐赠现金20 000元，并存入银行。

财务会计处理：

借：银行存款　　20 000

　　贷：捐赠收入　　20 000

预算会计处理：

借：资金结存——货币资金　　20 000

　　贷：其他（捐赠）预算收入　　20 000

（2）接受捐赠的存货、固定资产等非现金资产，按照确定的成本，借记“库存物品”“固定资产”等科目，按照发生的相关税费、运输费等，贷记“银行存款”等科目，按照其差额，贷记“捐赠收入”；接受捐赠的资产按照名义金额入账的，按照名义金额，借记“库存物品”“固定资产”等科目，贷记本科目；同时，按照发生的相关税费、运输费等，借记“其他费用”科目，贷记“银行存款”等科目。

按照扣除后发生的相关税费、运输费等的差额，预算会计借记“固定资产”科目，贷记“其他（捐赠）预算收入”。

【例11－28】 某单位接受捐赠一台设备，价值80 000元，单位支付该设备运输费、安装调试费合计2 000元，零余额账户支付。

财务会计处理：

借：固定资产　　82 000

　　贷：零余额账户用款额度　　2 000

　　　　捐赠收入　　80 000

预算会计处理：

借：固定资产　　82 000

　　贷：资金结存——货币资金　　2 000

　　　　其他（捐赠）预算收入　　80 000

（3）期末，将捐赠收入本期发生额转入本期盈余，借记“捐赠收入”，贷记“本期盈余”科目。年末结转后，本科目应无余额。

将其他预算收入本年发生额中的专项资金收入转入非财政拨款结转，借记其他预算收入下各专项资金收入明细科目，贷记“非财政拨款结转——本年收支结转”科目；将其他预算收入本年发生额中的非专项资金收入转入其他结余，借记其他预算收入下各非专项资金收入明细科目，贷记“其他结余”科目。年末结转后，本科目应无余额。

2. 利息收入与其他（利息）预算收入的核算

（1）取得银行存款利息时，按照实际收到的金额，财务会计借记“银行存款”科目，贷记“利息收入”。

按照实际收到的金额，预算会计借记“资金结存——货币资金”科目，贷记“其他（利息）预算收入”。

【例 11－29】 2024 年 2 月 20 日，某事业单位收到银行转入的银行存款利息 5 000 元。

财务会计处理：

借：银行存款　　5 000

　　贷：利息收入　　5 000

预算会计处理：

借：资金结存——货币资金　　5 000

　　贷：其他（利息）预算收入　　5 000

（2）期末，将利息收入本期发生额转入本期盈余，借记“利息收入”，贷记“本期盈余”科目。年末结转后，本科目应无余额。

将其他预算收入本年发生额中的专项资金收入转入非财政拨款结转，借记其他预算收入下各专项资金收入明细科目，贷记“非财政拨款结转——本年收支结转”科目；将其他预算收入本年发生额中的非专项资金收入转入其他结余，借记其他预算收入下各非专项资金收入明细科目，贷记“其他结余”科目。年末结转后，本科目应无余额。

3. 租金收入与其他（租金）预算收入的核算

（1）国有资产出租收入，应当在租赁期内各个期间按照直线法予以确认。采用预收租金方式的，预收租金时，按照收到的金额，借记“银行存款”等科目，贷记“预收账款”科目；分期确认租金收入时，按照各期租金金额，借记“预收账款”科目，贷记本科目。采用后付租金方式的，每期确认租金收入时，按照各期租金金额，借记“应收账款”科目，贷记本科目；收到租金时，按照实际收到的金额，借记“银行存款”等科目，贷记“应收账款”科目。采用分期收取租金方式的，每期收取租金时，按照租金金额，借记“资金结存——货币资金”等科目，贷记本科目。

收到租金时，按照实际收到的金额，预算会计借记“银行存款”等科目，贷记“其他预算收入”科目。

【例11－30】某事业单位将闲置的房子出租，收到承租人交来的本月租金56 000元，款项已经到账。

财务会计处理：

借：银行存款　　56 000

　　贷：其他收入——租金收入　　56 000

预算会计处理：

借：资金结存——货币资金　　56 000

　　贷：其他（租金）预算收入　　56 000

（2）期末，将租金收入本期发生额转入本期盈余，借记“租金收入”，贷记“本期盈余”科目。年末结转后，本科目应无余额。

将其他（租金）预算收入本年发生额中的专项资金收入转入非财政拨款结转，借记其他预算收入下各专项资金收入明细科目，贷记“非财政拨款结转——本年收支结转”科目；将其他预算收入本年发生额中的非专项资金收入转入其他结余，借记其他预算收入下各非专项资金收入明细科目，贷记“其他结余”科目。年末结转后，本科目应无余额。

4. 其他收入与其他预算收入的核算

（1）现金盘盈收入，每日现金账款核对中发现的现金溢余，属于无法查明原因的部分，报经批准后，财务会计借记“待处理财产损溢”“库存现金”等科目，贷记“其他收入”。

按照溢余的现金金额，预算会计借记“资金结存——货币资金”科目，贷记“其他预算收入”科目；属于应支付给有关个人和单位的部分，按照实际支付的金额，借记“其他预算收入”科目，贷记“资金结存——货币资金”科目。

【例11－31】2024年3月6日，某单位核对现金账，发现现金溢余300元，无法查明原因。

财务会计处理：

借：库存现金　　300

　　贷：其他收入　　300

预算会计处理：

借：资金结存——货币资金　　300

　　贷：其他预算收入　　300

（2）科技成果转化收入，单位科技成果转化所取得的收入，按照规定留归本单位的，按照所取得收入扣除相关费用之后的净收益，借记“银行存款”等科目，贷记“其他收入”。预算会计按照收到的金额，借记“资金结存——货币资金”科目，贷记“其他预算收入”。

（3）收回已核销的其他应收款，单位已核销的其他应收款在以后期间收回的，按照实际收回的金额，借记“银行存款”等科目，贷记“其他收入”。预算会计按照收到的金额，借记“资金结存——货币资金”科目，贷记“其他预算收入”。

（4）无法偿付的应付及预收款项，无法偿付或债权人豁免偿还的应付账款、预收账款、其他应付款及长期应付款，借记“应付账款”“预收账款”“其他应付款”“长期应付款”等科目，贷记“其他收入”。预算会计按照收到的金额，借记“资金结存——货币资金”科目，贷记“其他预算收入”。

（5）置换换出资产评估增值，资产置换过程中，换出资产评估增值的，按照评估价值高于资产账面价值或账面余额的金额，借记有关科目，贷记“其他收入”。以未入账的无形资产取得的长期股权投资，按照评估价值加相关税费作为投资成本，借记“长期股权投资”科目，按照发生的相关税费，贷记“银行存款”“其他应交税费”等科目，按其差额，贷记“其他收入”。预算会计按照收到的金额，借记“资金结存——货币资金”科目，贷记“其他预算收入”。

（6）确认（1）至（5）以外的其他收入时，按照应收或实际收到的金额，借记“其他应收款”“银行存款”“库存现金”等科目，贷记“其他收入”。预算会计按照收到的金额，借记“资金结存——货币资金”科目，贷记“其他预算收入”。

（7）期末，将其他收入本期发生额转入本期盈余，借记“其他收入”，贷记“本期盈余”科目。年末结转后，本科目应无余额。

将其他预算收入本年发生额中的专项资金收入转入非财政拨款结转，借记其他预算收入下各专项资金收入明细科目，贷记“非财政拨款结转——本年收支结转”科目。将其他预算收入本年发生额中的非专项资金收入转入其他结余，借记其他预算收入下各非专项资金收入明细科目，贷记“其他结余”科目。年末结转后，本科目应无余额。

【例 11－32】 2023 年年末，单位将“其他预算收入——专项资金收入”科目本期发生额 5 000 元结转入非财政拨款结转。

财务会计处理：

借：其他收入	5 000	
贷：本期盈余		5 000

预算会计处理：

借：其他预算收入——专项资金收入	5 000	
贷：非财政拨款结转		5 000

思政园地

收入的管理要求

1. 按照核定预算和用款计划申请取得。事业单位应根据核定的预算编制分月用款计划，经同级财政部门或上级单位核定后分月获取财政拨款收入。

2. 按规定用途申请取得。事业单位应按核定的预算用途使用财政拨款收入，未经同级财政部门批准，不得擅自改变用途。

3. 按预算级次申请取得。事业单位应按规定的预算级次和经费领报关系向上级单位或同级财政部门申请取得财政拨款收入；同级主管部门之间原则上不得发生经费领拨关系。

4. 按规定的财政资金支付方式申请取得。事业单位在确定年度预算和分月用款计划时，同时也确定了财政资金的支付方式及支付金额。实行国库改革的行政单位通过财政直接支付方式和财政授权支付方式获取财政拨款收入；尚未实行国库集中支付改革的行政单位，通过财政实拨资金的方式获取财政拨款收入。

【复习思考题】

1. 什么是事业单位的收入？包括哪些内容？

2. 事业单位预算收入如何分类？

第十二章 事业单位费用和预算支出的核算

学习目标

本章主要介绍事业单位费用和预算支出的概念、有关费用和预算支出之间的区别，各项费用和预算支出的核算。要求了解事业单位各项费用和预算支出的具体内容，掌握各项费用和预算支出的分类、列报口径，适用科目及其账务处理。

第一节　业务活动费用、单位管理费用与事业支出的核算

业务活动费用核算是单位为实现其职能目标，依法履职或开展专业业务活动及其辅助活动所发生的各项费用。单位管理费用核算事业单位本级行政及后勤管理部门开展管理活动发生的各项费用，包括单位行政及后勤管理部门发生的人员经费、公用经费、资产折旧（摊销）等费用，以及由单位统一负担的离退休人员经费、工会经费、诉讼费、中介费等。

应当按照项目、服务、费用及业务类别、支付对象等进行明细核算。为了满足成本核算需要，本科目下还可按照“工资福利费用”“商品和服务费用”“对个人和家庭的补助费用”“对企业补助费用”“固定资产折旧费”“无形资产摊销费”“公共基础设施折旧（摊销）费”“保障性住房折旧费”“计提专用基金”等成本项目设置明细科目，归集能够直接计入业务活动、单位管理活动或采用一定方法计算后计入业务活动、单位管理活动的费用。

事业支出核算是事业单位开展专业业务活动及其辅助活动实际发生的各项现金流出。可在本科目下设置相应的明细科目进行核算，或单设“教育支出”“科研支出”“医疗支出”“行政管理支出”“后勤保障支出”等一级会计科目进行核算。本科目应当分别按照“财政拨款支出”“非财政专项资金支出”“其他资金支出”“基本支出”和“项目支出”等进行明细核算，同时在“项目支出”明细科目下按照具体项目进行明细核算。有一般公共预算财政拨款、政府性基金预算财政拨款等两种或两种以上财政拨款的事业单位，还应当在“财政拨款支出”明细科目下按照财政拨款的种类进行明细核算。

1. 为履职或开展业务活动人员计提的薪酬，按照计算确定的金额，借记“业务活动费用”，贷记“应付职工薪酬”科目；为管理活动人员计提的薪酬，按照计算确定的金额，借

记“单位管理费用”，贷记“应付职工薪酬”科目。按照代扣代缴个人所得税的金额，贷记“其他应交税费——应交个人所得税”科目；按照扣税后应付或实际支付的金额，贷记“其他应付款”“财政拨款收入”“零余额账户用款额度”“银行存款”等科目。

按照实际支付的数额，预算会计借记“事业支出”，贷记“财政拨款预算收入”“资金结存”科目。按照规定代扣代缴个人所得税以及代扣代缴或为职工缴纳职工社会保险费、住房公积金等时，按照实际缴纳的金额，借记“事业支出”，贷记“财政拨款预算收入”“资金结存”科目。

【例12-1】某事业单位支付3月应付职工薪酬565 150元，实际支付给职工536 892.5元，代扣代缴并支付个人所得税28 257.5元，会计分录如下：

（1）财务会计处理：

借：业务活动费用——工资福利费用　　565 150

　贷：应付职工薪酬　　565 150

预算会计不处理。

（2）财务会计处理：

借：应付职工薪酬　　565 150

　贷：零余额账户用款额度　　536 892.5

　　　其他应交税费——应交个人所得税　　28 257.5

借：其他应交税费——应交个人所得税　　28 257.5

　贷：零余额账户用款额度　　28 257.5

预算会计处理：

借：事业支出——财政拨款支出——基本支出——工资福利支出（基本工资）

　　565 150

　贷：资金结存　　565 150

2. 为履职或开展业务活动所使用的固定资产、无形资产以及为所控制的公共基础设施、保障性住房计提的折旧、摊销，按照计提金额，借记“业务活动费用”或“单位管理费用”，贷记“固定资产累计折旧”“无形资产累计摊销”“公共基础设施累计折旧（摊销）”“保障性住房累计折旧”科目。

【例12-2】某事业单位某月按项目预算应由某项目承担固定资产折旧费10 000元，无形资产摊销25 000元。

财务会计处理如下：

借：业务活动费用——××项目——固定资产折旧费　　10 000

　贷：固定资产累计折旧　　10 000

借：业务活动费用——××项目——无形资产摊销费　　25 000

　贷：无形资产累计摊销　　25 000

预算会计不处理。

3. 为履职或开展业务活动发生其他各项费用时，按照费用确认金额，借记“业务活动费用”或“单位管理费用”，贷记“财政拨款收入”“零余额账户用款额度”“银行存款”“应付账款”“其他应付款”“其他应收款”等科目。

按照实际支付的数额，预算会计借记“事业支出”，贷记“财政拨款预算收入”“资金结存”等科目。

【例12－3】 某单位为开展某项业务活动产生电费3 200元。

财务会计处理：

借：业务活动费用——××项目——商品和服务费用　　3 200

　　贷：零余额账户用款额度　　3 200

预算会计处理：

借：事业支出——财政拨款支出——基本支出——项目支出——商品和服务费用　　3 200

　　贷：资金结存　　3 200

4. 发生当年购货退回等业务，对于已计入本年业务活动费用或单位管理费用的，按照收回或应收的金额，借记“财政拨款收入”“零余额账户用款额度”“银行存款”“其他应收款”等科目，贷记“业务活动费用”或“单位管理费用”。

按照收回或更正金额，预算会计借记“财政拨款预算收入”“资金结存”科目，贷记“事业支出”。

【例12－4】 某单位在开展某项业务活动中当年购入一批材料，已计入费用，因质量原因当年退回35 000元。

财务会计处理：

借：零余额账户用款额度　　35 000

　　贷：业务活动费用　　35 000

预算会计处理：

借：资金结存　　35 000

　　贷：事业支出　　35 000

5. 期末，将业务活动费用、单位管理费用本期发生额转入本期盈余，借记“本期盈余”科目，贷记“业务活动费用”“单位管理费用”。年末结转后，本科目应无余额。

预算会计将事业支出本年发生额中的财政拨款支出转入财政拨款结转，借记“财政拨款结转——本年收支结转”科目，贷记事业支出下各财政拨款支出明细科目；将事业支出本年发生额中的非财政专项资金支出转入非财政拨款结转，借记“非财政拨款结转——本年收支结转”科目，贷记事业支出下各非财政专项资金支出明细科目；将事业支出本年发生额中的其他资金支出（非财政非专项资金支出）转入其他结余，借记“其他结余”科目，贷记事业支出下其他资金支出明细科目。年末结转后，本科目应无余额。

【例12－5】 年末，某单位在开展某项业务活动将“业务活动费用”科目本年发生额7 687 859.50元，“单位管理费用”科目本年发生额3 895 786.5元，进行年终结账。

财务会计处理：

借：本期盈余　　11 583 646

　　贷：业务活动费用——××项目　　7 687 859.50

　　　　单位管理费用　　3 895 786.50

预算会计处理：

借：财政拨款结转——本年收支结转（基本支出）　　3 895 786.50
　　　　　　　——本年收支结转（项目支出）　　7 687 859.50
　贷：事业支出——财政拨款支出——基本支出——工资福利支出　3 895 786.50
　　　　　　　　　　　　　　——项目支出——其他资本性支出　7 687 859.50

第二节　经营费用与经营支出的核算

经营费用核算事业单位在专业业务活动及其辅助活动之外开展非独立核算经营活动发生的各项费用。应当按照经营活动类别、项目、支付对象等进行明细核算。

经营支出核算事业单位在专业业务活动及其辅助活动之外开展非独立核算经营活动实际发生的各项现金流出。

1. 为经营活动人员计提的薪酬，按照计算确定的金额，借记“经营费用”，贷记“应付职工薪酬”科目。向经营活动人员支付薪酬时，按照实际的金额，贷记“银行存款”科目，按照规定代扣代缴个人所得税时，贷记“其他应交税费——应交个人所得税”科目。

按照实际支付的金额，预算会计借记“经营支出”，贷记“资金结存”科目。

【例 12-6】 本月开发 H 产品，发生临时聘用人员工资 30 000 元（其中 800 元为个人所得税）。

（1）财务会计处理：

借：经营费用——产品研发——劳务费　　30 000
　贷：应付职工薪酬　　30 000

预算会计不处理。

（2）财务会计处理：

借：应付职工薪酬　　30 000
　贷：银行存款　　29 200
　　　其他应交税费——应交个人所得税　　800
借：其他应交税费——应交个人所得税　　800
　贷：银行存款　　800

预算会计处理：

借：经营支出　　30 000
　贷：资金结存　　30 000

2. 开展经营活动领用或发出库存物品，按照物品实际成本，借记“经营费用”，贷记“库存物品”科目。

【例 12-7】 为生产 H 产品领用价值 20 000 元的库存材料一批。

财务会计处理：

借：经营费用——产品研发——库存材料　　20 000
　贷：库存物品　　20 000

预算会计不处理。

3. 为经营活动所使用固定资产、无形资产计提的折旧、摊销，按照应提折旧、摊销额，借记“经营费用”，贷记“固定资产累计折旧”“无形资产累计摊销”科目。

【例 12-8】 研究所根据固定资产折旧计算表和无形资产摊销表计算，当月应计提固定资产折旧额、无形资产摊销额分别为1 000元、500元。会计分录如下：

财务会计处理：

借：经营费用——产品研发——固定资产累计折旧　　1 000

　　　　　　　　　　　——累计摊销　　500

　贷：固定资产累计折旧　　1 000

　　　无形资产累计摊销　　500

预算会计不处理。

4. 发生当年购货退回等业务，对于已计入本年经营费用的，按照收回或应收的金额，借记“银行存款”“其他应收款”等科目，贷记“经营费用”。

按照收回或应收的金额，预算会计借记“资金结存”科目，贷记“经营支出”。

【例 12-9】 某事业单位下设非独立核算印刷厂为客户服务，该印刷厂实行内部成本核算。由于质量原因，已退回上月购入纸张，价税合计80 000元，货款已收到。

财务会计处理：

借：零余额账户用款额度　　80 000

　贷：经营费用　　80 000

预算会计处理：

借：资金结存——货币资金　　80 000

　贷：经营支出——印刷业务　　80 000

5. 期末，将经营费用本期发生额转入本期盈余，借记“本期盈余”科目，贷记“经营费用”。年末结转后，本科目应无余额。

将经营支出本年发生额转入经营结余，借记“经营结余”科目，贷记“经营支出”。年末结转后，本科目应无余额。

【例 12-10】 期末，结转单位经营费用与经营支出本期发生额88 170元。

财务会计处理：

借：本期盈余——经营盈余　　88 170

　贷：经营费用　　88 170

预算会计处理：

借：经营结余　　88 170

　贷：经营支出　　88 170

第三节　上缴上级费用与上缴上级支出的核算

上缴上级费用核算事业单位按照财政部门和主管部门的规定上缴上级单位款项发生的费用。本科目应当按照收缴款项单位、缴款项目等进行明细核算。

上缴上级支出核算事业单位按照财政部门和主管部门的规定上缴上级单位款项发生的现金流出。

1. 单位发生上缴上级支出的，按照实际上缴的金额或者按照规定计算出应当上缴上级单位的金额，借记“上缴上级费用”，贷记“银行存款”“其他应付款”等科目。

按照实际上缴的金额，预算会计借记“上缴上级支出”，贷记“资金结存”科目。

【例 12 - 11】 某单位 11 月末按照规定计算应上缴上级费用 70 000 元，12 月初上缴上级单位。

(1) 计提费用，财务会计处理：

借：上缴上级费用——××缴款项目　　70 000

　　贷：其他应付款——××单位　　70 000

预算会计不处理。

(2) 上缴上级单位，财务会计处理：

借：其他应付款——××单位　　70 000

　　贷：银行存款　　70 000

预算会计处理：

借：上缴上级支出　　70 000

　　贷：资金结存　　70 000

2. 期末，将上缴上级费用本期发生额转入本期盈余，借记“本期盈余”科目，贷记“上缴上级费用”。年末结转后本科目应无余额。

将上缴上级支出本年发生额转入其他结余，借记“其他结余”科目，贷记“上缴上级支出”。年末结转后，本科目应无余额。

【例 12 - 12】 某单位年末，将“上缴上级费用”“上缴上级支出”科目本年发生额 100 000元进行年终结账。

财务会计处理：

借：本期盈余——事业盈余　　100 000

　　贷：上缴上级费用　　100 000

预算会计处理：

借：其他结余　　100 000

　　贷：上缴上级支出　　100 000

第四节 对附属单位补助费用和对附属单位补助支出的核算

对附属单位补助费用核算事业单位用财政拨款收入之外的收入对附属单位补助发生的费用，本科目应当按照接受补助单位、补助项目等进行明细核算。

对附属单位补助支出核算事业单位用财政拨款预算收入之外的收入对附属单位补助发生的现金流出。

1. 单位发生对附属单位补助支出的，按照实际补助的金额或者按照规定计算出应当对附属单位补助的金额，借记“对附属单位补助费用”，贷记“银行存款”“其他应付款”等科目。按照实际补助的金额，预算会计借记“对附属单位补助支出”，贷记“资金结存”科目。

【例12-13】某单位用自有资金对所属独立核算A单位补助100 000元，以银行存款支付。

财务会计处理：

借：对附属单位补助费用——A单位　　100 000

　　贷：银行存款　　100 000

预算会计处理：

借：对附属单位补助支出——印刷厂　　100 000

　　贷：资金结存——货币资金　　100 000

2. 期末，将对附属单位补助费用本期发生额转入本期盈余，借记“本期盈余”科目，贷记“对附属单位补助费用”。年末结转后，本科目应无余额。

将对附属单位补助支出本年发生额转入其他结余，借记“其他结余”科目，贷记“对附属单位补助支出”。本年末结转后，本科目应无余额。

【例12-14】某单位年末，将“上缴上级费用”“对附属单位补助支出”科目本年发生额80 000元进行年终结账。

财务会计处理：

借：本期盈余——事业盈余　　80 000

　　贷：对附属单位补助费用　　80 000

预算会计处理：

借：其他结余　　80 000

　　贷：对附属单位补助支出　　80 000

第五节　资产处置费用、其他费用与其他支出的核算

资产处置费用核算单位经批准处置资产时发生的费用，包括转销的被处置资产价值，以及在处置过程中发生的相关费用或者处置收入小于相关费用形成的净支出。资产处置的形式按照规定包括无偿调拨、出售、出让、转让、置换、对外捐赠、报废、毁损以及货币性资产损失核销等。单位在资产清查中查明的资产盘亏、毁损以及资产报废等，应当先通过“待处理财产损溢”科目进行核算，再将处理资产价值和处理净支出计入本科目。本科目应当按照处置资产的类别、资产处置的形式等进行明细核算。

其他费用核算单位发生的除业务活动费用、单位管理费用、经营费用、资产处置费用、上缴上级费用、附属单位补助费用、所得税费用以外的各项费用，包括利息费用、坏账损失、罚没支出、现金资产捐赠支出以及相关税费、运输费等。本科目应当按照其他费用的类别等进行明细核算。

（一）资产处置费用与其他支出的核算

1. 不通过“待处理财产损溢”科目核算的资产处置

按照规定报经批准处置资产时，按照处置资产的账面价值，借记“资产处置费用”［处置固定资产、无形资产、公共基础设施、保障性住房的，还应借记“固定资产累计折旧”“无形资产累计摊销”“公共基础设施累计折旧（摊销）”“保障性住房累计折旧”科目］，按照处置资产的账面余额，贷记“库存物品”“固定资产”“无形资产”“公共基础设施”“政府储备物资”“文物文化资产”“保障性住房”“其他应收款”“在建工程”等科目。处置资产过程中发生相关费用的，按照实际发生金额，借记“资产处置费用”，贷记“银行存款”“库存现金”等科目。

处置资产过程中取得收入的，按照取得的价款，借记“库存现金”“银行存款”等科目，按照处置资产过程中发生的相关费用，贷记“银行存款”“库存现金”等科目，按照其差额，借记“资产处置费用”或贷记“应缴财政款”等科目。

【例 12－15】某单位经批准后对办公楼进行处置，办公楼账面价值 1 960 000 元，累计折旧 39 200 元，根据相关规定对办公楼价值进行了资产评估，并按其评估价值 1 650 000 元取得收入存入银行，处置过程中发生的相关费用 120 000 元通过银行转账支付。

（1）转销被处置资产账面价值，财务会计处理：

借：资产处置费用——处置固定资产	1 568 000	
固定资产累计折旧——办公楼	392 000	
贷：固定资产——办公楼		1 960 000

预算会计不处理。

（2）资产处置收入财务会计处理：

借：银行存款	1 530 000	
贷：应缴财政款		1 530 000

预算会计不处理。

2. 通过“待处理财产损溢”科目核算的资产处置

单位账款核对中发现的现金短缺，属于无法查明原因的，报经批准核销时，借记“资产处置费用”，贷记“待处理财产损溢”科目。单位资产清查过程中盘亏或者毁损、报废的存货、固定资产、无形资产、公共基础设施、政府储备物资、文物文化资产、保障性住房等，报经批准处理时，按照处理资产价值，借记“资产处置费用”，贷记“待处理财产损溢——待处理财产价值”科目。处理收支结清时，处理过程中所取得收入小于所发生相关费用的，按照相关费用减去处理收入后的净支出，借记“资产处置费用”，贷记“待处理财产损溢——处理净收入”科目。

【例 12－16】某单位经财政批准处置一批报废办公设备，其残值收入 3 000 元，处置过程中发生的运输费和税费 3 500 元，收支结清后净损失 500 元。

（1）取得残值收入财务会计处理：

借：银行存款	3 000	
贷：待处理财产损溢——处置净收入		3 000

（2）处置过程中发生的费用财务会计处理：

借：待处理财产损溢——处置净收入　　3 500

　　贷：银行存款　　3 500

（3）处置完毕财务会计处理：

借：资产处置费用——处置固定资产　　500

　　贷：待处理财产损溢——处置净收入　　500

预算会计处理：

借：其他支出——处置净支出　　500

　　贷：资金结存　　500

3. 期末，将资产处置费用本期发生额转入本期盈余，借记“本期盈余”科目，贷记“资产处置费用”

预算会计将涉及的其他支出转入其他结余，借记“其他结余”科目，贷记“其他支出”，期末结转后，资产处置费用、其他支出科目应无余额。

【例12－17】 年末，将“资产处置费用”科目本年发生额1 568 600元，“其他支出”科目本年发生额100 600元进行年终结账。

财务会计处理：

借：本期盈余——事业盈余　　1 568 600

　　贷：资产处置费用　　1 568 600

预算会计处理：

借：其他结余　　100 600

　　贷：其他支出　　100 600

（二）其他费用与其他支出的核算

1. 利息费用

按期计算确认借款利息费用时，按照计算确定的金额，借记“在建工程”或“其他费用”，贷记“应付利息”“长期借款——应计利息”科目。

按照实际支付金额，预算会计借记“其他支出”，贷记“资金结存”等科目。

【例12－18】 某单位因专项业务发展的需要，从银行借入了一笔4年期的长期借款，该项目已完工，按规定计提非建设期间借款利息22 400元，到期按照计提的金额支付本期借款利息。

（1）计提利息费用，财务会计处理：

借：其他费用——应计利息　　22 400

　　贷：应付利息　　22 400

预算会计不处理。

（2）支付利息，财务会计处理：

借：应付利息　　22 400

　　贷：银行存款　　22 400

预算会计处理：

借：其他支出——利息支出 22 400

　　贷：资金结存 22 400

2. 坏账损失

年末，事业单位按照规定对收回后不需上缴财政的应收账款和其他应收款计提坏账准备时，按照计提金额，借记“其他费用”，贷记“坏账准备”科目；冲减多提的坏账准备时，按照冲减金额，借记“坏账准备”科目，贷记“其他费用”。

【例 12-19】 某事业单位按照规定对收回后不需上缴财政的应收账款和其他应收款计提坏账准备，应收账款和其他应收款余额为 1 500 000 元，坏账准备提取比例为 0.6%，计提坏账准备 9 000 元（1 500 000×0.6%）。

计提坏账准备，财务会计处理：

借：其他费用——坏账损失 9 000

　　贷：坏账准备——计提坏账准备 9 000

预算会计不处理。

3. 罚没支出

单位发生罚没支出的，按照实际缴纳或应当缴纳的金额，财务会计借记“其他费用”，贷记“银行存款”“库存现金”“其他应付款”等科目。

按照实际缴纳或应当缴纳的金额，预算会计借记“其他支出”，贷记“资金结存”等科目。

【例 12-20】 某单位接到财政处罚通知，需上缴财政处罚款 30 000 元。

财务会计处理：

借：其他费用——罚没支出 30 000

　　贷：银行存款 30 000

预算会计处理：

借：其他支出——罚没支出 30 000

　　贷：资金结存——货币资金 30 000

4. 现金资产捐赠

单位对外捐赠现金资产的，按照实际捐赠的金额，财务会计借记“其他费用”，贷记“银行存款”“库存现金”等科目。

按照实际捐赠的金额，预算会计借记“其他支出”，贷记“资金结存”等科目。

【例 12-21】 某单位为支持社会公益事业发展，向某慈善机构捐赠现金 20 000 元。

财务会计处理：

借：其他费用——现金资产捐赠 20 000

　　贷：银行存款 20 000

预算会计处理：

借：其他支出——捐赠支出 20 000

　　贷：资金结存 20 000

5. 其他相关费用

单位接受捐赠（或无偿调入）以名义金额计量的存货、固定资产、无形资产，以及成本无法可靠取得的公共基础设施、文物文化资产等发生的相关税费、运输费等，按照实际支付的金额，借记“其他费用”，贷记“财政拨款收入”“零余额账户用款额度”“银行存款”“库存现金”等科目。

按照实际支付金额，预算会计借记“其他支出”，贷记“资金结存”科目。

【例12-22】 某单位接受某单位捐赠的一台设备，按规定应当缴纳的税费3 850元已实际缴纳。

财务会计处理：

借：其他费用——其他相关费用	3 850	
贷：银行存款		3 850

预算会计处理：

借：其他支出——其他相关支出	3 850	
贷：资金结存		3 850

6. 期末，将其他费用本期发生额转入本期盈余，借记“本期盈余”科目，贷记本科目。年末结转后，本科目应无余额。

将其他支出本年发生额中的财政拨款支出转入财政拨款结转，借记“财政拨款结转——本年收支结转”科目，贷记其他支出科目下各财政拨款支出明细科目；将其他支出本年发生额中的非财政专项资金支出转入非财政拨款结转，借记“非财政拨款结转——本年收支结转”科目，贷记其他支出科目下各非财政专项资金支出明细科目；将其他支出本年发生额中的其他资金支出（非财政非专项资金支出）转入其他结余，借记“其他结余”科目，贷记其他支出科目下各其他资金支出明细科目。年末结转后，本科目应无余额。

【例12-23】 沿用【例12-18】、【例12-19】、【例12-20】、【例12-21】、【例12-22】，对以上经济行为进行年末结转。

财务会计处理：

借：本期盈余	85 250	
贷：其他费用——利息费用		22 400
——捐赠支出		20 000
——其他相关费用		3 850
——罚没支出		30 000
——坏账损失		9 000

预算会计处理：

借：其他结余	76 250	
贷：其他费用——利息费用		22 400
——捐赠支出		20 000
——其他相关费用		3 850
——罚没支出		30 000

第六节　所得税费用的核算

本科目核算有企业所得税缴纳义务的事业单位按规定缴纳企业所得税所形成的费用。

1. 发生企业所得税纳税义务的，按照税法规定计算的应交税金数额，借记“所得税费用”，贷记“其他应交税费——单位应交所得税”科目。实际缴纳时，按照缴纳金额，借记“其他应交税费——单位应交所得税”科目，贷记“银行存款”科目。预算会计借记“非财政拨款结余——累计结余”，贷记“资金结存——货币资金”。

【例 12－24】 2023 年科技厅下属某科研院所进行软件开发，经计算 2023 年应缴纳企业所得税为 186 250 元。

（1）计算应交企业所得税时，财务会计处理：

借：所得税费用　　186 250

　　贷：其他应交税费——单位应交所得税　　186 250

预算会计不处理。

（2）实际缴纳企业所得税时，财务会计处理：

借：其他应交税费——单位应交所得税　　186 250

　　贷：银行存款　　186 250

预算会计处理：

借：非财政拨款结余——累计结余　　186 250

　　贷：资金结存——货币资金　　186 250

2. 年末，将所得税费用本年发生额转入本期盈余，借记“本期盈余”科目，贷记本科目。年末结转后，本科目应无余额。

【例 12－25】 2023 年科技厅下属某科研院所年末“企业所得税”科目余额为 186 250 元进行年终结账。

财务会计处理：

借：本期盈余——经营盈余　　186 250

　　贷：所得税费用　　186 250

预算会计不处理。

第七节　投资支出的核算

投资支出核算事业单位以货币资金对外投资发生的现金流出。

1. 以货币资金对外投资时，按照投资金额和所支付的相关税费金额的合计数，预算会计借记“投资支出”，贷记“资金结存”科目。

【例 12－26】 某事业单位经批准使用自有资金购买国债 500 000 元，已通过单位基本账户支付完毕。

财务会计处理：

借：长期债券投资（国债） 500 000

　　贷：资金结存——货币资金 500 000

预算会计处理

借：投资支出（国债） 500 000

　　贷：资金结存——货币资金 500 000

2. 出售、对外转让或到期收回本年度以货币资金取得的对外投资的，如果按规定将投资收益纳入单位预算，按照实际收到的金额，借记“资金结存”科目，按照取得投资时“投资支出”科目的发生额，贷记“投资支出”，按照其差额，贷记或借记“投资预算收益”科目；如果按规定将投资收益上缴财政的，按照取得投资时“投资支出”科目的发生额，借记“资金结存”科目，贷记“投资支出”。

【例12－27】 根据有关规定要求，某事业单位半年后以520 000元价格对外转让所持有的国债，该国债账面价值500 000元，基本账户已收到该笔资金。

财务会计处理：

借：银行存款 520 000

　　贷：短期投资 500 000

　　　　投资收益 20 000

预算会计处理：

借：资金结存——货币资金 520 000

　　贷：投资支出（国债） 500 000

　　　　投资预算收益 20 000

3. 年末，将本科目本年发生额转入其他结余，借记“其他结余”科目，贷记“投资预算收益”。年末结转后，本科目应无余额。

【例12－28】 沿用【例12－27】，对上述投资活动进行年末结转。

借：投资预算收益 20 000

　　贷：其他结余 20 000

第八节 债务还本支出的核算

债务还本支出核算事业单位偿还自身承担的纳入预算管理的从金融机构举借的债务本金的现金流出。

1. 偿还各项短期或长期借款时，按照偿还的借款本金，预算会计借记“债务还本支出”，贷记“资金结存”科目。

【例12－29】 某事业单位使用自有资金偿还上半年借款本金600 000元，已通过基本账户支付完毕。

财务会计处理：

借：短期借款　　600 000

　　贷：银行存款　　600 000

预算会计处理：

借：债务还本支出——短期借款　　600 000

　　贷：资金结存——货币资金　　600 000

2. 年末，将本科目本年发生额转入其他结余，借记“其他结余”科目，贷记本科目，年末结转后，本科目应无余额。

【例 12－30】 沿用【例 12－29】，对上述偿还借款进行年末结转。

借：其他结余　　600 000

　　贷：债务还本支出——短期借款　　600 000

思政园地

专项资金管理的要求

行政事业单位从财政部门或上级主管部门取得的有指定项目和用途的专项资金应当专款专用，单独核算，并按照规定向同级财政部门或者上级主管部门报告资金使用情况。项目完成后，应当报送专项资金决算和使用效果的书面报告，接受财政部门或者主管部门的检查、验收。对于不同来源的项目资金，应当按照国家有关规定或者合同要求进行管理，不得截留挤占挪用和违反规定转拨资金，不得虚列费用，不得以任何形式谋取私利。

【复习思考题】

1. 什么是事业单位的费用？包括哪些内容？

2. 事业单位预算支出如何分类？

第十三章 事业单位预算结余和净资产的核算

学习目标

本章主要介绍事业单位预算结余的核算和净资产的核算。要求掌握事业单位财政拨款结转结余和非财政拨款结转结余的核算，各项结余及结余分配的账务处理。

净资产是指事业单位资产扣除负债后的净额。它主要包括本期盈余、本期盈余分配、专用基金、权益法调整、无偿调拨净资产、以前年度盈余调整、累计盈余等。掌握净资产核算中本期盈余及本年盈余分配的账务处理，专用基金的提取和使用，权益法调整及以前年度盈余调整的原理，无偿调拨净资产及累计盈余的核算等。

第一节 预算结余的核算

事业单位在预算会计中应当严格区分财政拨款结转结余和非财政拨款结转结余。财政拨款结转结余不参与事业单位的结余分配，单独设置“财政拨款结转”和“财政拨款结余”科目核算。非财政拨款结转结余通过设置“非财政拨款结转”“非财政拨款结余”“专用结余”“经营结余”“非财政拨款结余分配”等科目核算。

一、财政拨款结转结余的核算

（一）财政拨款结转的核算

“财政拨款结转”科目核算单位滚存的财政拨款结转资金。财政拨款结转的主要账务处理如下：

（1）年末，将财政拨款收入和对应的财政拨款支出结转入“财政拨款结转”科目。

（2）按照规定从其他单位调入财政拨款结转资金的，按照实际调增的额度数额或调入的资金数额，在预算会计中借记“资金结存”科目，贷记“财政拨款结转——归集调入”；同时在财务会计中借记“零余额账户用款额度”“财政应返还额度”等科目，贷记“累计盈余”科目。

按规定上缴（或注销）财政拨款结转资金、向其他单位调出财政拨款结转资金，按照实际上缴资金数额、实际调减的额度数额或调出的资金数额，在预算会计中借记“财政拨款结转——归集上缴、归集调出”科目，贷记“资金结存”科目；同时在财务会计中借记“累计盈余”科目，贷记“零余额账户用款额度”“财政应返还额度”等科目。

因发生会计差错等事项调整以前年度财政拨款结转资金的，按照调整的金额，在预算会计中借记或贷记“资金结存”科目，贷记或借记“财政拨款结转——年初余额调整”科目；同时在财务会计中借记或贷记“以前年度盈余调整”科目，贷记“零余额账户用款额度”“银行存款”等科目。

经财政部门批准对财政拨款结余资金改变用途，调整用于本单位基本支出或其他未完成项目支出的，按照批准调剂的金额，借记“财政拨款结余——单位内部调剂”科目，贷记“财政拨款结转——单位内部调剂”科目。

（3）年末，冲销有关明细科目余额。将“财政拨款结转——本年收支结转、年初余额调整、归集调入、归集调出、归集上缴、单位内部调剂”科目余额转入“财政拨款结转——累计结转”科目。

（4）年末，完成上述财政拨款收支结转后，应当对财政拨款各明细项目执行情况进行分析，按照有关规定将符合财政拨款结余性质的项目余额转入财政拨款结余，借记“财政拨款结转——累计结转”科目，贷记“财政拨款结余——结转转入”科目。

（二）财政拨款结余的核算

“财政拨款结余”科目核算单位滚存的财政拨款项目支出结余资金。财政拨款结余的主要账务处理如下：

（1）年末，对财政拨款结转各明细项目执行情况进行分析，按照有关规定将符合财政拨款结余性质的项目余额转入财政拨款结余。

（2）经财政部门批准对财政拨款结余资金改变用途，调整用于本单位基本支出或其他未完成项目支出的，按照批准调剂的金额，借记“财政拨款结余——单位内部调剂”科目，贷记“财政拨款结转——单位内部调剂”科目。

按照规定上缴财政拨款结余资金或注销财政拨款结余资金额度的，按照实际上缴资金数额或注销的资金额度数额，在预算会计中借记“财政拨款结余——归集上缴”科目，贷记“资金结存”科目；同时在财务会计中借记“累计盈余”科目，贷记“零余额账户用款额度”“财政应返还额度”等科目。

因发生会计差错等事项调整以前年度财政拨款结余资金的，按照调整的金额在预算会计中借记或贷记“资金结存”科目，贷记或借记“财政拨款结余——年初余额调整”科目；同时在财务会计中借记或贷记“以前年度盈余调整”科目，贷记或借记“零余额账户用款额度”“银行存款”等科目。

（3）年末，冲销有关明细科目余额。将“财政拨款结余——年初余额调整、归集上缴、单位内部调剂、结转转入”科目余额转入“财政拨款结余——累计结余”科目。

【例 13－1】某事业单位×月，财政部门拨付某事业单位基本支出补助 4 000 000 元、项目补助 1 000 000 元，“事业支出”科目下“财政拨款支出（基本支出）”“财政拨款支出（项目支出）”明细科目的当期发生额分别为 4 000 000 元和 800 000 元。月末，该事业单位将本月财政拨款收入和支出结转，应编制如下会计分录：

①结转财政拨款收入：

借：财政拨款预算收入——基本支出　4 000 000
　　　　　　　　　　——项目支出　1 000 000
　贷：财政拨款结转——本年收支结转——基本支出结转　4 000 000
　　　　　　　　　　　　　　　　——项目支出结转　1 000 000

②结转财政拨款支出：

借：财政拨款结转——本年收支结转——基本支出结转　4 000 000
　　　　　　　　　　　　　　　——项目支出结转　800 000
　贷：事业支出——财政拨款支出（基本支出）　4 000 000
　　　　　　　——财政拨款支出（项目支出）　800 000

【例13-2】承【例13-1】年末，该单位完成财政拨款收支结转后，对财政拨款各明细项目进行分析，按照有关规定将某项目结余资金45 000元转入财政拨款结余，该单位应编制如下会计分录：

借：财政拨款结转——累计结转——项目支出结转　45 000
　贷：财政拨款结余——结转转入　45 000

二、非财政拨款结转结余的核算

（一）非财政拨款结转的核算

非财政拨款结转资金是指事业单位除财政拨款收支、经营收支以外的各非同级财政拨款专项资金收入与其相关支出相抵后剩余滚存的、须按规定用途使用的结转资金。

非财政拨款结转的主要账务处理如下：

（1）年末，将除财政拨款预算收入、经营预算收入以外的各类预算收入本年发生额中的专项资金收入转入“非财政拨款结转”科目，将行政支出、事业支出、其他支出本年发生额中的非财政拨款专项资金支出转入“非财政拨款结转”科目。

（2）按照规定从科研项目预算收入中提取项目管理费或间接费时，按照提取金额，在预算会计中借记“非财政拨款结转——项目间接费用或管理费”科目，贷记“非财政拨款结余——项目间接费用或管理费”科目；同时在财务会计中借记“业务活动费用”“单位管理费用”等科目，贷记“预提费用——项目间接费或管理费”科目。

因会计差错更正等事项调整非财政拨款结转资金的，按照收到或支出的金额，在预算会计中借记或贷记“资金结存——货币资金”科目，贷记或借记“非财政拨款结转——年初余额调整”科目；同时在财务会计中借记或贷记“以前年度盈余调整”，贷记或借记“银行存款”等科目。

按照规定缴回非财政拨款结转资金的，按照实际缴回资金数额，在预算会计中借记“非财政拨款结转——缴回资金”科目，贷记“资金结存——货币资金”科目；同时在财务会计中借记“累计盈余”科目，贷记“银行存款”等科目。

(3) 年末，冲销有关明细科目余额。将“非财政拨款结转——年初余额调整、项目间接费用或管理费、缴回资金、本年收支结转”科目余额转入“非财政拨款结转——累计结转”科目。结转后，“非财政拨款结转”科目除“累计结转”明细科目外，其他明细科目应无余额。

(4) 年末，完成上述结转后，应当对非财政拨款专项结转资金各项目情况进行分析，将留归本单位使用的非财政拨款专项（项目已完成）剩余资金转入非财政拨款结余，借记“非财政拨款结转——累计结转”科目，贷记“非财政拨款结余——结转转入”科目。

【例13-3】某事业单位×月启动一项科研项目。当年收到上级主管部门拨付的非财政专项资金5 000 000元，为该项目发生事业支出4 800 000元。年末项目结项，经上级主管部门批准，该项目的结余资金留归事业单位使用。不考虑其他因素，该事业单位应作如下账务处理：

①收到上级主管部门拨付款项时：

编制财务会计分录：

借：银行存款	5 000 000	
贷：上级补助收入		5 000 000

同时，编制预算会计分录：

借：资金结存——货币资金	5 000 000	
贷：上级补助预算收入		5 000 000

②发生业务活动费用（事业支出）时：

编制财务会计分录：

借：业务活动费用	4 800 000	
贷：银行存款		4 800 000

同时，编制预算会计分录：

借：事业支出——非财政专项资金支出	4 800 000	
贷：资金结存——货币资金		4 800 000

③年末结转上级补助预算收入中该科研专项资金收入：

借：上级补助预算收入	5 000 000	
贷：非财政拨款结转——本年收支结转		5 000 000

④年末结转事业支出中该科研专项支出：

借：非财政拨款结转——本年收支结转	4 800 000	
贷：事业支出——非财政专项资金支出		4 800 000

⑤经批准确定结余资金留归本单位使用时：

借：非财政拨款结转——累计结转	200 000	
贷：非财政拨款结余——结转转入		200 000

(二) 非财政拨款结余的核算

非财政拨款结余指单位历年滚存的非限定用途的非同级财政拨款结余资金，主要为非财政拨款结余扣除结余分配后滚存的金额。

非财政拨款结余的主要账务处理如下：

（1）年末，将留归本单位使用的非财政拨款专项（项目已完成）剩余资金转入“非财政拨款结余——结转转入”科目，借记“非财政拨款结转——累计结转”科目，贷记“非财政拨款结余——结转转入”科目。

（2）有企业所得税缴纳义务的事业单位实际缴纳企业所得税时，按照缴纳金额，在预算会计中借记“非财政拨款结余——累计结余”科目，贷记“资金结存——货币资金”科目；同时在财务会计中借记“其他应交税费——单位应交所得税”科目，贷记“银行存款”等科目。

因会计差错更正等调整非财政拨款结余资金的，按照收到或支出的金额，在预算会计中借记或贷记“资金结存——货币资金”科目，贷记或借记“非财政拨款结余——年初余额调整”；同时在财务会计中借记或贷记“以前年度盈余调整”，贷记或借记“银行存款”等科目。

（3）年末，冲销有关明细科目余额。将“非财政拨款结余——年初余额调整、项目间接费用或管理费、结转转入”科目余额结转入“非财政拨款结余——累计结余”科目。结转后，“非财政拨款结余”科目除“累计结余”明细科目外，其他明细科目应无余额。

（4）年末，事业单位将“非财政拨款结余分配”科目余额转入非财政拨款结余。“非财政拨款结余分配”科目为借方余额的，借记“非财政拨款结余——累计结余”科目，贷记“非财政拨款结余分配”科目；“非财政拨款结余分配”科目为贷方余额的，借记“非财政拨款结余分配”科目，贷记“非财政拨款结余——累计结余”科目。

年末，行政单位将“其他结余”科目余额转入非财政拨款结余。“其他结余”科目为借方余额的，借记“非财政拨款结余——累计结余”科目，贷记“其他结余”科目；“其他结余”科目为贷方余额的，借记“其他结余”科目，贷记“非财政拨款结余——累计结余”科目。

（三）专用结余的核算

专用结余是指事业单位按照规定从非财政拨款结余中提取的具有专门用途的资金。

“专用结余”科目，核算专用结余资金的变动和滚存情况。根据有关规定从本年度非财政拨款结余或经营结余中提取基金的，按照提取金额，借记“非财政拨款结余分配”科目，贷记“专用结余”科目。根据规定使用从非财政拨款结余或经营结余中提取的专用基金时，按照使用金额，借记“专用结余”科目，贷记“资金结存——货币资金”科目。“专用结余”科目年末贷方余额，反映事业单位从非同级财政拨款结余中提取的专用基金的累计滚存数额。

【例13-4】 某事业单位按规定从非财政拨款结余中提取职工福利基金23 700元。财务会计分录如下：

借：本年盈余分配	23 700	
贷：专用基金职工福利基金		23 700

预算会计的分录如下：

借：非财政拨款结余分配	23 700	
贷：专用结余		23 700

【例13－5】用上述提取的职工福利基金购买职工集体福利设施32 800元，款项以银行存款支付，购入的设施作为固定资产管理，该事业单位应编制如下会计分录：

财务会计分录如下：

借：固定资产——其他设备　　32 800

　　贷：银行存款　　32 800

借：专用基金——职工福利基金　　32 800

　　贷：累计盈余　　32 800

预算会计的分录如下：

借：专用结余　　32 800

　　贷：资金结存——货币资金　　32 800

（四）经营结余的核算

“经营结余”科目，核算事业单位本年度经营活动收支相抵后余额弥补以前年度经营亏损的余额。期末，事业单位应当结转本期经营收支。根据经营预算收入本期发生额，借记“经营预算收入”科目，贷记“经营结余”科目；根据经营支出本期发生额，借记“经营结余”科目，贷记“经营支出”科目。年末，如“经营结余”科目为贷方余额，将余额结转入“非财政拨款结余分配”科目；如为借方余额，为经营亏损，不予结转。

【例13－6】年末，某事业单位“经营预算收入”科目本年贷方发生额为9 560元，“经营支出”科目本年借方发生额为7 130元。该事业单位将以上经营预算收支科目的发生额结转至“经营结余”科目。在完成上述结转后，“经营结余”科目的贷方余额为2 250元(9 560－7 310)，该事业单位将其结转“非财政拨款结余分配”科目的贷方。该事业单位应编制的会计分录为：

（1）结转“经营预算收入”科目本年贷方发生额时：

财务会计分录：无

预算会计的分录如下：

借：经营预算收入　　9 560

　　贷：经营结余　　9 560

（2）结转“经营支出”科目本年借方发生额时：

财务会计分录：无

预算会计的分录如下：

借：经营结余　　7 310

　　贷：经营支出　　7 310

（3）将“经营结余”科目贷方发生额转入“非财政拨款结余分配”科目时：

财务会计分录：无

预算会计的分录如下：

借：经营结余　　2 250

　　贷：非财政拨款结余分配　　2 250

（五）其他结余的核算

“其他结余”科目，核算单位本年度除财政拨款收支、非同级财政专项资金收支和经营收支以外各项收支相抵后的余额。年末，行政单位将本科目余额转入“非财政拨款结余——累计结余”科目；事业单位将本科目余额转入“非财政拨款结余分配”科目。

【例13－7】 年末，某行政单位结账前有关非财政拨款非专项资金的收支情况为：“其他预算收入——非专项资金收入”科目6 130元；“行政支出——其他资金支出”科目3 510元，“其他支出——其他资金支出”科目1 730元。年末结账时，该行政单位应编制的会计分录为：

（1）将非财政拨款非专项资金的收支结转“其他结余”科目时：

财务会计分录：无

预算会计的分录如下：

借：其他预算收入——非专项资金收入　　6 130

　　贷：其他结余　　6 130

同时，

借：其他结余　　5 240

　　贷：行政支出——其他资金支出　　3 510

　　　　其他支出——其他资金支出　　1 730

（2）将“其他结余”科目余额结转“非财政拨款结余累计结余”科目时：

财务会计分录：无

预算会计的分录如下：

借：其他结余　　（6 130－5 240）890

　　贷：非财政拨款结余——累计结余　　890

（六）非财政拨款结余分配的核算

“非财政拨款结余分配”科目，核算事业单位本年度非财政拨款结余分配的情况和结果。年末，事业单位应将“其他结余”科目余额和“经营结余”科目贷方余额转入“非财政拨款结余分配”科目。根据有关规定提取专用基金的，按照提取的金额，借记“非财政拨款结余分配”科目，贷记“专用结余”科目；同时在财务会计中按照相同金额，借记“本年盈余分配”科目，贷记“专用基金”科目。然后，将“非财政拨款结余分配”科目余额转入非财政拨款结余。

【例13－8】 2023年12月，某事业单位对其收支科目进行分析，事业预算收入和上级补助预算收入本年发生额中的非专项资金收入分别为1 000 000元、200 000元，事业支出和其他支出本年发生额中的非财政非专项资金支出分别为800 000元、100 000元，对附属单位补助支出本年发生额为200 000元。经营预算收入本年发生额为94 000元，经营支出本年发生额为64 000元。年末，该事业单位应编制如下会计分录：

（1）结转本年非财政、非专项资金预算收入：

借：事业预算收入　　1 000 000
　　上级补助预算收入　　200 000
　　贷：其他结余　　1 200 000

（2）结转本年非财政、非专项资金支出：

借：其他结余　　1 100 000
　　贷：事业支出——其他资金支出　　800 000
　　　　其他支出　　100 000
　　　　对附属单位补助支出　　200 000

（3）结转本年经营预算收入：

借：经营预算收入　　94 000
　　贷：经营结余　　94 000

（4）结转本年经营支出：

借：经营结余　　64 000
　　贷：经营支出　　64 000

【例13-9】 年终结账时，某事业单位当年"经营结余"科目的贷方余额为30 000元，"其他结余"科目的贷方余额为40 000元。该事业单位按照有关规定提取职工福利基金10 000元。该事业单位应作如下账务处理：

（1）结转其他结余：

借：其他结余　　40 000
　　贷：非财政拨款结余分配　　40 000

（2）结转经营结余：

借：经营结余　　30 000
　　贷：非财政拨款结余分配　　30 000

（3）提取专用基金：

借：非财政拨款结余分配　　10 000
　　贷：专用结余——职工福利基金　　10 000

同时，编制财务会计分录：

借：本年盈余分配　　10 000
　　贷：专用基金——职工福利基金　　10 000

财政补助结转结余是指事业单位各项财政补助收入与其相关支出相抵后剩余滚存的、须按规定管理和使用的结转和结余资金。

非财政补助结转结余是指事业单位除财政补助收支以外的各项收入与各项支出相抵后的余额。其中，非财政补助结转是指事业单位除财政补助收支以外的各专项资金收入与其相关支出相抵后剩余滚存的、须按规定用途使用的结转资金；非财政补助结余是指事业单位除财政补助收支以外的各非专项资金收入与各非专项资金支出相抵后的余额。

事业结余是指事业单位一定期间除财政补助收支、非财政专项资金收支和经营收支以外各项收支相抵后的余额。

经营结余是指事业单位一定期间各项经营收支相抵后余额弥补以前年度经营亏损后的余额。

第二节　净资产的核算

单位财务会计净资产的来源主要包括累计实现的盈余和无偿调拨的净资产。在日常核算中，单位应当在财务会计中设置“累计盈余”“专用基金”“无偿调拨净资产”“权益法调整”和“本期盈余”“本期盈余分配”“以前年度盈余调整”等科目。

一、本期盈余及本年盈余分配

（一）本期盈余

“本期盈余”科目核算单位本期各项收入、费用相抵后的余额。期末，单位应当将各类收入科目和各类费用科目本期发生额转入“本期盈余”科目。年末，单位应当将“本期盈余”科目余额转入“本年盈余分配”科目。

【例13－10】某行政单位“本期盈余”科目为借方余额17 320元。该行政单位12月份各收入和费用的发生额情况如下：“财政拨款收入”科目201 000元，“非同级财政拨款收入”科目7 500元，“捐赠收入”科目3 600元，“利息收入”科目612元，“租金收入”科目5 600元，“其他收入”科目1 430元，各项收入合计219 742元；“业务活动费用”科目185 130元，“资产处置费用”科目17 600元，“其他费用”科目2 150元，各项费用合计204 880元。该行政单位财务会计应编制的会计分录为：

（1）12月月末，将各类收入科目的本期发生额转入本期盈余时：

借：财政拨款收入	201 000	
非同级财政拨款收入	7 500	
捐赠收入	3 600	
利息收入	612	
租金收入	5 600	
其他收入	1 430	
贷：本期盈余		219 742

（2）将各类费用科目本期发生额转入本期盈余时：

借：本期盈余	204 880	
贷：业务活动费用		185 130
资产处置费用		17 600
其他费用		2 150

（3）年末，将“本年盈余”科目的借方余额2 458元（－17 320＋219 742－204 880）结转至“本年盈余分配”科目时：

财务会计分录如下：

借：本年盈余分配　　2 458

　　贷：本期盈余　　2 458

【例13-11】 某事业单位"本期盈余"科目的贷方余额为3 120元。该事业单位12月份各收入和费用的发生额情况如下："财政拨款收入"科目304 300元，"事业收入"科目21 520元，"上级补助收入"科目7 200元，"附属单位上缴收入"科目3 300元，"经营收入"科目4 110元，"非同级财政拨款收入"科目8 140元，"投资收益"科目3 500元，"捐赠收入"科目3 260元，"利息收入"科目512元，"租金收入"科目7 650元，"其他收入"科目2 110元，各项收入合计365 602元；"业务活动费用"科目213 300元，"单位管理费用"科目102 100元，"经营费用"科目3 111元，"所得税费用"科目231元，"资产处置费用"科目3 410元，"上缴上级费用"科目4 170元，"对附属单位补助费用"科目3 030元，"其他费用"科目4 680元，各项费用合计334 032元。该事业单位财务会计应编制的会计分录为：

（1）将各类收入科目的本期发生额转入本期盈余时：

财务会计分录如下：

借：财政拨款收入　　304 300

　　事业收入　　21 520

　　上级补助收入　　7 200

　　附属单位上缴收入　　3 300

　　经营收入　　4 110

　　非同级财政拨款收入　　8 140

　　投资收益　　3 500

　　捐赠收入　　3 260

　　利息收入　　512

　　租金收入　　7 650

　　其他收入　　2 110

　　贷：本期盈余　　365 602

（2）将各类费用科目本期发生额转入本期盈余时：

财务会计分录如下：

借：本期盈余　　334 032

　　贷：业务活动费用　　213 300

　　　　单位管理费用　　102 100

　　　　经营费用　　3 111

　　　　所得税费用　　231

　　　　资产处置费用　　3 410

　　　　上缴上级费用　　4 170

　　　　对附属单位补助费用　　3 030

　　　　其他费用　　4 680

（3）年末，将"本年盈余"科目贷方余额34 690元（3 120 + 365 602 － 334 032）结转

“本年盈余分配”科目时：

财务会计分录如下：

借：本期盈余　　34 690

　　贷：本年盈余分配　　34 690

（二）本年盈余分配

“本年盈余分配”科目核算单位本年度盈余分配的情况和结果。年末，单位应当将“本期盈余”科目余额转入本科目。根据有关规定从本年度非财政拨款结余或经营结余中提取专用基金的，按照预算会计下计算的提取金额，借记“本年盈余分配”科目，贷记“专用基金”科目。然后，将“本年盈余分配”科目余额转入“累计盈余”科目。

【例13－12】该事业单位根据有关规定从本年度非财政拨款结余或经营结余中提取专业基金（职工福利基金），按照预算会计下计算的提取金额为2 720元。该事业单位财务会计应编制的会计分录为：

（1）按照预算会计下计算的提取金额计提职工福利基金时：

借：本年盈余分配　　2 720

　　贷：专用基金——职工福利基金　　2 720

（2）年末，将“本年盈余分配”科目的余额转入“累计盈余”科目时：

借：本年盈余分配　　（34 690－2 720）31 970

　　贷：累计盈余　　31 970

二、专用基金

“专用基金”科目核算事业单位按照规定提取或设置的具有专门用途的净资产，主要包括职工福利基金、科技成果转换基金等。事业单位从本年度非财政拨款结余或经营结余中提取专用基金的，在财务会计中通过“专用基金”科目核算的同时，还应在预算会计“专用结余”科目进行核算。

（一）专用基金的提取或设置

1. 从非财政拨款结余或经营结余中提取专用基金

年末，事业单位按照规定从本年度非财政拨款结余或经营结余提取专用基金的，按照预算会计下计算的提取金额，借记“本年盈余分配”科目，贷记“专用基金（职工福利基金）”科目。其核算举例可参阅【例13－12】。

事业单位从本年度非财政拨款结余或经营结余中提取的专用基金，如职工福利基金等，专门用于单位职工的集体福利设施、集体福利待遇等方面。

2. 从收入中提取专用基金

事业单位根据有关规定从收入中提取专用基金并计入费用的，一般按照预算会计下基于预算收入计算来提取，借记“业务活动费用”科目，贷记“专用基金”科目。国家另有规定的，从其规定。

【例 13 – 13】 某科学事业单位按事业预算收入的一定百分比提取科技成果转换基金 8 150 元。

财务会计分录如下：

借：业务活动费用　　8 150

　　贷：专用基金——科技成果转换基金　　8 150

事业单位从收入中提取的专用基金有科技成果转化基金等。目前，科学事业单位财务制度设置了科技成果转化基金，即单位从事业收入中提取，以及在经营收支结余中提取转入，用于科技成果转化的资金。

这里需要注意的是：专用基金提取的金额应当以预算会计中确认的相关结余和预算收入金额为基础。

3. 设置其他专用基金

事业单位按规定设置的其他专用基金，按照实际收到的基金金额，借记“银行存款”等科目，贷记“专用基金”科目。

【例 13 – 14】 某事业单位根据有关规定设置某项专用基金，实际收到的基金金额为 135 000元，款项已存入开户银行。

财务会计分录如下：

借：银行存款　　135 000

　　贷：专用基金——××基金　　135 000

（二）专用基金的使用

事业单位按照有关规定使用提取的专用基金时，账务处理需要区分以下两种情况：

1. 按照规定使用提取的专用基金时

按实际使用金额，财务会计借记“专用基金”科目，贷记“银行存款”等科目。

【例 13 – 15】 某事业单位按规定使用从预算收入中提取的专用基金 2 500 元，用于某项科技成果的转化工作，属于费用性支出，款项通过银行存款支付。

财务会计分录如下：

借：专用基金　　2 500

　　贷：银行存款　　2 500

2. 若使用提取的专用基金购置固定资产、无形资产的

按照固定资产、无形资产成本金额，财务会计借记“固定资产”“无形资产”科目，贷记“银行存款”等科目；同时，按照专用基金使用金额，借记“专用基金”科目，贷记“累计盈余”科目。

【例 13 – 16】 某事业单位使用非财政拨款结余计提的职工福利基金购入一项职工集体福利设施，金额为 208 000 元，款项以银行存款支付，购入的相应设施作为固定资产管理。

财务会计分录如下：

借：固定资产　　208 000

　　贷：银行存款　　208 000

同时，

借：专用基金——职工福利基金　　208 000

　　贷：累计盈余　　208 000

事业单位使用专用基金购置固定资产、无形资产时，提取的专用基金转至累计盈余。专用基金和累计盈余都属于事业单位的净资产。将专用基金转至累计盈余，只影响净资产的构成，不影响净资产的总数。事实上，事业单位按照规定使用专用基金购置固定资产或无形资产时，只是完成了专用基金的专门用途规定，但净资产的数额没有发生变化。

三、无偿调拨净资产

按照行政事业单位资产管理相关规定，政府单位之间可以无偿调拨资产。通常情况下，无偿调拨非现金资产不涉及资金业务，因此不需要进行预算会计核算（除非以现金支付相关费用等）。从本质上讲，无偿调拨资产业务属于政府间净资产的变化，调入调出方不确认相应的收入和费用。单位应当设置“无偿调拨净资产”科目，核算无偿调入或调出非现金资产所引起的净资产变动金额。年末，单位应将“无偿调拨净资产”科目余额转入“累计盈余”科目。

【例13－17】 某行政单位接受其他部门无偿调入库存物品一批，该批库存物品在调出方的账面价值为20 000元，经验收合格后入库，库存物品调入过程中该单位以银行存款支付运输费1 000元。不考虑相关税费，该行政单位应作如下账务处理：

编制财务会计分录：

借：库存物品	21 000	
贷：银行存款		1 000
无偿调拨净资产		20 000

同时，编制预算会计分录：

借：其他支出	1 000	
贷：资金结存——货币资金		1 000

【例13－18】 某事业单位经批准对外无偿调出一套设备，该设备账面余额为100 000元，已计提折旧40 000元。设备调拨过程中该单位以现金支付运输费1 000元。不考虑相关税费，该事业单位应作如下账务处理：

编制财务会计分录：

借：无偿调拨净资产	60 000	
固定资产累计折旧	40 000	
贷：固定资产		100 000
借：资产处置费用	1 000	
贷：库存现金		1 000

同时，编制预算会计分录：

借：其他支出	1 000	
贷：资金结存——货币资金		1 000

四、权益法调整

“权益法调整”科目核算事业单位持有的长期股权投资采用权益法核算时，按照被投资单位除净损益和利润分配以外的所有者权益变动份额调整长期股权投资账面余额而计入净资产的金额。年末，按照被投资单位除净损益和利润分配以外的所有者权益变动应享有（或应分担）的份额，借记或贷记“长期股权投资——其他权益变动”科目，贷记或借记“权益法调整”科目。处置长期股权投资时，按照原计入净资产的相应部分金额，借记或贷记“权益法调整”科目，贷记或借记“投资收益”科目。

【例 13－19】 某事业单位以货币资金投资于甲公司，占有甲公司 40% 的股份，并对甲公司的经营决策有重大影响。该事业单位对长期股权投资采用权益法核算。年末，甲公司发生除净利润和利润分配外的所有者权益变动，增加数为 205 000 元。

财务会计分录如下：

借：长期股权投资——其他权益变动　　82 000

　贷：权益法调整　　（205 000×40%）82 000

在权益法下，若被投资单位实现净利润的，事业单位按照应享有的份额，借记“长期股权投资（损益调整）”科目，贷记“投资收益”科目。“投资收益”科目本期发生额期末转入“本期盈余”科目。“本期盈余”科目余额经分配后最终转入“累计盈余”科目。累计盈余、权益法调整都是净资产的组成部分或具体种类。

【例 13－20】 某事业单位以货币资金投资于乙公司，占有乙公司 25% 的股份，有权参与乙公司的经营决策。该事业单位对相应的长期股权投资采用权益法核算。该事业单位取得投资 3 年后的某日，长期股权投资的成本数额为 175 000 元，“损益调整”明细科目借方余额为 32 300 元，“其他权益变动”明细科目借方余额为 20 100 元。该事业单位经批准转让所持有的乙公司全部 25% 的股份，转让全部股权取得的转让收入为 229 700 元，款项已存入开户银行。该事业单位取得的转让收益为 2 300 元（229 700－175 000－32 300－20 100）。

财务会计分录如下：

借：银行存款　　229 700

　贷：长期股权投资——投资成本　　175 000

　　　损益调整　　32 300

　　　其他权益变动　　20 100

　　投资收益　　2 300

同时：

借：权益法调整　　21 000

　贷：投资收益　　21 000

“权益法调整”科目转出至“投资收益”科目后，经“本期盈余”“本年盈余分配”科目过渡，最终转入“累计盈余”科目。

五、以前年度盈余调整

“以前年度盈余调整”科目核算单位本年度发生的调整以前年度盈余的事项，包括本年度发生的重要前期差错更正涉及调整以前年度盈余的事项。单位对相关事项调整后，应当及时将“以前年度盈余调整”科目余额转入“累计盈余”科目，借记或贷记“累计盈余”科目，贷记或借记“以前年度盈余调整”科目。

（一）调整增加以前年度收入

调整增加以前年度收入时，按照调整增加的金额，在财务会计中，借记有关科目，贷记“以前年度盈余调整”科目；调整减少的，做相反会计分录。

【例13-21】 某事业单位本年度收到一笔款项，金额为3 300元，该款项是应在上一会计年度确认的事业收入。该事业单位本年度对这一重要前期差错进行更正，在财务会计中，应调增以前年度盈余。

财务会计分录如下：

借：银行存款　　3 300

　　贷：以前年度盈余调整　　3 300

由于以前年度的相关收入已经在以前年度转入累计盈余，因此，调整以前年度的相关收入时，单位应通过“以前年度盈余调整”科目进行核算，不能直接使用“财政拨款收入”“事业收入”“经营收入”等科目进行核算。

（二）调整增加以前年度费用

调整增加以前年度费用时，按照调整增加的金额，借记“以前年度盈余调整”科目，贷记有关科目；调整减少的，做相反会计分录。

【例13-22】 某事业单位本年度发现上一会计年度少计提一项后勤部门使用的固定资产折旧，结果造成上一会计年度少计算相应的单位管理费用4 600元，本年度对这一重要前期差错进行更正，在财务会计中，调整增加以前年度的费用数和固定资产累计折旧。

财务会计分录如下：

借：以前年度盈余调整　　4 600

　　贷：固定资产累计折旧　　4 600

由于以前年度的单位管理费用已经在以前年度转入累计盈余，因此，调整以前年度的单位管理费用时，单位应通过“以前年度盈余调整”科目进行核算，不能直接使用“单位管理费用”科目进行核算。

（三）盘盈各种非流动资产

盘盈的各种非流动资产，报经批准后处理时，借记“待处理财产损溢”科目，贷记“以前年度盈余调整”科目。

【例13-23】 某事业单位年末进行财产清查时，盘盈一套保障性住房，评估价值为965 000元。经核实，该保障性住房系以前年度无偿调入时未曾入账，按规定程序批准后，作为重要前期差错更正予以处理。

财务会计分录如下：

(1) 盘盈保障性住房时：

借：保障性住房　　965 000

　　贷：待处理财产损溢——待处理财产价值　　965 000

(2) 报经批准后处理时:

借: 待处理财产损溢——待处理财产价值 965 000

贷: 以前年度盈余调整 965 000

按照相关会计处理规定，如果盘盈的非流动资产属于本年度取得的，应当按照当年新取得的相关资产进行会计处理，不能按照前期差错更正进行会计处理，即相应业务不通过“以前年度盈余调整”科目进行会计核算。

(四) 结转

经上述调整后，应将“以前年度盈余调整”科目的余额转入累计盈余，借记或贷记“累计盈余”科目，贷记或借记“以前年度盈余调整”科目。结转后，“以前年度盈余调整”科目应无余额。

【例 13 -24】 某事业单位“以前年度盈余调整”科目的余额为 965 000 元。该事业单位将其转入“累计盈余”科目。

财务会计分录如下:

借: 以前年度盈余调整 965 000

贷: 累计盈余 965 000

六、累计盈余

“累计盈余”科目核算单位历年实现的盈余扣除盈余分配后滚存的金额，以及因无偿调入调出资产产生的净资产变动额。年末，将“本年盈余分配”科目的余额转入“累计盈余”科目，借记或贷记“本年盈余分配”科目，贷记或借记“累计盈余”科目；将“无偿调拨净资产”科目的余额转入“累计盈余”科目，借记或贷记“无偿调拨净资产”科目，贷记或借记“累计盈余”科目。

按照规定上缴、缴回、单位间调剂结转结余资金产生的净资产变动额，以及对以前年度盈余的调整金额，也通过“累计盈余”科目核算。

思政园地

专用基金具体使用范围有哪些呢?

不同行业的事业单位可以根据业务情况提取或设置专用基金。例如，高等学校财务制度设置了学生奖励基金，即按照国家有关规定，按照事业收入的一定比例提取，专门用于学费减免、勤工助学、校内无息借款、校内奖助学金和特殊困难补助等的资金；中小学校财务制度设置了奖助学基金，即接受社会捐赠和按照规定从事业收入中提取，用于奖励、资助学生的资金；医院财务制度设置了医疗风险基金，即从医疗支出中计提、专门用于支付医院购买医疗风险保险发生的支出或实际发生的医疗事故赔偿的资金，并规定医院累计提取的医疗风险基金比例不应超过当年医疗收入的 1% ~3%。

【复习思考题】

1. 什么是事业单位的预算结余？它主要包括哪些种类？
2. 政府单位的预算结余是按照什么会计基础进行核算的结果？
3. 什么是财政拨款结转？什么是财政拨款结余？两者有什么区别和联系？
4. 什么是非财政拨款结转？什么是非财政拨款结余？两者有什么区别和联系？
5. 什么是专用结余？它与专用基金核算的内容有何不同？
6. 什么是事业单位的净资产？它主要包括哪些种类？
7. 什么是本期盈余？事业单位应当如何核算本期盈余？
8. 什么是专用基金？它与专用结余的核算内容有什么不同？

第十四章 事业单位会计报表

学习目标

本章主要介绍了事业单位财务报表及预算报表的概念、作用及编制方法，其中财务报表具体包括资产负债表、收入费用表、净资产变动表以及现金流量表，预算报表包括预算收入支出表、预算结转结余变动表和财政拨款预算收入支出表，还说明了财务报表附注的编制内容。要求了解事业单位会计报表的编制格式，掌握编制年报的准备工作及其具体内容，各种报表的编制方法。

第一节　事业单位财务报表

事业单位的财务会计报告是反映事业单位某一特定日期的财务状况和某一会计期间的事业成果、预算执行等会计信息的文件。事业单位的财务会计报告包括财务报表和其他应当在财务会计报告中披露的相关信息和资料。财务报表的目标是向财务报表的使用者提供与事业单位财务状况、运行情况和现金流量等有关信息，反映事业单位会计主体受托责任履行情况，有助于财务报告使用者做出决策或者进行监督和管理。

财务报表至少包括资产负债表、收入费用表和现金流量表，事业单位会计主体应当根据相关规定编制财务报表，定期反映主体情况，一般分为月报和年报。一般情况下，财务会计报表中资产负债表、收入费用表须按月、年进行编制；净资产变动表、附注则按年度编制；现金流量表各单位可根据本单位实际情况，选择编制也可不编，若编制则按年度进行。各报表编制时间见表 14－1。

表 14－1　　各报表编制时间表

编号	报表名称	编制期
会政财 01 表	资产负债表	月度、年度
会政财 02 表	收入费用表	月度、年度
会政财 03 表	净资产变动表	年度
会政财 04 表	现金流量表	年度
	附注	年度

一、资产负债表及其编制方法

资产负债表是指反映单位在某一特定日期的财务状况的会计报表。其中，财务状况是指单位在某一特定日期占有或者使用的资产、承担的负债以及剩余的净资产的数额及其结构和相互关系。

（一）资产负债表的作用

（1）提供某一特定日期资产总额及其构成情况的信息。例如，资产负债表可以提供某一特定日期资产总额、流动资产总额、非流动资产总额等信息。

（2）提供某一特定日期负债总额及其构成情况的信息。例如，资产负债表可以提供某一特定日期负债总额、流动负债总额、非流动负债总额等信息。

（3）提供某一特定日期净资产总额及其构成情况的信息。例如，资产负债表可以提供某一特定日期净资产总额、累计盈余、专用基金数额、权益法调整的数额、无偿调拨净资产的数额、本期盈余的数额等信息。

（二）资产负债表的格式

资产负债表以“资产 = 负债 + 净资产”的会计平衡等式为编制依据，采用账户式格式，左边为资产，右边为负债和净资产，项目排列按流动性列示。政府单位资产负债表的格式见表14－2。

表14－2 **资产负债表** 会政财01表

编制单位： 年 月 日 单位：元

资产	期末余额	年初余额	负债和净资产	期末余额	年初余额
流动资产：			流动负债：		
货币资金			短期借款		
短期投资			应交增值税		
财政应返还额度			其他应交税费		
应收票据			应缴财政款		
应收账款净额			应付职工薪酬		
预付账款			应付票据		
应收股利			应付账款		
应收利息			应付政府补贴款		
其他应收款净额			应付利息		
存货			预收账款		
待摊费用			其他应付款		
一年内到期的非流动资产			预提费用		
其他流动资产			一年内到期的非流动负债		

续表

资产	期末余额	年初余额	负债和净资产	期末余额	年初余额
流动资产合计			其他流动负债		
非流动资产：			流动负债合计		
长期股权投资			非流动负债：		
长期债券投资			长期借款		
固定资产原值			长期应付款		
减：固定资产累计折旧			预计负债		
固定资产净值			其他非流动负债		
工程物资			非流动负债合计		
在建工程			受托代理负债		
无形资产原值			负债合计		
减：无形资产累计摊销					
无形资产净值					
研发支出					
公共基础设施原值					
减：公共基础设施累计折旧（摊销）					
公共基础设施净值					
政府储备物资					
文物文化资产					
保障性住房原值					
减：保障性住房累计折旧			净资产：		
保障性住房净值			累计盈余		
长期待摊费用			专用基金		
待处理财产损溢			权益法调整		
其他非流动资产			无偿调拨净资产		
非流动资产合计			本期盈余		
受托代理资产			净资产合计		
资产总计			负债和净资产总计		

（三）资产负债表的编制方法

1. 资产负债表“年初余额”栏的填列方法

资产负债表“年初余额”栏内各项数字，政府单位应当根据上年年末资产负债表“期末余额”栏内数字填列。

当新的政府会计制度颁布，如果对资产负债表的项目和内容做出调整时，会出现本年度资产负债表规定的项目的名称和内容同上年度不一致，此时，政府单位应当对上年年末资产负债表项目的名称和数字按照本年度的规定进行调整，将调整后的数字填入本表“年初余额”栏内。

如果本年度政府单位发生了因前期差错更正、会计政策变更等调整以前年度盈余的事项政府单位还应当对“年初余额”栏中的有关项目金额进行相应调整。

2. 资产负债表“期末余额”栏各项目的内容和填列方法

（1）“货币资金”项目，反映单位期末库存现金、银行存款、零余额账户用款额度、其他货币资金的合计数。本项目应当根据“库存现金”“银行存款”“零余额账户用款额度”“其他货币资金”科目的期末余额的合计数填列；若单位存在通过“库存现金”“银行存款”科目核算的受托代理资产，还应当按照前述合计数扣减“库存现金”“银行存款”科目下“受托代理资产”明细科目的期末余额后的金额填列。

（2）“短期投资”项目，反映事业单位期末持有的短期投资账面余额。本项目应当根据“短期投资”科目的期末余额填列。

（3）“财政应返还额度”项目，反映单位期末财政应返还额度的金额。本项目应当根据“财政应返还额度”科目的期末余额填列。

（4）“应收票据”项目，反映事业单位期末持有的应收票据的票面金额。本项目应当根据“应收票据”科目的期末余额填列。

（5）“应收账款净额”项目，反映单位期末尚未收回的应收账款减去已计提的坏账准备后的净额。本项目应当根据“应收账款”科目的期末余额，减去“坏账准备”科目中对应收账款计提的坏账准备的期末余额后的金额填列。

（6）“预付账款”项目，反映单位期末预付给商品或者劳务供应单位的款项。本项目应当根据“预付账款”科目的期末余额填列。

（7）“应收股利”项目，反映事业单位期末因股权投资而应收取的现金股利或应当分得的利润。本项目应当根据“应收股利”科目的期末余额填列。

（8）“应收利息”项目，反映事业单位期末因债券投资等而应收取的利息。事业单位购入的到期一次还本付息的长期债券投资持有期间应收的利息，不包括在本项目内。本项目应当根据“应收利息”科目的期末余额填列。

（9）“其他应收款净额”项目，反映单位期末尚未收回的其他应收款减去已计提的坏账准备后的净额。本项目应当根据“其他应收款”科目的期末余额减去“坏账准备”科目中对其他应收款计提的坏账准备的期末余额后的金额填列。

（10）“存货”项目，反映单位期末存储的存货的实际成本。本项目应当根据“在途物品”“库存物品”“加工物品”科目的期末余额的合计数填列。

（11）“待摊费用”项目，反映单位期末已经支出，但应当由本期和以后各期负担的分摊期在1年以内（含1年）的各项费用。本项目应当根据“待摊费用”科目的期末余额填列。

（12）“一年内到期的非流动资产”项目，反映单位期末非流动资产项目中将在1年内（含1年）到期的金额，如事业单位将在1年内（含1年）到期的长期债券投资金额。本项目应当根据“长期债券投资”等科目的明细科目的期末余额分析填列。

（13）“其他流动资产”项目，反映单位期末除本表中上述各项之外的其他流动资产的合计金额。本项目应当根据有关科目期末余额的合计数填列。

(14)“流动资产合计”项目，反映单位期末流动资产的合计数。本项目应当根据本表中“货币资金”“短期投资”“财政应返还额度”“应收票据”“应收账款净额”“预付账款”“应收股利”“应收利息”“其他应收款净额”“存货”“待摊费用”“一年内到期的非流动资产”“其他流动资产”项目金额的合计数填列。

(15)“长期股权投资”项目，反映事业单位期末持有的长期股权投资的账面余额。本项目应当根据“长期股权投资”科目的期末余额填列。

(16)“长期债券投资”项目，反映事业单位期末持有的长期债券投资的账面余额。本项目应当根据“长期债券投资”科目的期末余额减去其中将于1年内（含1年）到期的长期债券投资余额后的金额填列。

(17)“固定资产原值”项目，反映单位期末固定资产的原值。本项目应当根据“固定资产”科目的期末余额填列。

“固定资产累计折旧”项目，反映单位期末固定资产已计提的累计折旧金额。本项目应当根据“固定资产累计折旧”科目的期末余额填列。

“固定资产净值”项目，反映单位期末固定资产的账面价值。本项目应当根据“固定资产”科目期末余额减去“固定资产累计折旧”科目期末余额后的金额填列。

(18)“工程物资”项目，反映单位期末为在建工程准备的各种物资的实际成本。本项目应当根据“工程物资”科目的期末余额填列。

(19)“在建工程”项目，反映单位期末所有的建设项目工程的实际成本。本项目应当根据“在建工程”科目的期末余额填列。

(20)“无形资产原值”项目，反映单位期末无形资产的原值。本项目应当根据“无形资产”科目的期末余额填列。

“无形资产累计摊销”项目，反映单位期末无形资产已计提的累计摊销金额。本项目应当根据“无形资产累计摊销”科目的期末余额填列。

“无形资产净值”项目，反映单位期末无形资产的账面价值。本项目应当根据“无形资产”科目期末余额减去“无形资产累计摊销”科目期末余额后的金额填列。

(21)“研发支出”项目，反映单位期末正在进行的无形资产开发项目开发阶段发生的累计支出数。本项目应当根据“研发支出”科目的期末余额填列。

(22)“公共基础设施原值”项目，反映单位期末控制的公共基础设施的原值。本项目应当根据“公共基础设施”科目的期末余额填列。

“公共基础设施累计折旧（摊销）”项目，反映单位期末控制的公共基础设施已计提的累计折旧和累计摊销金额。本项目应当根据“公共基础设施累计折旧（摊销）”科目的期末余额填列。

“公共基础设施净值”项目，反映单位期末控制的公共基础设施的账面价值。本项目应当根据“公共基础设施”科目期末余额减去“公共基础设施累计折旧（摊销）”科目期末余额后的金额填列。

(23)“政府储备物资”项目，反映单位期末控制的政府储备物资的实际成本。本项目应当根据“政府储备物资”科目的期末余额填列。

(24)“文物文化资产”项目，反映单位期末控制的文物文化资产的成本。本项目应当根据“文物文化资产”科目的期末余额填列。

（25）“保障性住房原值”项目，反映单位期末控制的保障性住房的原值。本项目应当根据“保障性住房”科目的期末余额填列。

“保障性住房累计折旧”项目，反映单位期末控制的保障性住房已计提的累计折旧金额。本项目应当根据“保障性住房累计折旧”科目的期末余额填列。

“保障性住房净值”项目，反映单位期末控制的保障性住房的账面价值。本项目应当根据“保障性住房”科目期末余额减去“保障性住房累计折旧”科目期末余额后的金额填列。

（26）“长期待摊费用”项目，反映单位期末已经支出，但应由本期和以后各期负担的分摊期限在1年以上（不含1年）的各项费用。本项目应当根据“长期待摊费用”科目的期末余额填列。

（27）“待处理财产损溢”项目，反映单位期末尚未处理完毕的各种资产的净损失或净溢余。本项目应当根据“待处理财产损溢”科目的期末借方余额填列；如“待处理财产损溢”科目期末为贷方余额，以“-”号填列。

（28）“其他非流动资产”项目，反映单位期末除本表中上述各项之外的其他非流动资产的合计数。本项目应当根据有关科目的期末余额合计数填列。

（29）“非流动资产合计”项目，反映单位期末非流动资产的合计数。本项目应当根据本表中“长期股权投资”“长期债券投资”“固定资产净值”“工程物资”“在建工程”“无形资产净值”“研发支出”“公共基础设施净值”“政府储备物资”“文物文化资产”“保障性住房净值”“长期待摊费用”“待处理财产损溢”“其他非流动资产”项目金额的合计数填列。

（30）“受托代理资产”项目，反映单位期末受托代理资产的价值。本项目应当根据“受托代理资产”科目的期末余额与“库存现金”“银行存款”科目下“受托代理资产”明细科目的期末余额的合计数填列。

（31）“资产总计”项目，反映单位期末资产的合计数。本项目应当根据本表中“流动资产合计”“非流动资产合计”“受托代理资产”项目金额的合计数填列。

（32）“短期借款”项目，反映事业单位期末短期借款的余额。本项目应当根据“短期借款”科目的期末余额填列。

（33）“应交增值税”项目，反映单位期末应交未交的增值税税额。本项目应当根据“应交增值税”科目的期末余额填列；如“应交增值税”科目期末为借方余额，以“-”号填列。

（34）“其他应交税费”项目，反映单位期末应交未交的除增值税以外的税费金额。本项目应当根据“其他应交税费”科目的期末余额填列；如“其他应交税费”科目期末为借方余额，以“-”号填列。

（35）“应缴财政款”项目，反映单位期末应当上缴财政但尚未缴纳的款项。本项目应当根据“应缴财政款”科目的期末余额填列。

（36）“应付职工薪酬”项目，反映单位期末按有关规定应付给职工及为职工支付的各种薪酬。本项目应当根据“应付职工薪酬”科目的期末余额填列。

（37）“应付票据”项目，反映事业单位期末应付票据的金额。本项目应当根据“应付票据”科目的期末余额填列。

(38)“应付账款”项目，反映单位期末应当支付但尚未支付的偿还期限在1年以内(含1年)的应付账款的金额。本项目应当根据“应付账款”科目的期末余额填列。

(39)“应付政府补贴款”项目，反映负责发放政府补贴的行政单位期末按照规定应当支付给政府补贴接受者的各种政府补贴款余额。本项目应当根据“应付政府补贴款”科目的期末余额填列。

(40)“应付利息”项目，反映事业单位期末按照合同约定应支付的借款利息。事业单位到期一次还本付息的长期借款利息不包括在本项目内。本项目应当根据“应付利息”科目的期末余额填列。

(41)“预收账款”项目，反映事业单位期末预先收取但尚未确认收入和实际结算的款项余额。本项目应当根据“预收账款”科目的期末余额填列。

(42)“其他应付款”项目，反映单位期末其他各项偿还期限在1年内(含1年)的应付及暂收款项余额。本项目应当根据“其他应付款”科目的期末余额填列。

(43)“预提费用”项目，反映单位期末已预先提取的已经发生但尚未支付的各项费用。本项目应当根据“预提费用”科目的期末余额填列。

(44)“一年内到期的非流动负债”项目，反映单位期末将于1年内(含1年)偿还的非流动负债的余额。本项目应当根据“长期应付款”“长期借款”等科目的明细科目的期末余额分析填列。

(45)“其他流动负债”项目，反映单位期末除本表中上述各项之外的其他流动负债的合计数。本项目应当根据有关科目的期末余额的合计数填列。

(46)“流动负债合计”项目，反映单位期末流动负债合计数。本项目应当根据本表“短期借款”“应交增值税”“其他应交税费”“应缴财政款”“应付职工薪酬”“应付票据”“应付账款”“应付政府补贴款”“应付利息”“预收账款”“其他应付款”“预提费用”“一年内到期的非流动负债”,“其他流动负债”项目金额的合计数填列。

(47)“长期借款”项目，反映事业单位期末长期借款的余额。本项目应当根据“长期借款”科目的期末余额减去其中将于1年内(含1年)到期的长期借款余额后的金额填列。

(48)“长期应付款”项目，反映单位期末长期应付款的余额。本项目应当根据“长期应付款”科目的期末余额减去其中将于1年内(含1年)到期的长期应付款余额后的金额填列。

(49)“预计负债”项目，反映单位期末已确认但尚未偿付的预计负债的余额。本项目应当根据“预计负债”科目的期末余额填列。

(50)“其他非流动负债”项目，反映单位期末除本表中上述各项之外的其他非流动负债的合计数。本项目应当根据有关科目的期末余额合计数填列。

(51)“非流动负债合计”项目，反映单位期末非流动负债合计数。本项目应当根据本表中“长期借款”“长期应付款”“预计负债”“其他非流动负债”项目金额的合计数填列。

(52)“受托代理负债”项目，反映单位期末受托代理负债的金额。本项目应当根据“受托代理负债”科目的期末余额填列。

(53)“负债合计”项目，反映单位期末负债的合计数。本项目应当根据本表中“流动负债合计”“非流动负债合计”“受托代理负债”项目金额的合计数填列。

（54）“累计盈余”项目，反映单位期末未分配盈余（或未弥补亏损）以及无偿调拨净资产变动的累计数。本项目应当根据“累计盈余”科目的期末余额填列。

（55）“专用基金”项目，反映事业单位期末累计提取或设置但尚未使用的专用基金余额。本项目应当根据“专用基金”科目的期末余额填列。

（56）“权益法调整”项目，反映事业单位期末在被投资单位除净损益和利润分配以外的所有者权益变动中累积享有的份额。本项目应当根据“权益法调整”科目的期末余额填列。如“权益法调整”科目期末为借方余额，以“-”号填列。

（57）“无偿调拨净资产”项目，反映单位本年度截至报告期期末无偿调入的非现金资产价值扣减无偿调出的非现金资产价值后的净值。本项目仅在月度报表中列示，年度报表中不列示。月度报表中本项目应当根据“无偿调拨净资产”科目的期末余额填列；“无偿调拨净资产”科目期末为借方余额时，以“-”号填列。

（58）“本期盈余”项目，反映单位本年度截至报告期期末实现的累计盈余或亏损。本项目仅在月度报表中列示，年度报表中不列示。月度报表中本项目应当根据“本期盈余”科目的期末余额填列；“本期盈余”科目期末为借方余额时，以“-”号填列。

（59）“净资产合计”项目，反映单位期末净资产合计数。本项目应当根据本表中“累计盈余”“专用基金”“权益法调整”“无偿调拨净资产”（月度报表）“本期盈余”（月度报表）项目金额的合计数填列。

（60）“负债和净资产总计”项目，应当按照本表中“负债合计”“净资产合计”项目金额的合计数填列。

综上所述，资产负债表“期末余额”栏填列方法一般可分为按账户期末余额数直接填列、按账户期末余额数合计填列、按账户余额与其备抵账户抵销后计算填列、根据总账及明细账户余额分析填列四种方法。

【例14-1】某事业单位2023年12月31日结账后，财务会计各会计科目的期末余额见表14-3。假设该事业单位本年度资产负债表各项目口径与上年无变化，请编制该事业单位年末资产负债表。

表14-3　　某事业单位财务会计科目余额表

2023年12月31日　　单位：元

账户名称	借方余额	账户名称	贷方余额
库存现金	2 200	短期借款	110 000
银行存款	41 800	应交增值税	4 400
短期投资	11 000	应付账款	2 200
应收票据	3 300	预收账款	22 000
应收账款	13 600	其他应付款	4 400
预付账款	4 400	长期借款	220 000
其他应收款	1 100	其中：1年内到期	44 000
在途物品	600	累计盈余	506 000

续表

账户名称	借方余额	账户名称	贷方余额
库存物品	50 000	专用基金	171 600
长期股权投资	44 000	权益法调整	66 000
固定资产	700 000	坏账准备	400
在建工程	220 000	固定资产累计折旧	110 000
无形资产	66 000	无形资产累计摊销	22 000
其他非流动资产	11 000		
合计	1 239 000	合计	1 239 000

12 月 31 日，该事业单位编制年末资产负债表时，由于各项目口径没有变化，“年初余额”栏内各项数字，应当根据上年年末资产负债表“期末余额”栏内数字填列。“期末余额”栏各项目数字根据各科目的期末余额直接填列、合并填列或计算分析填列。几个重点项目的填列说明如下：

(1) 货币资金 = 库存现金 + 银行存款 + 其他货币资金 + 零余额账户用款额度
= 2 200 + 41 800 = 44 000（元）

(2) 应收账款净额 = 应收账款 - 坏账准备 = 13 600 - 400 = 13 200（元）

(3) 存货 = 在途物品 + 库存物品 = 600 + 50 000 = 50 600（元）

(4) 一年内到期的非流动负债 = 44 000（元）

(5) 长期借款 = 220 000 + 44 000 = 176 000（元）

其他项目可根据表 14 - 3 直接填列。“流动资产合计”“非流动资产合计”“资产总计”“流动负债合计”“非流动负债合计”“负债合计”“净资产合计”“负债和净资产总计”等项目的数额按其内容汇总后填列即可。

该事业单位编制完成的 2023 年度资产负债表见表 14 - 4。

表 14 - 4 **资产负债表** 会政财 01 表

编制单位：某事业单位 2023 年 12 月 31 日 单位：元

资产	期末余额	年初余额	负债和净资产	期末余额	年初余额
流动资产：			流动负债：		
货币资金	44 000	（略）	短期借款	110 000	（略）
短期投资	11 000		应交增值税	44 000	
财政应返还额度			其他应交税费		
应收票据	3 300		应缴财政款		
应收账款净额	13 200		应付职工薪酬		
预付账款	4 400		应付票据		
应收股利			应付账款	22 000	
应收利息			应付政府补贴款		
其他应收款净额	11 000		应付利息		
存货	506 000		预收账款	22 000	
待摊费用			其他应付款	44 000	

续表

资产	期末余额	年初余额	负债和净资产	期末余额	年初余额
一年内到期的非流动资产			预提费用		
其他流动资产			一年内到期的非流动负债	44 000	
流动资产合计	127 600		其他流动负债		
非流动资产：			流动负债合计	187 000	
长期股权投资	44 000		非流动负债：		
长期债券投资			长期借款	176 000	
固定资产原值	770 000		长期应付款		
减：固定资产累计折旧	110 000		预计负债		
固定资产净值	660 000		其他非流动负债		
工程物资			非流动负债合计	176 000	
在建工程	220 000		受托代理负债		
无形资产原值	66 000		负债合计	363 000	
减：无形资产累计摊销	22 000				
无形资产净值	44 000				
研发支出					
公共基础设施原值					
减：公共基础设施累计折旧（摊销）					
公共基础设施净值					
政府储备物资					
文物文化资产					
保障性住房原值					
减：保障性住房累计折旧			净资产：		
保障性住房净值			累计盈余	506 000	
长期待摊费用			专用基金	171 000	
待处理财产损溢			权益法调整	66 000	
其他非流动资产			无偿调拨净资产		
非流动资产合计	11 000		本期盈余		
受托代理资产	979 000		净资产合计	743 000	
资产总计	1 106 600		负债和净资产总计	1 106 600	

二、收入费用表

收入费用表是指反映单位在某一会计期间内发生的收入、费用及当期盈余情况的会计报表。收入费用表中的数据与经批准的单位收支预算数据进行比较，可以反映单位收支预算执行情况。

（一）收入费用表的作用

（1）反映某一会计期间各项收入的总额及其构成情况的信息。例如，收入费用表可以反映单位实现的本期收入总额以及财政拨款收入等11项收入的构成情况。

（2）反映某一会计期间各项费用的总额及其构成情况的信息。例如，收入费用表可以反映单位耗费的本期费用总额以及业务活动费用等8项费用的构成情况。

（3）反映某一会计期间经各项收入总额与各项费用总额配比的结果。例如，收入费用表可以反映单位本期盈余的情况。

按照规定，单位收入费用表应当按照月度和年度编制。

（二）收入费用表的格式

单位收入费用表以“本期收入－本期费用＝本期盈余”的会计平衡等式为编制依据，采用单步式格式，各项目再分为“本月数”和“本年累计数”两栏分别列示。单位收入费用表的格式见表14－5。

表14－5 收入费用表

编制单位： 年 月 单位：元

项目	本月数	本年累计数
一、本期收入		
（一）财政拨款收入		
其中：政府性基金收入		
（二）事业收入		
（三）上级补助收入		
（四）附属单位上缴收入		
（五）经营收入		
（六）非同级财政拨款收入		
（七）投资收益		
（八）捐赠收入		
（九）利息收入		
（十）租金收入		
（十一）其他收入		
二、本期费用		
（一）业务活动费用		
（二）单位管理费用		
（三）经营费用		
（四）资产处置费用		
（五）上缴上级费用		
（六）对附属单位补助费用		
（七）所得税费用		
（八）其他费用		
三、本期盈余		

（三）收入费用表的编制方法

1. “本月数”栏与“本年累计数”栏的名称与反映内容

收入费用表“本月数”栏反映各项目的本月实际发生数；收入费用表“本年累计数”栏反映各项目自年初至报告期期末的累计实际发生数。

单位编制年度收入费用表时，应当将“本月数”栏改为“本年数”，反映本年度各项目的实际发生数；单位编制年度收入费用表时，应当将“本年累计数”栏改为“上年数”，反映上年度各项目的实际发生数，“上年数”栏应当根据上年年度收入费用表中“本年数”栏内所列数字填列。

如果政府会计制度做出新规定，引起本年度收入费用表规定的项目的名称和内容同上年度不一致，单位应当对上年度收入费用表项目的名称和数字按照本年度的规定进行调整，将调整后的金额填入本年度收入费用表的“上年数”栏内。

如果本年度单位发生了因前期差错更正、会计政策变更等调整以前年度盈余的事项，还应当对年度收入费用表中“上年数”栏中的有关项目金额进行相应调整。

2. 收入费用表“本月数”栏各项目的内容和填列方法

（1）“本期收入”项目，反映单位本期收入总额。本项目应当根据本表中“财政拨款收入”“事业收入”“上级补助收入”“附属单位上缴收入”“经营收入”“非同级财政拨款收入”“投资收益”“捐赠收入”“利息收入”“租金收入”“其他收入”项目金额的合计数填列。

（2）“财政拨款收入”项目，反映单位本期从同级政府财政部门取得的各类财政拨款。本项目应当根据“财政拨款收入”科目的本期发生额填列。

“政府性基金收入”项目，反映单位本期取得的财政拨款收入中属于政府性基金预算拨款的金额。本项目应当根据“财政拨款收入”相关明细科目的本期发生额填列。

（3）“事业收入”项目，反映事业单位本期开展专业业务活动及其辅助活动实现的收入。本项目应当根据“事业收入”科目的本期发生额填列。

（4）“上级补助收入”项目，反映事业单位本期从主管部门和上级单位收到或应收的非财政拨款收入。本项目应当根据“上级补助收入”科目的本期发生额填列。

（5）“附属单位上缴收入”项目，反映事业单位本期收到或应收的独立核算的附属单位按照有关规定上缴的收入。本项目应当根据“附属单位上缴收入”科目的本期发生额填列。

（6）“经营收入”项目，反映事业单位本期在专业业务活动及其辅助活动之外开展非独立核算经营活动实现的收入。本项目应当根据“经营收入”科目的本期发生额填列。

（7）“非同级财政拨款收入”项目，反映单位本期从非同级政府财政部门取得的财政拨款，不包括事业单位因开展科研及其辅助活动从非同级财政部门取得的经费拨款。本项目应当根据“非同级财政拨款收入”科目的本期发生额填列。

（8）“投资收益”项目，反映事业单位本期股权投资和债券投资所实现的收益或发生的损失。本项目应当根据“投资收益”科目的本期发生额填列；如为投资净损失，以“-”号填列。

（9）“捐赠收入”项目，反映单位本期接受捐赠取得的收入。本项目应当根据“捐赠收入”科目的本期发生额填列。

（10）“利息收入”项目，反映单位本期取得的银行存款利息收入。本项目应当根据“利息收入”科目的本期发生额填列。

（11）“租金收入”项目，反映单位本期经批准利用国有资产出租取得并按规定纳入本单位预算管理的租金收入。本项目应当根据“租金收入”科目的本期发生额填列。

（12）“其他收入”项目，反映单位本期取得的除以上收入项目外的其他收入的总额。本项目应当根据“其他收入”科目的本期发生额填列。

（13）“本期费用”项目，反映单位本期费用总额。本项目应当根据本表中“业务活动费用”“单位管理费用”“经营费用”“资产处置费用”“上缴上级费用”“对附属单位补助费用”“所得税费用”“其他费用”项目金额的合计数填列。

（14）“业务活动费用”项目，反映单位本期为实现其职能目标，依法履职或开展专业业务活动及其辅助活动所发生的各项费用。本项目应当根据“业务活动费用”科目本期发生额填列。

（15）“单位管理费用”项目，反映事业单位本期本级行政及后勤管理部门开展管理活动发生的各项费用，以及由单位统一负担的离退休人员经费、工会经费、诉讼费中介费等。本项目应当根据“单位管理费用”科目的本期发生额填列。

（16）“经营费用”项目，反映事业单位本期在专业业务活动及其辅助活动之外开展非独立核算经营活动发生的各项费用。本项目应当根据“经营费用”科目的本期发生额填列。

（17）“资产处置费用”项目，反映单位本期经批准处置资产时转销的资产价值以及在处置过程中发生的相关费用或者处置收入小于处置费用形成的净支出。本项目应当根据“资产处置费用”科目的本期发生额填列。

（18）“上缴上级费用”项目，反映事业单位按照规定上缴上级单位款项发生的费用。本项目应当根据“上缴上级费用”科目的本期发生额填列。

（19）“对附属单位补助费用”项目，反映事业单位用财政拨款收入之外的收入对附属单位补助发生的费用。本项目应当根据“对附属单位补助费用”科目的本期发生额填列。

（20）“所得税费用”项目，反映有企业所得税交纳义务的事业单位本期计算应交纳的企业所得税。本项目应当根据“所得税费用”科目的本期发生额填列。

（21）“其他费用”项目，反映单位本期发生的除以上费用项目的其他费用的总额。本项目应当根据“其他费用”科目的本期发生额填列。

（22）“本期盈余”项目，反映单位本期收入扣除本期费用后的净额。本项目应当根据本表中“本期收入”项目金额减去“本期费用”项目金额后的金额填列；如为负数，以“-”号填列。

【例 14-2】 某研究院 2023 年 12 月 31 日，汇总全年收入、费用科目发生额见表 14-6。

表 14－6　　**收入费用发生额汇总表**　　单位：元

会计科目	借方发生额	贷方发生额
财政拨款收入		2 000 000
事业收入		12 000 000
上级补助收入		200 000
附属单位上缴收入		160 000
经营收入		600 000
非同级财政拨款收入		100 000
投资收益		80 000
利息收入		40 000
租金收入		250 000
其他收入		30 000
业务活动费用	6 000 000	
单位管理费用	4 000 000	
经营费用	400 000	
所得税费用	30 000	
资产处置费用	12 000	
对附属单位补助费用	80 000	
其他费用	15 000	

根据上述资料编制当期收入费用表，见表 14－7。

表 14－7　　**收入费用表**　　会政财 02 表

编制单位：某研究院　　2023 年度　　单位：元

项目	本年数	上年数
一、本期收入	15 460 000	（略）
（一）财政拨款收入	2 000 000	
其中：政府性基金收入		
（二）事业收入	12 000 000	
（三）上级补助收入	200 000	
（四）附属单位上缴收入	160 000	
（五）经营收入	600 000	
（六）非同级财政拨款收入	100 000	
（七）投资收益	80 000	
（八）捐赠收入		
（九）利息收入	40 000	
（十）租金收入	250 000	
（十一）其他收入	30 000	
二、本期费用	10 537 000	
（一）业务活动费用	6 000 000	
（二）单位管理活动	4 000 000	
（三）经营费用	400 000	
（四）资产处置费用	12 000	
（五）上缴上级费用		
（六）对附属单位补助费用	80 000	
（七）所得税费用	30 000	
（八）其他费用	15 000	
三、本期盈余	4 923 000	

三、净资产变动表

净资产变动表是指反映单位在某一会计年度内净资产各项目增减变动情况的会计报表。净资产变动表不仅包括净资产总量的增减变动，还包括净资产增减变动的重要结构性、信息，可以使报表使用者准确理解净资产增减变动的根源。

（一）净资产变动表的作用

（1）反映某一会计年度内累计盈余增减变动情况的信息。

（2）反映某一会计年度内专用基金增减变动情况的信息。

（3）反映某一会计年度权益法调整增减变动情况的信息。

（4）反映某一会计年度净资产总量增减变动情况的信息。

按照有关规定，净资产变动表应当按照年度编制。

（二）净资产变动表的格式

为了清楚地表明构成净资产的各组成部分当期的增减变动情况，净资产变动表以矩阵的形式列示：一方面，列示使得净资产变动的业务活动；另一方面，按照净资产各组成部分（包括累计盈余、专用基金、权益法调整等）及其总额列示业务活动对净资产的影响。此外，净资产变动表还需要提供比较数据，各项目再分为“本年数”和“上年数”两栏分别填列。净资产变动表的具体格式见表 14－8。

表 14－8　　**净资产变动表**　　会财政 03

编制单位：　　年　　单位：元

项目	本年数				上年数			
	累计盈余	专用基金	权益法调整	净资产合计	累计盈余	专用基金	权益法调整	净资产合计
一、上年末余额								
二、以前年度盈余调整（减少以“－”号填列）								
三、本年年初余额								
四、本年变动金额（减少以“－”号填列）								
（一）本年盈余								
（二）无偿调拨净资产								
（三）归集调整预算结转结余								
（四）提取或设置专用基金								
其中：从预算收入中提取								
从预算结余中提取								
设置的专用基金								
（五）使用专用基金								
（六）权益法调整								
五、本年年末余额								

（三）净资产变动表的编制方法

1. 净资产变动表“本年数”栏的名称与反映内容

净资产变动表“本年数”栏反映本年度各项目的实际变动数。本表“上年数”栏反映上年度各项目的实际变动数，应当根据上年度净资产变动表中“本年数”栏内所列数字填列。

2. 净资产变动表“本年数”栏各项目的内容和填列方法

（1）“上年年末余额”行，反映单位净资产各项目上年年末的余额。本行各项目应当根据“累计盈余”“专用基金”“权益法调整”科目上年年末余额填列。

（2）“以前年度盈余调整”行，反映单位本年度调整以前年度盈余的事项对累计盈余进行调整的金额。本行“累计盈余”项目应当根据本年度“以前年度盈余调整”科目转入“累计盈余”科目的金额填列；如调整减少累计盈余，以“－”号填列。

（3）“本年年初余额”行，反映经过以前年度盈余调整后，单位净资产各项目的本年年初余额。本行“累计盈余”“专用基金”“权益法调整”项目应当根据其各自在“上年年末余额”行和“以前年度盈余调整”行对应项目金额的合计数填列。

（4）“本年变动金额”行，反映单位净资产各项目本年变动总金额。本行“累计盈余”“专用基金”“权益法调整”项目应当根据其各自在“本年盈余”“无偿调拨净资产”“归集调整预算结转结余”“提取或设置专用基金”“使用专用基金”“权益法调整”行对应项目金额的合计数填列。

（5）“本年盈余”行，反映单位本年发生的收入、费用对净资产的影响。本行“累计盈余”项目应当根据年末由“本期盈余”科目转入“本年盈余分配”科目的金额填列；如转入时借记“本年盈余分配”科目，则以“－”号填列。

（6）“无偿调拨净资产”行，反映单位本年无偿调入、调出非现金资产事项对净资产的影响。本行“累计盈余”项目应当根据年末由“无偿调拨净资产”科目转入“累计盈余”科目的金额填列；如转入时借记“累计盈余”科目，则以“－”号填列。

（7）“归集调整预算结转结余”行，反映单位本年财政拨款结转结余资金归集调入、归集上缴或调出，以及非财政拨款结转资金缴回对净资产的影响。本行“累计盈余”项目应当根据“累计盈余”科目明细账记录分析填列；如归集调整减少预算结转结余，则以“－”号填列。

（8）“提取或设置专用基金”行，反映单位本年提取或设置专用基金对净资产的影响。本行“累计盈余”项目应当根据“从预算结余中提取”行“累计盈余”项目的金额填列。本行“专用基金”项目应当根据“从预算收入中提取”“从预算结余中提取”“设置的专用基金”行“专用基金”项目金额的合计数填列。

“从预算收入中提取”行，反映单位本年从预算收入中提取专用基金对净资产的影响。本行“专用基金”项目应当通过对“专用基金”科目明细账记录的分析，根据本年按有关规定从预算收入中提取基金的金额填列。

“从预算结余中提取”行，反映单位本年根据有关规定从本年度非财政拨款结余或经营结余中提取专用基金对净资产的影响。本行“累计盈余”“专用基金”项目应当通过对“专用基金”科目明细账记录的分析，根据本年按有关规定从本年度非财政拨款结余或经营结余中提取专用基金的金额填列；本行“累计盈余”项目以“-”号填列。

“设置的专用基金”行，反映单位本年根据有关规定设置的其他专用基金对净资产的影响。本行“专用基金”项目应当通过对“专用基金”科目明细账记录的分析，根据本年按有关规定设置的其他专用基金的金额填列。

（9）“使用专用基金”行，反映单位本年按规定使用专用基金对净资产的影响。本行“累计盈余”“专用基金”项目应当通过对“专用基金”科目明细账记录的分析，根据本年按规定使用专用基金的金额填列；本行“专用基金”项目以“-”号填列。

（10）“权益法调整”行，反映单位本年按照被投资单位除净损益和利润分配以外的所有者权益变动份额而调整长期股权投资账面余额对净资产的影响。本行“权益法调整”项目应当根据“权益法调整”科目本年发生额填列；若本年净发生额为借方时，以“-”号填列。

（11）“本年年末余额”行，反映单位本年各净资产项目的年末余额。本行“累计盈余”“专用基金”“权益法调整”项目应当根据其各自在“本年年初余额”“本年变动金额”行对应项目金额的合计数填列。

（12）本表各行“净资产合计”项目，应当根据所在行“累计盈余”“专用基金”“权益法调整”项目金额的合计数填列。

【例 14-3】 某事业单位 2023 年 12 月 31 日的累计盈余为 20 000 元，专用基金为16 000 元，权益法调整为 12 000 元。2023 年度增加的累计盈余为 40 000 元，设置专用基金 70 000 元，权益法调整为 -2 000 元，本年度没有发生以前年度调整事项。该事业单位编制完成的 2023 年的净资产变动表见表 14-9。

表 14-9　　**净资产变动表**　　会财政 03

编制单位：某事业单位　　2023 年　　单位：元

项目	本年数				上年数			
	累计盈余	专用基金	权益法调整	净资产合计	累计盈余	专用基金	权益法调整	净资产合计
一、上年末余额	20 000	16 000	12 000	48 000				
二、以前年度盈余调整（减少以“-”号填列）								
三、本年年初余额	20 000	16 000	12 000	48 000				
四、本年变动金额（减少以“-”号填列）								
（一）本年盈余	40 000			40 000				
（二）无偿调拨净资产								
（三）归集调整预算结转结余								
（四）提取或设置专用基金		70 000		70 000				
其中：从预算收入中提取								
从预算结余中提取			-2 000	-2 000				
设置的专用基金								
（五）使用专用基金								
（六）权益法调整								
五、本年年末余额	60 000	86 000	10 000	156 000				

四、现金流量表

（一）现金流量表的概念和作用

现金流量表是指反映单位在某一会计年度内现金流入和流出的信息的会计报表。从编制原则上看，现金流量表按照收付实现制编制，将权责发生制下的盈余信息调整为收付实现制下的现金流量信息，便于信息使用者了解单位盈余的质量；从内容上看，现金流量表被划分为日常活动、投资活动和筹资活动三个部分，每类活动又分为各具体项目，这些项目从不同角度反映单位业务活动的现金流入与流出，弥补了资产负债表和收入费用表提供信息的不足。通过现金流量表，报表使用者能够了解现金流量的各个影响因素。

在现金流量表中，现金是指单位的库存现金以及其他可以随时用于支付的款项。其具体包括库存现金、可以随时用于支付的银行存款、其他货币资金、零余额账户用款额度、财政应返还额度，以及通过财政直接支付方式支付的款项。现金流量表所指的现金流量是指现金的流入和流出。

（二）现金流量表的格式

在现金流量表中，现金被视为一个整体，单位现金形式的转换不会产生现金的流入和流出。例如，单位从银行或零余额账户提取现金，这只是单位现金存放形式的转换，现金并未流出单位，不构成现金流量。根据单位业务活动的性质和现金流量的来源，现金流量表在结构上将单位一定期间产生的现金流量分为三类，即日常活动产生的现金流量、投资活动产生的现金流量和筹资活动产生的现金流量，并考虑了汇率变动对现金的影响。此外，现金流量表还需要提供比较数据，即表中各项目再分为“本年金额”和“上年金额”两栏分别填列。现金流量表的具体格式见表14－10。

（三）现金流量表的编制方法

单位编制现金流量表时，列报日常活动现金流量的方法有两种：一是直接法；二是间接法。在直接法下，单位一般是以收入费用表中的收入为起算点，调节与日常活动有关的项目的增减变动，然后计算出日常活动产生的现金流量。在间接法下，单位将本期盈余调节为日常活动现金流量，实际上就是将按权责发生制确定的本期盈余调整为现金净流入，并剔除投资活动和筹资活动对现金流量的影响。

单位采用直接法编报的现金流量表，便于分析日常活动产生的现金流量的来源和用途；采用间接法编报现金流量表，便于将本期盈余与日常活动产生的现金流量净额进行比较，了解本期盈余与日常活动产生的现金流量差异的原因。所以，我国政府会计准则规定单位应当采用直接法编报现金流量表，同时要求在附注中提供以本期盈余为基础调节到日常活动现金流量的信息。按照规定，政府单位的现金流量表应当按年编制。

现金流量表“上年金额”栏反映各项目的上年实际发生数，应当根据上年现金流量表中“本年金额”栏内所列数字填列。“本年金额”栏反映各项目的本年实际发生数。“本年

表 14-10

现金流量表

会财政 04 表

编制单位：　　　　　　　年　　　　　　　单位：元

项目	本年金额	上年金额
一、日常活动产生的现金流量		
财政基本支出拨款收到的现金		
财政非资本性项目拨款收到的现金		
事业活动收到的除财政拨款以外的现金		
收到的其他与日常活动有关的现金		
日常活动的现金流入小计		
购买商品、接受劳务支付的现金		
支付给职工以及为职工支付的现金		
支付的各项税费		
支付的其他与日常活动有关的现金		
日常活动的现金流出小计		
日常活动产生的现金流量净额		
二、投资活动产生的现金流量		
收回投资收到的现金		
取得投资收益收到的现金		
处置固定资产、无形资产、公共基础设施等收回的现金净额		
收到的与其他投资活动有关的现金		
投资活动的现金流入小计		
构建固定资产、无形资产、公共基础设施等支付的现金		
对外投资支付的现金		
上缴处置固定资产、无形资产、公共基础设施等净收入支付的现金		
支付的其他与投资活动有关的现金		
投资活动的现金流出小计		
投资活动产生的现金流量净额		
三、筹资活动产生的现金流量：		
财政资本性项目拨款收到的现金		
取得借款收到的现金		
收到的其他与筹资活动有关的现金		
筹资活动的现金流入小计		
偿还借款支付的现金		
偿还利息支付的现金		
支付的其他与筹资活动有关的现金		
筹资活动的现金流出小计		
筹资活动产生的现金流量净额		
四、汇率变动对现金的影响额		
五、现金净增加额		

金额”栏各项目的填列方法如下所述。

1. 日常活动产生的现金流量

（1）“财政基本支出拨款收到的现金”项目，反映单位本年接受财政基本支出拨款取得的现金。本项目应当根据“零余额账户用款额度”“财政拨款收入”“银行存款”等科目及其所属明细科目的记录分析填列。

（2）“财政非资本性项目拨款收到的现金”项目，反映单位本年接受除用于购建固定资产无形资产、公共基础设施等资本性项目以外的财政项目拨款取得的现金。本项目应当根据“银行存款”“零余额账户用款额度”“财政拨款收入”等科目及其所属明细科目的记录分析填列。

（3）“事业活动收到的除财政拨款以外的现金”项目，反映事业单位本年开展专业业务活动及其辅助活动取得的除财政拨款以外的现金。本项目应当根据“库存现金”“银行存款”“其他货币资金”“应收账款”“应收票据”“预收账款”“事业收入”等科目及其所属明细科目的记录分析填列。

（4）“收到的其他与日常活动有关的现金”项目，反映单位本年收到的除以上项目之外的与日常活动有关的现金。本项目应当根据“库存现金”“银行存款”“其他货币资金”“上级补助收入”“附属单位上缴收入”“经营收入”“非同级财政拨款收入”“捐赠收入”“利息收入”“租金收入”“其他收入”等科目及其所属明细科目的记录分析填列。

（5）“日常活动的现金流入小计”项目，反映单位本年日常活动产生的现金流入的合计数。本项目应当根据本表中“财政基本支出拨款收到的现金”“财政非资本性项目拨款收到的现金”“事业活动收到的除财政拨款以外的现金”“收到的其他与日常活动有关的现金”项目金额的合计数填列。

（6）“购买商品、接受劳务支付的现金”项目，反映单位本年在日常活动中用于购买商品、接受劳务支付的现金。本项目应当根据“库存现金”“银行存款”“财政拨款收入”“零余额账户用款额度”“预付账款”“在途物品”“库存物品”“应付账款”“应付票据”“业务活动费用”“单位管理费用”“经营费用”等科目及其所属明细科目的记录分析填列。

（7）“支付给职工以及为职工支付的现金”项目，反映单位本年支付给职工以及为职工支付的现金。本项目应当根据“库存现金”“银行存款”“零余额账户用款额度”“财政拨款收入”“应付职工薪酬”“业务活动费用”“单位管理费用”“经营费用”等科目及其所属明细科目的记录分析填列。

（8）“支付的各项税费”项目，反映单位本年用于交纳日常活动相关税费而支付的现金。本项目应当根据“库存现金”“银行存款”“零余额账户用款额度”“应交增值税”“其他应交税费”“业务活动费用”“单位管理费用”“经营费用”“所得税费用”等科目及其所属明细科目的记录分析填列。

（9）“支付的其他与日常活动有关的现金”项目，反映单位本年支付的除上述项目之外与日常活动有关的现金。本项目应当根据“库存现金”“银行存款”“零余额账户用款额度”“财政拨款收入”“其他应付款”“业务活动费用”“单位管理费用”“经营费用”“其他费用”等科目及其所属明细科目的记录分析填列。

(10)“日常活动的现金流出小计”项目，反映单位本年日常活动产生的现金流出的合计数。本项目应当根据本表中“购买商品、接受劳务支付的现金”“支付给职工以及为职工支付的现金”“支付的各项税费”“支付的其他与日常活动有关的现金”项目金额的合计数填列。

(11)“日常活动产生的现金流量净额”项目，应当按照本表中“日常活动的现金流入小计”项目金额减去“日常活动的现金流出小计”项目金额后的金额填列；如为负数，以“-”号填列。

2. 投资活动产生的现金流量

(1)“收回投资收到的现金”项目，反映单位本年出售、转让或者收回投资收到的现金。本项目应该根据“库存现金”“银行存款”“短期投资”“长期股权投资”“长期债券投资”等科目的记录分析填列。

(2)“取得投资收益收到的现金”项目，反映单位本年因对外投资而收到被投资单位分配的股利或利润，以及收到投资利息而取得的现金。本项目应当根据“库存现金”“银行存款”“应收股利”“应收利息”“投资收益”等科目的记录分析填列。

(3)“处置固定资产、无形资产、公共基础设施等收回的现金净额”项目，反映单位本年处置固定资产、无形资产、公共基础设施等非流动资产所取得的现金，减去为处置这些资产而支付的有关费用之后的净额。由于自然灾害所造成的固定资产等长期资产损失而收到的保险赔款收入，也在本项目反映。本项目应当根据“库存现金”“银行存款”“待处理财产损溢”等科目的记录分析填列。

(4)“收到的其他与投资活动有关的现金”项目，反映单位本年收到的除上述项目之外与投资活动有关的现金。对于金额较大的现金流入，应当单列项目反映。本项目应当根据“库存现金”“银行存款”等有关科目的记录分析填列。

(5)“投资活动的现金流入小计”项目，反映单位本年投资活动产生的现金流入的合计数。本项目应当根据本表中“收回投资收到的现金”“取得投资收益收到的现金”“处置固定资产、无形资产、公共基础设施等收回的现金净额”“收到的其他与投资活动有关的现金”项目金额的合计数填列。

(6)“购建固定资产、无形资产、公共基础设施等支付的现金”项目，反映单位本年购买和建造固定资产、无形资产、公共基础设施等非流动资产所支付的现金；融资租入固定资产支付的租赁费不在本项目反映，在筹资活动的现金流量中反映。本项目应当根据“库存现金”“银行存款”“固定资产”“工程物资”“在建工程”“无形资产”“研发支出”“公共基础设施”“保障性住房”等科目的记录分析填列。

(7)“对外投资支付的现金”项目，反映单位本年为取得短期投资、长期股权投资、长期债券投资而支付的现金。本项目应当根据“库存现金”“银行存款”“短期投资”“长期股权投资”“长期债券投资”等科目的记录分析填列。

(8)“上缴处置固定资产、无形资产、公共基础设施等净收入支付的现金”项目，反映本年单位将处置固定资产、无形资产、公共基础设施等非流动资产所收回的现金净额予以上缴财政所支付的现金。本项目应当根据“库存现金”“银行存款”“应缴财政款”等科目的记录分析填列。

（9）“支付的其他与投资活动有关的现金”项目，反映单位本年支付的除上述项目之外与投资活动有关的现金。对于金额较大的现金流出，应当单列项目反映。本项目应当根据“库存现金”“银行存款”等有关科目的记录分析填列。

（10）“投资活动的现金流出小计”项目，反映单位本年投资活动产生的现金流出的合计数。本项目应当根据本表中“购建固定资产、无形资产、公共基础设施等支付的现金”“对外投资支付的现金”“上缴处置固定资产、无形资产、公共基础设施等净收入支付的现金”“支付的其他与投资活动有关的现金”项目金额的合计数填列。

（11）“投资活动产生的现金流量净额”项目，应当按照本表中“投资活动的现金流入小计”项目金额减去“投资活动的现金流出小计”项目金额后的金额填列；如为负数，以“－”号填列。

3. 筹资活动产生的现金流量

（1）“财政资本性项目拨款收到的现金”项目，反映单位本年接受用于购建固定资产、无形资产、公共基础设施等资本性项目的财政项目拨款取得的现金。本项目应当根据“银行存款”“零余额账户用款额度”“财政拨款收入”等科目及其所属明细科目的记录分析填列。

（2）“取得借款收到的现金”项目，反映事业单位本年举借短期、长期借款所收到的现金。本项目应当根据“库存现金”“银行存款”“短期借款”“长期借款”等科目记录分析填列。

（3）“收到的其他与筹资活动有关的现金”项目，反映单位本年收到的除上述项之外与筹资活动有关的现金。对于金额较大的现金流入，应当单列项目反映。本项目应当根据“库存现金”“银行存款”等有关科目的记录分析填列。

（4）“筹资活动的现金流入小计”项目，反映单位本年筹资活动产生的现金流入的合计数。本项目应当根据本表中“财政资本性项目拨款收到的现金”“取得借款收到的现金”“收到的其他与筹资活动有关的现金”项目金额的合计数填列。

（5）“偿还借款支付的现金”项目，反映事业单位本年偿还借款本金所支付的现金。本项目应当根据“库存现金”“银行存款”“短期借款”“长期借款”等科目的记录分析填列。

（6）“偿还利息支付的现金”项目，反映事业单位本年支付的借款利息等。本项目应当根据“库存现金”“银行存款”“应付利息”“长期借款”等科目的记录分析填列。

（7）“支付的其他与筹资活动有关的现金”项目，反映单位本年支付的除上述项目之外与筹资活动有关的现金，如融资租入固定资产所支付的租赁费。本项目应当根据“库存现金”“银行存款”“长期应付款”等科目的记录分析填列。

（8）“筹资活动的现金流出小计”项目，反映单位本年筹资活动产生的现金流出的合计数。本项目应当根据本表中“偿还借款支付的现金”“偿还利息支付的现金”“支付的其他与筹资活动有关的现金”项目金额的合计数填列。

（9）“筹资活动产生的现金流量净额”项目，应当按照本表中“筹资活动的现金流入小计”项目金额减去“筹资活动的现金流出小计”金额后的金额填列；如为负数，以“－”号填列。

4. 汇率变动对现金的影响额

“汇率变动对现金的影响额”项目，反映单位本年外币现金流量折算为人民币时，所采用的现金流量发生日的汇率折算的人民币金额与外币现金流量净额按期末汇率折算的人民币金额之间的差额。

5. 现金净增加额

“现金净增加额”项目，反映单位本年现金变动的净额。本项目应当根据本表中“日常活动产生的现金流量净额”“投资活动产生的现金流量净额”“筹资活动产生的现金流量净额”“汇率变动对现金的影响额”项目金额的合计数填列；如为负数，以“－”号填列。

【例 14－4】某事业单位 2023 年发生的日常活动、投资活动、筹资活动中涉及现金流量变动的相关业务或事项见表 14－11。该事业单位无汇率变动影响。

表 14－11　某事业单位 2023 年涉及现金流量流入流出的相关业务或事项情况表

业务事项	金额（元）	现金流入或现金流出
1. 收到财政基本拨款	100 000	财政基本拨款收到的现金（流入）
2. 支付职工薪酬	40 000	支付职工以及为职工支付的现金（流出）
3. 从银行提现	20 000	不影响现金流量
4. 收到财政非资本性项目拨款	40 000	财政非资本性项目拨款收到的现金（流入）
5. 购入固定资产	1 600	购建固定资产支付的现金（流出）
6. 事业活动收到现金	800	事业活动收到的除财政拨款以外的现金（流入）
7. 收回应收账款	200	收到的其他与日常活动有关的现金（流入）
8. 购买库存物品	1 080	购买商品、接受劳务支付的现金（流出）
9. 支付相关税金	160	支付的各项税费（流出）
10. 收到财政资本性项目拨款	100 000	财政资本性项目拨款收到的现金（流入）
11. 购买政府债券	20 000	对外投资支付的现金（流出）
12. 处置无形资产	10 000	处置无形资产收回的现金净额（流入）
13. 取得投资收益	400	取得投资收益收到的现金（流入）
14. 收回债券投资	20 000	收回投资收到的现金（流入）
15. 上缴处置无形资产净额	1 000	上缴处置无形资产净收入支付的现金（流出）
16. 取得银行短期借款	20 000	取得借款收到的现金（流入）
17. 偿还借款利息	200	偿还利息支付的现金（流出）
18. 偿还短期借款	16 000	偿还借款支付的现金（流出）

根据以上资料，该事业单位编制现金流量表见表 14－12：

表 14－12　　现金流量表　　会财政04表

编制单位：某事业单位　　2023年　　单位：元

项目	本年金额	上年金额
一、日常活动产生的现金流量		
财政基本支出拨款收到的现金	100 000	（略）
财政非资本性项目拨款收到的现金	40 000	
事业活动收到的除财政拨款以外的现金	800	
收到的其他与日常活动有关的现金	200	
日常活动的现金流入小计	141 000	
购买商品、接受劳务支付的现金	1 080	
支付给职工以及为职工支付的现金	40 000	
支付的各项税费	100	
支付的其他与日常活动有关的现金		
日常活动的现金流出小计	41 240	
日常活动产生的现金流量净额	99 760	
二、投资活动产生的现金流量		
收回投资收到的现金	20 000	
取得投资收益收到的现金	400	
处置固定资产、无形资产、公共基础设施等收回的现金净额	10 000	
收到的与其他投资活动有关的现金		
投资活动的现金流入小计	30 400	
构建固定资产、无形资产、公共基础设施等支付的现金	1 400	
对外投资支付的现金	20 000	
上缴处置固定资产、无形资产、公共基础设施等净收入支付的现金	1 000	
支付的其他与投资活动有关的现金		
投资活动的现金流出小计	22 600	
投资活动产生的现金流量净额	7 800	
三、筹资活动产生的现金流量：		
财政资本性项目拨款收到的现金	100 000	
取得借款收到的现金	20 000	
收到的其他与筹资活动有关的现金		
筹资活动的现金流入小计	120 000	
偿还借款支付的现金	16 000	
偿还利息支付的现金	200	
支付的其他与筹资活动有关的现金		
筹资活动的现金流出小计	16 200	
筹资活动产生的现金流量净额	103 800	
四、汇率变动对现金的影响额		
五、现金净增加额	211 360	

“本年金额”栏主要项目的填列说明：

(1) 日常活动的现金流入小计 = 100 000 + 40 000 + 800 + 200 = 141 000（元）

(2) 日常活动的现金流出小计 = 1 080 + 40 000 + 160 = 41 240（元）

(3) 日常活动产生的现金流量净额 = 141 000 - 41 240 = 99 760（元）

(4) 投资活动的现金流入小计 = 20 000 + 400 + 10 000 = 30 400（元）

(5) 投资活动的现金流出小计 = 1 600 + 20 000 + 1 000 = 22 600（元）

(6) 投资活动产生的现金流量净额 = 30 400 - 22 600 = 7 800（元）

(7) 筹资活动的现金流入小计 = 100 000 + 20 000 = 120 000（元）

(8) 筹资活动的现金流出小计 = 16 000 + 200 = 16 200（元）

(9) 筹资活动产生的现金流量净额 = 120 000 - 16 200 = 103 800（元）

第二节　事业单位预算报表

事业单位预算会计报表是指反映政府单位预算执行情况及结果等的书面文件。它至少包括预算收入支出表、预算结转结余变动表和财政拨款预算收入支出表。

一、预算收入支出表及其编制方法

预算收入支出表是指反映单位在某一会计年度内各项预算收入、预算支出和预算收支差额的情况的预算会计报表。该表可以提供某一会计年度内预算收入总额及其构成情况、预算支出总额及其构成情况，以及预算收支差额的信息。

（一）预算收入支出表的作用

(1) 反映某一会计期间各项预算收入的总额及其构成情况的信息。例如，预算收入支出表可以反映单位实现的本年预算收入总额以及财政拨款预算收入等 9 项预算收入的构成情况。

(2) 反映某一会计期间各项预算支出的总额及其构成情况的信息。例如，预算收入支出表可以反映单位本年预算支出总额以及行政支出等 8 项预算支出的构成情况。

(3) 反映某一会计期间经各项预算收入总额与各项预算支出总额配比的结果，即反映业务活动本年预算收支差额情况的信息。

按照规定，单位预算收入支出表应当按照年度编制。

（二）预算收入支出表的格式

预算收入支出表以“本年预算收入 - 本年预算支出 = 本年预算收支差额”的计算公式为编制依据，采用单步式格式，各项目再分为“本年数”和“上年数”两栏分别列示。预算收入支出表的格式见表 14 - 13。

表14-13　　　　预算收入支出表　　　　会政预01表

编制单位：　　　　年　　　　单位：元

项目	本月数	本年累计数
一、本年预算收入：		
（一）财政拨款预算收入		
其中：政府性基金收入		
（二）事业预算收入		
（三）上级补助预算收入		
（四）附属单位上缴预算收入		
（五）经营预算收入		
（六）债务预算收入		
（七）非同级财政拨款预算收入		
（八）投资预算收入		
（九）其他预算收入		
其中：利息预算收入		
捐赠预算收入		
租金预算收入		
二、本年预算支出		
（一）行政支出		
（二）事业支出		
（三）经营支出		
（四）上缴上级支出		
（五）对附属单位补助支出		
（六）投资支出		
（七）债务还本支出		
（八）其他支出		
其中：利息支出		
捐赠支出		
三、本年预算收支差额		

（三）预算收入支出表的编制方法

1. 预算收入支出表“上年数”栏反映的内容和填列方法

预算收入支出表“上年数”栏反映各项目上年度的实际发生数，应当根据上年度预算收入支出表中“本年数”栏内所列数字填列。

2. 预算收入支出表“本年数”栏各项目的内容和填列方法

预算收入支出表“本年数”栏反映各项目的本年实际发生数。

(1)“本年预算收入”项目，反映单位本年预算收入总额。本项目应当根据本表中“财政拨款预算收入”“事业预算收入”“上级补助预算收入”“附属单位上缴预算收入”“经营预算收入”“债务预算收入”“非同级财政拨款预算收入”“投资预算收益”“其他预算收入”项目金额的合计数填列。本表中各预算收入项目金额应当根据各预算收入科目的本年发生额填列。

（2）“本年预算支出”项目，反映单位本年预算支出总额。本项目应当根据本表中“行政支出”“事业支出”“经营支出”“上缴上级支出”“对附属单位补助支出”“投资支出”“债务还本支出”“其他支出”项目金额的合计数填列。本表中各支出项目金额应当根据各支出科目的本年发生额填列。

（3）“本年预算收支差额”项目，反映单位本年各项预算收支相抵后的差额。本项目应当根据本表中“本年预算收入”项目金额减去“本年预算支出”项目金额后的金额填列；如相减后金额为负数，以“－”号填列。

【例 14－5】 某事业单位2023年有关预算收支会计科目的本年发生额情况见表14－14。

表 14－14　　预算收支会计科目本年发生额　　单位：元

项目	本年发生额	
	借方	贷方
财政拨款预算收入		1 340 000
事业预算收入		348 250
非同级财政拨款预算收入		176 750
上级补助预算收入		300 000
附属单位上缴预算收入		116 000
经营预算收入		34 000
其他预算收入		53 000
其中：租金预算收入		20 000
投资预算收益		60 000
事业支出	1 331 500	
经营支出	32 750	
上缴上级支出	30 750	
对附属单位补助支出	25 000	
投资支出	670 000	
债务还本支出	250 000	
其他支出	39 500	
其中：利息支出	5 000	
捐赠支出	10 000	
合计	2 389 500	2 428 000

根据上述资料，编制该事业单位2023年预算收入支出表见表14－15：

表 14－15　　　　　　　　　　预算收入支出表　　　　　　　　　　会政预01表

编制单位：某事业单位　　　　　　　　2023年　　　　　　　　　　单位：元

项目	本年数	上年数
一、本年预算收入：	2 428 000	
（一）财政拨款预算收入	1 340 000	
其中：政府性基金收入		
（二）事业预算收入	348 250	
（三）上级补助预算收入	300 000	
（四）附属单位上缴预算收入	116 000	
（五）经营预算收入	34 000	
（六）债务预算收入		
（七）非同级财政拨款预算收入	176 750	
（八）投资预算收入	60 000	
（九）其他预算收入	53 000	
其中：利息预算收入		
捐赠预算收入		
租金预算收入	20 000	
二、本年预算支出	2 389 500	
（一）行政支出		
（二）事业支出	1 331 500	
（三）经营支出	32 750	
（四）上缴上级支出	30 750	
（五）对附属单位补助支出	25 000	
（六）投资支出	670 000	
（七）债务还本支出	250 000	
（八）其他支出	39 500	
其中：利息支出	5 000	
捐赠支出	1 000	
三、本年预算收支差额	38 500	

二、预算结转结余变动表及其编制方法

预算结转结余变动表是指反映单位在某一会计年度内预算结转结余的变动情况的预算会计报表。该表可以提供某一会计年度年初预算结转结余、年初余额调整、本年变动金额和年末预算结转结余等信息。

（一）预算结转结余变动表的格式

预算结转结余变动表以“年初预算结转结余＋年初余额调整＋本年变动金额＝年末预算结转结余”的计算公式为编制依据，各项目再分为“本年数”和“上年数”两栏分别列示。预算结转结余变动表的格式见表14－16。

表14－16　　预算结转结余变动表　　会政预02表

编制单位：　　年　　单位：元

项目	本年数	上年数
一、年初预算结转结余		
（一）财政拨款结转结余		
（二）其他资金结转结余		
二、年初余额调整（减少以“－”号填列）		
（一）财政拨款结转结余		
（二）其他资金结转结余		
三、本年变动金额（减少以“－”号填列）		
（一）财政拨款结转结余		
1. 本年收支差额		
2. 归集调入		
3. 归集上缴或调出		
（二）其他资金结转结余		
1. 本年收支差额		
2. 缴回资金		
3. 使用专用结余		
4. 支付所得税		
四、年末预算结转结余		
（一）财政拨款结转结余		
1. 财政拨款结转		
2. 财政拨款结余		
（二）其他资金结转结余		
1. 非财政拨款结转		
2. 非财政拨款结余		
3. 专用结余		
4. 经营结余（如有余额，以“－”号填列）		

（二）预算结转结余变动表的编制方法

预算结转结余变动表中“本年数”栏反映各项目的本年实际发生数。预算结转结余变动表中“上年数”栏反映各项目的上年实际发生数，应当根据上年度预算结转结余变动表中“本年数”栏内所列数字填列。

预算结转结余变动表中“本年数”栏各项目的内容和填列方法如下。

1.“年初预算结转结余”项目

“年初预算结转结余”项目，反映单位本年预算结转结余的年初余额。本项目应当根据本项目下“财政拨款结转结余”“其他资金结转结余”项目金额的合计数填列。

（1）“财政拨款结转结余”项目，反映单位本年财政拨款结转结余资金的年初余额。本项目应当根据“财政拨款结转”“财政拨款结余”科目本年年初余额合计数填列。

（2）“其他资金结转结余”项目，反映单位本年其他资金结转结余的年初余额。本项目应当根据“非财政拨款结转”“非财政拨款结余”“专用结余”“经营结余”科目本年年初余额的合计数填列。

2.“年初余额调整”项目

“年初余额调整”项目，反映单位本年预算结转结余年初余额调整的金额。本项目应当根据本项目下“财政拨款结转结余”“其他资金结转结余”项目金额的合计数填列。

（1）“财政拨款结转结余”项目，反映单位本年财政拨款结转结余资金的年初余额调整金额。本项目应当根据“财政拨款结转”“财政拨款结余”科目下“年初余额调整”明细科目的本年发生额的合计数填列；如调整减少年初财政拨款结转结余，以“-”号填列。

（2）“其他资金结转结余”项目，反映单位本年其他资金结转结余的年初余额调整金额。本项目应当根据“非财政拨款结转”“非财政拨款结余”科目下“年初余额调整”明细科目的本年发生额的合计数填列；如调整减少年初其他资金结转结余，以“-”号填列。

3.“本年变动金额”项目

“本年变动金额”项目，反映单位本年预算结转结余变动的金额。本项目应当根据本项目下“财政拨款结转结余”“其他资金结转结余”项目金额的合计数填列。

（1）“财政拨款结转结余”项目，反映单位本年财政拨款结转结余资金的变动。本项目应当根据本项目下“本年收支差额”“归集调入”“归集上缴或调出”项目金额的合计数填列。其中：“本年收支差额”项目，反映单位本年财政拨款资金收支相抵后的差额。本项目应当根据“财政拨款结转”科目下“本年收支结转”明细科目本年转入的预算收入与预算支出的差额填列；差额为负数的，以“-”号填列。

“归集调入”项目，反映单位本年按照规定从其他单位归集调入的财政拨款结转资金。本项目应当根据“财政拨款结转”科目下“归集调入”明细科目的本年发生额填列。

“归集上缴或调出”项目，反映单位本年按照规定上缴的财政拨款结转结余资金及按照规定向其他单位调出的财政拨款结转资金。本项目应当根据“财政拨款结转”“财政拨款结余”科目下“归集上缴”明细科目，以及“财政拨款结转”科目下“归集调出”明细科目本年发生额的合计数填列，以“-”号填列。

（2）“其他资金结转结余”项目，反映单位本年其他资金结转结余的变动。本项目应当根据本项目下“本年收支差额”“缴回资金”“使用专用结余”“支付所得税”项目金额的合计数填列。其中：“本年收支差额”项目，反映单位本年除财政拨款外的其他资金收支相抵后的差额。本项目应当根据“非财政拨款结转”科目下“本年收支结转”明细科目、“其他结余”科目、“经营结余”科目本年转入的预算收入与预算支出的差额的合计数填列；如为负数，以“-”号填列。

“缴回资金”项目，反映单位本年按照规定缴回的非财政拨款结转资金。本项目应当根据“非财政拨款结转”科目下“缴回资金”明细科目本年发生额的合计数填列，以“-”号填列。

“使用专用结余”项目，反映本年事业单位根据规定使用从非财政拨款结余或经营结余中提取的专用基金的金额。本项目应当根据“专用结余”科目明细账中本年使用专用结余业务的发生额填列，以“-”号填列。

“支付所得税”项目，反映有企业所得税缴纳义务的事业单位本年实际缴纳的企业所得税金额。本项目应当根据“非财政拨款结余”明细账中本年实际缴纳企业所得税业务的发生额填列，以“-”号填列。

4. “年末预算结转结余”项目

“年末预算结转结余”项目，反映单位本年预算结转结余的年末余额。本项目应当根据本项目下“财政拨款结转结余”“其他资金结转结余”项目金额的合计数填列。

（1）“财政拨款结转结余”项目，反映单位本年财政拨款结转结余的年末余额。本项目应当根据本项目下“财政拨款结转”“财政拨款结余”项目金额的合计数填列。上述两项结余项目，应当分别根据两项结余科目的本年年末余额填列。

（2）“其他资金结转结余”项目，反映单位本年其他资金结转结余的年末余额。本项目应当根据本项目下“非财政拨款结转”“非财政拨款结余”“专用结余”“经营结余”项目金额的合计数填列。上述四项结余项目，应当分别根据四项结余科目的本年年末余额填列。

【例 14-6】 某事业单位 2023 年 12 月 31 日结转后有关预算结转结余的年初数、年末数和本年变动数见表 14-17。

表 14-17　　预算结转结余科目余额与发生额　　单位：元

科目	年初数	年末数	本年变动数（明细科目发生额）
财政拨款结转	36 000	67 500	31 500
——年初余额调整			
——归集调入			31 500
——归集调出			-1 350
——归集上缴			-2 250
——单位内部调剂			
——本年收支结转			
——累计结转	36 000	67 500	31 500
财政拨款结余	5 400	10 350	4 950
——年初余额调整			4 950
——归集、上缴			
——单位内部调剂			
——结转转入			
——累计结转	5 400	10 350	4 950
非财政拨款结转	6 750	11 700	4 950
——年初余额调整			1 350
——缴回资金			-450
——项目间接费用或管理费			
——本年收支结转			4 050

续表

科目	年初数	年末数	本年变动数（明细科目发生额）
——累计结转	6 750	11 700	4 950
非财政拨款结余	2 250	5 850	3 600
——年初余额调整			
——项目间接费用或管理费			
——结转转入			
——累计结余	2 250	5 850	3 600
专用结余			
经营结余			
合计	50 400	95 400	45 000

根据上述资料，该事业单位2023年的预算结转结余变动表见表14－18：

表14－18　　预算结转结余变动表　　会政预02表

编制单位：某事业单位　　2023年　　单位：元

项目	本年数	上年数
一、年初预算结转结余	50 400	（略）
（一）财政拨款结转结余	41 400	
（二）其他资金结转结余	9 000	
二、年初余额调整（减少以“－”号填列）	9 900	
（一）财政拨款结转结余	4 950	
（二）其他资金结转结余	4 950	
三、本年变动金额（减少以“－”号填列）	35 100	
（一）财政拨款结转结余	31 500	
1. 本年收支差额	0	
2. 归集调入	35 100	
3. 归集上缴或调出	－3 600	
（二）其他资金结转结余	3 600	
1. 本年收支差额	4 050	
2. 缴回资金	－450	
3. 使用专用结余	0	
4. 支付所得税	0	
四、年末预算结转结余	95 400	
（一）财政拨款结转结余	77 850	
1. 财政拨款结转	67 500	
2. 财政拨款结余	10 350	
（二）其他资金结转结余	17 550	
1. 非财政拨款结转	11 700	
2. 非财政拨款结余	5 850	
3. 专用结余	0	
4. 经营结余（如有余额，以“－”号填列）	0	

主要项目的填列说明如下：

（1）年初预算结转结余＝（36 000＋5 400）＋（6 750＋2 250）＝50 400（元）

（2）年初余额调整＝4 950＋1 350＋3 600＝9 900（元）

（3）本年变动数＝（35 100－3 600）＋（4 050－450）＝31 500（元）

（4）年末预算结转结余＝（67 500＋10 350）＋（11 700＋5 850）＝95 400（元）

三、财政拨款预算收入支出表及其编制方法

（一）财政拨款预算收入支出表的概念

财政拨款预算收入支出表是指反映单位在某一会计期间财政拨款预算收入、支出、结转及结余情况的预算会计报表。该表中的数据与预算结转结余变动表中的数据存在内在联系，是对预算结转结余变动表中的相关数据的详细展开。将该表中的数据与经批准的财政拨款预算收入支出预算数据进行比较，报表使用者可以全面了解和评价单位财政拨款收支预算执行情况。

按照规定，事业单位的财政拨款预算收入支出表应当按照年度编制。

（二）财政拨款预算收入支出表的格式

单位财政拨款预算收入支出表需要详细反映各项财政补助资金由年初数额变化为年末数额的有关内容，其中包括年初数额的调整、本年归集调入、本年归集上缴或调出、单位内部调剂、本年财政拨款收入、本年财政拨款支出等内容。单位财政拨款预算收入支出表的格式见表 14－19。

表 14－19　财政拨款预算收入支出表

编制单位：　　　　年　　　　单位：元

项目	年初财政拨款结转结余		调整年初财政拨款结转结余	本年归集调入	本年归集上缴或调出	单位内部调剂		本年财政拨款收入	本年财政拨款支出	年末财政拨款结转结余	
	结转	结余				结转	结余			结转	结余
一、一般公共预算财政拨款											
（一）基本支出											
1. 人员经费											
2. 日常公用经费											
（二）项目支出											
1. ××项目											
2. ××项目											
……											
二、政府性基金预算财政拨款											
（一）基本支出											
1. 人员经费											
2. 日常公用经费											
（二）项目支出											
1. ××项目											
2. ××项目											
……											
总计											

（三）财政拨款预算收入支出表的编制方法

财政拨款预算收入支出表各栏及其对应项目的内容和填列方法如下：

（1）“年初财政拨款结转结余”栏中各项目，反映单位年初各项财政拨款结转结余的金额。各项目应当根据“财政拨款结转”“财政拨款结余”及其明细科目的年初余额填列。本栏中各项目的数额应当与上年度财政拨款预算收入支出表中“年末财政拨款结转结余”栏中各项目的数额相等。

（2）“调整年初财政拨款结转结余”栏中各项目，反映单位对年初财政拨款结转结余的调整金额。各项目应当根据“财政拨款结转”“财政拨款结余”科目下“年初余额调整”明细科目及其所属明细科目的本年发生额填列；如调整减少年初财政拨款结转结余，以“-”号填列。

（3）“本年归集调入”栏中各项目，反映单位本年按规定从其他单位调入的财政拨款结转资金金额。各项目应当根据“财政拨款结转”科目下“归集调入”明细科目及其所属明细科目的本年发生额填列。

（4）“本年归集上缴或调出”栏中各项目，反映单位本年按规定实际上缴的财政拨款结转结余资金，及按照规定向其他单位调出的财政拨款结转资金金额。各项目应当根据“财政拨款结转”“财政拨款结余”科目下“归集上缴”明细科目和“财政拨款结转”科目下“归集调出”明细科目，及其所属明细科目的本年发生额填列，以“-”号填列。

（5）“单位内部调剂”栏中各项目，反映单位本年财政拨款结转结余资金在单位内部不同项目之间的调剂金额。各项目应当根据“财政拨款结转”科目和“财政拨款结余”科目下的“单位内部调剂”明细科目及其所属明细科目的本年发生额填列；对单位内部调剂减少的财政拨款结余金额，以“-”号填列。

（6）“本年财政拨款收入”栏中各项目，反映单位本年从同级财政部门取得的各类财政预算拨款金额。各项目应当根据“财政拨款预算收入”科目及其所属明细科目的本年发生额填列。

（7）“本年财政拨款支出”栏中各项目，反映单位本年发生的财政拨款支出金额。各项目应当根据“行政支出”“事业支出”等科目及其所属明细科目本年发生额中的财政拨款支出数的合计数填列。

（8）“年末财政拨款结转结余”栏中各项目，反映单位年末财政拨款结转结余的金额。各项目应当根据“财政拨款结转”“财政拨款结余”科目及其所属明细科目的年末余额填列。

第三节　会计报表附注

一、会计报表附注的概念与作用

会计报表附注是对在会计报表中列示的项目所做的进一步说明，以及对未能在会计报表中列示项目的说明。附注是会计报表的重要组成部分。

会计报表附注的作用主要表现在以下几个方面：一是可以对会计报表中数字的形成基础进行解释和说明；二是可以对会计报表中的重要项目做较为具体详细的信息披露；三是可以对未能在会计报表中列示的项目做出说明。

二、会计报表附注的主要内容

会计报表附注主要包括下列内容。

1. 单位的基本情况

单位应当简要披露其基本情况，包括单位主要职能、主要业务活动、所在地、预算管理关系等。

2. 会计报表编制基础

3. 遵循政府会计准则、制度的声明

4. 重要会计政策和会计估计单位应当采用与其业务特点相适应的具体会计政策，并充分披露报告期内采用的重要会计政策和会计估计

其主要包括以下内容：①会计期间。②记账本位币，外币折算汇率。③坏账准备的计提方法。④存货类别、发出存货的计价方法、存货的盘存制度以及低值易耗品和包装物的摊销方法。⑤长期股权投资的核算方法。⑥固定资产分类、折旧方法、折旧年限和年折旧率；融资租入固定资产的计价和折旧方法。⑦无形资产的计价方法；使用寿命有限的无形资产，其使用寿命估计情况；使用寿命不确定的无形资产，其使用寿命不确定的判断依据；单位内部研究开发项目划分研究阶段和开发阶段的具体标准。⑧公共基础设施的分类、折旧（摊销）方法、折旧（摊销）年限，以及其确定依据。⑨政府储备物资分类，以及确定其发出成本所采用的方法。⑩保障性住房的分类、折旧方法、折旧年限。⑪其他重要的会计政策和会计估计。⑫本期发生重要会计政策和会计估计变更的，变更的内容和原因、受其重要影响的报表项目名称和金额相关审批程序，以及会计估计变更开始适用的时点。

5. 会计报表重要项目说明

单位应当按照资产负债表和收入费用表项目列示顺序，采用文字和数据描述相结合的方式披露重要项目的明细信息。报表重要项目的明细金额合计，应当与报表项目金额相衔接。报表重要项目说明应包括但不限于下列内容：①货币资金的披露。②应收账款的披露。③存货的披露。④其他流动资产的披露。⑤长期投资（长期债券投资、长期股权投资）的披露。⑥固定资产的披露。⑦在建工程的披露。⑧无形资产的披露。⑨公共基础设施的披露。⑩政府储备物资的披露。⑪受托代理资产的披露。⑫应付账款的披露。⑬其他流动负债的披露。⑭长期借款的披露。⑮事业收入的披露。⑯非同级财政拨款收入的披露。⑰其他收入的披露。⑱业务活动费用的披露。⑲其他费用的披露。⑳本期费用的披露。

6. 本年盈余与预算结余的差异情况说明

除上述重要说明外，为了反映单位财务会计和预算会计因核算基础和核算范围不同所产生的本年盈余数与本年预算结余数之间的差异，单位应当按照重要性原则，对本年度发生的各类影响收入（预算收入）和费用（预算支出）的业务进行适度归并和分析，将年度预算

收入支出表中“本年预算收支差额”调节为年度收入费用表中“本期盈余”的信息。

7. 其他重要事项说明

会计报表附注里还包括其他重要事项说明，比如：资产负债表存在的重要或有事项说明。即使没有重要或有事项的，也应该说明以名义金额计量的资产名称、数量等情况，以及以名义金额计量理由的说明；通过债务资金形成的固定资产、公共基础设施、保障性住房等资产的账面价值、使用情况、收益情况及与此相关的债务偿还情况等的说明；重要资产置换、无偿调入（出）、捐入（出）、报废、重大毁损等情况的说明；事业单位将单内部独立核算单位的会计信息纳入本单位财务报表情况的说明；政府会计具体准则中要求附注披露的其他内容；有助于理解和分析单位财务报表需要说明的其他事项。

思政园地

会计报表附注披露能代替确认与计量吗？

政府会计主体应当以持续运行为前提，根据实际发生的经济业务或事项，按照政府会计准则制度的规定对相关会计要素进行确认和计量，在此基础上编制财务报表。政府会计主体不应以附注披露代替确认和计量，也不能通过充分披露相关会计政策而纠正不恰当的确认和计量。

如果按照政府会计准则制度规定披露的信息不足以让财务报表使用者了解特定经济业务或事项对政府会计主体财务状况和运行情况的影响时，政府会计主体还应当披露其他必要的相关信息。

【复习思考题】

1. 什么是事业单位会计报表？事业单位会计报表主要包括哪些种类？
2. 什么是事业单位资产负债表？事业单位资产负债表采用什么平衡等式？
3. 什么是事业单位收入费用表？事业单位收入费用表采用什么计算公式？
4. 什么是事业单位净资产变动表？其格式有什么特点？
5. 什么是事业单位的现金流量表？日常活动的现金流量有几种列报方法？
6. 什么是预算收入支出表？其性质与作用如何？应如何编制？
7. 什么是预算结转结余变动表？其基本计算公式是什么？应如何编制？
8. 什么是财政拨款预算收入支出表？应如何编制？
9. 什么是会计报表附注？单位会计报表附注至少应当披露哪些内容？

第十五章 医院会计核算

学习目标

通过本章学习，要求了解公立医院资产、负债、净资产、收入与预算收入、费用与预算支出、预算结余核算的有关规定和要求，公立医院财务会计报表和预算会计报表的种类及编制方法，掌握各项资产、负债、净资产、收入与预算收入、费用与预算支出、预算结余的核算方法。本章重点是各会计要素的核算。

第一节 医院会计核算概述

一、公立医院会计的意义

公立医院（以下简称医院），包括综合医院、中医院、专科医院、门诊部（所）、疗养院等，不包括城市社区卫生服务中心（站）、乡镇卫生院等基层医疗卫生机构、民营医院医疗机构。

医院作为国家实行一定医疗福利政策的公益事业单位，是非营利组织。但非营利并不等于没有盈利，当前随着医院的发展和医院业务的扩大，财政拨款在相对减少，医院在保证社会效益的前提下，越来越注重经济效益。财政部于 2017 年 10 月印发了《政府会计制度——行政事业单位会计科目和报表》（财会〔2017〕25 号），原执行《医院会计制度》（财会〔2010〕27 号）的医院，自 2019 年 1 月 1 日起执行新制度，不再执行原制度。

医院会计是医院经济管理活动的重要组成部分，它通过核算和监督医院经济活动，达到促进医院业务工作开展，控制医疗服务成本，合理分配医院结余的目的。医院会计的业务水平直接关系到医院的经济运行，并对医院业务工作产生至关重要的影响。实践证明，经济越发展，会计的重要性越突出。加强会计核算是社会经济发展的要求，并对促进社会发展有着重要的意义。

二、医院会计核算的特点

医院是一个医疗、教学、科研三位一体的整体，有医疗卫生服务、医学科学研究、医科院校学生教学培训任务。其经费来源有财政预算拨款、科教项目收入和医疗服务收入。在医院会计系统中同时容纳了预算信息和财务信息，兼顾预算管理和财务管理，体现公益与效益。医院的会计核算和企业的会计核算没有本质差异，医疗服务和服务业类似，生产成本核算和制造业类似，而药品销售又类似零售业。但医院作为享有财政拨款服务大众的公益事业单位，涉及预算管理，其会计核算要遵守《政府会计制度》与《医院补充规定》。

目前，医院已经逐步建立了财务会计和预算会计适度分离又相互衔接的会计核算模式。在同一会计核算体系中，同时体现财务会计和预算会计的功能：财务会计采用权责发生制，预算会计采用收付实现制；依据财务会计科目编制财务会计分录的同时，依据预算会计编制预算会计分录；财务会计核算形成财务报告，预算会计核算形成决算报告。

与其他非营利组织会计核算相比较，医院会计核算具有以下特点：

（一）兼有非营利组织会计和企业会计核算的双重特征

医院是社会公益事业单位，医院会计是行政事业单位会计的重要组成部分，必须以政府会计制度和医院补充规定为依据规范医院的财务管理和财务核算，具有行政事业单位会计核算的特征，实行全面预算管理，执行预算评价和控制。

医院在保证社会效益的前提下，还要努力创造合理合法的收入，争取更多盈利，以弥补财政拨款的不足。财务会计核算采用权责发生制；会计科目设置与普通的行政事业单位有所差异，如设有“坏账准备”“待摊费用”“单位管理费用”等科目，与企业会计很接近，因此在一定程度上具有企业会计核算的特征。

（二）实行成本核算、绩效管理

作为非营利组织的医院，其经济活动较为复杂，既有财政拨款收支、科教项目收支，又有医疗业务收支、药品收支、其他收支等。虽有财政拨款，但医院的支出主要通过医疗服务收入弥补，即主要是自谋财路，为增加有效收入，控制医疗服务成本，必须增强医院成本核算的功能。通过对医疗业务支出、其他支出实行成本核算，达到降低成本，增加盈利的目的。完成财务管理目标，完整反映资产负债、收支结余，防范财务风险。从而增强医院的竞争能力，实现医疗服务的良性循环，更好地为患者服务。

三、医院会计科目的设置

医院会计科目见表15－1。

表 15－1　　医院会计科目表

序号	编号	名称
一、资产类		
1	1001	库存现金
2	1002	银行存款
3	1011	零余额账户用款额度
4	1021	其他货币资金
5	1101	短期投资
6	1201	财政应返还额度
7	1211	应收票据
8	1212	应收账款
9	1214	预付账款
10	1215	应收股利
11	1216	应收利息
12	1218	其他应收款
13	1219	坏账准备
14	1301	在途物品
15	1302	库存物品
16	1303	加工物品
17	1401	待摊费用
18	1501	长期股权投资
19	1502	长期债券投资
20	1601	固定资产
21	1602	固定资产累计折旧
22	1611	工程物资
23	1613	在建工程
24	1701	无形资产
25	1702	无形资产累计摊销
26	1703	研发支出
27	1801	公共基础设施
28	1802	公共基础设施累计折旧（摊销）
29	1811	政府储备物资
30	1821	文物文化资产
31	1831	保障性住房
32	1832	保障性住房累计折旧
33	1891	委托代理资产
34	1901	长期待摊费用
35	1902	待处理财产损溢
二、负债类		
36	2001	短期借款
37	2101	应交增值税
38	2102	其他应交税费
39	2103	应缴财政款
40	2201	应付职工薪酬
41	2301	应付票据
42	2302	应付账款
43	2304	应付利息
44	2305	预收账款
45	2307	其他应付款
46	2401	预提费用
47	2501	长期借款
48	2502	长期应付款
49	2601	预计负债
50	2901	受托代理负债
三、净资产类		
51	3001	累计盈余
52	3101	专用基金
53	3201	权益法调整
54	3301	本期盈余
55	3302	本年盈余分配
56	3401	无偿调拨净资产
57	3501	以前年度盈余调整
四、收入类		
58	4001	财政拨款收入
59	4101	事业收入
60	4201	上级补助收入
61	4301	附属单位上缴收入
62	4401	经营收入
63	4601	非同级财政拨款收入
64	4602	投资收益
65	4603	捐赠收入
66	4604	利息收入
67	4605	租金收入
68	4609	其他收入
五、费用类		
69	5001	业务活动费用
70	5101	单位管理费用
71	5201	经营费用
72	5301	资产处置费用
73	5401	上缴上级费用
74	5501	对附属单位补助费用
75	5801	所得税费用
76	5901	其他费用
六、预算收入类		
77	6001	财政拨款预算收入
78	6101	事业预算收入
79	6201	上级补助预算收入
80	6301	附属单位上缴预算收入
81	6401	经营预算收入
82	6501	债务预算收入
83	6601	非同级财政拨款预算收入
84	6602	投资预算收益
85	6609	其他预算收入
七、预算支出类		
86	7201	事业支出
87	7301	经营支出
88	7401	上缴上级支出
89	7501	对附属单位补助支出
90	7601	投资支出
91	7701	债务还本支出
92	7901	其他支出
八、预算结余类		
93	8001	资金结存
94	8101	财政拨款结转
95	8102	财政拨款结余
96	8201	非财政拨款结转
97	8202	非财政拨款结余
98	8301	专用结余
99	8401	经营结余
100	8501	其他结余
101	8701	非财政拨款本年盈余分配

第二节　医院资产和负债的核算

一、资产的核算

资产是指医院过去的经济业务或事项形成并由医院拥有或控制的资源，该资源预期会给医院带来经济利益流入或者产生服务潜力。

按照流动性的不同，资产分为流动资产和非流动资产。

流动资产是指预计在1年内（含1年）变现或者耗用的资产。医院的流动资产包括货币资金、应收款项、预付款项、存货等。

非流动资产是指流动资产以外的资产，包括固定资产、无形资产、长期投资等。

（一）货币资金的核算

货币资金是指在医院经济活动过程中处于货币形态的那部分资金，是医院资产的重要组成部分，包括库存现金、银行存款、其他货币资金、零余额账户用款额度等。

1. 库存现金的核算

库存现金是存放在医院财会部门的现金，主要用于医院的日常零星开支。

为了核算库存现金，医院应当设置“库存现金”（资产类）科目。本科目借方登记库存现金的增加数，贷方登记减少数。期末借方余额，反映医院实际持有的库存现金数额。

本科目应按人民币、各种外币进行明细核算。

医院应当严格按照《现金管理暂行条例》《现金管理暂行条例实施细则》以及其他有关规定收支现金，并按照《政府会计制度》规定核算现金的各项收支业务。

【例15-1】 签发现金支票从银行提取现金5 000元备用。会计分录如下：

财务会计分录：

借：库存现金	5 000	
贷：银行存款		5 000

预算会计不作账务处理。

【例15-2】 医院办公室职工李康预借出差所需的现金1 000元。会计分录如下：

财务会计分录：

借：其他应收款——李康	1 000	
贷：库存现金		1 000

预算会计不作账务处理。

【例15-3】 从零余额账户中提取现金30 000元。会计分录如下：

财务会计分录：

借：库存现金	30 000	
贷：零余额账户用款额度		30 000

预算会计分录：

借：资金结存——货币资金 30 000

贷：资金结存——零余额账户用款额度 30 000

2. 银行存款的核算

银行存款是指医院存入银行或其他金融机构账户的货币。

为了核算存入银行或其他金融机构的各种存款，医院应当设置“银行存款”（资产类）科目。本科目借方登记银行存款的增加数，贷方登记减少数。期末借方余额，反映医院实际存放在银行或其他金融机构的款项。

本科目应按开户银行或其他金融机构、存款种类及币种等进行明细核算。

医院应当严格按照《中华人民共和国票据法》等国家有关支付结算办法的规定办理银行存款收支业务，并按照《政府会计制度》规定核算银行存款的各项收支业务。

【例 15-4】 收到财政部门以银行转账方式拨付的科研项目款项 200 000 元，款项存入银行。会计分录如下：

财务会计分录：

借：银行存款 200 000

贷：事业收入——科教收入——科研收入 200 000

预算会计分录：

借：资金结存——货币资金 200 000

贷：事业预算收入——科教预算收入——科研预算收入 200 000

【例 15-5】 根据银行转来的委托收款凭证付款通知，支付上月电费 17 000 元。其中，临床科室应负担 12 000 元，行政后勤科室应负担 5 000 元。会计分录如下：

财务会计分录：

借：业务活动费用 12 000

单位管理费用 5 000

贷：银行存款 17 000

预算会计分录：

借：事业支出 17 000

贷：资金结存——货币资金 17 000

3. 其他货币资金的核算

医院的其他货币资金包括外埠存款、银行本票存款、银行汇票存款、信用卡存款等。

为了核算各种其他货币资金，医院应当设置“其他货币资金”（资产类）科目。本科目借方登记其他货币资金的增加数，贷方登记减少数。期末借方余额，反映医院实际持有的其他货币资金。

本科目应设置“外埠存款”“银行本票存款”“银行汇票存款”“信用卡存款”等明细科目进行明细核算。

医院应当及时办理其他货币资金的结算，对于逾期的银行汇票、银行本票，应当按照规定及时转回，并进行相应账务处理。

【例 15-6】 通过开户银行办理银行汇票，金额 12 000 元。会计分录如下：

财务会计分录：

借：其他货币资金——银行汇票存款　　12 000

　　贷：银行存款　　12 000

预算会计不作账务处理。

【例15-7】接【例15-6】，使用银行汇票购买西药一批，已验收入库，含税采购价格为11 300元，余款700元退回。会计分录如下：

财务会计分录：

借：库存物品——药品（药库药品）（西药）　　11 300

　　银行存款　　700

　　贷：其他货币资金——银行汇票存款　　12 000

预算会计分录：

借：事业支出　　11 300

　　贷：资金结存——货币资金　　11 300

（余款退回预算会计不作账务处理。）

4. 零余额账户用款额度的核算

零余额账户是指财政部门为医院在银行开设的，用于财政直接支付、财政授权支付及清算的账户。其中，财政部零余额账户用于财政直接支付；预算单位零余额账户用于财政授权支付。

为了核算零余额账户用款额度情况，医院应当设置“零余额账户用款额度”（资产类）科目。本科目借方登记零余额账户用款额度的增加数，贷方登记减少数。期末借方余额，反映医院尚未支用的零余额账户用款额度。年末注销额度后，本科目无余额。

【例15-8】按照部门预算和用款计划，根据财政部门授权支付脑外科专家指导手术教学劳务费3 000元。会计分录如下：

财务会计分录：

借：业务活动费用　　3 000

　　贷：零余额账户用款额度　　3 000

预算会计分录：

借：事业支出　　3 000

　　贷：资金结存——零余额账户用款额度　　3 000

【例15-9】年度终了，依据代理银行提供的对账单中的注销额度，注销财政授权支付额度20 000元。会计分录如下：

财务会计分录：

借：财政应返还额度——财政授权支付　　20 000

　　贷：零余额账户用款额度　　20 000

预算会计分录：

借：资金结存——财政应返还额度　　20 000

　　贷：资金结存——零余额账户用款额度　　20 000

【例15-10】接【例15-9】，下年初，依据代理银行提供的额度恢复到账通知书恢复额度。会计分录如下：

财务会计分录：

借：零余额账户用款额度 20 000

　　贷：财政应返还额度——财政授权支付 20 000

预算会计分录：

借：资金结存——零余额账户用款额度 20 000

　　贷：资金结存——财政应返还额度 20 000

（二）短期投资的核算

短期投资是医院按照规定取得的，持有时间不超过1年（含1年）的投资，主要指短期国债。

为了核算按规定取得的短期投资，医院应当设置“短期投资”（资产类）科目。本科目借方登记取得的短期投资成本，贷方登记处置短期投资时结转的实际成本。期末借方余额，反映医院持有的短期投资的实际成本。

本科目应按投资种类进行明细核算。

短期投资初始成本＝购买价款＋相关税费

【例15－11】 医院以银行存款购入一批国债，总成本60 000元，预计在1年内出售。会计分录如下：

财务会计分录：

借：短期投资 60 000

　　贷：银行存款 60 000

预算会计分录：

借：投资支出 60 000

　　贷：资金结存——货币资金 60 000

【例15－12】 收到国债利息1 000元。会计分录如下：

财务会计分录：

借：银行存款 1 000

　　贷：投资收益 1 000

预算会计分录：

借：资金结存——货币资金 1 000

　　贷：投资预算收益 1 000

【例15－13】 出售部分国债，收到债券本息53 500元。其中投资成本为50 000元。会计分录如下：

财务会计分录：

借：银行存款 53 500

　　贷：短期投资 50 000

　　　　投资收益 3 500

预算会计分录：

借：资金结存——货币资金　　53 500
　　贷：投资支出　　50 000
　　　　投资预算收益　　3 500

（三）应收及预付款项的核算

应收及预付款项是指医院在开展业务活动和其他活动过程中形成的各项债权，包括财政应返还额度、应收账款、预付账款和其他应收款等。

1. 财政应返还额度的核算

财政应返还额度是指实行国库集中支付的医院应收财政返还的资金额度，包括可以使用的以前年度财政直接支付资金额度和财政应返还的财政授权支付资金额度。

为了核算应收财政返还的资金额度，医院应当设置“财政应返还额度”（资产类）科目。本科目借方登记财政应返还额度增加数，贷方登记减少数。期末借方余额，反映医院应收财政返还的资金额度。

本科目应设置“财政直接支付”“财政授权支付”两个明细科目进行明细核算。

【例15－14】 以财政直接支付方式支付培训费20 000元。会计分录如下：

财务会计分录：

借：业务活动费用　　20 000
　　贷：财政应返还额度——财政直接支付　　20 000

预算会计分录：

借：事业支出　　20 000
　　贷：资金结存——财政应返还额度　　20 000

【例15－15】 医院本年度财政直接支付预算指标数为300 000元。至12月31日，实际支出数为250 000元。会计分录如下：

财务会计分录：

借：财政应返还额度——财政直接支付　　50 000
　　贷：财政拨款收入　　50 000

预算会计分录：

借：资金结存——财政应返还额度　　50 000
　　贷：财政拨款预算收入　　50 000

2. 应收账款的核算

应收账款是指医院提供有偿服务、销售药品等活动应收取的款项，以及因出租资产、出售物资等应收取的款项。

为了核算上述应收款项，医院应当设置“应收账款”（资产类）科目。本科目借方登记应收账款的增加数，贷方登记应收账款的减少数。期末借方余额，反映尚未收回的应收账款数。

本科目应设置“应收在院病人医疗款”“应收医疗款”“其他应收账款”三个明细科目，并按债务单位或个人进行明细核算。

“应收在院病人医疗款”科目核算医院因提供医疗服务而应向住院病人收取的医疗款。

“应收医疗款”科目核算医院因提供医疗服务而应向门急诊病人、出院病人、医疗保险机构等收取的医疗款。

"其他应收账款"科目核算除应收在院病人医疗款、应收医疗款以外的其他应收账款。

【例15-16】住院处报来当日"在院病人收入汇总日报表"，其中，在院病人医疗收入8 000元。会计分录如下：

财务会计分录：

借：应收账款——应收在院病人医疗款 8 000

贷：事业收入——医疗收入——住院收入 8 000

预算会计不作账务处理。

【例15-17】门诊收费处报来门诊收入日报表，当日门诊医疗收入7 000元，其中：收取现金6 000元，应由医疗保险机构负担1 000元。会计分录如下：

财务会计分录：

借：库存现金 6 000

应收账款——应收医疗款——应收医保款 1 000

贷：事业收入——医疗收入——门诊收入 7 000

预算会计分录：

借：资金结存——货币资金 7 000

贷：事业预算收入——医疗预算收入——门诊预算收入 7 000

【例15-18】住院处报来出院病人费用结算表，取得医疗收入5 000元，其中，冲减预收账款4 000元，病人补交现金100元，医保负担900元。会计分录如下：

财务会计分录：

借：预收账款——预收医疗款 4 000

应收账款——应收医疗款——应收医保款 900

库存现金 100

贷：应收账款——应收在院病人医疗款 5 000

预算会计分录：

借：资金结存——货币资金 5 000

贷：事业预算收入——医疗预算收入——住院预算收入 5 000

3. 应收票据的核算

应收票据是指医院因提供有偿服务而收到的商业汇票，包括商业承兑汇票和银行承兑汇票。

为了核算收到的商业汇票，医院应当设置"应收票据"（资产类）科目。本科目借方登记商业汇票增加数，贷方登记减少数。期末借方余额，反映医院持有的商业汇票票面金额。

本科目应按开出、承兑商业汇票的单位进行明细核算。

【例15-19】医院对外提供员工体检服务，收到1张票面金额100 000元的商业承兑汇票。会计分录如下：

财务会计分录：

借：应收票据 100 000

贷：经营收入 100 000

预算会计不作账务处理。

4. 预付账款的核算

预付账款是指医院按购货、劳务合同规定预付给供应单位的款项。

为了核算按照合同或协议规定预付的款项，医院应当设置“预付账款”（资产类）科目。本科目借方登记预付账款增加数，贷方登记减少数。期末借方余额，反映医院实际预付但尚未结算的款项。

本科目应按供应单位或个人及具体项目进行明细核算。

【例15-20】医院与某医疗器械公司签订合同，购置一台医疗仪器，价款1 000 000元。按照约定，在签订合同时以财政直接支付方式预付30%价款。会计分录如下：

财务会计分录：

借：预付账款　　300 000

　　贷：财政拨款收入——财政项目拨款收入　　300 000

预算会计分录：

借：事业支出　　300 000

　　贷：财政拨款预算收入——项目支出　　300 000

5. 其他应收款的核算

其他应收款是指医院除财政应返还额度、应收票据、应收账款、预付账款、应收股利、应收利息以外的其他各项应收、暂付款项，包括职工预借的差旅费、拨付的备用金、应向职工收取的各种垫付款项、支付的可以收回的订金或押金等。

为了核算其他应收、暂付款项的发生及收回情况，医院应当设置“其他应收款”（资产类）科目。本科目借方登记发生的其他应收、暂付款项，贷方登记收回款项。期末借方余额，反映医院尚未收回的其他应收款金额。

本科目应按其他应收款的项目分类，并按不同的债务人行明细核算。

【例15-21】外科主任陈某外出进修，预借差旅费15 000元。会计分录如下：

财务会计分录：

借：其他应收款——陈某　　15 000

　　贷：库存现金　　15 000

预算会计不作账务处理。

【例15-22】陈某出差回来，报销差旅费14 500元，交回现金500元。平行记账账务处理如下：

财务会计分录：

借：业务活动费用　　14 500

　　库存现金　　500

　　贷：其他应收款——陈某　　15 000

预算会计分录：

借：事业支出——差旅费　　14 500

　　贷：资金结存——货币资金　　14 500

6. 坏账准备的核算

坏账准备是指医院对收回后不需要上缴财政的应收账款和其他应收款提取的坏账准备

金。根据谨慎性原则，医院应建立坏账准备制度，期末，医院可采用余额百分比法、账龄分析法、个别认定法等方法计提坏账准备。

余额百分比法是按期末应收账款余额的一定比例估计坏账损失的方法。

账龄分析法是根据应收账款的账龄长短来估计坏账损失的方法。账龄越长，发生坏账的可能性就越大。

个别认定法是针对每项应收款项的实际情况分别估计坏账损失的方法。具体分析某项应收款项是否有难以收回的风险，对风险大的提高坏账准备金的提取比例。

为了核算对除应收在院病人医疗款以外的应收账款和其他应收款提取的坏账准备金额，医院应当设置“坏账准备”（资产类）账户。本账户是应收账款的备抵账户，借方登记实际发生的坏账损失和冲减的坏账准备金额，贷方登记当期计提的坏账准备金额，期末贷方余额，反映医院提取的坏账准备金额。

本科目应设置“应收账款坏账准备”“其他应收款坏账准备”两个一级明细科目。

【例 15－23】 某医院年末“应收账款”科目余额 100 000 元（不包括应收在院病人医疗费），按照余额百分比法计提坏账准备，坏账准备提取比例为应收款项的 3%。坏账准备年初贷方余额为 1 000 元。

计算当期应补提或冲减的坏账准备＝按照期末应收账款和其他应收款计算应计提的坏账准备金额－本科目贷方余额（或＋本科目借方余额）

＝100 000×3%－1 000＝2 000

会计分录如下：

财务会计分录：

借：其他费用　　2 000

　　贷：坏账准备　　2 000

预算会计不作账务处理。

【例 15－24】 某病人欠医院医药费 3 000 元，因其三年未履行偿债义务，且目前经济困难，确实无力偿还。经主管部门同意，将其确认为坏账。会计分录如下：

财务会计分录：

借：坏账准备　　3 000

　　贷：应收账款——应收医疗款　　3 000

预算会计不作账务处理。

【例 15－25】 接【例 15－24】，该病人经济情况好转，结清欠款。会计分录如下：

财务会计分录：

借：应收账款——应收医疗款　　3 000

　　贷：坏账准备　　3 000

借：库存现金　　3 000

　　贷：应收账款——应收医疗款　　3 000

预算会计分录：

借：资金结存——货币资金　　3 000

　　贷：非财政拨款结余　　3 000

（四）存货的核算

存货是指医院在开展业务活动及其他活动过程中为耗用或出售而储存的有形资产，包括药品、卫生材料、其他材料、低值易耗品和加工物品等类型。

1. 在途物品的核算

在途物品是指医院采购材料等物资时货款已付或已开出商业汇票但尚未验收入库的物品。

为了核算在途物品的采购成本，医院应当设置“在途物品”（资产类）科目。本科目借方登记在途物品的增加，贷方登记在途物品的减少。期末借方余额，反映医院在途物品的采购成本。

本科目应按供应单位和物品种类进行明细核算。

【例15－26】 向某医药公司采购一批临床用药，价款50 000元，以银行存款全额支付，药品尚未验收入库。会计分录如下：

财务会计分录：

借：在途物品——药品　　50 000

　　贷：银行存款　　50 000

预算会计分录：

借：事业支出　　50 000

　　贷：资金结存——货币资金　　50 000

【例15－27】 上述药品验收入库。会计分录如下：

财务会计分录：

借：库存物品——药品　　50 000

　　贷：在途物品——药品　　50 000

预算会计不作账务处理。

2. 加工物品的核算

加工物品是指医院自制（炮制、生产、加工）或委托外单位加工的各种药品、卫生材料等物品。

为了核算加工物品的实际成本，医院应当设置“加工物品”（资产类）科目。本科目借方登记加工物品增加数，贷方登记加工物品减少数。期末借方余额，反映医院自制或委托外单位加工但尚未完工的各种物品的实际成本。

本科目应设置“自制物品”“委托加工物品”两个一级明细科目，并按照物品类别或品种设置明细账，进行明细核算。

（1）自制物品。

【例15－28】 某日，中药库发出某中药100公斤进行切片，每公斤40元，计4 000元。用现金支付专门从事药品制造人员加工费350元。加工后中药95公斤，重新验收入库。会计分录如下：

①领出药品

财务会计分录：

借：加工物品——自制物品——直接材料 4 000

贷：库存物品——药品——药库——中草药 4 000

预算会计不作账务处理。

②支付专门从事药品制造人员加工费

财务会计分录：

借：加工物品——自制物品——直接人工 350

贷：库存现金 350

预算会计分录：

借：事业支出 350

贷：资金结存——货币资金 350

③加工后重新验收入库

该批炮制药品成本 =4 000 +350 =4 350（元）

财务会计分录：

借：库存物品——药品——药库——中草药 4 350

贷：加工物品——自制物品 4 350

预算会计不作账务处理。

（2）委托加工物品。

【例 15 -29】 某日，总务科领白布 2 000 米，每米 1.60 元，价款 3 200 元，到服装厂加工床单 1 000 条，以支票支付加工费 200 元，加工完毕验收入库。会计分录如下：

①白布出库

财务会计分录：

借：加工物品——委托加工物品 3 200

贷：库存物品——其他材料（布匹） 3 200

预算会计不作账务处理。

②支付加工费

财务会计分录：

借：加工物品——委托加工物品 200

贷：银行存款 200

预算会计分录：

借：事业支出 350

贷：资金结存——货币资金 350

③加工完毕验收入库

财务会计分录：

借：库存物品——低值易耗品（床单） 3 400

贷：加工物品——委托加工物品 3 400

预算会计不作账务处理。

3. 库存物品的核算

库存物品是指医院在开展医疗服务及其他活动中为耗用或出售而储存的各种材料、产品、包装物、低值易耗品，以及达不到固定资产标准的用具、装具、动植物等物资。

为了核算为开展医疗服务及其辅助活动而储备的药品、卫生材料、低值易耗品、其他材料的实际成本，医院应当设置“库存物品”（资产类）科目。本科目借方库存物品的增加，贷方登记库存物品的减少。期末借方余额，反映医院库存物品的实际成本。

本科目应设置“药品”“卫生材料”“低值易耗品”“其他材料”等明细科目，并按库存物品的种类、规格、保管地点等进行明细核算。

（1）取得库存物品。医院取得库存物品，应当以其取得时的成本入账。为取得库存物品单独发生的运杂费等，能够直接计入业务成本的，计入业务活动费用，不能直接计入业务成本的，计入单位管理费用。

医院要建立健全自制药品、材料管理制度，按类别、品种进行成本核算。外购的库存物品按实际购入价计价；自制的库存物品按制造过程中的实际支出计价；盘盈的库存物品按同类品种价格计价；接受捐赠的库存物品比照同类或类似物品的市场价格或有关凭据注明的金额计价。

【例15－30】 从外地某医药公司购入药品一批，已验收入库。其采购成本如下：西药200 000元，中成药100 000元，中草药10 000元。通过银行转账支付药款310 000元，铁路运输费5 000元。会计分录如下：

财务会计分录：

借：库存物品——药品——药库药品（西药）	200 000	
（中成药）	100 000	
（中草药）	10 000	
业务活动费用——其他费用（运杂费）	5 000	
贷：银行存款		315 000

预算会计分录：

借：事业支出	315 000	
贷：资金结存——货币资金		315 000

（2）发出库存物品。医院发出库存物品，应当根据实际情况采用个别计价法、先进先出法或者加权平均法确定发出物品的实际成本。低值易耗品领用采用一次转销法，个别价值较高或领用报废相对集中的可采用五五摊销法。

【例15－31】 月末，西药库报来各药房西药领用情况：门诊药房领用120 000元，住院药房领用160 000元。中药库报来各药房中药领用情况：门诊药房领用中成药50 000元，中草药30 000元；住院药房领用中成药40 000元，中草药9 000元。会计分录如下：

财务会计分录：

（1）西药出库

借：库存物品——药品（药房药品）（门诊药房）（西药）	120 000	
（住院药房）（西药）	160 000	
贷：库存物品——药品（药库药品）（西药）		280 000

（2）中药出库

借：库存物品——药品（药房药品）（门诊药房）（中成药）　　50 000
　　　　　　　　　　　　　　　　　　　　　（中草药）　　30 000
　　　　　　　　　　　　　　　（住院药房）（中成药）　　40 000
　　　　　　　　　　　　　　　　　　　　　（中草药）　　9 000
　贷：库存物品——药品（药库药品）（中成药）　　90 000
　　　　　　　　　　　　　　　　（中草药）　　39 000

预算会计不作账务处理。

【例 15－32】某医疗科室领用卫生材料一批，价值 3 000 元，采用一次转销法核算。会计分录如下：

财务会计分录：

借：业务活动费用——卫生材料费　　3 000
　贷：库存物品——卫生材料　　3 000

预算会计不作账务处理。

【例 15－33】本月门诊药房销售西药实际成本 135 000 元，住院药房销售西药实际成本 130 000 元。会计分录如下：

财务会计分录：

借：业务活动费用——药品费　　235 000
　贷：库存物品——药品（药房药品）（门诊药房）　　135 000
　　　　　　　　　　　　　　　　（住院药房）　　130 000

预算会计不作账务处理。

【例 15－34】向对口帮扶单位捐赠一批卫生材料，卫生材料成本 50 000 元，用银行存款另支付相关费用 1 000 元。会计分录如下：

财务会计分录：

借：资产处置费用　　51 000
　贷：库存物品——卫生材料　　50 000
　　　银行存款　　1 000

预算会计分录：

借：其他支出　　1 000
　贷：资金结存——货币资金　　1 000

【例 15－35】经批准，将购入的卫生材料无偿调拨给某兄弟医院，材料账面余额 5 000 元，调出过程中以银行存款支付相关费用 200 元。会计分录如下：

财务会计分录：

借：无偿调拨净资产　　5 000
　贷：库存物品——卫生材料　　5 000
借：资产处置费用　　200
　贷：银行存款　　200

预算会计分录：

借：其他支出　　200
　贷：资金结存——货币资金　　200

（3）清查库存物品。

【例15－36】月末例行盘点，发现纱布盘亏100元，绷带盘盈200元，棉花盘盈300元，白布盘亏500元，原因待查。

财务会计分录：

借：库存物品——卫生材料（绷带）	200	
其他材料（棉花）	300	
贷：待处理财产损溢——待处理流动资产损溢		500
借：待处理财产损溢——待处理流动资产损溢	600	
贷：库存物品——卫生材料（纱布）		100
其他材料（布匹）（白布）		500

预算会计不作账务处理。

【例15－37】接【例15－36】，查明原因后，经请示批准将盘盈的绷带、棉花冲减单位管理费用；盘亏的纱布列入资产处置费用。盘亏的白布原因不明，由过失人赔偿。会计分录如下：

财务会计分录：

借：待处理财产损溢——待处理流动资产损溢	500	
贷：单位管理费用		500
借：资产处置费用	100	
其他应收款——××过失人	500	
贷：待处理财产损溢——待处理流动资产损溢		600

预算会计不作账务处理。

（五）长期投资的核算

长期投资是指医院持有时间超过1年（不含1年）的投资，包括长期股权投资和长期债券投资。

1. 长期股权投资的核算

长期股权投资是指医院按规定取得的，持有时间超过1年（不含1年）的各种股权性质的投资。

为了核算持有时间超过1年（不含1年）的股权性质的投资，医院应当设置“长期股权投资”（资产类）科目。本科目借方记增加数，贷方记减少数。期末借方余额，反映医院持有的长期股权投资的价值。

本科目应按被投资医院和长期股权投资取得方式等进行明细核算。其中，采用权益法核算的，应当设置“成本”“损益调整”“其他权益变动”等明细科目，进行明细核算。

长期股权投资在取得时，医院应当按照实际成本作为初始投资成本。

持有期间，应当按规定采用成本法或权益法核算。

【例15－38】2024年1月5日，经上级部门批准，以银行存款500 000元对甲医疗企业投资，占甲企业5%的股份。投资过程中另以银行存款支付手续费2 500元。会计分录如下：

财务会计分录：

借：长期股权投资——成本——甲企业　　502 500

　　贷：银行存款　　502 500

预算会计分录：

借：投资支出　　502 500

　　贷：资金结存——货币资金　　502 500

【例 15－39】2024 年 3 月 5 日，甲医疗企业宣告分派 2023 年度的股利 50 000 元，医院于 2024 年 4 月 5 日收到，采用成本法核算。

（1）2024 年 3 月 5 日，甲企业宣告分派股利，会计分录如下：

医院享有的股利金额 = 50 000 × 5% = 2 500（元）

财务会计分录：

借：应收股利　　2 500

　　贷：投资收益　　2 500

预算会计不作账务处理。

（2）2024 年 4 月 5 日，实际收到甲企业分派股利，会计分录如下：

财务会计分录：

借：银行存款　　2 500

　　贷：应收股利　　2 500

预算会计分录：

借：资金结存——货币资金　　2 500

　　贷：投资预算收益　　2 500

【例 15－40】以某专利技术换乙公司 20% 的股份，专利技术原值 600 000 元，至交易发生时已累计摊销 20 000 元。协议价格 590 000 元，另外，在购买过程中支付手续费等相关费用 100 000 元。医院取得该部分股权后，能够对乙公司的生产经营决策施加重大影响。会计分录如下：

财务会计分录：

借：长期股权投资——成本——乙公司　　690 000

　　无形资产累计摊销　　20 000

　　贷：银行存款　　100 000

　　　　无形资产　　600 000

　　　　其他收入　　10 000

预算会计分录：

借：其他支出　　100 000

　　贷：资金结存——货币资金　　100 000

【例 15－41】对外转让一项长期股权投资。其初始成本 80 000 元，转让当日账面余额 90 000 元，实际收到转让价款 83 000 元。会计分录如下：

财务会计分录：

借：银行存款　　83 000

　　投资收益　　7 000

　　贷：长期股权投资　　90 000

预算会计分录：

借：资金结存——货币资金　　83 000

　贷：投资支出　　80 000

　　投资预算收益　　3 000

2. 长期债券投资的核算

长期债券投资是指医院按规定取得的，持有时间超过1年（不含1年）的债权性质的投资。

为了核算持有时间超过1年（不含1年）的债权性质的投资，医院应当设置“长期债券投资”（资产类）科目。本科目借方记增加数，贷方记减少数。期末借方余额，反映医院持有的长期债券投资的价值。

本科目应按债券投资的种类进行明细核算，并设置“成本”和“应计利息”等明细科目。

长期债券投资取得时，应当将实际成本作为初始投资成本。实际支付价款中包含的已到付息期但尚未领取的债券利息，应单独确认为应收利息，不计入长期债权投资初始成本。

持有期间，应按期以票面金额与票面利率计算确认利息收入。

出售或到期收回长期债券投资，应当将实际收到的价款扣除账面余额和相关税费后的差额计入投资收益。

【例15－42】 签发支票，购买五年期国债50 000元，票面年利率8%，到期一次性还本付息。会计分录如下：

(1) 购入时。

财务会计分录：

借：长期债券投资——成本——国债　　50 000

　贷：银行存款　　50 000

预算会计分录：

借：投资支出　　50 000

　贷：资金结存——货币资金　　50 000

(2) 持有期间，每年按照票面价值与票面利率按期计算确认利息收入4 000元。

财务会计分录：

借：长期债权投资——应计利息——国债　　4 000

　贷：投资收益　　4 000

预算会计不作账务处理。

(3) 第五年，国债到期兑付，本息合计70 000元。

财务会计分录：

借：银行存款　　70 000

　贷：长期债券投资——成本——国债　　50 000

　　　　——应计利息——国债　　16 000

　　投资收益　　4 000

预算会计分录：

借：资金结存——货币资金　　70 000

　贷：投资预算收益　　4 000

　　投资支出　　66 000

（六）固定资产与在建工程的核算

1. 固定资产的核算

固定资产是指医院持有的预计使用年限在1年以上、单位价值在规定标准以上、在使用过程中基本保持原有物质形态的有形资产。

按照使用部门的不同，医院固定资产可以分为以下四类：临床服务用固定资产、医疗技术用固定资产、医疗辅助用固定资产和行政后勤用固定资产。

为了核算固定资产的原值，医院应当设置“固定资产”（资产类）科目。本科目借方登记固定资产的增加，贷方登记固定资产的减少。期末借方余额，反映医院固定资产的原值。

本科目应当按照固定资产的类别和项目进行明细核算，并设置“固定资产登记簿”和“固定资产卡片”进行辅助核算。

（1）固定资产取得。医院取得固定资产，应当按取得时的实际成本作为入账价值。外购的固定资产，其成本包括实际支付的买价、相关税费以及使固定资产达到交付使用状态前所发生的可直接归属于该项资产的运输费、装卸费、安装费和专业人员服务费等。

【例15-43】 因住院部工作需要，用零余额账户用款额度购入不需要安装的办公设备一台，价款25 000元，运杂费1 500元，设备验收入库。会计分录如下：

财务会计分录：

借：固定资产——通用设备　　26 500

　　贷：零余额账户用款额度　　26 500

预算会计分录：

借：事业支出　　26 500

　　贷：资金结存——零余额账户用款额度　　26 500

【例15-44】 经批准融资租入不需要安装的医疗设备一台，双方协商设备租金110 000元，设备运费10 000元，共计120 000元，分4年用零余额账户用款额度付清。租赁期满，租赁费已按期付完，所有权转归医院所有。会计分录如下：

①融资租入设备。

财务会计分录：

借：固定资产——融资租入固定资产　　120 000

　　贷：长期应付款　　120 000

预算会计不作账务处理。

②每年支付租金30 000元。

财务会计分录：

借：长期应付款　　30 000

　　贷：零余额账户用款额度　　30 000

预算会计分录：

借：事业支出　　30 000

　　贷：资金结存——零余额账户用款额度　　30 000

③租赁期满，租赁费已付清。

财务会计分录：

借：固定资产——专用设备　　120 000

　　贷：固定资产——融资租入固定资产　　120 000

预算会计不作账务处理。

（2）固定资产的后续支出。

①资本化支出：为增加固定资产的使用效能或延长其使用寿命而发生的改建、扩建等后续支出，应当记入固定资产及其他相关资产。

【例15-45】对某项医疗设备进行改造，设备原值40 000元，已计提折旧10 000元。改造过程中，以银行存款支付改造工程款9 000元。改造工程竣工验收重新交付使用。会计分录如下：

①将固定资产转入在建工程。

财务会计分录：

借：在建工程　　30 000

　　固定资产累计折旧　　10 000

　　贷：固定资产——专用设备　　40 000

预算会计不作账务处理。

②以银行存款支付工程款。

财务会计分录：

借：在建工程　　9 000

　　贷：银行存款　　9 000

预算会计分录：

借：事业支出　　9 000

　　贷：资金结存——货币资金　　9 000

③在建工程竣工交付。

改建、扩建后的固定资产成本＝原账面价值＋改建、扩建中发生的支出－变价收入－拆除部分的账面价值

财务会计分录：

借：固定资产——专用设备　　39 000

　　贷：在建工程　　39 000

预算会计不作账务处理。

②费用化支出：为维护固定资产的正常使用而发生的修理费等后续支出，应当计入当期支出。

【例15-46】维护车辆正常使用，发生修理费10 000元，全部由银行存款支付。会计分录如下：

财务会计分录：

借：单位管理费用——其他费用（商品和服务支出）（维修费）　　10 000

　　贷：银行存款　　10 000

预算会计分录：

借：事业支出　　10 000

　　贷：资金结存——货币资金　　10 000

（3）固定资产处置。医院按规定报经批准出售、转让、报废、毁损固定资产的，应将固定资产账面价值转入当期费用，并将处置收入扣除处置费用后的差额按规定作应缴款项处理（净收益）或计入当期费用（净损失）。

【例 15－47】 出售一项医疗设备，设备原值 180 000 元，已计提折旧 175 000 元。收到出售价款 10 000 元。会计分录如下：

财务会计分录：

借：资产处置费用　　5 000

　　固定资产累计折旧　　175 000

　　贷：固定资产　　180 000

借：银行存款　　10 000

　　贷：应缴财政款　　10 000

预算会计不作账务处理。

（4）固定资产清查。

【例 15－48】 年末财产清查中，盘盈医疗仪器一台，按同类资产市场价格估价 4 600 元。会计分录如下：

财务会计分录：

借：固定资产——专用设备　　4 600

　　贷：待处理财产损溢——待处理非流动资产损溢　　4 600

借：待处理财产损溢——待处理非流动资产损溢　　4 600

　　贷：以前年度盈余调整　　4 600

预算会计不作账务处理。

【例 15－49】 年末财产清查中，盘亏一项医疗设备。该项固定资产原价为 60 000 元，已计提折旧 50 000 元。会计分录如下：

财务会计分录：

借：待处理财产损溢——待处理非流动资产损溢　　10 000

　　固定资产累计折旧　　50 000

　　贷：固定资产——专用设备　　60 000

借：资产处置费用　　10 000

　　贷：待处理财产损溢——待处理非流动资产损溢　　10 000

预算会计不作账务处理。

2. 固定资产累计折旧的核算

折旧是指在固定资产预计使用年限内，按照确定的方法对应计提的折旧额进行系统分摊。医院应当自取得固定资产当月起，对固定资产计提折旧，在固定资产预计使用寿命内系统分摊其成本，反映固定资产价值消耗水平。

根据固定资产性质，在预计使用年限内，一般采用年限平均法或工作量法计提折旧。计提固定资产折旧不考虑预计净残值。已提足折旧仍继续使用的固定资产，不再计提折旧；提前报废的固定资产，也不再补提折旧。融资租入固定资产，采用与自有资产一致的政策计提折旧。更新改造后延长使用年限的，重新计算折旧额。

固定资产的使用年限和折旧方法一经确定，不得随意变更。

为了核算计提的固定资产累计折旧，医院应当设置“固定资产累计折旧”（资产类）科目。本科目是“固定资产”的备抵科目，借方登记累计折旧的减少额，贷方登记增加额。期末贷方余额，反映医院计提的固定资产折旧累计数。

本科目应按所对应固定资产的明细分类进行明细核算。

【例15－50】现有一台进口呼吸设备，价值240 000元，预计使用年限为10年，采用年限平均法，按月计提折旧。会计分录如下：

财务会计分录：

借：业务活动费用　　2 000

　　贷：固定资产累计折旧　　2 000

预算会计不作账务处理。

3. 在建工程的核算

在建工程是指医院已经发生必要支出，但按规定尚未达到交付使用状态的各种建筑和设备安装工程。

为了核算各项建筑、安装工程所发生的实际成本，医院应当设置“在建工程”（资产类）科目。本科目借方登记工程费用发生数，贷方登记工程完成的转出数。期末借方余额，反映医院尚未完工的在建工程发生的实际成本。

本科目应按具体工程项目进行明细核算。

【例15－51】2024年1月1日，医院购入一台需要安装的手术设备，以银行存款支付设备款600 000元。2月1日，设备运抵，另支付安装费100 000元。4月1日，设备安装完毕交付使用。会计分录如下：

（1）支付设备款。

财务会计分录：

借：在建工程——设备投资　　600 000

　　贷：银行存款　　600 000

预算会计分录：

借：事业支出　　600 000

　　贷：资金结存——货币资金　　600 000

（2）支付安装费。

财务会计分录：

借：在建工程——建筑安装工程投资　　100 000

　　贷：银行存款　　100 000

预算会计分录：

借：事业支出　　100 000

　　贷：资金结存——货币资金　　100 000

（3）安装完毕交付使用。

财务会计分录：

借：固定资产 700 000

　　贷：在建工程——设备投资 600 000

　　　　在建工程——建筑安装工程投资 100 000

预算会计不作账务处理。

（七）无形资产与无形资产累计摊销的核算

1. 无形资产的核算

无形资产是指医院持有的没有实物形态的可辨认非货币性资产，如专利权、著作权、土地使用权、非专利技术及其他财产权利等。

医院购入的不构成相关硬件不可缺少组成部分的应用软件，应当作为无形资产核算。构成相关硬件不可缺少组成部分的应用软件，应当作为固定资产核算。医院取得的土地使用权应确认为无形资产。医院外购的房屋建筑物，实际支付的价款中包括土地以及建筑物的价值，则应当对支付的价款按照合理的方法在土地和地上建筑物之间进行分配；如果确实无法合理分配的，应当全部作为固定资产核算。

为了核算无形资产的原值，医院应当设置“无形资产”（资产类）科目。本科目借方登记无形资产原值的增加，贷方登记原值的减少。期末借方余额，反映医院无形资产的成本。

本科目应按无形资产的类别、项目等进行明细核算。

取得无形资产，应按取得时的实际成本进行初始计量。非大批量购入、单价小于 1 000 元的无形资产，可以于购买当期将成本直接计入当期费用。

外购的无形资产，初始成本包括购买价款、相关税费以及可归属于该无形资产达到预定用途前所发生的其他支出。

自行开发的无形资产，初始成本包括自该项目进入开发阶段后至达到预定用途前发生的支出总额。

【例 15－52】 取得一项专利，采用财政授权支付方式支付价款 600 000 元。会计分录如下：

财务会计分录：

借：无形资产 600 000

　　贷：零余额账户用款额度 600 000

预算会计分录：

借：事业支出 600 000

　　贷：资金结存——零余额账户用款额度 600 000

2. 无形资产累计摊销的核算

摊销是指在无形资产使用年限内，按照确定的方法对应摊销金额进行系统分摊。

医院应当于取得无形资产时合理确定其使用年限，并自取得当月起，对使用年限有限的无形资产采用年限平均法或工作量法进行摊销，应摊销金额为其成本，不考虑预计残值。

使用年限不确定的无形资产不应摊销。

为了核算对使用年限有限的无形资产计提的累计摊销，医院应当设置“无形资产累计摊销”（资产类）科目。本科目是“无形资产”的备抵科目，借方登记累计摊销的减少额，贷方登记增加额。期末贷方余额，反映医院计提的无形资产摊销累计数。

本科目应按对应无形资产的明细分类进行明细核算。

【例15－53】接【例15－52】，该专利权本期应摊销10 000元。会计分录如下：

财务会计分录：

借：业务活动费用——无形资产摊销费　10 000

　　贷：无形资产累计摊销　10 000

预算会计不作账务处理。

（八）待摊费用的核算

1. 待摊费用的核算

待摊费用是指医院已经支付，但应当由本期和以后各期分别负担的分摊期在1年以内（含1年）的各项费用，如预付保险费、预付租金等。

待摊费用应当按照其受益期限分期平均摊销，计入当期费用。如果某项待摊费用已经不能使医院受益，应当将其摊余价值一次全部转入当期费用。

为了核算各项待摊费用的发生、摊销、余额情况，医院应当设置“待摊费用”（资产类）科目。本科目借方登记待摊费用的增加，贷方登记待摊费用的减少。期末借方余额，反映医院各种已支付但尚未摊销的分摊期在1年以内（含1年）的费用。

本科目应按摊销费用种类进行明细核算。

【例15－54】医院签发支票，预付3个月的仓库租赁费9 000元。会计分录如下：

财务会计分录：

借：待摊费用——租赁费　9 000

　　贷：银行存款　9 000

预算会计分录：

借：事业支出　9 000

　　贷：资金结存——货币资金　9 000

【例15－55】接【例15－54】，按月分摊仓库租赁费3 000元。会计分录如下：

财务会计分录：

借：业务活动费用——其他费用（商品和服务支出）（租赁费）　3 000

　　贷：待摊费用——租赁费　3 000

预算会计不作账务处理。

2. 长期待摊费用的核算

长期待摊费用是指医院已经支出，但应由本期和以后各期负担的分摊期限在1年以上（不含1年）的各项费用。

为了核算上述费用，医院应当设置“长期待摊费用”（资产类）科目。本科目借方登记长期待摊费用的增加，贷方登记长期待摊费用的减少。期末借方余额，反映医院尚未摊销完毕的长期待摊费用。

本科目应按费用项目进行明细核算。

【例 15-56】医院对以经营租赁方式租入的办公楼进行维修，共发生维修费 100 000 元，使用财政授权支付方式结算。会计分录如下：

财务会计分录：

借：长期待摊费用　　100 000

　　贷：零余额账户用款额度　　100 000

预算会计分录：

借：事业支出　　100 000

　　贷：资金结存——零余额账户用款额度　　100 000

二、负债的核算

负债是指医院过去的经济业务或事项形成的，预期会导致经济资源流出医院的现时义务。按照偿还期限不同，负债分为流动负债和非流动负债。

（一）流动负债的核算

流动负债是指预计在 1 年内（含 1 年）偿还的负债。包括短期借款、应交增值税、其他应交税费、应付票据、应付账款、预收账款、应付职工薪酬和应缴财政款等。

1. 短期借款的核算

短期借款是指医院向银行或其他金融机构等借入的期限在 1 年内（含 1 年）的各种借款。

为核算短期借款的借入、归还情况，医院应当设置“短期借款”（负债类）科目。本科目借方登记偿还借款的本金，贷方登记取得借款的本金。期末贷方余额，反映医院尚未偿还的短期借款本金。

本科目应按债权人和借款种类进行明细核算。

【例 15-57】向银行借款 500 000 元，已转入基本存款账户，合同规定 10 个月归还，利息共计 30 000 元。会计分录如下：

（1）借入款项。

财务会计分录：

借：银行存款　　500 000

　　贷：短期借款　　500 000

预算会计分录：

借：资金结存——货币资金　　500 000

　　贷：债务预算收入　　500 000

（2）到期归还借款本息。

财务会计分录：

借：短期借款　　500 000

　　其他费用——利息费用　　30 000

　　贷：银行存款　　530 000

预算会计分录：

借：债务还本支出　　500 000

　　其他支出——利息费用　　30 000

　　贷：资金结存——货币资金　　530 000

2. 应交增值税的核算

应交增值税是指医院按照税法规定计算应交的增值税。

为了核算按税法规定应交的增值税，医院应当设置“应交增值税”（负债类）科目。本科目借方登记实际交纳的增值税，贷方登记按税法规定计算的应交增值税。期末贷方余额，反映医院应交未交的增值税；期末借方余额，反映医院尚未抵扣或多交的增值税。

根据财税【2016】36号文，“医疗机构提供的医疗服务项目免征增值税。”

根据财税【2000】42号文，“对非营利性医院自产自用的制剂，免征增值税。”

【例15－58】 某医院为增值税一般纳税人，以财政授权支付方式购入一台办公设备，取得增值税专用发票，注明价款10 000元，增值税额1 300元。发票已认证通过，会计分录如下：

财务会计分录：

借：固定资产　　10 000

　　应交增值税——应交税金（进项税额）　　1 300

　　贷：零余额账户用款额度　　11 300

预算会计分录：

借：事业支出　　11 300

　　贷：资金结存——零余额账户用款额度　　11 300

【例15－59】 某医院为增值税一般纳税人，某日收到其他单位支付的医师进修费318 000元（含增值税，税率6%）。会计分录如下：

财务会计分录：

借：银行存款　　318 000

　　贷：其他收入　　300 000

　　　　应交增值税——应交税金（销项税额）　　18 000

预算会计分录：

借：资金结存——货币资金　　318 000

　　贷：其他预算收入　　318 000

3. 其他应交税费的核算

其他应交税费是指医院按照税法规定计算的应交的除增值税以外的其他税费，如企业所得税、城市维护建设税、教育费附加、地方教育附加、车船税、房产税、城镇土地使用税等。

为了核算按税法规定计算应交的除增值税以外的各种税费，医院应当设置“其他应交税费”（负债类）科目。本科目借方登记实际交纳的除增值税以外的各种税费，贷方登记按税法规定计算应交的除增值税以外的各种税费。期末贷方余额，反映医院应交未交的除增值税以外的税费；期末借方余额，反映医院多交的除增值税以外的税费。

医院代扣代缴的个人所得税，也通过“其他应交税费”科目核算。

医院应交的印花税，直接通过“业务活动费用”“单位管理费用”等科目核算，不通过“其他应交税费”科目核算。

【例 15-60】按税法规定计算的城市维护建设税630元、教育费附加270元。会计分录如下：

财务会计分录：

借：其他费用　900

　　贷：其他应交税费——应交城市维护建设税　630

　　　　　　　　　　——应交教育费附加　270

预算会计不作账务处理。

【例 15-61】以银行存款交纳本月代扣的个人所得税35 200元、应交的增值税9 000元、城市维护建设税630元、教育费附加270元。会计分录如下：

财务会计分录：

借：其他应交税费——应交个人所得税　35 200

　　　　　　　　——应交城市维护建设税　630

　　　　　　　　——应交教育费附加　270

　　应交增值税——应交税金（已交税金）　9 000

　　贷：银行存款　45 100

预算会计分录：

借：其他支出　45 100

　　贷：资金结存——货币资金　45 100

4. 应缴财政款的核算

应缴财政款是指医院暂时收取、按规定应缴入国库或财政专户的款项，但不包括医院按照税法规定应交纳的各种税费。

为核算应缴入国库或应缴财政专户的款项金额，医院应当设置“应缴财政款”（负债类）科目。本科目借方登记已缴国库或已缴财政专户的款项金额，贷方登记应缴入国库或应缴财政专户的款项金额。期末贷方余额，反映医院的应缴未缴款项。年终清缴后，本科目一般无余额。

【例 15-62】某医院报废一项医疗设备。设备原值90 000元，已计提折旧80 000元。报废过程中获得处置收入5 000元，发生拆卸费1 500元。处置净收入按规定上缴国库。会计分录如下：

财务会计分录：

（1）注销设备账面余额：

借：待处理财产损溢——待处理财产价值　10 000

　　固定资产累计折旧　80 000

　　贷：固定资产　90 000

（2）经批准后处理：

借：资产处置费用　10 000

　　贷：待处理财产损溢——待处理财产价值　10 000

（3）收到处置收入：

借：银行存款　　5 000

　　贷：待处理财产损溢——处理净收入　　5 000

（4）支付处置费用：

借：待处理财产损溢——处理净收入　　1 500

　　贷：银行存款　　1 500

（5）将处置净收入上缴国库：

借：待处理财产损溢——处理净收入　　3 500

　　贷：应缴财政款　　3 500

借：应缴财政款　　3 500

　　贷：银行存款　　3 500

预算会计不作账务处理。

5. 应付职工薪酬的核算

应付职工薪酬是指医院按有关规定应付给职工（含长期聘用人员）的各种薪酬，包括基本工资、津贴补贴、社会保险费、住房公积金等。

为了核算应付给职工的劳动报酬，医院应当设置“应付职工薪酬”（负债类）科目。本科目借方登记实际支付给职工的薪酬，贷方登记应付职工的薪酬。期末贷方余额，反映医院应付未付的职工薪酬。

本科目应按国家有关规定设置“基本工资”“津贴补贴”“社会保险费”“住房公积金”等明细科目进行明细核算。

【例15－63】 某医院本月应付职工薪酬合计948 000元，其中：医疗业务部门700 000元，行政后勤部门248 000元。代扣职工社会保险费共计129 800元，住房公积金64 680元，个人所得税35 200元。实发工资718 320元，由财政授权支付。会计分录如下：

（1）计提工资。

财务会计分录：

借：业务活动费用　　700 000

　　单位管理费用　　248 000

　　贷：应付职工薪酬——基本工资　　948 000

预算会计不作账务处理。

（2）代扣社保、公积金、个税。

财务会计分录：

借：应付职工薪酬——基本工资　　229 680

　　贷：应付职工薪酬——社会保险费　　129 800

　　　　　　　　　——住房公积金　　64 680

　　　　其他应交税费——应交个人所得税　　35 200

预算会计不作账务处理。

(3) 发放工资。

财务会计分录：

借：应付职工薪酬——基本工资 718 320

贷：零余额账户用款额度 718 320

预算会计分录：

借：事业支出 718 320

贷：资金结存——零余额账户用款额度 718 320

【例15-64】某医院因辞退职工，给予其补偿5 000元，以现金支付。会计分录如下：

(1) 计提补偿。

财务会计分录：

借：单位管理费用 5 000

贷：应付职工薪酬 5 000

预算会计不作账务处理。

(2) 支付补偿。

财务会计分录：

借：应付职工薪酬 5 000

贷：库存现金 5 000

预算会计分录：

借：事业支出 5 000

贷：资金结存——货币资金 5 000

【例15-65】计算确定应由医院负担的社会保险费390 000元，其中医疗部门270 000元，行政后勤部门120 000元。会计分录如下：

财务会计分录：

借：业务活动费用 270 000

单位管理费用 120 000

贷：应付职工薪酬——社会保险费 390 000

预算会计不作账务处理。

【例15-66】计算确定应由医院负担的住房公积金64 680元，其中医疗部门40 000元，行政后勤部门24 680元。会计分录如下：

财务会计分录：

借：业务活动费用 40 000

单位管理费用 24 680

贷：应付职工薪酬——住房公积金 64 680

预算会计不作账务处理。

【例15-67】分别上缴职工社会保险费、住房公积金和个人所得税。会计分录如下：

社会保险费＝代扣个人承担部分＋医院承担部分＝129 800＋390 000＝519 800（元）

住房公积金＝代扣个人承担部分＋医院承担部分＝64 680＋64 680＝129 360（元）

财务会计分录：

借：应付职工薪酬——社会保险费　　519 800

　　　　　　　　——住房公积金　　129 360

　　其他应交税费——应交个人所得税　　35 200

　　贷：零余额账户用款额度　　684 360

预算会计分录：

借：事业支出　　684 360

　　贷：资金结存——零余额账户用款额度　　684 360

6. 应付及预收款项的核算

（1）应付票据的核算。应付票据是指医院因购买材料、物资等而开出、承兑的商业汇票，包括银行承兑汇票和商业承兑汇票。

为了核算开出、承兑的商业汇票，医院应当设置“应付票据”（负债类）科目。本科目借方登记偿还的应付票据本息，贷方登记开出的应付票据本息。期末贷方余额，反映医院开出、承兑的尚未到期的应付票据的金额。

本科目应按债权人及票据种类进行明细核算。

【例15-68】使用银行承兑汇票购入中草药一批，价款50 000元，已验收入库。会计分录如下：

财务会计分录：

借：库存物品——药品（药库药品）（中草药）　　50 000

　　贷：应付票据——银行承兑汇票　　50 000

预算会计不作账务处理。

【例15-69】假设上述银行承兑汇票为带息应付票据，会计期末计算应付利息为5 000元。会计分录如下：

财务会计分录：

借：业务活动费用——其他费用（利息支出）　　5 000

　　贷：应付票据——银行承兑汇票　　5 000

预算会计不作账务处理。

【例15-70】银行承兑汇票到期，以银行存款支付本息55 000元。会计分录如下：

财务会计分录：

借：应付票据——银行承兑汇票　　55 000

　　贷：银行存款　　55 000

预算会计分录：

借：事业支出　　55 000

　　贷：资金结存——货币资金　　55 000

如到期时医院无力支付票款，商业承兑汇票转入应付账款，银行承兑汇票转入短期借款。

（2）应付账款的核算。应付账款是指医院因取得资产、接受劳务、开展工程建设等而形成的流动负债。

为了核算因上述原因而应付的偿还期限在1年内（含1年）的款项，医院应当设置

“应付账款”（负债类）科目。本科目借方登记应付账款的减少，贷方登记应付账款的增加。期末贷方余额，反映医院尚未支付的应付账款金额。

本科目应按债权人进行明细核算。

【例 15－71】购入卫生材料一批，价款 30 000 元，已验收入库，货款尚未支付。会计分录如下：

财务会计分录：

借：库存物品——卫生材料　　30 000

　　贷：应付账款　　30 000

预算会计不作账务处理。

【例 15－72】接【例 15－71】，以银行存款偿还欠款。会计分录如下：

财务会计分录：

借：应付账款　　30 000

　　贷：银行存款　　30 000

预算会计分录：

借：事业支出　　30 000

　　贷：资金结存——货币资金　　30 000

（3）预收账款的核算。预收账款是指医院按照合同或协议约定，预先收取的以待后期结算而形成的负债，主要包括预收医疗款和提供科教等服务预收的款项。

为了核算预收账款的增减变动和结存情况，医院应当设置“预收账款”（负债类）科目。本科目借方登记医院与收入同步确认的应收未收款项及归还余款的数额，贷方登记医院预先收款的数额和接收货物或服务对象补付款的数额。期末贷方余额，反映医院预收但尚未结算的款项金额。

本科目应按债权人种类进行明细核算，并设置“预收医疗款”“其他预收款项”等明细科目。

【例 15－73】住院结算处交来住院病人预交金现金 30 000 元。会计分录如下：

财务会计分录：

借：库存现金　　30 000

　　贷：预收账款——预收医疗款——住院预收款　　30 000

预算会计分录：

借：资金结存——货币资金　　30 000

　　贷：事业预算收入　　30 000

【例 15－74】接【例 15－73】，住院病人办理出院手续，结算医疗费。住院结算处报来住院病人出院结算表，发生医疗费 20 000 元，药品费 15 000 元，其中：冲减预交金 30 000 元，收补交现金 3 000 元，出院病人欠费金额 2 000 元。会计分录如下：

财务会计分录：

借：预收账款——预收医疗款——住院预收款　　30 000

　　库存现金　　3 000

　　应收账款——应收医疗款——出院病人欠费　　2 000

　　贷：应收账款——应收在院病人医疗款　　35 000

预算会计分录：

借：资金结存——货币资金 3 000

　　贷：事业预算收入 3 000

【例15-75】接【例15-74】，出院病人以现金交回欠费2 000元。会计分录如下：

财务会计分录：

借：库存现金 2 000

　　贷：应收账款——应收医疗款——出院病人欠费 2 000

预算会计分录：

借：资金结存——货币资金 2 000

　　贷：事业预算收入 2 000

（4）其他应付款的核算。其他应付款是指除应交增值税、其他应交税费、应缴财政款、应付职工薪酬、应付票据、应付账款、应付利息、预收账款以外的其他各项应付、暂收款项，如存入保证金等。

为了核算其他应付款的增减变动及结存情况，医院应当设置“其他应付款”（负债类）科目。本科目借方登记其他应付款的减少数，贷方登记其他应付款的增加数。期末贷方余额，反映医院尚未支付的其他应付款金额。

本科目应按应付、暂收款项的类别和债权人等进行明细核算。

【例15-76】住院收费处收取住院病人食堂餐卡押金1 000元。会计分录如下：

财务会计分录：

借：库存现金 1 000

　　贷：其他应付款 1 000

预算会计不作账务处理。

【例15-77】接【例15-76】，退回出院病人食堂餐卡押金180元。会计分录如下：

财务会计分录：

借：其他应付款 1 000

　　贷：库存现金 1 000

预算会计不作账务处理。

7. 预提费用的核算

预提费用是指医院预先提取的已经发生但尚未支付的费用，如预提租金费用等。

为了核算预提费用，医院应当设置“预提费用”（负债类）科目。本科目借方登记支付的费用数，贷方登记预提的费用数。期末贷方余额，反映已提取但尚未支付的各项费用。

本科目应按预提费用项目进行明细核算。

【例15-78】预提管理用水费800元。会计分录如下：

财务会计分录：

借：单位管理费用 800

　　贷：预提费用 800

预算会计不作账务处理。

【例15-79】接【例15-78】，下月初，支付已预提的管理用电费800元。会计分录如下：

财务会计分录：

借：预提费用　800

　　贷：银行存款　800

预算会计分录：

借：事业支出　800

　　贷：资金结存——货币资金　800

（二）非流动负债的核算

非流动负债是指偿还期限在 1 年以上（不含 1 年）的负债，包括长期借款、长期应付款等。

《医院财务制度》规定医院原则上不得借入非流动负债，确需借入或融资租赁的，应按规定报主管部门（或举办单位）会同有关部门审批，并原则上由政府负责偿还。

1. 长期借款的核算

长期借款是指医院按规定向银行或其他金融机构等借入的偿还期限在 1 年以上（不含 1 年）的各项借款本息。

为了核算长期借款的借入、偿还情况，医院应当设置“长期借款”（负债类）科目。本科目借方登记偿还的长期借款本金及到期一次还本付息的长期借款利息，贷方登记借入的长期借款本金及到期一次还本付息的长期借款利息。期末贷方余额，反映医院尚未偿还的长期借款本息。

本科目应按贷款单位和具体贷款种类进行明细核算，并设置“本金”和“应计利息”明细科目。

【例 15－80】 为改善医疗环境，医院经过批准，向银行借入 1 500 000 元用于新建住院大楼。会计分录如下：

财务会计分录：

借：银行存款　1 500 000

　　贷：长期借款——本金　1 500 000

预算会计分录：

借：资金结存——货币资金　1 500 000

　　贷：债务预算收入　1 500 000

为购建固定资产发生的专门借款利息，工程交付使用前计入在建工程；工程交付使用后计入其他费用；其他长期借款利息计入其他费用。

【例 15－81】 接【例 15－80】，为新建住院大楼发生专门借款利息 33 300 元，其中属于工程项目建设期间发生的利息 23 300 元，属于工程完工交付使用后发生的利息 10 000 元。到期一次还本付息。会计分录如下：

财务会计分录：

借：在建工程　23 300

　　其他费用　10 000

　　贷：长期借款——应计利息　33 300

预算会计不作账务处理。

【例15－82】接【例15－81】，以银行存款按期偿还长期借款本金1 500 000，利息33 300元。会计分录如下：

财务会计分录：

借：长期借款——本金　　1 500 000

　　　　　　——应计利息　　33 300

　　贷：银行存款　　1 533 300

预算会计分录：

借：债务还本支出　　1 500 000

　　其他支出　　33 300

　　贷：资金结存——货币资金　　1 533 300

2. 长期应付款的核算

长期应付款是指医院发生的偿还期限在1年以上（不含1年）的应付款项，如融资租入固定资产的租赁费等。

为了核算长期应付款项的发生和支付情况，医院应当设置“长期应付款”（负债类）科目。本科目借方登记长期应付款的减少，贷方登记长期应付款的增加。期末贷方余额，反映医院尚未支付的长期应付款金额。

本科目应按长期应付款的种类及不同的债权人进行明细核算。

【例15－83】某医院以银行存款购买一台不需要安装的专用设备，购买价款200 000元，扣留质量保证金（3年）20 000元，3年后，若无质量问题，支付质量保证金。会计分录如下：

（1）购买设备。

财务会计分录：

借：固定资产　　200 000

　　贷：银行存款　　180 000

　　　　长期应付款　　20 000

预算会计分录：

借：事业支出　　180 000

　　贷：资金结存——货币资金　　180 000

（2）质保期满支付质保金。

财务会计分录：

借：长期应付款　　20 000

　　贷：银行存款　　20 000

预算会计分录：

借：事业支出　　20 000

　　贷：资金结存——货币资金　　20 000

第三节 医院净资产的核算

一、净资产概述

净资产是指医院资产减去负债后的净额，是医院开展业务、维持事业发展的物质基础和资金来源。包括累计盈余、专用基金、权益法调整、本期盈余、本年盈余分配、无偿调拨净资产、以前年度盈余调整。

净资产的净额取决于资产和负债的计量。净资产项目应列入资产负债表中。

净资产 = 资产 - 负债

根据净资产科目使用情况，可以将其分为过渡类科目和留存类科目。

本期盈余、本年盈余分配、无偿调拨净资产、以前年度盈余调整属于过渡类科目。

累计盈余、专用基金、权益法调整属于留存类科目。

二、盈余及其分配的核算

（一）累计盈余

累计盈余是指医院历年实现的盈余扣除盈余分配后滚存的金额，以及因无偿调入和调出资产而产生的净资产变动额。按照规定上缴、缴回、单位间调剂结转、结余资金时产生的净资产变动额，以及对以前年度盈余的调整金额，也通过累计盈余科目核算。

医院的累计盈余包括财政项目盈余、科教医疗盈余等。

为了核算累计盈余，医院应当设置“累计盈余（净资产类）”科目。本科目借方登记累计盈余的减少，贷方登记累计盈余的增加。期末余额一般在贷方，反映医院未分配盈余（如余额在借方，表示未弥补亏损）的累计数及截至上年末无偿调拨净资产变动的累计数。

本科目应设置“财政项目盈余”“医疗盈余”“科教盈余”“新旧转换盈余”等明细科目进行核算。

1. 年末结转转入

【例 15 -84】 年末，医院“无偿调拨净资产”科目贷方余额200 000元，将其转入“累计盈余”。会计分录如下：

财务会计分录：

借：无偿调拨净资产　　200 000

　　贷：累计盈余——医疗盈余　　200 000

预算会计不作账务处理。

2. 调入/调出财政拨款结转资金

【例15－85】年末，医院经批准从其他医院调入财政拨款结转资金100 000元。会计分录如下：

财务会计分录：

借：零余额账户用款额度　　100 000

　　贷：累计盈余——财政项目盈余　　100 000

预算会计分录：

借：资金结存——零余额账户用款额度　　100 000

　　贷：财政拨款结转——归集调入　　100 000

3. 使用从医疗盈余中提取的专用基金

见下文【例15－89】。

（二）专用基金

专用基金是指医院按照规定设置、提取的具有专门用途的净资产。主要包括职工福利基金、医疗风险基金等。专用基金要专款专用，不得擅自改变用途。

职工福利基金是指按财务会计下医疗盈余（不包括财政基本拨款形成的盈余）的一定比例提取、专门用于职工集体福利设施、集体福利待遇的资金。

医疗风险基金是指从医疗支出中计提、专门用于支付医院购买医疗风险保险发生的支出或实际发生的医疗事故赔偿的资金。

为了核算医院按规定设置、提取的具有专门用途的净资产，医院应当设置“专用基金”（净资产类）科目。本科目借方登记专用基金的使用、减少数，贷方登记专用基金的提取、增加数。期末贷方余额，反映医院按规定设置、提取的尚未使用的专用基金金额。

本科目应按专用基金的类别进行明细核算。

1. 提取专用基金

【例15－86】按照有关规定，从本年“事业收入——医疗收入”中提取医疗风险基金175 000元。会计分录如下：

财务会计分录：

借：业务活动费用——提取医疗风险基金　　175 000

　　贷：专用基金——医疗风险基金　　175 000

预算会计不作账务处理。

【例15－87】年末，医院“本期盈余——医疗盈余”贷方余额180 000元，按照有关规定，以10%的比例从中提取职工福利基金18 000元，其余转入累计盈余。会计分录如下：

财务会计分录：

借：本期盈余——医疗盈余　　180 000

　　贷：本年盈余分配　　180 000

借：本年盈余分配　　180 000

　　贷：专用基金——职工福利基金　　18 000

　　　　累计盈余——医疗盈余　　162 000

预算会计分录：

借：非财政拨款结余分配——提取职工福利基金 18 000

贷：专用结余——职工福利基金 18 000

2. 使用专用基金

【例15－88】 开出支票购买中国人寿保险公司医疗风险保险100 000元。会计分录如下：

财务会计分录：

借：专用基金——医疗风险基金 100 000

贷：银行存款 100 000

预算会计分录：

借：事业支出 100 000

贷：资金结存——货币资金 100 000

【例15－89】 使用【例15－87】中提取的职工福利基金购买一套健身器材（属于固定资产），款项10 000元，通过银行存款支付。会计分录如下：

财务会计分录：

借：固定资产 10 000

贷：银行存款 10 000

借：专用基金——职工福利基金 10 000

贷：累计盈余——医疗盈余 10 000

预算会计分录：

借：专用结余——职工福利基金 10 000

贷：资金结存——货币资金 10 000

（三）本期盈余

本期盈余是指医院本期各项收入、费用相抵后的余额，包括财政项目盈余、医疗盈余和科教盈余。

为了核算本期盈余，医院应当设置“本期盈余”（净资产类）科目。本科目借方登记各项费用的转入数，贷方登记各项收入的转入数。年末结转后，本科目应无余额。

本科目应设置“财政项目盈余”“医疗盈余”“科教盈余”等明细科目，进行明细核算。

1. 期末结转

财务会计分录：

（1）结转收入：

借：财政拨款收入

事业收入

上级补助收入

附属单位上缴收入

经营收入

非同级财政拨款收入

投资收益

捐赠收入

利息收入

租金收入

其他收入

贷：本期盈余

（2）结转费用：

借：本期盈余

贷：业务活动费用

单位管理费用

经营费用

资产处置费用

上缴上级费用

对附属单位补助费用

其他费用

预算会计不作账务处理。

2. 年末结转

结转各项收入、费用后，将“本期盈余”各明细科目余额转入“累计盈余”或“本年盈余分配”科目。

（四）本年盈余分配

本年盈余分配是指医院本年度盈余分配的情况和结果。

医院应加强结余资金管理，按照国家规定正确计算与分配结余。为了核算本年度盈余分配的情况和结果，医院应当设置“本年盈余分配”（净资产类）科目。本科目借方登记减少数，贷方登记增加数。期末余额在贷方的，可按国家有关规定提取职工福利基金并转入累计盈余；期末余额在借方的，由符合规定的累计盈余弥补，不得进行其他分配。

本科目应设置“提取职工福利基金”“转入累计盈余”等明细科目，进行明细行核算。

1. 年末，将本期盈余科目余额转入本年盈余分配

【例15-90】 年末，将“本期盈余——医疗盈余”余额366 300元转入本年盈余分配。会计分录如下：

财务会计分录：

借：本期盈余——医疗盈余	366 300	
贷：本年盈余分配		366 300

预算会计不作账务处理。

2. 年末，按规定提取专用基金并将本年盈余分配科目余额转入累计盈余

见上文【例15-87】。

第四节　医院收入与预算收入的核算

一、收入与预算收入概述

（一）收入

收入是指医院因开展业务及其他活动而依法取得的非偿还性资金。

医院的业务活动包括为就医者提供医疗服务活动、按照国家要求开展的区域预防活动、为提高医疗技术水平而开展科研和人才教学培训活动等。医院由于上述活动消耗各种资源而取得的各项补偿（国家财政补助、向病人收费或医疗保险机构付费等），构成医院的收入。

医院经批准利用闲置资产对外投资或出租取得的收益也构成收入。

医院的收入包括财政拨款收入、事业收入、上级补助收入、附属单位上缴收入、经营收入、非同级财政拨款收入、投资收益和其他收入等。

按医院取得收入的方式划分，可分为补助收入、业务活动收入和其他活动收入。

（二）预算收入

预算收入是指医院在履行职责或开展业务活动中依法取得的被纳入部门预算管理的资金。医院应当按照部门预算管理要求，对纳入预算管理的全部现金收入业务进行预算收入核算。

医院的预算收入按照不同来源和资金性质分为财政拨款预算收入、事业预算收入、上级补助预算收入、附属单位上缴预算收入、经营预算收入、债务预算收入、非同级财政拨款预算收入、投资预算收益和其他预算收入等。

二、收入与预算收入的核算

（一）财政拨款收入与财政拨款预算收入的核算

1. 财政拨款收入

财政拨款收入是指医院按部门预算隶属关系从同级财政部门取得的各类财政拨款，包括财政基本拨款收入和财政项目拨款收入。

财政基本拨款收入是指由同级财政部门拨入的符合国家规定的人员经费、公用经费等经常性拨款收入。

财政项目拨款收入是指由同级财政部门拨入的主要用于基本建设和设备购置、重点学科发展、承担政府指定公共卫生任务等的专项拨款。

财政拨款支付方式有国库集中支付和直接拨款两种，国库集中支付又分为财政直接支付和财政授权支付两种形式。

为了核算从同级财政部门取得的各类财政拨款，医院应当设置“财政拨款收入”（收入类）科目。本科目借方登记财政拨款收入的缴回、冲销或转出数，贷方登记取得的拨款数。期末转入本期盈余，结转后本科目无余额。

本科目应设置“财政基本拨款收入”和“财政项目拨款收入”两个明细科目，进行明细核算。

2. 财政拨款预算收入

财政拨款预算收入是指医院从同级政府财政部门取得的各类财政拨款。

为了核算从同级政府财政部门取得的各类财政拨款，医院应当设置“财政拨款预算收入”（预算收入类）科目。本科目借方登记财政拨款收入的缴回、冲销或转出数，贷方登记取得的拨款数。年末转入财政拨款结转，结转后本科目无余额。

本科目应设置“基本支出”“项目支出”两个明细科目，进行明细核算。

【例15－91】 为支持重点学科发展，医院用财政拨款资金购入一项专利权，价款1 000 000元，使用期限为20年。由财政直接支付。会计分录如下：

财务会计分录：

借：无形资产	1 000 000	
贷：财政拨款收入——财政项目拨款收入		1 000 000

预算会计分录：

借：事业支出	1 000 000	
贷：财政拨款预算收入——项目支出		1 000 000

（二）非同级财政拨款收入与非同级财政拨款预算收入的核算

1. 非同级财政拨款收入

非同级财政拨款收入是指医院从非同级政府财政部门取得的经费拨款。

为了核算从非同级政府财政部门取得的经费拨款，医院应当设置“非同级财政拨款收入”（收入类）科目。本科目借方登记非同级财政拨款收入的缴回、冲销或转出数，贷方登记取得的拨款数。期末转入本期盈余，结转后本科目无余额。

本科目应按本级横向转拨财政款和非本级财政款进行明细核算。

2. 非同级财政拨款预算收入

非同级财政拨款预算收入是指医院从非同级政府财政部门取得的财政拨款。

为了核算从非同级政府财政部门取得的财政拨款，医院应当设置“非同级财政拨款预算收入”（预算收入类）科目。本科目借方登记非同级财政拨款收入的缴回、冲销或转出数，贷方登记取得的拨款数。年末，本科目发生额中的“专项资金收入”转入非财政拨款结转，“非专项资金收入”转入其他结余，结转后本科目无余额。

本科目应按拨款单位种类进行明细核算。

【例15－92】 医院收到非同级财政部门委托银行转来的“财政直接支付入账通知书”，银行存款增加500 000元。会计分录如下：

财务会计分录：

借：银行存款 500 000

贷：非同级财政拨款收入 500 000

预算会计分录：

借：资金结存——货币资金 500 000

贷：非同级财政拨款预算收入 500 000

（三）事业收入与事业预算收入的核算

1. 事业收入

事业收入是指医院开展专业业务活动（医疗服务、科研教学等）及其辅助活动（运行管理、后勤服务等）实现的收入，不包括从同级政府财政部门取得的各类财政拨款。

为了核算开展医疗服务活动及其辅助活动、科研教学活动实现的收入，医院应当设置“事业收入”（收入类）科目。本科目借方登记收入的退还、冲减、转出数，贷方登记发生的收入数。期末转入本期盈余，结转后本科目无余额。

本科目应设置“医疗收入”“科教收入”“非同级财政拨款”三个明细科目，进行明细核算。

2. 事业预算收入

事业预算收入是指医院开展专业业务活动及其辅助活动取得的现金流入，医院因开展科研活动及其辅助活动从非同级政府财政部门取得的经费拨款，也属于事业预算收入。

为了核算开展专业业务活动及其辅助活动取得的现金流入，医院应当设置“事业预算收入”（预算收入类）科目。本科目借方登记收入的退还、冲减、转出数，贷方登记发生的收入数。年末，本科目发生额中的“专项资金收入”转入非财政拨款结转，“非专项资金收入”转入其他结余，结转后本科目无余额。

本科目应设置“医疗预算收入”“科教预算收入”等明细科目，进行明细核算。

【例 15－93】收到财政专户返还住院收入 300 000 元。会计分录如下：

财务会计分录：

借：银行存款 300 000

贷：事业收入——医疗收入——住院收入 300 000

预算会计分录：

借：资金结存——货币资金 300 000

贷：事业预算收入——医疗预算收入——住院预算收入 300 000

【例 15－94】某日，门诊收费处报来“门诊收费收入汇总日报表”，交来现金 79 000 元、支票 9 000 元。“门诊收费收入汇总日报表”列示当日挂号收入 1 000 元、手术收入 4 000元、治疗收入 45 000、检查收入 2 000 元、化验收入 5 000 元；西药收入 30 000 元，中成药收入 8 000 元。按照医疗服务项目收费标准计算确认的应收待结医疗保险款 7 000 元。会计分录如下：

财务会计分录：

借：库存现金　79 000

　　银行存款　9 000

　　应收账款——应收医疗款——应收医保费　7 000

　　贷：事业收入——医疗收入——门急诊收入（挂号收入）　1 000

　　（手术收入）　4 000

　　（治疗收入）　45 000

　　（检查收入）　2 000

　　（化验收入）　5 000

　　（药品收入）（西药收入）　30 000

　　（中成药收入）8 000

预算会计分录：

借：资金结存——货币资金　88 000

　　贷：事业预算收入——医疗预算收入——门急诊预算收入　88 000

【例15-95】 某日，住院处交来“住院病人收入汇总日报表”列示：住院收入36 800元，其中：手术收入28 000元、床位收入5 000元、护理收入3 000元、检查收入800元。西药收入25 000元、中成药收入200 00元、中药饮片收入28 000元。按照医疗服务项目收费标准计算确认的应收待结医疗保险款100 000元。会计分录如下：

财务会计分录：

借：应收账款——应收在院病人医疗款　9 800

　　——应收医疗款——应收医保费　100 000

　　贷：事业收入——医疗收入——住院收入（手术收入）　28 000

　　（床位收入）　5 000

　　（护理收入）　3 000

　　（检查收入）　800

　　（药品收入）（西药收入）　25 000

　　（中成药收入）　20 000

　　（中药饮片收入）28 000

预算会计不作账务处理。

医疗保障机构实际支付金额与医院确认的应收医疗款金额之间存在差额的，除了拒付所产生的差额，还应当调整事业收入。

【例15-96】 某日，医院同医疗保障机构结算，收到基本医疗保障机构银行转账105 000元。医院按照医疗服务项目收费标准计算确认的应收医疗款门诊医保金额107 000元。医疗保障机构少支付门诊医保金额1 800元，因病例书写不规范、违规治疗被医疗保障机构拒付200元。会计分录如下：

财务会计分录：

借：银行存款　105 000
　　事业收入——医疗收入——结算差额　1 800
　　坏账准备　200
　　贷：应收账款——应收医疗款——应收医保款　107 000

预算会计分录：

借：资金结存——货币资金　105 000
　　贷：事业预算收入——医疗预算收入——门急诊预算收入　105 000

【例 15 -97】 某日，收到市医科所心血管病诊疗项目科研经费 300 000 元，医学生实习经费 400 000 元，存入银行。会计分录如下：

财务会计分录：

借：银行存款　700 000
　　贷：事业收入——科教收入——科研项目收入（心血管病诊疗项目）　300 000
　　　　　　　　　　　　　　——教学项目收入（医学生实习项目）　400 000

预算会计分录：

借：资金结存——货币资金　700 000
　　贷：事业预算收入——科教预算收入——科研项目预算收入　300 000
　　　　　　　　　　　　　　　　　——教学项目预算收入　400 000

（四）经营收入与经营预算收入的核算

1. 经营收入

经营收入是指医院在专业业务活动及其辅助活动之外开展非独立核算经营活动取得的收入。

为了核算经营活动取得的收入，医院应当设置“经营收入”（收入类）科目。本科目借方登记转出数，贷方登记取得数。期末转入本期盈余，结转后本科目无余额。

本科目应按收入来源进行明细核算。

2. 经营预算收入

经营预算收入是指医院在专业业务活动及其辅助活动之外开展非独立核算经营活动取得的现金流入。

为了核算经营活动取得的现金流入，医院应当设置“经营预算收入”（预算收入类）科目。本科目借方登记收入的退还、冲销、转出数，贷方登记发生数。年末转入经营结余，结转后本科目无余额。

本科目应按付款单位种类进行单位辅助核算。

【例 15 -98】 医院附属服务部提供病案复印服务，收到现金 1 000 元。会计分录如下：

财务会计分录：

借：库存现金　1 000
　　贷：经营收入——复印服务　1 000

预算会计分录：

借：资金结存——货币资金　1 000
　　贷：经营预算收入——复印服务　1 000

（五）其他收入与其他预算收入的核算

1. 其他收入

其他收入是医院取得的除上述收入外的各项收入，包括财产物资盘盈收入、科技成果转化收入、无法支付的应付及预收款项、培训收入、食堂收入等。

为了核算其他收入的增减变化情况，医院应当设置“其他收入”（收入类）科目。本科目借方登记冲销、转出数，贷方登记取得收入数。期末转入本期盈余，结转后本科目无余额。

本科目应按其他收入的种类进行明细核算。

2. 其他预算收入

其他预算收入是指医院除上述收入之外的纳入部门预算管理的现金流入，包括现金盘盈收入、捐赠预算收入、利息预算收入、租金预算收入等。

为了核算其他预算收入的增减变化情况，医院应当设置“其他预算收入”（预算收入类）科目。本科目借方登记收入的退还、冲销、转出数，贷方登记取得收入数。年末，本科目发生额中的“专项资金收入”转入非财政拨款结转，“非专项资金收入”转入其他结余，结转后本科目无余额。

本科目应按其他收入类别进行明细核算。

【例15－99】 医院取得科技成果转化收入200 000元。会计分录如下：

财务会计分录：

借：银行存款	200 000	
贷：其他收入		200 000

预算会计分录：

借：资金结存——货币资金	200 000	
贷：其他预算收入		200 000

第五节　医院费用与预算支出的核算

一、费用与预算支出概述

（一）费用

费用是指医院在日常经营过程中付出的经济利益的流出额，如医护人员工资薪金、医疗器械折旧费等。

根据费用功能，主要分为业务活动费用、单位管理费用、经营费用、上缴上级费用、对附属单位补助费用、资产处置费用、所得税费用和其他费用8类。

医院费用的确认主要以权责发生制为基础。凡是当期已经发生或应当负担的费用，不论款项是否支付，都应作为当期费用核算；凡是不属于当期的费用，即使款项已经支付，也不应作为当期费用核算。

（二）预算支出

预算支出是指医院在其会计年度内发生的依据规定应当纳入预算管理的现金流出。

主要包括行政支出、事业支出、经营支出、上缴上级支出、对附属单位补助支出、投资支出、债务还本支出和其他支出8类。

预算支出在实际支付时予以确认，按实际支付金额计量。

二、费用与预算支出的核算

（一）业务活动费用与事业支出的核算

1. 业务活动费用

业务活动费用是指医院为实现职能目标，依法开展专业业务活动及其辅助活动所发生的各项费用。

为了核算业务活动费用的总括情况，医院应当设置“业务活动费用”（费用类）科目。本科目借方登记业务活动费用的发生数，贷方登记冲销数和月末转出数。期末转入本期盈余，结转后本科目无余额。

本科目应按项目、服务或业务类别、支付对象等进行明细核算。

2. 事业支出

事业支出是指医院开展专业业务活动及其辅助活动实际发生的各项现金流出。

为了核算上述现金流出，医院应当设置“事业支出”（预算支出类）科目。本科目借方登记增加数，贷方登记减少数。年末，本科目发生额中的“财政拨款支出”转入财政拨款结转，“非财政专项资金支出”转入非财政拨款结转，“非财政非专项资金支出”转入其他结余，结转后本科目无余额。

本科目应按教育、科研、医疗、行政管理、后勤保障等活动设置相应明细科目进行明细核算。

【例15－100】 外科手术室从库房领用纱布1 000元，酒精1 000元。会计分录如下：

财务会计分录：

借：业务活动费用——卫生材料费　　2 000

　　贷：库存物品——卫生材料　　2 000

预算会计不作账务处理。

【例15－101】 月末，计提医疗风险基金60 000元。会计分录如下：

财务会计分录：

借：业务活动费用——计提专用基金——计提医疗风险基金　　60 000

　　贷：专用基金——医疗风险基金　　60 000

预算会计不作账务处理。

【例15－102】 执行预算，以财政项目拨款购置医疗设备透视机一台，价值98 800元，采用财政直接支付方式。会计分录如下：

财务会计分录：

借：固定资产——专用设备　98 800

　贷：财政拨款收入——项目支出　98 800

预算会计分录：

借：事业支出——财政项目拨款支出　98 800

　贷：财政拨款预算收入　98 800

【例15－103】接【例15－102】发生设备维护费用1 000元，以银行存款支付。会计分录如下：

财务会计分录：

借：业务活动费用——其他经费——商品和服务费用——维护费　1 000

　贷：银行存款　1 000

预算会计分录：

借：事业支出　1 000

　贷：资金结存——货币资金　1 000

【例15－104】医院通过零余额账户采购一批专用材料，材料已到库，发票金额50 000元。会计分录如下：

财务会计分录：

借：业务活动费用——其他经费——商品和服务费用——专用材料费　50 000

　贷：零余额账户用款额度　50 000

预算会计分录：

借：事业支出　50 000

　贷：资金结存——零余额账户用款额度　50 000

【例15－105】年末，将业务活动费用1 000 000元结转本期盈余。其中，财政拨款支出500 000元，非同级财政专项资金支出300 000元，非同级财政非专项资金支出200 000元。会计分录如下：

财务会计分录：

借：本期盈余　1 000 000

　贷：业务活动费用　1 000 000

预算会计分录：

借：财政拨款结转——本年收支结转　500 000

　非财政拨款结转——本年收支结转　300 000

　其他结余　200 000

　贷：事业支出　1 000 000

（二）单位管理费用与事业支出的核算

单位管理费用是指医院本级行政及后勤管理部门开展管理活动发生的各项费用。包括医院行政及后勤管理部门发生的人员经费、公用经费、资产折旧（摊销），以及医院统一管理的离退休经费、工会经费、诉讼费、中介费等费用。

为了核算上述各项费用，医院应当设置“单位管理费用”（费用类）科目。本科目借方登记发生的单位管理费用数，贷方登记支出冲减数。期末转入本期盈余，结转后本科目无余额。

本科目应按项目、费用类别、支付对象等进行明细核算。

【例 15－106】根据财政部门审定，财政直接支付离退休人员经费 350 000 元。会计分录如下：

财务会计分录：

借：单位管理费用　350 000

　　贷：财政拨款收入——财政基本拨款收入　350 000

预算会计分录：

借：事业支出　350 000

　　贷：财政拨款预算收入　350 000

【例 15－107】医院管理部门月初领用备用金 2 000 元，用于日常零星开支。月末结算报销，发票金额 1 800 元，归还财务部门备用金 200 元（均为现金）。会计分录如下：

（1）领用备用金：

财务会计分录：

借：其他应收款——备用金　2 000

　　贷：库存现金　2 000

预算会计不作账务处理。

（2）报销备用金

财务会计分录：

借：库存现金　200

　　单位管理费用　1 800

　　贷：其他应收款——备用金　2 000

预算会计分录：

借：事业支出　1 800

　　贷：资金结存——货币资金　1 800

【例 15－108】通过开户银行支付全院上月发生的水费 8 000 元。会计分录如下：

财务会计分录：

借：单位管理费用——其他费用（商品和服务支出）（水费）　8 000

　　贷：银行存款　8 000

预算会计分录：

借：事业支出　8 000

　　贷：资金结存——货币资金　8 000

【例 15－109】采用财政授权方式缴纳车船税 3 000 元。会计分录如下：

财务会计分录：

借：单位管理费用——财政基本拨款经费　3 000

　　贷：零余额账户用款额度　3 000

预算会计分录：

借：事业支出——财政基本拨款支出　　3 000

　　贷：资金结存——零余额账户用款额度　　3 000

（三）经营费用与经营支出的核算

1. 经营费用

经营费用是指医院在专业业务活动及其辅助活动之外开展非独立核算经营活动发生的各项费用。

为了核算经营活动发生的各项费用，医院应当设置“经营费用”（费用类）科目。本科目借方登记费用的增加，贷方登记费用的减少。期末转入本期盈余，结转后本科目无余额。

本科目应按经营活动类别、项目、支付对象等进行明细核算。

2. 经营支出

经营支出是指医院在专业业务活动及其辅助活动之外开展非独立核算经营活动实际发生的各项现金流出。

为了核算经营活动发生的各项现金流出，医院应当设置“经营支出”（预算支出类）科目。本科目借方登记经营支出的增加，贷方登记经营支出的减少。年末转入经营结余，结转后本科目无余额。

本科目应按经营活动类别、项目等进行明细核算。

【例15－110】 使用银行存款购买一项价值300 000元的非专利技术，用于开展经营活动。会计分录如下：

财务会计分录：

借：无形资产　　300 000

　　贷：银行存款　　300 000

预算会计分录：

借：经营支出——资本性支出　　300 000

　　贷：资金结存——货币资金　　300 000

【例15－111】 月末，计提非专利技术摊销2 500元。会计分录如下：

财务会计分录：

借：经营费用——无形资产摊销费　　2 500

　　贷：无形资产累计摊销　　2 500

预算会计不作账务处理。

（四）其他费用与其他支出的核算

1. 其他费用

其他费用是指医院发生的除业务活动费用、医院管理费用、经营费用、资产处置费用、上缴上级费用、附属医院补助费用、所得税费用以外的各项费用。

具体包括利息费用、坏账损失、罚没支出、捐赠支出、运输费等。

为了核算发生的上述其他费用，医院应当设置“其他费用”（费用类）科目。本科目借方登记发生的各项其他费用，贷方记支出冲减数。期末转入本期盈余，结转后本科目无余额。

本科目应按其他费用的种类和项目进行明细核算。

2. 其他支出

其他支出是指医院除事业支出、经营支出、上缴上级支出、对附属医院补助支出、投资支出、债务还本支出以外的各项现金流出。

具体包括利息支出、对外捐赠现金支出、现金盘亏损失、罚没支出等。

为了核算上述其他现金流出，医院应当设置“其他支出”（预算支出类）科目。本科目借方登记增加数，贷方登记减少数。年末，本科目发生额中的“财政拨款支出”转入财政拨款结转，“非财政专项资金支出”转入非财政拨款结转，“其他资金支出”转入其他结余，结转后本科目无余额。

本科目应按其他支出的类别进行明细核算。

【例 15－112】开出支票，支付医院临时建筑违章城管罚款 30 000 元。会计分录如下：

财务会计分录：

借：其他费用——罚没支出　　30 000

　　贷：银行存款　　30 000

预算会计分录：

借：其他支出　　30 000

　　贷：资金结存——货币资金　　30 000

【例 15－113】医院向希望工程捐赠资金 20 000 元，用支票付讫。会计分录如下：

财务会计分录：

借：其他费用——现金资产捐赠支出　　20 000

　　贷：银行存款　　20 000

预算会计分录：

借：其他支出　　20 000

　　贷：资金结存——货币资金　　20 000

【例 15－114】按规定计提坏账准备 30 000 元。会计分录如下：

财务会计分录：

借：其他费用　　30 000

　　贷：坏账准备　　30 000

预算会计不作账务处理。

第六节　医院预算结余的核算

一、预算结余概述

预算结余是指医院预算年度内预算收入扣除预算支出后的资金金额，以及历年滚存的资金余额。包括结余资金和结转资金。

结余资金是指年度预算执行终了，预算收入实际完成数扣除预算支出和结转资金后剩余的资金。

结转资金是指预算安排项目的支出年终尚未执行完毕或因故未执行，且下年需要按原用途继续使用的资金。

二、预算结余的核算

（一）资金结存的核算

资金结存是指医院流入、流出、调整和滚存的预算管理资金。

为了核算纳入部门预算管理的资金情况，医院应当设置“资金结存”（预算结余类）科目。本科目借方登记增加数，贷方登记减少数。期末借方余额，反映医院的资金结存情况。

本科目应按预算资金存在的形式，设置“零余额账户用款额度”“货币资金”“财政应返还额度”等明细科目，进行明细核算。

【例15－115】 从零余额账户提现3 000元。会计分录如下：

财务会计分录：

借：库存现金	3 000	
贷：零余额账户用款额度		3 000

预算会计分录：

借：资金结存——货币资金	3 000	
贷：资金结存——零余额账户用款额度		3 000

【例15－116】 使用医疗风险基金支付诉讼费5 000元。会计分录如下：

财务会计分录：

借：专用基金——医疗风险基金	5 000	
贷：银行存款		5 000

预算会计分录：

借：事业支出——其他资金支出	5 000	
贷：资金结存——货币资金		5 000

（二）财政拨款结转与结余的核算

财政拨款是指医院直接和通过主管部门从财政部门取得的各项事业经费，包括正常经费和专项资金。

1. 财政拨款结转

财政拨款结转是指医院当年预算已执行但尚未完成，或因故未执行，下一年度需要按照原用途继续使用的同级财政拨款滚转资金。包括基本支出结转和项目支出结转。

为了核算取得的同级财政拨款结转资金情况，医院应当设置“财政拨款结转”（预算结余类）科目。本科目借方登记减少数，贷方登记增加数。期末贷方余额，反映医院滚存的财政拨款结转资金数额。

本科目应设置“年初余额调整”“归集调入”“归集调出”“归集上缴”“单位内部调剂”“本年收支结转”“累计结转”等明细科目，进行明细核算。

2. 财政拨款结余

财政拨款结余是指医院项目实施周期已结束、项目目标完成或提前终止，尚未列支的项目支出预算资金的滚存数额。

为了核算取得的同级财政拨款项目支出结余资金的调整、结转和结存情况，医院应当设置“财政拨款结余”（预算结余类）科目。本科目借方登记减少数，贷方登记增加数。年末贷方余额，反映医院结存的财政拨款结余资金数额。

本科目应设置“年初余额调整”“归集上缴”“单位内部调剂”“结转收入”“累计结余”等明细科目，进行明细核算。

【例 15－117】 医院某项目预算 200 000 元，实施周期 3 年。当年已使用预算资金 80 000 元，项目尚未完工。经批准将结转资金上缴财政。会计分录如下：

财务会计分录：

借：累计盈余——财政项目盈余　　120 000

　　贷：零余额账户用款额度　　120 000

预算会计账务处理

借：财政拨款结转——归集上缴　　120 000

　　贷：资金结存——零余额账户用款额度　　120 000

【例 15－118】 年末，医院预算会计收支如下：财政拨款预算收入 300 000 元，事业支出（财政拨款支出）200 000 元，年底收支结转会计分录如下：

财务会计不作账务处理。

预算会计分录：

借：财政拨款预算收入　　300 000

　　贷：财政拨款结转——本年收支结转　　300 000

借：财政拨款结转——本年收支结转　　200 000

　　贷：事业支出——财政拨款支出　　200 000

完成年底收支结转后，应当冲销财政拨款结转科目有关明细科目余额。

【例 15－119】 医院上缴财政拨款项目结余资金 50 000 元，该部分资金属于财政应返还额度，会计分录如下：

财务会计分录：

借：累计盈余——财政项目盈余　　50 000

　　贷：财政应返还额度　　50 000

预算会计账务处理

借：财政拨款结余——归集上缴　　50 000

　　贷：资金结存——财政应返还额度　　50 000

【例 15－120】 年末，医院按计划完成某财政项目，结余财政资金 100 000 元，按同级财政部门规定，结余资金转入财政拨款结余。会计分录如下：

财务会计不作账务处理。

预算会计分录：

借：财政拨款结转——累计结转　　100 000

　贷：财政拨款结余——结转转入　　100 000

（三）非财政拨款结转与结余的核算

非财政拨款是指医院同级财政以外的预算资金来源中，具有专项项目限定用途的资金。

非财政拨款结转结余是指医院除财政拨款收支以外的各项收入与各项支出相抵后的余额。

1. 非财政拨款结转

非财政拨款结转是指医院同级财政以外的预算资金来源中，具有专项项目限定用途，但项目尚未完成、需要继续用于原指定项目用途的剩余资金。

为了核算非同级财政拨款专项资金情况，医院应当设置"非财政拨款结转"（预算结余类）科目。本科目借方登记非财政拨款结转减少数，贷方登记非财政拨款结转的增加数。期末贷方余额，反映医院结存的非同级财政拨款专项结转资金数额。

本科目应设置"年初余额调整""缴回资金""项目间接费用或管理费""本年收支结转""累计结转"等明细科目，进行明细核算。

2. 非财政拨款结余

非财政拨款结余是指医院同级财政以外的预算资金来源中，无专项项目限定用途的非财政拨款资金的剩余资金。

为了核算历年滚存的非限定用途的非同级财政拨款结余资金，医院应当设置"非财政拨款结余"（预算结余类）科目。本科目借方登记减少数，贷方登记增加数。期末贷方余额，反映非同级财政拨款滚存的非专项结余资金数额。

本科目应设置"年初余额调整""项目间接费用或管理费""结转转入""累计结余"明细科目，进行明细核算。

【例15－121】 期末，结转本期预算收入类科目及预算支出类科目。结转前借方余额：事业支出200 000元、其他支出60 000元；贷方余额：事业预算收入800 000元、上级补助预算收入100 000元、附属单位上缴预算收入50 000元、其他预算收入30 000元。会计分录如下：

财务会计不作账务处理。

预算会计分录：

借：事业预算收入　　800 000

　上级补助预算收入　　100 000

　附属单位上缴预算收入　　50 000

　其他预算收入　　30 000

　贷：非财政拨款结转——本年收支结转　　980 000

借：非财政拨款结转——本年收支结转　　260 000

　贷：事业支出　　200 000

　　其他支出　　60 000

【例15－122】年末，冲销非财政拨款结转相关明细科目金额。冲销前借方余额："项目间接费用或管理费"15 000元，"缴回资金"50 000元，"年初余额调整"500元；贷方余额："本年收支结转"720 000元。会计分录如下：

财务会计不作账务处理。

预算会计分录：

借：非财政拨款结转——本年收支结转　720 000

　　贷：非财政拨款结转——项目间接费用或管理费　15 000

　　　　　　　　　　——缴回资金　50 000

　　　　　　　　　　——年初余额调整　500

　　　　　　　　　　——累计结转　654 500

【例15－123】医院按规定从某科研项目中提取10 000元项目间接费用，会计分录如下：

财务会计分录：

借：单位管理费用　10 000

　　贷：预提费用　10 000

预算会计分录：

借：非财政拨款结转——项目间接费用或管理费　10 000

　　贷：非财政拨款结余——项目间接费用或管理费　10 000

【例15－124】某非财政拨款专项结转资金科研项目已完成，剩余资金8 000元留归医院，不限用途。会计分录如下：

财务会计分录：

借：累计盈余——科教盈余　8 000

　　贷：累计盈余——医疗盈余　8 000

预算会计分录：

借：非财政拨款结转——累计结转　8 000

　　贷：非财政拨款结余——结转转入　8 000

【例15－125】年末，结转非财政拨款本年盈余分配贷方余额600 000元。会计分录如下：

财务会计不作账务处理。

预算会计分录：

借：非财政拨款本年盈余分配　600 000

　　贷：非财政拨款结余——累计结余　600 000

（四）专用结余的核算

专用结余是指医院按照规定从非财政拨款结余中提取的，具有专门用途的资金的变动和结存情况。医院应按照行业补充规定中确定的比例，依据财务会计下医疗盈余（不含财政基本拨款形成的盈余及非同级财政拨款形成的盈余）计提专用结余。专用结余计提金额与从本期盈余中提取的专用基金金额一致。

为了核算按规定提取的专用资金情况，医院应当设置“专用结余”（预算结余类）科目。本科目借方登记减少数，贷方登记增加数。期末贷方余额，反映专用基金的累计滚存数额。

医疗风险基金不在本科目反映。

本科目应按专用结余的类别进行明细核算，见【例15-87】、【例15-89】。

（五）经营结余的核算

经营结余是指医院一定期间各项经营收支相抵后余额弥补以前年度经营亏损后的余额。

为了核算经营活动收支相抵后的余额，医院应当设置“经营结余”（预算结余类）科目。本科目借方登记减少数，贷方登记增加数。期末余额在贷方，反映经营结余数。

本科目应按经营活动类别进行明细核算。

经营结余=经营收入-经营支出-以前年度经营亏损

【例15-126】 年末，医院经营预算收入40 000元，经营支出24 000元。进行收支结转，会计分录如下：

财务会计不作账务处理。

预算会计分录：

借：经营预算收入　　40 000

　　贷：经营结余　　40 000

借：经营结余　　24 000

　　贷：经营支出　　24 000

经营结余期末余额=40 000-24 000=16 000（元），年底结转如下：

借：经营结余　　16 000

　　贷：非财政拨款结余分配　　16 000

（六）非财政拨款结余分配的核算

“非财政拨款结余分配”属于预算结余类科目，用于核算医院本年度非财政拨款结余分配的情况和结果。本科目年终结账后无余额。

本科目对明细科目设置无要求。

【例15-127】 接【例15-87】，假设提取完职工福利基金后，“非财政拨款结余分配”科目尚有贷方余额350 000元，将其转入非财政拨款结余。会计分录如下：

财务会计不作账务处理。

预算会计分录：

借：非财政拨款结余分配　　350 000

　　贷：非财政拨款结余——累计结余　　350 000

第七节 医院财务报告和决算报告

一、财务报告的概念

医院财务报告是反映医院某一特定日期的财务状况和某一会计期间的收入费用、现金流量等的书面文件。医院财务报告由财务报表和其他应当在财务报告中披露的相关信息和资料组成。

医院财务报告中的财务报表包括资产负债表、收入费用表、净资产变动表、现金流量表、成本报表及附注。

其中，资产负债表、收入费用表、成本报表为月度、年度报表；净资产变动表、现金流量表、附注为年度报表。

医院财务报表附注是为便于财务报表使用者理解财务报表的内容而对财务报表的编制基础、编制依据、编制原则和方法及主要项目等所作的解释。医院财务报表附注至少应当包括下列内容：医院的基本情况；财务报表编制基础；遵循政府会计准则、制度的声明；重要会计政策、会计估计及其变更情况的说明；财务报表重要项目说明；本年盈余与预算结余的差异情况说明；重要资产转让及其出售情况的说明；所承担的政府指令性任务的相关费用信息及其他重要事项说明。

二、决算报告的概念

医院决算报告是综合反映医院预算收支年度执行结果的文件，应当包括决算报表和其他应当在决算报告中反映的相关信息和资料。

医院决算会计报告中的会计报表包括预算收入支出表、预算结转结余变动表、财政拨款预算收入支出表。

上述预算会计报表均为年度报表。

医院财务报告和决算报告两套体系并行构成医院会计报告，两者互为补充、衔接，构成决算部门财务信息报告体系。

三、编制财务报告和决算报告的要求

医院至少应当按年度编制财务报表和预算会计报表。

医院应当根据登记完整、核对无误的账簿记录和其他有关资料编制财务报表和预算会计报表。

如果本年度发生了调整以前年度溢余的事项，应当对报表中“年初余额”或“上年数”的金额进行相应调整。

四、财务报表的编制方法

（一）资产负债表

资产负债表是反映医院某一特定日期全部资产、负债和净资产的情况的财务报表。它是一种静态报表，能够反映医院在某一时点拥有和控制的各种经济资源以及医院偿还债务的能力。通过资产负债表，可以了解医院所负担的长、短期债务的数量和偿还期限的长短。通过报表的净资产项目，可以了解医院的资金提供者提供的资金总量及尚未分配的结余。若把前后期的资产负债表加以对照分析，还可以看出医院资产负债变化情况及财务状况的发展趋势。

本表按照“资产=负债+净资产”的平衡公式设置。左方为资产，右方为负债及净资产。各项目按会计科目的类别分别排列，左右两方总计数相等。

“年初余额”栏内各项数字，应当根据上年年末资产负债表“期末余额”栏内数字填列。如果本年度资产负债表规定的各个项目的名称和内容同上年度不相一致，应对上年年末资产负债表各项目的名称和数字按照本年度的规定进行调整，填入本表“年初余额”栏内。

本表各项目的具体填列方法参照“第十四章第一节 事业单位财务报表”。

（二）收入费用表

收入费用表是反映医院在某一会计期间内全部收入、费用及盈余的实际情况的报表。它是一种动态报表。本表为多步式结构，从上至下由本期收入、本期费用、本期盈余三大项组成。左右分为“本月数”和“本年累计数”两部分。

收入费用表“本月数”栏反映各收入、费用及盈余项目的本月实际发生数。在编制年度收入费用表时，应当将本栏改为“本年数”栏，反映各收入、费用及盈余项目本年度的实际发生数。“本年累计数”栏反映各项目自年初起至报告期末止的累计实际发生数。编制年度收入费用表时，应当将本栏改为“上年数”，反映上年度各项目的实际发生数。如果本年度收入费用表规定的各个项目的名称和内容同上年度不一致，应对上年度收入费用表各项目的名称和数字按照本年度的规定进行调整，填入年度本表中的“上年数”栏。

本表各项目的内容和填列方法参照“第十四章第一节 事业单位财务报表”。

（三）医疗活动收入费用明细表

医疗活动收入费用明细表是反映医院在某一会计期间内医疗活动收入、费用及其所属明细项目的实际情况的报表，是收入费用表的附表。

医疗活动收入费用明细表的结构分为左右两部分，左方反映收入项目；右方反映费用项目。

本表“本月数”栏反映各项目的本月实际发生数。“本年累计数”栏反映各项目自年初起至报告期末止的累计实际发生数。

医疗活动收入费用明细表的格式见表15-2。

表 15－2　　医疗活动收入费用明细表　　会政财 02 表附表 01

编制单位：　　______年______月　　单位：元

项目	本月数	本年累计数	项目	本月数	本年累计数
医疗活动收入合计			医疗活动费用合计		
财政基本拨款收入			业务活动费用		
医疗收入			人员经费		
门急诊收入			其中：工资福利费用		
挂号收入			对个人和家庭的补助费用		
诊察收入			商品和服务费用		
检查收入			固定资产折旧费		
化验收入			无形资产摊销费		
治疗收入			计提专用基金		
手术收入			单位管理费用		
卫生材料收入			人员经费		
药品收入			其中：工资福利费用		
其他门急诊收入			对个人和家庭的补助费用		
住院收入			商品和服务费用		
床位收入			固定资产折旧费		
诊察收入			无形资产摊销费		
检查收入			经营费用		
化验收入			资产处置费用		
治疗收入			上缴上级费用		
手术收入			对附属单位补助费用		
护理收入			所得税费用		
卫生材料收入			其他费用		
药品收入					
其他住院收入					
结算差额					
上级补助收入					
附属单位上缴收入					
经营收入					
非同级财政拨款收入					
投资收益					
捐赠收入					
利息收入					
租金收入					
其他收入					

本表各项目的填列方法：

1. 医疗活动收入

“医疗活动收入合计”项目，反映医院本期医疗活动收入总额。该项目应当根据本表中“财政基本拨款收入”“医疗收入”“上级补助收入”“附属单位上缴收入”“经营收入”“非同级财政拨款收入”“投资收益”“捐赠收入”“利息收入”“租金收入”“其他收入”项目金额的合计数填列。

其中：“财政基本拨款收入”项目应根据“财政拨款收入－基本支出”明细科目本期发生额填列。“医疗收入”项目及其所属明细项目应根据“事业收入－医疗收入”科目及其所属明细科目的本期发生额填列。

2. **医疗活动费用**

“医疗活动费用合计”项目，反映医院本期医疗活动费用总额。该项目应当根据本表中“业务活动费用”“单位管理费用”“经营费用”“资产处置费用”“上缴上级费用”“对附属单位补助费用”“所得税费用”“其他费用”项目金额的合计数填列。

【例15-128】某医院根据2023年度开展医疗活动，形成的年度收入、费用类科目中财政基本补助经费和其他经费发生情况，编制医疗活动收入费用明细表，见表15-3。

表15-3　　医疗活动收入费用明细表　　会政财02表附表01

编制单位：××医院　　2023年12月　　单位：元

项目	本月数（略）	本年累计数	项目	本月数（略）	本年累计数
医疗活动收入合计		8 400 000	医疗活动费用合计		7 100 000
财政基本拨款收入		1 300 000	业务活动费用		5 400 000
医疗收入		6 100 000	人员经费		3 100 000
门急诊收入		1 900 000	其中：工资福利费用		3 000 000
挂号收入		11 000	对个人和家庭的补助费用		100 000
诊察收入		31 000	商品和服务费用		1 400 000
检查收入		300 000	固定资产折旧费		590 000
化验收入		220 000	无形资产摊销费		
治疗收入		160 000	计提专用基金		310 000
手术收入		230 000	单位管理费用		1 500 000
卫生材料收入		120 000	人员经费		550 000
药品收入		780 000	其中：工资福利费用		500 000
其他门急诊收入		48 000	对个人和家庭的补助费用		50 000
住院收入		4 200 000	商品和服务费用		330 000
床位收入		184 000	固定资产折旧费		260 000
诊察收入		540 000	无形资产摊销费		360 000
检查收入		260 000	经营费用		
化验收入		440 000	资产处置费用		
治疗收入		810 000	上缴上级费用		
手术收入		1 080 000	对附属单位补助费用		
护理收入		51 000	所得税费用		
卫生材料收入		220 000	其他费用		200 000
药品收入		350 000			
其他住院收入		265 000			
结算差额					
上级补助收入					
附属单位上缴收入					
经营收入					
非同级财政拨款收入					
投资收益					
捐赠收入					
利息收入		500 000			
租金收入		300 000			
其他收入		200 000			

（四）净资产变动表

净资产变动表反映医院在某一会计年度内净资产项目的变动情况。其中，“本年数”栏反映本年度各项目的实际变动数。

本表各项目的填列方法参照“第十四章第一节 事业单位财务报表”。

（五）现金流量表

现金流量表是反映医院在某一会计年度内现金流入和流出的信息的报表。

现金是指医院的库存现金以及可以随时用于支付的款项，包括库存现金、可以随时用于支付的银行存款、零余额账户用款额度、其他货币资金、财政应返还额度以及通过财政直接支付方式支付的款项。

现金流量表应当按照日常活动产生的现金流量、投资活动产生的现金流量和筹资活动产生的现金流量分别反映。现金流量，是指现金的流入和流出。

医院应当采用直接法编制业务活动产生的现金流量。

现金流量表各项目的填列方法参照“第十四章第一节 事业单位财务报表”。

（六）成本报表

医院成本报表包括：医院各科室直接成本表、医院临床服务类科室全成本表、医院临床服务类科室全成本构成分析表。成本报表参考格式参见表 15－4、表 15－5、表 15－6。

表 15－4　　医院各科室直接成本表　　成本医 01 表

编制单位：　　年　月　　单位：元

成本项目 / 科室名称	人员经费（1）	卫生材料费（2）	药品费（3）	固定资产折旧费（4）	无形资产摊销费（5）	提取医疗风险基金（6）	其他费用（7）	合计 (8)＝(1)＋(2)＋(3)＋(4)＋(5)＋(6)＋(7)
临床服务类科室 1 临床服务类科室 2 … 小计								
医疗技术类科室 1 医疗技术类科室 2 … 小计								
医疗辅助类科室 1 医疗辅助类科室 2 … 小计								
医疗业务成本合计								
单位管理费用								
本月总计								

说明：

（1）本表反映管理费用和医疗技术、辅助类科室成本分摊至临床服务类科室成本前各科室直接成本情况。

（2）医疗业务成本合计＝临床服务类科室成本小计＋医疗技术类科室成本小计＋医疗辅助类科室成本小计

（3）本月总计＝医疗业务成本合计＋管理费用

表15－5　　　　医院临床服务类科室全成本表　　　　成本医02表

编制单位：　　　　年　月　　　　单位：元

成本项目科室名称		临床服务类科室1	……	科室全成本合计
人员经费（1）	直接成本			
	间接成本			
	全成本			
卫生材料费（2）	直接成本			
	间接成本			
	全成本			
药品费（3）	直接成本			
	间接成本			
	全成本			
固定资产折旧费（4）	直接成本			
	间接成本			
	全成本			
无形资产摊销（5）	直接成本			
	间接成本			
	全成本			
提取医疗风险基金（6）	直接成本			
	间接成本			
	全成本			
其他费用（7）	直接成本			
	间接成本			
	全成本			
合计（8）＝（1）＋（2）＋（3）＋（4）＋（5）＋（6）＋（7）	直接成本			
	间接成本			
	全成本			

表 15－6　　医院临床服务类科室全成本构成分析表　　成本医 03 表

编制单位：　　年　月　　单位：元

科室名称 / 成本项目	临床服务类科室 1		…		各临床服务类科室合计	
	金额	%			金额	%
人员经费 卫生材料费 药品费 固定资产折旧 无形资产摊销 提取医疗风险基金 其他费用		(##)			(**)	
科室全成本合计		(100%)				(100%)
科室收入						
收入－成本						
床日成本						
诊次成本						

说明：

本表用于对医院临床服务类科室全成本要素及其结构进行分析与监测。"##" 为某一临床服务类科室不同成本项目的构成比，用于分析各临床服务类科室的成本结构，确定各科室内部成本管理的重点成本项目。科室全成本包括临床服务类科室直接成本和分摊转移的间接成本。

例：人员经费%（##）＝（某一临床服务类科室人员经费金额/该科室全成本合计）×100%

人员经费金额合计（ ** ）＝各临床服务类科室人员经费之和

人员经费合计%＝（各临床服务类科室人员经费之和/各临床服务类科室全成本合计）×100%

诊次和床日成本核算是以诊次、床日为核算对象，将科室成本进一步分摊到门急诊人次、住院床日中，计算出诊次成本、床日成本。

【例 15－129】 某医院根据 2023 年各科室不包括财政项目拨款经费、科教经费形成的业务活动费用、单位管理费用科目所属明细科目编制医院各科室直接成本表，见表 15－7；编制医院临床服务类科室全成本表，见表 15－8；编制医院临床服务类科室全成本构成分析表，见表 15－9。

表 15－7

医院各科室直接成本表

2023 年

编制单位：××医院　　　　成本医 01 表　　单位：元

成本项目 科室名称	人员经费 (1)	卫生材料费 (2)	药品费 (3)	固定资产 折旧费 (4)	无形资产 摊销费 (5)	提取医疗 风险基金 (6)	其他费用 (7)	合计 (8)＝(1)＋(2)＋(3)＋ (4)＋(5)＋(6)＋(7)
临床服务类科室 1	1 500 000.00	900 000.00	1 300.00	20 000.00	0.00	42 000.00	320 000.00	2 783 300.00
…	…	…	…	…	…	…	…	…
小计	22 400 000.00	1 840 000.00	63 000.00	160 000.00	0.00	1 350 000.00	9 580 000.00	35 393 000.00
医疗技术类科室 1	830 000.00	1 000 000.00	4 200 000.00	61 000.00			56 000.00	6 147 000.00
……	…	…	…	…	…	…	…	…
小计	4 500 000.00	3 000 000.00	10 000 000.00	1 520 000.00			1 520 000.00	20 540 000.00
医疗辅助类科室 1	1 000 000.00	21 000.00	300.00	14 000.00			130 000.00	1 165 300.00
…	…	…	…	…	…	…	…	…
小计	3 000 000.00	940 000.00	1 800.00	420 000.00			394 000.00	4 755 800.00
医疗业务成本合计	9 740 000.00	5 780 000.00	1 064 800.00	2 100 000.00	0.00	1 350 000.00	1 149 400.00	21 184 200.00
单位管理费用	450 000.00	-	-	160 000.00	3 000.00		390 000.00	1 003 000.00
本月总计	10 190 000.00	5 780 000.00	1 064 800.00	2 260 000.00	3 000.00	1 350 000.00	1 539 400.00	22 187 200.00

表 15－8 医院临床服务类科室全成本表 成本医 02 表

编制单位：××医院 2023 年 单位：元

成本项目科室名称		临床服务类科室 1	……	科室全成本合计
人员经费（1）	直接成本	1 500 000.00		22 400 000.00
	间接成本	255 000.00		1 220 000.00
	全成本	1 755 000.00		23 620 000.00
卫生材料费（2）	直接成本	900 000.00		1 840 000.00
	间接成本	79 400.00		317 000.00
	全成本	979 400.00		2 157 000.00
药品费（3）	直接成本	1 300.00		63 000.00
	间接成本	562 000.00		1 050 000.00
	全成本	563 300.00		1 113 000.00
固定资产折旧费（4）	直接成本	20 000.00		160 000.00
	间接成本	90 000.00		362 000.00
	全成本	110 000.00		522 000.00
无形资产摊销（5）	直接成本	0.00		0.00
	间接成本	80.00		3 000.00
	全成本	80.00		3 000.00
提取医疗风险基金（6）	直接成本	42 000.00		1 350 000.00
	间接成本	0.00		0.00
	全成本	42 000.00		1 350 000.00
其他费用（7）	直接成本	320 000.00		9 580 000.00
	间接成本	98 000.00		194 000.00
	全成本	418 000.00		9 774 000.00
合计（8）＝（1）＋（2）＋（3）＋（4）＋（5）＋（6）＋（7）	直接成本	2 783 300.00		35 393 000.00
	间接成本	1 084 480.00		3 146 000.00
	全成本	3 867 780.00		38 539 000.00

表 15－9 医院临床服务类科室全成本构成分析表 成本医 03 表

编制单位：××医院 2023 年 单位：元

科室名称 / 成本项目	内科		…		各临床服务类科室合计	
	金额	%			金额	%
人员经费	1 755 000	45.37			23 620 000	61.29
卫生材料费	979 400	25.32			2 157 000	5.60
药品费	563 300	14.56			1 113 000	2.89
固定资产折旧	110 000	2.84			522 000	1.35
无形资产摊销	80	0.002			3 000	0.008
提取医疗风险基金	42 000	1.09			1 350 000	3.50
其他费用	418 000	10.818			9 774 000	25.362
科室全成本合计	3 867 780	100			38 539 000	100
科室收入	4 800 000				51 000 000	
收入－成本	932 220				12 461 000	
床日成本	3 300				3 100	
诊次成本	320				310	

五、预算会计报表的编制方法

（一）预算收入支出表

预算收入支出表是反映医院在某一会计年度内各项预算收入、预算支出和预算收支差额情况的报表。其中，“本年数”栏反映各项目的本年实际发生数，“上年数”栏反映各项目上年度的实际发生数。

具体填列方法参照“第十四章第二节 事业单位预算报表”。

（二）预算结转结余变动表

预算结转结余变动表是反映医院在某一会计年度内预算结转结余变动情况的报表。其中，“本年数”栏反映各项目的本年实际发生数，“上年数”栏反映各项目上年度的实际发生数。“年末预算结转结余”项目金额等于“年初预算结转结余”“年初余额调整”“本年变动金额”三个项目的合计数。

具体填列方法参照“第十四章第二节 事业单位预算报表”。

（三）财政拨款预算收入支出表

财政拨款预算收入支出表是反映医院本年财政拨款预算资金收入、支出及相关变动具体情况的报表。其“项目”栏内各项目，应当根据医院取得的财政拨款种类分项设置。

具体填列方法参照“第十四章第二节 事业单位预算报表”。

思政园地

为什么财政部专门印发了《关于医院执行政府会计制度——〈行政事业单位会计科目和报表〉的补充规定》以及《关于医院执行〈政府会计制度——行政事业单位会计科目和报表〉的衔接规定》？其意义何在？

按照《政府会计制度》的规定，我国境内公立医院属于该制度的法定执行者。随着医疗卫生事业改革的不断深入，医院的财务工作也变得越来越重要，会计制度的统一，既提高了公立医院会计信息的可比性，也为编制合并报表和汇总编制部门决算奠定了制度基础。

新制度的实施，重新构建了财务会计和预算会计适度分离并相互链接的核算模式，既是医院运营管理的关键组成部分，也是医院进行正常诊疗服务，开展医教研活动的基本保障，对提高医院的社会效益和经济效益有着积极推动作用。

【复习思考题】

1. 医院会计核算有哪些特点？
2. 医院的收入、费用各有哪些？
3. 简述事业收入的核算的主要内容。
4. 简述业务活动费用核算的主要内容。
5. 什么是收支结余？如何核算？
6. 医院财务报表有哪些？

第十六章 民间非营利组织会计概述及资产和负债的核算

学习目标

本章主要介绍民间非营利组织的概念、对象、特征、适用条件以及资产和负债的内容及核算方法。要求了解资产、负债的内容；掌握货币资金、存货、固定资产、流动负债、长期负债的核算。重点掌握民间非营利组织的概念、适用条件及投资的核算。

第一节 民间非营利组织会计概述

民间非营利组织会计是对民间非营利组织的财务收支活动进行连续、系统、综合的记录、计量和报告，以价值指标客观地反映业务活动过程，从而为业务管理和其他相关的管理工作提供信息的活动。民间非营利组织会计与政府会计的共性体现为“非营利性”，因此，相对于企业会计，二者的会计要素中均没有“利润”要素。

一、民间非营利组织会计的概念

民间非营利组织是指通过筹集社会民间资金举办的、不以营利为目的，从事教育、科技、文化、卫生、宗教等社会公益事业、提供公共产品的社会服务组织。它是不直接进行物质资料的生产和流通，主要以精神产品和各种劳务的形式向社会提供服务的组织或单位。

民间非营利组织作为与政府和企业并列的“第三部门”，是市场经济体系的有机组成部分。它可以有效地弥补政府公共财政资金提供公共产品的不足，同时又可以避免企业的趋利倾向，在一定程度上解决政府失灵和市场失灵问题，为完善我国社会主义市场经济体系，促进社会各项事业综合、协调发展作出积极贡献。

二、民间非营利组织会计的特征及适用条件

我国的民间非营利组织包括依照国家法律、行政法规登记的社会团体、基金会、社会服务机构和寺庙、宫观、清真寺、教堂等。按照《民间非营利组织会计制度》规定，适用于本制度的民间非营利组织应当同时具备以下三个特征：

（1）该组织不以营利为宗旨和目的。这一特征强调民间非营利组织的非营利性，这与企业的营利性有本质的区别。但是强调民间非营利组织目的的非营利性，并不排除其因提供商品或者社会服务而获取相应收入或者收取合理费用，只要这些营利活动的所得最终是用于组织的非营利事业。

《民间非营利组织会计制度》

（2）资源提供者向该组织投入资源不取得经济回报。这一特征强调民间非营利组织的资金或者其他资源提供者不能从民间非营利组织中获取回报，如果出资者等可以从组织中获取回报，应当将其视为企业，适用企业会计准则和企业会计制度。

（3）资源提供者不享有该组织的所有权。这一特征强调资金或者其他资源提供者在将资源投入到民间非营利组织后不再享有相关所有者权益，如与所有者权益有关的资产出售、转让、处置权以及清算时剩余财产的分配权等。这一特征既将民间非营利组织与企业区分开来，也将其与各行政事业单位区分开来，因为行政事业单位尽管也属于非营利组织，但是国家对这些组织及其净资产拥有所有权。

满足上述三个特征的境外非政府组织在中国境内依法登记设立的代表机构，也应当按照《民间非营利组织会计制度》进行会计核算。

三、民间非营利组织会计的核算的基本要求

为了实现民间非营利组织会计的目标，民间非营利组织的会计核算应当以会计主体假设、持续经营假设、会计分期假设和货币计量假设为前提，以权责发生制为核算基础，遵循客观性、相关性、实质重于形式、一惯性、可比性、可理解性、配比、历史成本、谨慎性、划分收益性支出和费用性支出，以及重要性等原则。

《民间非营利组织会计制度》要求，民间非营利组织进行会计核算应当以实际发生的交易或事项为依据，如实反映民间非营利组织的财务状况、业务活动情况和现金流量信息。会计核算提供的信息应当能够满足会计信息使用者（如捐赠人、会员、监管者等）的需要。会计核算应该按照交易或者事项的实质进行，而不应当仅仅以它们的法律形式作为依据。会计政策前后各期应该保持一致，不得随意变更，如有必要变更，应当在会计报表附注中披露变更的内容和理由、变更的累积影响数，以及累积影响数不能合理确定的理由等。会计核算应当按照规定的会计处理方法进行，会计信息应当同短期口径一致、相互可比。会计核算应当及时进行，不得提前或延后。会计核算和编制的该短期财务会计报告应当清晰明了，便于理解和使用。在会计核算中，所发生的费用应当与相关的收入相配比，同一会计期间内的各项收入和与其相关的费用应当在该会计期间内确认。除按照制度规定的计量基础计量外，资产在取得时应当按照实际成本计量，资产账面价值的调整应当符合制度要求；除国家法律、行政法规和国家统一的会计制度另有规定外，民间非营利组织一律不得自行调整资产账面价值。会计核算应当遵循谨慎性原则。会计核算应合理划分应当人当期费用的支出和应当予以资本化的支出。会计核算应当遵循重要性原则，对资产、负债、净资产、收入、费用等有较大影响，进而影响财务会计报告使用者做出合理判断的重要会计事项，必须按照规定的会计方法和程序进行处理，并在财务会计报告中充分披露；对于非重要的会计事项，在不影响会

计信息真实性和不至于误导会计信息使用者做出正确判断的前提下，可适当简化处理。

这些原则和要求是民间非营利组织会计核算应当达到的标准，应当体现在民间非营利组织会计核算的基本规定之中。

四、民间非营利组织的会计要素

民间非营利组织的会计要素，是指民间非营利组织会计核算具体内容的分类，划分为反映财务状况的会计要素和反映业务活动情况的会计要素。

反映财务状况的会计要素包括资产、负债和净资产，其会计等式为：

资产－负债＝净资产

反映业务活动情况的会计要素包括收入和费用，其会计等式为：

收入－费用＝净资产变动

五、民间非营利组织会计科目及核算内容

表 16－1

类别	科目名称	核算内容
一、资产类	现金	核算民间非营利组织的库存现金。
	银行存款	核算民间非营利组织存入银行或其他金融机构的存款。
	其他货币资金	核算除现金、银行存款以外的货币资金的使用和结存情况。
	短期投资	核算能够随时变现的且持有时间不准备超过 1 年（含 1 年）的投资。
	短期投资跌价准备	核算短期投资跌价准备的计提和转销情况。
	应收票据	核算因提供劳务、开展有偿服务及销售产品等而收到的商业汇票。
	应收账款	核算因提供劳务、开展有偿服务及销售产品等应收取的款项。
	其他应收款	核算除应收票据、应收账款、预付账款以外的其他各种应收暂付款项。
	杯账准备	核算按规定计提的坏账准备及其核销坏账情况。
	预付账款	核算因业务需要，根据合同约定预付给供货单位的款项。
	存货	核算存货的采购、收发、结存及其成本计算情况。
	存货跌价准备	核算存货跌价准备的计提和转销情况。
	待摊费用	核算已经支出但应当由本期和以后各期分别负担的分摊期在 1 年以内的各项费用。
	长期股权投资	核算持有时间准备超过 1 年（不含 1 年）的各种股权性质的投资。
	长期债权投资	核算购入的在 1 年内（不含 1 年）不能变现或不准备随时变现的债券和其他债权投资。
	长期投资减值准备	核算长期投资减值准备的计提和转销情况。
	固定资产	核算固定资产的原价。
	累计折旧	核算固定资产的累计折旧。
	在建工程	核算在建工程所发生的实际支出。
	文物文化资产	核算文物文化资产的价值。
	固定资产清理	核算转入清理的固定资产价值及清理过程中发生的清理费用和清理收入。
	无形资产	核算民间非营利组织持有的且无实物形态的非货币性长期资产。
	受托代理资产	核算民间非营利组织接受委托方委托从事受托代理业务而收到的资产。

续表

类别	科目名称	核算内容
二、负债类	短期借款	核算向银行或其他金融机构借入的期限在1年以下（含1年）的各种借款。
	应付票据	核算因购买材料、商品和接受服务等而开出、承兑的商业汇票。
	应付账款	核算因购买材料、商品和接受服务等而应付给供应单位的款项。
	预收账款	核算向服务和商品购买单位预收的各种款项。
	应付职工薪酬	核算应付给职工的工资总额。
	应交税费	核算按照国家税法规定应当交纳的各种税费。
	其他应付款	核算应付、暂收其他单位或个人的款项。
	预提费用	核算按照规定预先提取的已经发生但尚未支付的费用。
	预计负债	核算对因或有事项所产生的现时义务而确认的负债。
	长期借款	核算向银行或其他金融机构借入的期限在1年以上（不含1年）的各种借款。
	长期应付款	核算各项长期应付款项。
	受托代理负债	核算因从事受托代理业务，接受受托代理资产而产生的负债。
三、净资产类	非限定性净资产	核算民间非营利组织净资产中除限定性净资产之外的其他净资产。
	限定性净资产	核算民间非营利组织净资产中被设置了时间限制或用途限制的部分净资产。
四、收入类	捐赠收入	核算接受其他单位或个人捐赠所取得的收入。
	会费收入	核算民间非营利组织根据章程等的规定向会员收取的会费收入。
	提供服务收入	核算根据章程等的规定向其服务对象提供服务取得的取入。
	政府补助收入	核算因政府拨款或政府机构给予补助而取得的收入。
	商品销售收入	核算销售商品等所形成的收入。
	投资收益	核算因对外投资取得的净损益。
	其他收入	核算除主要业务活动以外的其他收入。
五、费用类	业务活动成本	核算为了实现业务活动目标、开展业务活动或提供服务所发生的费用。
	管理费用	核算为组织和管理其业务活动所发生的各项费用。
	筹资费用	核算为筹集业务活动所需资金而发生的费用。
	其他费用	核算非营利组织发生的、无法归属到业务活动成本、管理费用或筹资费用中的其他费用。

第二节　资产的核算

资产是指由民间非营利组织拥有或者控制的资源，该资源预期会给民间非营利组织带来经济利益或者服务潜力。按其流动性分为流动资产、长期投资、固定资产、无形资产和受托代理资产等。

一、流动资产的核算

（一）流动资产的内容

流动资产是指预期可在1年内（含1年）变现或者耗用的资产，主要包括现金、银行存款、短期投资、应收款项、预付账款、存货、待摊费用等。

（二）流动资产的核算

1. 现金的核算

现金是指非营利组织的库存现金，其流动性强，也容易被挪用，应按照《现金管理暂行条例》的有关规定进行严格管理。

民间非营利组织应当设立“现金（资产类）”账户进行现金收付的核算，该账户借方登记现金的增加数，贷方登记现金的减少数，期末余额在借方，反映民间非营利组织库存现金的实有数。

（1）从银行提取现金，按照支票存根所记载的提取金额，借记“现金”账户，贷记“银行存款”账户；将现金存入银行，根据银行退回的进账单第一联，借记“银行存款”账户，贷记“现金”账户。

（2）因支付内部职工出差等原因所需的现金，按照支出凭证所记载的金额，借记“其他应收款”等账户，贷记“现金”账户；收到出差人员交回的差旅费剩余款并结算时，按实际收回的现金，借记“现金”账户，按应报销的金额，借记“管理费用”等账户，按实际借出的现金，贷记“其他应收款”账户。

（3）因其他原因收到现金，借记“现金”账户，贷记有关账户；支出现金，借记有关账户，贷记“现金”账户。

（4）每日终了结算现金收支、财产清查等发现的现金短缺或溢余，应当及时查明原因，并根据管理权限，报经批准后，在期末结账前处理完毕：

如为现金短缺，属于应由责任人或保险公司赔偿的部分，借记“其他应收款”账户，贷记“现金”账户；属于无法查明的其他原因的部分，借记“管理费用”账户，贷记“现金”账户。

如为现金溢余，属于应支付给有关人员或单位的部分，借记“现金”账户，贷记“其他应付款”账户；属于无法查明原因的部分，借记“现金”账户，贷记“其他收入”账户。

2. 银行存款的核算

银行存款是民间非营利组织存入银行或其他金融机构的货币资金。民间非营利组织应根据《银行账户管理办法》的规定，一个单位选择一家银行的一个营业机构开立一个基本账户，用于办理单位工资、奖金等现金的支取和日常的转账结算，还可在其他银行的一个营业机构开立一个一般存款账户用于办理转账结算和存入现金，但不能支取现金，即可开办临时账户和专项资金账户。

民间非营利组织应当设置“银行存款（资产类）”账户核算银行存款的变化情况，该账户借方登记银行存款的增加数，贷方登记银行存款的减少数，期末余额在借方，反映民间非营利组织实际存在银行或其他金融机构的款项。

主要账务处理如下：

（1）将款项存入银行和其他金融机构，借记“银行存款”账户，贷记“现金”“应收账款”“捐赠收入”“会费收入”等有关账户。

（2）提取和支出存款时，借记“现金”“应付账款”“业务活动成本”“管理费用”等有关账户，贷记“银行存款”账户。

（3）收到存款利息，借记“银行存款”账户，贷记“其他应收款”“筹资费用”等账户。但是，收到的属于在借款费用应予资本化的期间内发生的与购建固定资产专门借款有关的存款利息，借记“银行存款”账户，贷记“其他应收款”“在建工程”等账户。

（4）民间非营利组织发生外币收支业务时的账处理：

①以外币购入商品、设备、服务等，按照购入当日（或当期期初）的市场汇率将支付的外币或应支付的外币折算为人民币金额，借记“固定资产”“存货”“管理费用”“业务活动成本”等账户，贷记“现金”“银行存款”“应收账款”等的外币账户。

②以外币销售商品、提供服务或获得外币捐赠等，按照收入当日（或当期期初）的市场汇率将收取的外币或应收取的外币折算为人民币金额，借记“银行存款”“应收账款”的外币账户，贷记“捐赠收入”“提供服务收入”“商品销售收入”等账户。

③借入外币借款时，按照借入当日（或当期期初）的市场汇率将借入款项折算为人民币金额，借记“银行存款”账户的外币账户，贷记“短期借款”、“长期借款”等账户的外币账户；偿还外币借款时，按照偿还当日（或当期期初）的市场汇率将偿还款项折合为人民币金额，借记“短期借款”“长期借款”等账户的外币账户，贷记“银行存款”账户的外币账户。

④发生外币兑换业务时，如为购入外币，按照购入当日（或当期期初）的市场汇率将购入的外币折算为人民币金额，借记“银行存款”账户的外币账户，按照实际支付的人民币金额贷记“银行存款”账户的人民币账户，两者之间的差额，借记或贷记“筹资费用”等账户；如为卖出外币，按照实际收到的人民币金额，借记“银行存款”账户的人民币账户，按照卖出当日（或当期期初）的市场汇率将卖出的外币折算为人民币金额，贷记“银行存款”账户的外币账户，两者之间的差额，借记或贷记“筹资费用”等账户。

各种外币账户的外币余额，期末时应当按照期末汇率折合为人民币。按照期末汇率折合的人民币金额与账面人民币金额之间的差额，作为汇兑损益计入当期费用。但是，属于在借款费用应予资化的期间内发生的与购建固定资产有关的外币专门借款本金及其利息所产生的汇兑差额，应当予以资本化，记入“在建工程”账户。

（5）民间非营利组织应按开户银行和其他金融机构、存款种类等，分别设置“银行存款日记账”，由出纳人员根据收付款凭证，按照业务发生顺序逐笔登记，每日终了应结出余额。“银行存款日记账”应定期与“银行对账单”核对，至少每月核对一次。如有差额，应查明原因，并按月编制“银行存款余额调节表”调节相符。

（6）民间非营利组织应加强对银行存款的管理，并定期对银行存款进行检查，如果有确凿证据表明存在银行或其他金融机构的款项已经部分或者全部不能收回的，应当将不能收回的金额确认为当期损失，冲减银行存款，借记“管理费用”，贷记“银行存款”。

3. 其他货币资金的核算

其他货币资金指的是民间非营利组织的外埠存款、银行汇票存款、银行本票存款、信用卡存款、信用证保证金存款和存出投资款（或者存入其他金融机构）等各种其他货币资金。

外埠存款是民间非营利组织到外地进行临时或零星采购时，汇往外地银行开立采购专户的款项。

（1）银行汇票存款是民间非营利组织为取得银行汇票按规定存入银行的款项。

（2）银行本票存款是民间非营利组织为取得银行本票按规定存入银行的款项。

（3）信用卡存款是民间非营利组织为取得信用卡规定存入银行的款项。

（4）信用证保证金存款是民间非营利组织为取得信用证按规定存入银行的款项。

（5）存出投资款是民间非营利组织存入证券公司但尚未进行投资的现金。

民间非营利组织应设置“其他货币资金（资产类）”账户，用以核算外埠存款、银行汇票存款、银行本票存款、信用卡存款、信用证保证金存款和存出投资（或者存入其他金融机构）款等的设立、结算情况。该账户借方反映为设立其他货币资金而交存银行或其他金融机构的款项，贷方反映结算支付、转回数，余额在借方，反映民间非营利组织实际持有的其他货币资金。

本账户下应设置“外埠存款”“银行汇票”“银行本票”“信用卡存款”“信用证保证金存款”“存出投资款”等二级明细账户，并按外埠存款的开户银行、银行汇票或本票的收款单位等设置三级明细账户。

民间非营利组织为设立其他货币资金将款项交存银行及其他金融机构时，借记“其他货币资金”账户，贷记“银行存款”账户；根据购物、支付费用或购买股票（债券）的有关单据列明的金额，借记“存货”“短期投资”等账户，贷记“其他货币资金”账户，未用完的余款以及逾期尚未办理结算的银行汇票、银行本票等，应按规定及时转回，借记“银行存款”账户，贷记“其他货币资金”账户。

【例 16－1】 寿缘福利院申请其开户银行开具注明“采购专户”的银行汇票 30 000 元，以到外地工商银行开立“采购专户”。账务处理为：

借：其他货币资金——外埠存款（××市建设银行） 30 000
　　贷：银行存款 30 000

【例 16－2】 收到采购员柴某交来的购货发票账单等报销凭证，价款合计 27 000 元，材料已入库。账务处理为：

借：存货 27 000
　　贷：其他货币资金——外埠存款（××地建设银行） 27 000

【例 16－3】 根据银行的收账通知，已将 3 000 元的外埠存款转回当地银行。账务处理为：

借：银行存款 3 000
　　贷：其他货币资金——外埠存款（××地建设银行） 3 000

4. 应收票据的核算

应收票据是民间非营利组织因销售商品、提供服务等而收到的商业汇票，包括银行承兑汇票和商业承兑汇票。

应收票据按面值入账。

民间非营利组织应设置“应收票据（资产类）”账户以核算因销售商品、提供服务等而发生的商业汇票的收到和结算情况，借方登记应收票据的增加额，贷方登记结算减少额，期末余额在借方，反映民间非营利组织持有的商业汇票的票面价值和应计利息。

主要账务处理如下：

（1）因销售商品、提供服务等而收到的由收（付）款人开出并由承兑人承兑的商业汇票，按照应收票据的面值，借记本账户，贷记“商品销售收入”“提供服务收入”等账户。到期收回票款时，借记“银行存款”账户，贷记本账户。

如果应收票据为带息的票据，应在持有期末、贴现、背书、转让或票据到期时，按照带息应收票据的票面价值和确定的利率计提利息。计提的利息增加带息应收票据的账面余额，借记“应收票据”账户，贷记“筹资费用”账户。

【例16-4】 爱心慈善社将志愿者捐赠的一批产品销售，价款总计1 000 000元，收到购买方开出并承兑的期限2个月的商业承兑汇票1张，产品已经发出。账务处理为：

借：应收票据　1 000 000

　　贷：商品销售收入　1 000 000

【例16-5】 上述票据到期，收到购买方支付的票款1 000 000元。账务处理为：

借：银行存款　1 000 000

　　贷：应收票据　100 000

若上述票据为带息票据，票面利率为3%，到期收到购买方支付的票款。账务处理为：

票据到期时，按带息票面价值和确定的利率计提利息，并进行账务处理：

1 000 000×3%÷12×2=5 000元

借：应收票据　5 000

　　贷：筹资费用　5 000

同时：

借：银行存款　1 005 000

　　贷：应收票据　1 005 000

若购买方无力偿还票款，则按照应收票据的账面余额，借记“应收账款”，贷记“应收票据”。

（2）收到应收票据以抵偿应收账款时，按照应收票据的面值，借记本账户，贷记“应收账款”账户。

（3）持未到期的应收票据向银行贴现，应当根据银行盖章退回的贴现凭证第四联“收账通知”，按实际收到的金额（即减去贴现息后的净额），借记“银行存款”账户，按照应收票据的账面余额，贷记本账户，按照差额，借（或贷）记“筹资费用”账户。

票据贴现的计算方法如下：

贴现实收金额=票据到期值-贴现息

贴现息=票据到期值×贴现率×贴现期

【例16-6】 承【例16-4】资料，假设在到期前1个月，宁康慈善会持该票据向银行贴现，贴现利率为6%，则贴现所得为：

贴现息 = 1 000 000 × 6% ÷ 12 × 1 = 5 000

贴现实收金额 = 1 000 000 − 5 000 = 995 000

账务处理为：

借：银行存款	995 000	
筹资费用	5 000	
贷：应收票据		1 000 000

贴现的商业承兑汇票到期，若承兑人的银行存款余额不足支付票款，贴现银行要向贴现申请人收回票款。贴现申请人收到贴现银行退回的应收票据、支款通知和拒绝付款理由书或付款人未付票款通知书时，应将应收票据本息支付给贴现银行，并按照所付本息，借记“应收账款”账户，贷记“银行存款”账户。如果贴现申请人的银行存款账户余额不足，银行则将票款本息作逾期贷款处理，按照转作贷款的本息，借记“应收账款”账户，贷记“短期借款”账户。

（4）将持有的应收票据背书转让（即在票据的背面签字，以表示承担票据到期不能兑现的连带责任），已取得所需物资时，按照所取得物资应确认的成本，借记“存货”等账户，按照应收票据的账面余额，贷记本账户，按照实际收到或支付的银行存款等，借记或贷记“银行存款”等账户。

【例 16－7】 爱心慈善会将1张面值60 000元的商业承兑汇票背书转让给甲单位，以抵付购买甲单位材料款68 300元，剩余的8 300元以银行存款支付。应进行的账务处理为：

借：存货	68 300	
贷：应收票据		60 000
银行存款		8 300

假如该商业汇票是带息票据，账面余额为60 200元，本期应计利息为200元，则会计分录为：

借：存货	68 300	
贷：应收票据		60 200
筹资费用		200
银行存款		7 900

民间非营利组织应设置“应收票据备查簿”，逐笔登记每一应收票据的种类、号数和出票日期、票面金额、票面利率、交易合同号和付款人、承兑人、背书人的姓名或单位名称、到期日、背书转让日、贴现日期、贴现率和贴现净额、计提的利息，以及收款日期和收回金额、退票情况等资料，应收票据到期结清票款或退票后，应在备查簿内逐笔注销。

5. 应收账款的核算

应收账款是指间非营利组织因销售商品、提供服务等主要业务活动，应当向会员、购买单位或接受服务单位等收取的、但尚未实际收到的款项。

民间非营利组织应设置“应收账款（资产类）”账户，借方记应收账款的增加，贷方记应收账款的减少，期末余额在借方，反映民间非营利组织尚未收回的应收账款。

本账户按债务人设置明细账，进行明细核算。

主要账务处理如下：

（1）发生应收账款时，按应收未收金额，借记本账户，贷记“会费收入”“提供服务收入”“商品销售收入”等账户。

（2）收回应收账款时，按照实际收到的款项金额，借记“银行存款”等账户，贷记本账户。

（3）如果应收账款改用商业汇票结算，在收到承兑的商业汇票时，按照票面价值，借记“应收票据”账户，贷记本账户。

（4）民间非营利组织应当定期或至少于每年年度终了，对应收账款进行全面检查，对可能产生的坏账损失计提坏账准备。具体方法在“应收款项的坏账准备”中介绍。

6. 其他应收款的核算

其他应收款是指除应收票据、应收账款以外的其他各项应收、暂付款项，包括应收股利、应收利息、应向职工收取的各种垫付款项、职工借款、应收保险公司赔款等。

核算应收票据、应收账款以外的其他各项应收、暂付款项应设置“其他应收款（资产类）”账户。其他应收款增加记入本账户的借方，减少记入本账户的贷方，期末余额在借方，反映民间非营利组织尚未收回的其他应收款。

本账户应按其他应收款的项目进行分类，并按不同的债务人设置明细账，进行明细核算。

主要账务处理如下：

（1）对外进行短期或长期股权（或债权）投资。

①购入股票（债券）时，如果买价中包含已宣告但尚未领取的现金股利（或已到付息期但尚未领取的债券利息），应按照实际支付的全部价款减去其中已宣告但尚未领取的现金股利（或债券利息）后的金额，借记“短期投资”“长期股权投资”“长期债权投资”账户，将应收取的现金股利（或债券利息），借记本账户，按实际支付的价款，贷记“银行存款”等账户。

②对外长期股权投资应分得的现金股利或利润，应当于被投资单位宣告发放现金股利或分派利润时，借记本账户，贷记“投资收益”或“长期股权投资”账户。

③分期付息、到期还本的债券以及分期付息的其他长期债权投资持有期间，已到付息期而应收未收的利息，应在确认投资收益时，按照应获得的利息，借记本账户，贷记“投资收益”账户。到期一次还本付息的长期债券投资应收的利息，合并在“长期债权投资”账户核算。

④实际收到的现金股利（或债券利息），按照实际收到的金额，借记“银行存款”账户，贷记“其他应收款”。

【例16-8】绿色环境保护基金会购买一批股票，价款总计3 000 000元，买价中包含已宣告发放、但尚未领取的现金股利8 000元。账务处理为：

借：长期股权投资	2 992 000
其他应收款——应收股利	8 000
贷：银行存款	3 000 000

（2）发生的其他各项应收、暂付款项等，借记本账户，贷记“现金”“银行存款”等

账户；收回上述各项款项时，借记“现金”“银行存款”等账户，贷记本账户。

【例 16－9】动物保护基金会职工王某因公出差，借差旅费 5 000 元，以现金付讫。账务处理为：

借：其他应收款——王某　　5 000

　　贷：现金　　5 000

【例 16－10】王某出差回来，经审核同意，报销差旅费 4 300 元，余款以现金退回。账务处理为：

借：管理费用　　4 300

　　现金　　700

　　贷：其他应收款——王某　　5 000

（3）民间非营利组织应当定期或者至少每年年度终了，对其他应收款进行全面检查，计提坏账准备。

7. 应收款项的坏账准备

民间非营利组织应当定期或者至少于每年年度终了，对应收款项（包括应收账款和其他应收款）进行全面检查，分析其可收回性，对预计可能产生的坏账损失计提坏账准备，确认坏账损失并记入当期费用。

为核算坏账准备的提取等情况，民间非营利组织应设置“坏账准备（资产类）”账户，提取坏账准备记入该账户的贷方，冲抵或转回坏账时记入该账户的借方，期末余额在贷方，反映民间非营利组织已提取的坏账准备。

当期应补提或冲减的坏账准备按下列公式计算：

$$\begin{matrix}\text{当期应计提（或冲减）}\\\text{坏账准备金数额}\end{matrix}=\begin{matrix}\text{当期按应收款项计算}\\\text{应计提的坏账准备金额}\end{matrix}-\text{坏帐准备}\left[\text{或}+\begin{matrix}\text{本科目}\\\text{借方余额}\end{matrix}\right]$$

计提坏账准备金可采用的方法有多种，如“个别认定法”“账龄分析法”“应收账款余额百分比法”等，民间非营利组织可根据本单位的具体情况选用一种。

主要账务处理如下：

（1）提取坏账准备时，借记“管理费用——坏账损失”账户，贷记本账户；冲减坏账准备时，借记本账户，贷记“管理费用——坏账损失”账户。

（2）对于确实无法收回的应收款项，应当及时查明原因，并根据管理权限，报经批准后，按照无法收回的应收账款金额，借记本账户，贷记“应收账款”“其他应收款”等账户。

如果已确认并转销的应收款项在以后期间又收回，按照实际收回的金额，借记“应收账款”“其他应收款”账户，贷记本账户；同时，借记“银行存款”账户，贷记“应收账款”“其他应收款”账户。

【例 16－11】动物保护基金会 2023 年末应收账款账面余额为 200 000 元，按照“应收账款余额百分比法”计算的坏账准备金数额为 8 000 元。假设该单位“坏账准备”账户贷方余额为 3 000 元，则本期应计提的坏账准备为 5 000 元。账务处理为：

借：管理费用——坏账损失　　5 000

　　贷：坏账准备　　5 000

【例16－12】接上例，2024年1月，按合同规定应收宏远公司的一笔金额为8 000元的货款因其效益欠佳而无法按期收回，经批准作坏账处理。

借：坏账准备　8 000

　贷：应收账款　8 000

若该款在以后期间因宏远公司经营情况的好转又收回，则：

借：应收账款　8 000

　贷：坏账准备　8 000

借：银行存款　8 000

　贷：应收账款　8 000

8. 预付账款的核算

预付账款是民间非营利组织预付给商品供应单位或者服务提供单位的款项。

非营利组织应设置“预付账款（资产类）”账户，核算预付的发生及结算情况。该账户借方登记支付的预付款数，贷方登记因接受商品或服务等而减少的预付款数，期末余额在借方，反映民间非营利组织实际预付的款项。

预付账款应按供应单位设置明细账，进行明细核算。

预付账款的主要账务处理如下：

（1）因购货而预付款项时，按照实际预付的金额，借记本账户，贷记“银行存款”等账户。

（2）收到所购货物时，按照应确认所购货物成本的金额，借记“存货”等账户，按照本账户账面余额，贷记本账户，按照退回或补付的款项，借记或贷记“银行存款”等账户。

（3）民间非营利组织对其“预付账款”一般不计提坏账准备，如果有确凿证据表明预付账款并不符合预付款项性质，或者因供货单位破产、撤销等原因已无望再收到所购货物时，应当先将其转入“其他应收款”，然后再按规定计提坏账准备金。账务处理为借记“其他应收款”账户，贷记“预付账款”。

9. 存货的核算

存货是民间非营利组织在日常业务活动中持有以备出售或捐赠的，或者为了出售或捐赠仍处在生产过程中的，或者将在生产、提供服务或日常管理过程中耗用的材料、物资、商品等，包括材料、库存商品、委托加工材料，以及达不到固定资产标准的工具、器具等。

民间非营利组织核算存货项目的取得、发出和余额情况，应设置“存货（资产类）”账户。借方记取得存货的增加额，贷方记发出减少额，余额在借方，反映库存存货的实际价值。

该账户应按照存货的种类和存在形式设置明细账。

主要账务处理如下：

（1）取得存货。民间非营利组织取得存货，可以通过外购、自制、接受捐赠等渠道，各种渠道取得的存货都以其成本入账，成本确定办法如下：

①外购存货，一般按实际支付的采购价格、相关税费、运输费、装卸费、保险费以及其他可直接归属于存货采购的费用确定其成本。

外购存货的入账，应根据结算方式、货款支付和存货入库时间等情况，采取不同的处理方式。如果存货与购货发票同时到达，但款项未付，应该按照发票价格借记“存货”，贷记“银行存款”“应付账款”等；如果存货已到、但发票和结算账单未到，由于不知道具体金额，平时只在存货备查账簿中记录该批存货，不予正式确认，期末时若该批存货结算账单仍未到达，可以估价入账，借记“存货”，贷记“应付账款——暂估应付款项”，下月初用红字冲销，继续等待结算凭证。

【例 16－13】动物保护基金会（小规模纳税人，下同）以银行存款购买一批办公用品，价值 3 000 元，货已验收入库，发票列示：买价 1 000 元，增值税 130 元。账务处理为：

借：存货——材料　　1 130

　　贷：银行存款　　1 130

②自行加工或委托加工完成的存货，按照采购成本、加工成本（包括直接人工以及按合理方法分配的与存货加工有关的间接费用，如制造费用）和其他成本（指除采购成本、加工成本以外的，使存货达到目前场所和状态所发生的其他支出，如运输费、安装费等）确定其成本。

【例 16－14】某寺院为自制被服用品从库房领用布料等 3 000 元，交服装店加工。10 天后，该批被服用品加工完成并收回，以现金支付加工费 400 元。

领布料交服装店加工时：

借：存货——委托加工材料　　3 000

　　贷：存货——材料　　3 000

支付加工费并收回委托加工材料时：

借：存货——委托加工材料　　400

　　贷：现金　　400

借：存货——材料　　3 400

　　贷：存货——委托加工材料　　3 400

③接受捐赠的存货，按照所确定的成本，借记“存货”，贷记“捐赠收入”。

接受捐赠的存货的成本，按以下方法确定：

A. 如果捐赠方提供了有关凭证（如发票、报关单、有关协议等），应当以凭证上标明的金额作为受赠资产的成本；如果凭证上标明的价值与公允价值相差较大，应该以公允价值为准。

公允价值是指在公平交易中，熟悉情况的交易双方自愿进行资产交换或者债务清偿的金额。公允价值的确定顺序如下：如果同类或类似资产存在活跃市场的，按照市场价格确认公允价值；如果不存在活跃市场或无法找到类似资产的，按照合理的计价方法确定公允价值。

B. 如果捐赠方没有提供有关凭证的，以公允价值作为受赠资产的成本。

C. 对于确实无法确定公允价值的存货，非营利组织可以不计量该资产的价值，但需要在会计报表附注中披露，同时，设置辅助账簿登记该资产的名称、数量、来源和用途等。在以后会计期间，如果该项资产的公允价值能够可靠计量，应在能够可靠计量的会计期间予以确认，并以公允价值计量。

【例 16－15】寿缘福利院收到某公司捐赠的电器一批，发票上列示的金额为 80 000 元。账务处理为：

借：存货——库存商品　80 000
　　贷：捐赠收入　80 000

（2）发出存货。发出存货，应当根据实际情况采用个别计价法、先进先出法、加权平均法确定发出存货的实际成本。具体处理如下：

①发出材料用于制造产品，按照材料的成本，借记“存货——生产成本”、贷记“存货——材料”，生产完成后，借记“存货——库存商品”，贷记“存货——生产成本”。

【例16-16】寿缘福利院自制糕点对外销售，所得收入用于改善住房条件。本月从仓库领用面粉50公斤，计300元，白砂糖15公斤，计120元，鸡蛋20公斤，计100元，蜂蜜4公斤，计50元，植物油一桶计70元。该批糕点应负担的直接人工费为100元，间接费用为80元。糕点已制作完工，验收合格，准备销售。账务处理为：

领用原料时：

借：存货——生产成本　640
　　贷：存货——材料　640

分摊直接费用、间接费用时：

借：存货——生产成本　180
　　贷：应付职工薪酬　100
　　　　管理费用　80

完工验收时：

借：存货——库存商品　820
　　贷：存货——生产成本　820

②业务活动过程中领用存货，按照确定的成本，借记“管理费用”等账户，贷记“存货”账户。

【例16-17】动物保护基金会本月耗用办公用品价值210元。账务处理为：

借：管理费用　210
　　贷：存货——材料　210

③对外出售或捐赠存货，按照确定的出售存货成本，借记“业务活动成本”等账户，贷记“存货”账户。

【例16-18】爱心慈善会接受捐赠食品一批，价值为70 000元，全部进行义卖，取得销售收入80 000元。账务处理为：

收到捐赠时：

借：存货——库存商品　70 000
　　贷：捐赠收入　70 000

取得义卖收入时：

借：现金（或银行存款等）　80 000
　　贷：商品销售收入　80 000

借：业务活动成本　70 000
　　贷：存货　70 000

（3）存货清查。民间非营利组织应当定期进行清查盘点，每年至少1次。对于发生的盘盈、盘亏以及变质、毁损等存货，应当及时查明原因，并根据民间非营利组织的管理权限，经理事会、董事会或类似权力机构批准后，在期末结账前处理完毕。

①如为存货盘盈，按其公允价值，借记“存货”账户，贷记“其他收入”账户。

②如为存货盘亏或者毁损，按存货账面价值扣除残料价值、可以收回的保险赔偿和过失人的赔偿等后的金额，借记“管理费用”账户，按可以收回的保险赔偿和过失人赔偿等，借记“现金”“银行存款”“其他应收款”等账户，按存货的账面余额，贷记“存货”账户。

【例 16－19】寿缘福利院 2023 年底盘亏存货一批，账面余额为 1 600 元，经调查发现，有 1 000 元属于保管人员责任，由保管员赔偿，600 元属于正常损耗。账务处理为：

借：其他应收款——××	1 000	
管理费用	600	
贷：存货		1 600

（4）存货减值。民间非营利组织应当于期末对存货是否发生了减值进行检查，如果存货的可变现净值低于其账面价值，应当按照可变现净值低于账面价值的差额计提存货跌价准备；如果存货的可变现净值高于其账面价值，应当在该存货期初已计提跌价准备的范围内转回可变现净值高于账面价值的差额。

按照资产的定义，当非营利组织拥有的资源已经不具备当初计价时的获利能力或服务潜力时，根据谨慎性原则，应该计提减值准备。

可变现净值是指在正常业务活动中，以存货的估计售价减去至完工将要发生的成本以及销售所必需的费用后的金额。用公式表示：

可变现净值＝预计售价－至完工尚需投入的制造成本－销售所必需的销售费用

核算减值可以单独设置“存货跌价准备”账户，该账户贷方登记提取的跌价准备金，借方登记转回的跌价准备金，余额在贷方，表示已计提的存货跌价准备。

①如果存货的期末可变现净值低于账面价值，按照可变现净值低于账面价值的差额，借记“管理费用——存货跌损失”账户，贷记“存货跌价准备”账户。

②如果已计提跌价准备的存货价值在以后期间得以恢复，即期末的可变现净值高于面价值，按照可变现净值高于账面价值的差额，在原已计提跌价准备的范围内部分或全部转回跌价损失，冲减当期费用。借记“存货跌价准备”账户，贷记“管理费用——存货跌价损失”账户。

10. 待摊费用

待摊费用是民间非营利组织已经支出，但应由本期和以后各期分别负担的分摊期限在 1 年以内（含 1 年）的各项费用，如预付保险费、预付租金等。

待摊费用应当按照受益期限在 1 年内分期平均摊销，计入当期费用。如果某项待摊费用已经不能使民间非营利组织受益，则将其摊余价值一次全部转入当期费用。

民间非营利组织应设置“待摊费用（资产类）”账户，核算民间非营利组织本期已经支出，但应由本期和以后各期分别负担的分摊期限在 1 年以内（含 1 年）的各项费用。借方记已支付的待摊销的费用，贷方记摊销数，余额在借方，反映各种已支出但尚未摊销的费用。

该账户应按待摊费用设置明细账，进行明细核算。

主要账务处理如下：

（1）发生待摊费用，如预付保险费、预付租金时，借记“待摊费用”账记户，贷记

“现金”“银行存款”等账户。

(2) 按受益期分期平均摊销时，借记“管理费用”等账户，贷记“待摊费用”账户。

11. 短期投资

短期投资是指能够随时变现并且持有时间不准备超过1年（含1年）的投资，包括股票、债权投资等。

核算短期投资应设置的账户是“短期投资（资产类）”，借方记购入的持有期限不超过一年的股票、债券金额，贷方记出售短期投资或到期收回的债券本息，余额在借方，反映民间非营利组织持有的各种股票、债券等短期投资的成本。

主要账务处理：

(1) 取得短期投资。

①以现金购入的短期投资，按照全部的价款，包括税金、手续费等作为投资成本，借记“短期投资”，贷记“银行存款”等账户。如果支付的价款中包含已宣告但尚未领取的现金股利或已到付息期但尚未领取的债券利息，应当作为“其他应收款”单独核算，不作为投资的成本。

【例16-20】 动物保护基金会于2023年3月5日按每股8元的市场价格购入A公司普通股股票20 000股，支付相关税费800元，不准备长期持有。A公司已经于6月1日宣告发放上年股利，每股0.30元，6月10日前在册股东均可享受该股利，股利发放日期为6月20日至6月30日。账务处理为：

借：短期投资	160 800	
其他应收款——应收股利	6 000	
贷：银行存款		166 800

【例16-21】 动物保护基金会2023年7月1日购入E公司2023年1月1日发行的一年期债券作为短期投资，该债券面值总额200 000元，年利率5%，以220 000元的价格购入，另支付相关费用1 500元，该债券到期一次还本付息。账务处理为：

借：短期投资	221 500	
贷：银行存款		221 500

②接受捐赠的短期投资，按所确定的投资成本（方法同接受捐赠的存货的成本的确定），借记本账户，贷记“捐赠收入”账户。

(2) 收到短期投资利息。收到被投资单位发放的现金股利或债券利息，若属于上述“已宣告但尚未领取的现金股利或已到付息期但尚未领取的债券利息”，借记“银行存款”，贷记“其他应收款”；若不是，则按实际收到的金额冲减短期投资成本，借记“银行存款”，贷记“短期投资”。

【例16-22】 接【例5-20】，2023年6月20日至6月30日期间，华中环保基金会收到A公司发放的上年股利时：

借：银行存款	6 000	
贷：其他应收款——应收股利		6 000

上述股利若不是购买时支付的价款中包含的已宣告但尚未领取的现金股利或已到付息期但尚未领取的债券利息，即短期投资持有期间的利息，则：

借：银行存款　　6 000

　　贷：短期投资　　6 000

持有股票期间获得的股票股利，不作账务处理，但应在辅助账簿中登记所增加的股份。

期末，民间非营利组织应对短期投资是否发生了减值进行检查。如果短期投资的市价低于其账面价值，应当按市价低于账面价值的差额计提短期投资跌价准备，借记“管理费用——短期投资跌价损失”，贷记“短期投资跌价准备”。如果短期投资的市价高于其账面价值，应当在该短期投资期初已计提跌价准备的范围内转回高于市价的差额，借记“短期投资跌价准备”，贷记“管理费用——短期投资跌价损失”。

（3）短期投资的收回。民间非营利组织收回短期投资时，实际取得的价款与短期投资账面价值的差额作为当期损益，记入“投资收益”账户。

【例16－23】12月10日，华中环保基金会将3月5日购入的股票全部出售，收进款项180 000元。账务处理为：

借：银行存款　　180 000

　　贷：短期投资　　160 000

　　　　投资收益　　20 000

二、长期投资的核算

长期投资是指除短期投资以外的投资，包括长期股权投资和长期债权投资等。

（一）长期股权投资的核算

长期股权投资是指民间非营利组织持有时间准备超过1年的各种股票和股权性质的投资，包括长期股票投资和其他长期股权投资。

民间非营利组织应设置“长期股权投资（资产类）”账户，核算其持有时间准备超过1年的各种股票和股权性质的投资。借方记长期股权投资增加数，贷方记长期股权投资收回或转为短期投资等的减少数，余额在借方，反映民间非营利组织持有的长期股权投资的价值。

该账户应按被投资单位设置明细账进行明细核算。

主要账务处理：

（1）取得长期股权投资的处理。

①以现金购入的长期股权投资，按照实际支付的全部价款，包括税金、手续费等相关费用，作为初始投资成本，记入“长期股权投资”账户。实际支付的价款中包含的已宣告但尚未领取的现金股利，作为“其他应收款”单独核算，不构成初始投资成本。

【例16－24】若【例16－20】中，动物保护基金会购入的股票准备长期持有，则账务处理为：

借：长期股权投资　　160 800

　　其他应收款　　6 000

　　贷：银行存款　　166 800

②如果长期股权投资为接受捐赠所得，按照所确定的初始投资成本（方法同接受捐赠

的存货的成本的确定），借记“长期股权投资”账户，贷记“捐赠收入”账户。

（2）长期股权投资收益的处理。民间非营利组织在持有被投资单位的长期股权投资期间，按照是否对被投资单位具有控制、共同控制或重大影响等标准，分别采用成本法或者权益法进行损益核算。

①成本法。如果民间非营利组织对被投资单位没有控制、共同控制和无重大影响，长期股权投资应当采用成本法进行核算。采用成本法核算时，除非追加（或收回）投资或者发生减值，长期股权投资的账面价值一般保持不变。

被投资单位经股东大会或者类似权力机构批准宣告发放的现金股利或利润，按照宣告发放的现金股利或利润中属于民间非营利组织应享有的部分，作为当期投资收益，借记“其他应收款”，贷记“投资收益”。

实际收到现金股利或利润时，按照实际收到的金额，借记“银行存款”等，贷记“其他应收款”。

需要注意的是，成本法在确认被投资单位宣告发放的股利时，必须首先分清该部分股利是投资前的利润、还是投资以后产生的利润，如果分配的利润是投资前留存收益的分配，那么在会计处理上应该将分得的利润作为投资成本的收回，冲减“长期股权投资”账面价值。如果是投资后产生的利润分配，才可以作为“投资收益”确认。

【例16－25】动物保护基金会2023年1月以每股5元的价格购入B公司股票100 000股，价款合计502 500元，购入股份占被投资单位总股份的5%，不具有控制权，准备长期持有。假设2023年5月B公司宣告发放2022年的股利，该基金会可分得现金股利20 000元，则应当将20 000元股利作为投资成本冲回。账务处理为：

购入股票时：

借：长期股权投资——B公司	502 500	
贷：银行存款		502 500

2023年5月B公司宣告发放股利时：

借：其他应收款	20 000	
贷：长期股权投资——B公司		20 000

收到股利时：

借：银行存款	20 000	
贷：其他应收款		20 000

从本例资料中，可以判断出分得的利润是上年的累计留存收益，所以冲减投资成本。

假设2024年5月，B公司又宣告发放股利，该基金会可获得30 000元，有资料显示，2023年B公司实现的净利润为600 000元。

B公司2023年实现的净利润是华中环保基金会投资以后实现的，因此该基金会分得的股利30 000元应作为投资收益处理。账务处理为：

2024年5月B公司宣告发放股利时：

借：其他应收款	30 000	
贷：投资收益		30 000

以后收到现金股利时：

借：银行存款　　30 000

　　贷：其他应收款　　30 000

②权益法。如果民间非营利组织对被投资单位具有控制、共同控制或重大影响，长期股权投资应当采用权益法进行核算。采用权益法核算时，长期股权投资的账面价值应当根据被投资单位当期净损益中民间非营利组织应享有或分担的份额，以及被投资单位宣告分派的现金股利或利润中属于民间非营利组织享有的份额进行调整。

期末，按照应当享有或应当分摊的被投资单位当年实现的净利润或发生的净亏损的份额，调整长期股权投资账面价值。如被投资单位实现净利润，借记“长期股权投资”，贷记“投资收益”；如被投资单位发生净亏损，借记“投资收益”账户，贷记“长期股权投资”，但以长期股权投资账面价值减记至零为限。

被投资单位宣告分派利润或现金股利时，按照宣告分派的现金股利或利润中属于民间非营利组织应享有的份额，调整长期股权投资账面价值，借记“其他应收款”账户，贷记“长期股权投资”。在实际收到现金股利或利润时，借记“银行存款”等账户，贷记“其他应收款”账户。

【例16－26】动物保护基金会2023年1月购入宏远公司股票，价款合计800 000元，购入股份占被投资单位总股份的40%，具有重大影响，采用权益法核算。假设宏远公司2023年全年实现净利润200 000元，2024年5月宣告发放股利，华中环保基金会按照投资比重分得现金股利80 000（200 000×40%）元。账务处理为：

购入股票时：

借：长期股权投资——宏远公司　　800 000

　　贷：银行存款　　800 000

2023年末确认投资收益时：

借：长期股权投资——宏远公司　　80 000

　　贷：投资收益　　80 000

2024年5月收到股利时：

借：银行存款　　20 000

　　贷：长期股权投资——宏远公司　　20 000

无论是成本法还是权益法，被投资单位宣告分派的股票股利不作账务处理，而是设置辅助账进行数量登记。

(3) 长期股权投资减值的处理。期末，民间非营利组织应当对长期股权投资是否发生了减值进行检查。如果长期股权投资的期末可收回金额低于其账面价值，应当按照可收回金额低于账面价值的差额计提长期投资减值准备，借记“管理费用——长期投资减值损失”，贷记“长期投资减值准备”。如果以前期间已计提减值准备的长期投资价值在当期得以恢复，即长期股权投资的期末可收回金额高于其账面价值，应当在该长期股权投资期初已计提减值准备的范围内部分或全部转回已确认的减值损失，借记“长期投资减值准备”，贷记“管理费用——长期投资减值损失”。

【例16－27】接【15－25】，若2023年末，B公司股票的市场价格跌为4元，则年末时应计提长期投资减值准备100 000元。账务处理为：

借：管理费用——长期投资减值损失　　100 000

　　贷：长期投资减值准备　　100 000

若2022年末，该股票的市场价格回升至4.50元，应在原计提的值准备的范围内将减值准备冲回，账务处理为：

借：长期投资减值准备　　50 000

　　贷：管理费用——长期投资减值损失　　50 000

（4）处置长期股权投资的核算。处置长期股权投资主要是指将持有的股票转让。处置长期投资时，按实际收到的价款，借记“银行存款”等账户，按已计提的减值准备，借记“长期投资减值准备”账户，按所处置长期股权投资的账面余额，贷记“长期股权投资”账户，按尚未领取的已宣告发放的现金股利或利润，贷记“其他应收款”账户，按借贷方的差额，借记或贷记“投资收益”账户。

【例16-28】动物保护基金会2023年7月6日转让持有的F公司股票一批，扣除相关费用后的收入为450 000元，该批股票账面价值430 000元。账务处理为：

借：银行存款　　450 000

　　贷：长期股权投资　　430 000

　　　　投资收益　　20 000

（5）短期投资转为长期投资。民间非营利组织如果改变投资目的，将短期股权投资转为长期股权投资，应当按短期投资的成本与市价孰低结转，并按此确定的价值作为长期股权投资的成本，借记本账户，按已提的相关短期投资跌价准备，借记“短期投资跌价准备”，按原短期投资的账面余额，贷记“短期投资”，按照其差额，借记或贷记“管理费用”。

（二）长期债权投资的核算

长期债权投资是指民间非营利组织购入的在1年内（不含1年）不能变现或不准备随时变现的各种债券和其他债权投资。

民间非营利组织应设置“长期债权投资（资产类）”账户，核算其对长期债权的投资情况。借方记取得长期债权投资的实际成本、到期一次还本付息债券的应计利息、按期摊销的债券折价金额，贷方记取得长期股债权投资时的折价金额、转让出售债券的账面价值或到期收回债券的本息、按期摊销的债券溢价金额等，余额在借方，反映民间非营利组织持有的长期债权投资的价值。

该账户根据具体情况可设置债券投资、可转换公司债券、其他债权投资等二级明细账户进行明细核算，在“债券投资”下还可按面值、溢价或折价、债券费用、应收利息等设置明细账户。民间非营利组织如果有委托贷款或者委托投资（包括委托理财）且作为长期债权投资核算的，应当在本账户下单设明细账户核算。

主要账务处理：

（1）取得长期债权投资的处理。长期债权投资在取得时，应当按照取得时的实际成本作为初始投资成本，具体如下：

①以现金购入的长期债权投资，按照实际支付的全部价款，包括税金、手续费等相关费用，作为初始投资成本，记入“长期股权投资”账户。如果购入的债券为分期付息，到期一次还本的债券，实际支付的价款中包含已到付息日但尚未领取的债券利息，作为“其他

应收款”单独核算，不构成初始投资成本；如果为到期一次还本付息的债券，实际支付的价款中包含自发行日至购入日的利息，作为投资成本，在转让债券时确认为投资收益。

【例16－29】动物保护基金会2023年5月1日购入Z企业2022年5月1日发行的按年付息、到期一次还本的债券一批，实际支付的买价为230 000元，其中包含已到付息日但未领取的利息12 000（200 000×6%×1）元，手续费1 500元，该批债券面值200 000元，期限3年，票面利率6%。账务处理为：

借：长期债权投资——债券投资（面值）	200 000	
——债券投资（溢价）	16 500	
——债券投资（债券费用）	1 500	
其他应收款——应收利息	12 000	
贷：银行存款		230 000

收到利息时：

借：银行存款	12 000	
贷：其他应收款		12 000

若该批债券为到期一次还本付息的债券，则账务处理为：

借：长期债权投资——债券投资（面值）	200 000	
——债券投资（溢价）	16 500	
——债券投资（应收利息）	12 000	
——债券投资（债券费用）	1 500	
贷：银行存款		230 000

②接受捐赠的短期投资，按所确定的投资成本（方法同接受捐赠的存货的成本的确定），借记本账户，贷记“捐赠收入”账户。

（2）长期债权投资收益的处理。长期债券投资持有期间的收益主要来源于债券利息，民间非营利组织应按票面价值与票面利率按期计算确认利息收入，在确认债券利息收入的同时确认债券持有期间的收益。

债券投资收益＝应计利息或应收利息－摊销金额

长期债券投资按期确认的利息，应按利息支付方式的不同分别处理。如为到期一次还本付息的债券投资，借记“长期债权投资——债券投资（应收利息）”，贷记“投资收益”；如为分期付息、到期还本的债券投资，借记“其他应收款”，贷记“投资收益”。同时，将长期债券投资的初始投资成本与债券面值的差，在债券存续期间，按直线法摊销，如初始投资成本高于债券面值，按分摊金额，借记“投资收益”，贷记“长期债权投资——债券投资”，如初始投资成本低于债券面值，会计处理则相反。

【例16－30】接【例16－29】，华中环保基金会于2024年5月1日计算利息收益，并摊销初始投资成本与债券面值的差。12 000－9 000＝3 000元。账务处理为：

借：其他应收款	12 000（200 000×6%×1）	
贷：长期债权投资——债券投资（溢价）		8 250（16 500÷2）
——债券投资（债券费用）		750（1 500÷2）
投资收益		3 000（12 000－8 250－750）

以后收到利息时：

借：银行存款　　12 000

　贷：其他应收款　　12 000

若上述债券为到期一次还本付息债券，到2024年5月1日计算利息收益，并摊销初始投资成本与债券面值的差时，账务处理为：

借：长期债权投资——债券投资（应收利息）　　12 000（200 000×6%×1）

　贷：长期债权投资——债券投资（溢价）　　8 250（16 500÷2）

　　　　　　　　　——债券投资（债券费用）　　750（1 500÷2）

　　　投资收益　　3 000（12 000－8 250－750）

（3）债权转换为股权的处理。民间非营利组织购入可转换公司债券的，在转换为股份之前，按一般债券投资进行处理。可转换公司债券转换为股份时，按所转换债券投资的账面价值减去收到的现金后的余额，借记"长期股权投资"，按收到的现金等，借记"现金""银行存款"等，按所转换债券投资的账面价值，贷记"长期债权投资"。

（4）长期债权投资减值的处理。期末，民间非营利组织应对长期债权投资是否发生了减值进行检查。如果发生了减值，应当计提长期投资减值准备。其账务处理方法同长期股权投资。

（5）长期债权投资的处置和到期收回。长期债权投资的处置，主要是指在长期债权投资未到期前，将其出售、转让或用于其他目的。

民间非营利组织处置长期债权投资时，按实际收到的价款，借记"银行存款"等账户，按计提的减值准备，借记"长期投资减值准备"账户，按所处置的长期投资的账面余额，贷记"长期债权投资"账户，按未领取的债券利息，贷记"长期债权投资——债券投资（应收利息）"账户或"其他应收款"账户，按照差额，借记或贷记"投资收益"账户。

【例16－31】 接【例16－29】，设华中环保基金会2023年12月1日将2023年5月1日购入的Z企业债券全部出售，扣除相关费用后实际收进款项228 000元。账务处理为：

借：银行存款　　228 000

　贷：长期债权投资——债券投资（面值）　　200 000

　　　长期债权投资——债券投资（溢价）　　8 250

　　　长期债权投资——债券投资（债券费用）　　750

　　　其他应收款　　12 000

　　　投资收益　　7 000

若是一次还本付息债券，在收益相同的条件下将其出售扣除相关费用后实际收进的款项应为252 000元，账务处理为：

借：银行存款　　252 000

　贷：长期债权投资——债券投资（面值）　　200 000

　　　长期债权投资——债券投资（溢价）　　8 250

　　　长期债权投资——债券投资（债券费用）　　750

　　　　　　　　　——债券投资（应收利息）　　36 000（12 000×3）

　　　投资收益　　7 000

长期债券到期收回时，债券溢价、债券费用已摊销完毕，如果是按年付息、到期还本的债券，因利息已按年支付，到期时只收回成本；如果是到期一次还本付息的债券，到期时收回的是本息和。

【例 16－32】接【例 16－29】，华中环保基金会持有该批债券到期收回，其会计处理应为：

借：银行存款　　200 000

　　贷：长期债权投资——债券投资（面值）　　200 000

若是到期一次还本付息的债券，到期收回时，

借：银行存款　　236 000

　　贷：长期债权投资——债券投资（面值）　　200 000

　　　　——债券投资（应收利息）　　36 000（12 000×3）

三、固定资产的核算

民间非营利组织的固定资产是指为行政管理、提供服务、生产商品或者出租目的而持有的，预计使用时间超过 1 年且单位价值较高的有形资产。

（一）固定资产的计价

（1）民间非营利组织取得固定资产，应当按取得时的实际成本入账。实际成本包括买价、包装费、运输费、交纳的税金，以及为使固定资产达到预定可使用状态所发生的其他必要支出。具体规定如下：

①外购的固定资产，按实际支付的买价、相关税费以及为使固定资产达到预定可使用状态前发生的可直接归属于该固定资产的其他支出（如运输费、安装费、装卸费等）确定其价值。

如果以一笔款项购入多项没有单独标价的固定资产，按各项固定资产公允价值的比例对总成本进行分配，分别确定各项固定资产的价值。

②自行建造的固定资产，按建造该项固定资产达到预定可使用状态前所发生的全部支出确定其价值。

③融资租入的固定资产，按租赁协议或合同确定的价款、运输费、途中保险费、安装调试费以及融资租入固定资产达到可使用状态前发生的借款费用确定其价值。

④接受捐赠的固定资产，按存货中接受捐赠的存货的成本确定方法确定其价值。

⑤盘盈的固定资产，按公允价值记账。

（2）民间非营利组织出售、报废或毁损、或以其他方式处置固定资产及盘亏固定资产时，按固定资产账面价值减少资产。

（二）固定资产的折旧

固定资产可以长期参加民间非营利组织的业务活动，并保持原有实物形态，但在使用的过程中，会发生各种有形或无形的损耗，为保证固定资产在报废后能够及时更新，需要将不

断磨损的资产价值在日常业务活动中进行补偿，从而正确计算各期的业务成本，维持再生产的顺利进行。随着固定资产的使用而逐渐转移到业务成本中的价值即为固定资产的折旧。

民间非营利组织应当对固定资产计提折旧，在固定资产的预计使用寿命内系统地分摊固定资产的成本。但是，用于展览、教育或研究等目的的历史文物、艺术品以及其他具有文化或者历史价值并作长期永久保存的典藏等，不计提折旧。

固定资产折旧的计提与计提折旧的基数、预计净残值、预计使用年限、提取方法等因素有关。

计提折旧的基数是固定资产的原始价值或固定资产的账面净值。一般情况下，计提固定资产折旧以固定资产取得时的原始成本，即固定资产的账面原价为基数，采用双倍余额递减法计算折旧的，以固定资产的账面净值作为计提折旧的依据。

预计净残值是指预计固定资产报废时可以收回的残余价值扣除预计清理费用后的数额。当一项固定资产开始计提折旧时，必须对其将来报废的残余价值和清理费用进行合理地预计，以确定固定资产的应计折旧总额。固定资产的预计净残值与固定资产原价之比，称为固定资产预计净残值率。

应计折旧总额＝固定资产原价－预计净残值（预计残值－预计清理费用）

＝固定资产原值×（1－预计净残值率）

固定资产预计净残值率＝固定资产净残值÷固定资产原值×100%

预计使用年限是指固定资产预计的经济使用年限，即经济合理的使用年限，而不是其物理使用年限。

折旧的提取方法年限平均法、工作量法、双倍余额递减法和年数总和法。折旧提取方法的不同，会导致最终折旧额有所差别。

民间非营利组织应当根据固定资产的性质和消耗方式，合理地确定固定资产的预计使用寿命和预计净残值；按照固定资产所包含经济利益或服务潜力的预期实现方式选择折旧方法，折旧方法一经确定，不得随意变更；固定资产的价值、使用寿命、预计净残值等发生变更的，应当根据变更后的价值、预计尚可使用寿命和净残值等，按照选定的折旧方法计提折旧。

民间非营利组织一般应当按月提取折旧，当月增加的固定资产，当月不提折旧，从下月起计提折旧；当月减少的固定资产，当月照提折旧，从下月起不提折旧。

固定资产提足折旧后，无论能否继续使用，均不再提取折旧；提前报废的固定资产，也不再补提折旧。所谓提足折旧，是指已经提足该固定资产应当提取的折旧总额，其中应当提取的折旧总额为固定资产原价减去预计净残值。

计提融资租入固定资产折旧时，应当采用与自有应折旧固定资产相一致的折旧政策。能够合理确定租赁期届满时将会取得租入固定资产所有权的，应当在租入固定资产尚可使用年限内计提折旧；无法合理确定租赁期届满时能够取得租入固定资产所有权的，应当在租赁期与租入固定资产尚可使用年限两者中较短的期间内计提折旧。

（三）固定资产的核算

固定资产的核算应设置的账户有：固定资产、累计折旧、在建工程、文物文化资产、固定资产清理等。

为核算固定资产的增减变动和结存情况，应设置“固定资产（资产类）”账户。该账户借方记增加固定资产的原始价值，贷方记减少固定资产的原始价值，期末余额在借方，反映民间非营利组织现有固定资产的原始价值。

为核算固定资产折旧的增减变化和累计金额，应设置“累计折旧（资产类）”账户。该账户是“固定资产”账户的备抵账户，贷方按期计提的固定资产折旧额，借方记固定资产减少相应转出的折旧额，期末余额在贷方，反映民间非营利组织已提的折旧累计数。

为核算民间非营利组织进行的在建工程（包括施工前期准备、正在施工中的建筑工程、安装工程、技术改造工程等）所发生的实际支出，应设置“在建工程（资产类）”账户。该账户借方记为工程进行所发生的各项支出，贷方记建造的固定资产达到预定可使用状态前所发生的有关收入及工程完工转出的实际成本，期末余额在借方，反映民间非营利组织尚未完工的各项工程已发生的实际支出。

为核算民间非营利组织文物文化资产的价值，应设置“文物文化资产（资产类）”账户。借方记因外购、接受捐赠等而增加的文物文化资产价值，贷方记出售、毁损等原因减少的文物文化资产的价值，余额在借方，反映民间非营利组织期末文物文化资产的价值。

为核算民间非营利组织因出售、报废、毁损或其他处置等原因转入清理的固定资产价值及其清理过程中所发生的清理费用和清理收入等，应设置“固定资产清理（资产类）”账户。借方记转入清理的固定资产的账面价值、清理过程中发生的费用和相关税金、清理后的净收益，贷方记收回所处置固定资产的价款、残料价值和变价收入等，期末余额反映尚未清理完毕的固定资产的价值以及清理净收入（清理收入减去清理费用）。

1. 取得固定资产的核算

（1）购入固定资产。外购的固定资产，按照实际成本借记“固定资产”，贷记“银行存款”“应付账款”等账户。

【例 16－33】 寿缘福利院（小规模纳税人，下同）购入热水器一批，价款 50 000 元，增值税 6 500 元，运输费用 2 000 元，直接投入使用，款项已付。账务处理为：

借：固定资产　　58 500

　　贷：银行存款　　58 500

如果购入的固定资产需要安装后才能投入使用，则需要先将固定资产的采购成本、安置费用等记入“在建工程”账户，待完工后再结转“固定资产”账户。

【例 16－34】 寿缘福利院购入锅炉一台，价款 300 000 元，增值税 39 000 元，运输费用 2 000 元，款已付，设备已运达交付安装，发生安装费 20 000 元，安装完工，验收合格后支付安装费。账务处理为：

设备运回时：

借：在建工程　　341 000

　　贷：银行存款　　341 000

安装完工，验收合格支付安装费时：

借：在建工程　　20 000

　　贷：银行存款　　20 000

安装完毕投入使用后：

借：固定资产　　361 000

　　贷：在建工程　　361 000

（2）自建固定资产。自行建造的固定资产，按照建造该项固定资产达到预定可使用状态前所发生的全部支出，先记入“在建工程”账户，完工后由“在建工程”转入“固定资产”账户。

【例16－35】寿缘福利院以出包的形式建造公寓楼，合同价3 000 000元，且合同规定施工前应向工程承包商预付总价款的60%，以便承包商备料按时开工，剩余的40%在完工验收合格后支付。账务处理为：

预付备料款时：

借：在建工程　　1 800 000

　　贷：银行存款　　1 800 000

工程完工，验收合格：

借：在建工程　　1 200 000

　　贷：银行存款　　1 200 000

借：固定资产　　3 000 000

　　贷：在建工程　　3 000 000

如果是自行营造固定资产，应当将工程达到预定可使用状态前发生的全部必要支出（直接材料、直接人工、直接机械使用费等）确定为工程成本，借记“在建工程”账户，贷记“存货”“应付职工薪酬”“银行存款”等账户。如果同时开工的工程项目较多，可以按照工程项目的性质（施工前期准备、正在施工中的建筑工程、安装工程技术改造工程等）分项核算。

若为购建固定资产发生了专门的借款，应当将专门借款的借款费用在规定的允许资本化的期间内，按照专门借款的借款费用的实际发生数予以资本化，计入在建工程成本。这里的借款费用指的是因借款而发生的利息、辅助费用以及因外币借款而发生的汇兑差额。

（3）融资租入固定资产。按照租赁协议或者合同确定的价款、运输费、途中保险费、安装调试费以及融资租入固定资产达到预定可使用状态前发生的借款费用等，借记“固定资产——融资租入固定资产”账户，贷记“长期应付款”账户。

【例16－36】动物保护基金会以融资租赁方式从某租赁公司租入不需安装的设备一台，合同价为400 000元，租赁期为5年，租金按年支付，期满后设备所有权归承租方。

设备租入时：

借：固定资产——融资租入固定资产　　400 000

　　贷：长期应付款　　400 000

按年支付租金时：

借：长期应付款　　80 000

　　贷：银行存款　　80 000

租赁期满时：

借：固定资产　　400 000

　　贷：固定资产——融资租入固定资产　　400 000

（4）接受捐赠的固定资产。按照所确定的成本（见接受捐赠的存货的成本的确定），借记“固定资产”账户，贷记“捐赠收入”账户。

2. 折旧的核算

【例16－37】接【例16－33】，宝岛福利院购买的热水器预计使用10年，预计净残值500元，采用平均年限法计提折旧。

年折旧额为：(60 500－500) ÷ 10＝6 000（元）

年折旧额为：6 000÷12＝500（元）

账务处理为：

借：管理费用　500

　贷：累计折旧　500

3. 后续支出的核算

与固定资产有关的后续支出，比如修理或改、扩建等，如果使可能流入民间非营利组织的经济利益或者服务潜能超过了原先的估计，如延长了固定资产的使用寿命，或者使服务质量实质性提高，或者使商品成本实质性降低，则将该后续支出资本化，计入固定资产账面价值，但其增加后的金额不应当超过该固定资产的可收回金额；其他后续支出，作为当期的费用。

【例16－38】宝岛福利院对其厨房进行改扩建，发生人工费用8 000元，消耗材料50 000元，改扩建中拆除原房屋材料变价收入5 000元，工程完工，预计可使用寿命延长10年。账务处理为：

发生的人工费、材料费：

借：在建工程　58 000

　贷：存货　50 000

　　应付职工薪酬　8 000

拆除材料的变价收入：

借：银行存款　5 000

　贷：在建工程　5 000

增加资产价值：

借：固定资产　53 000

　贷：在建工程　53 000

4. 固定资产的处置

固定资产出售、报废或毁损，或以其他方式处置时，按照所处置固定资产的账面余额，借记“固定资产清理”账户，按已提折旧，借记“累计折旧”账户，按固定资产账面价值，贷记“固定资产”账户；清理过程中所发生的清理费用和清理收入等记入“固定资产清理”账户；清理净损益，作为当期收入或者费用，记入“其他收入”或“其他费用”账户。

【例16－39】华中环保基金会将已使用多年且不适用的一辆小汽车出售，该车账面原值200 000元，已提折旧150 000元，变卖收入70 000元。应进行的账务处理为：

将汽车转入清理：

借：固定资产清理　50 000

　累计折旧　150 000

　贷：固定资产　200 000

收到变价收入：

借：银行存款　　70 000

　　贷：固定资产清理　　70 000

结转净收益：

借：固定资产清理　　20 000

　　贷：其他收入——处置固定资产净收益　　20 000

5. 固定资产的清查

民间非营利组织应当定期或者至少每年实地盘点固定资产一次，对盘盈、盘亏的固定资产，应当及时查明原因，写出书面报告，并根据管理权限经董事会、理事会或类似权力机构批准后，在期末结账前处理完毕。盘盈的固定资产应当按照其公允价值入账，并记入“其他收入”账户；盘亏的固定资产按其账面价值减去过失人或保险公司等赔款和残料价值后的金额，借记“管理费用”账户，按照可收回的过失人或保险公司等赔款，借记“现金”“银行存款”“其他应收款”等账户，按已提取的累计折旧，借记“累计折旧”账户，按固定资产的账面余额，贷记“固定资产”账户。

6. 文物文化资产的核算

文物文化资产是指用于展览、教育或研究等目的的历史文物、艺术品以及其他具有文化或者历史价值并作长期或者永久保存的典藏等。民间非营利组织应当设置文物文化资产登记簿和文物文化资产卡片，按文物文化类别等设置明细账，进行明细核算。

民间非营利组织文物文化资产的核算，可比照“固定资产”进行。

四、无形资产的核算

无形资产是指民间非营利组织为开展业务活动、出租给他人或为管理目的而持有的且没有实物形态的非货币性长期资产，包括专利权、非专利技术、商标权、著作权、土地使用权等。

（一）无形资产的计价

1. 取得无形资产时，按取得时的实际成本入账。购入无形资产时，实际成本指的是买价和相关费用，如业务洽谈费、技术服务费、聘请律师费等；自行开发并按法定程序申请取得的无形资产，实际成本包括依法取得时发生的注册费、聘请律师费等，依法取得前，在研究与开发过程中发生的材料费、直接参与开发人员的工资及福利费、开发过程中发生的租金、借款费用等直接计入当期费用；接受捐赠的无形资产，如果对方提供了有关凭据（如发票、报关单、有关协议等）的，应当按照凭据上标明的金额作为入账价值。如果凭据上标明的金额与受赠资产公允价值相差较大，受赠资产应当以其公允价值作为其入账价值；如果捐赠方没有提供有关凭据的，受赠资产应当以其公允价值作为入账价值。

2. 出售或以其他方式处置无形资产，按该项无形资产的账面余额注销资产。

3. 无形资产应当自取得当月起在预计使用年限内分期平均摊销。

如预计使用年限超过了相关合同规定的受益年限或法律规定的有效年限，该无形资产的摊销年限按如下原则确定：

（1）合同规定了受益年限但法律没有规定有效年限的，摊销期不应超过合同规定的受益年限；

（2）合同没有规定受益年限但法律规定了有效年限的，摊销期不应超过法律规定的有效年限；

（3）合同规定了受益年限，法律也规定了有效年限的，摊销期不应超过受益年限和有效年限两者之中较短者。

如果合同没有规定受益年限，法律也没有规定有效年限的，摊销期不应超过10年。

（二）无形资产的核算

民间非营利组织应当设置“无形资产（资产类）”账户，对外开展业务活动、出租给他人或为管理目的而持有的且没有实物形态的非货币性长期资产进行核算。该账户借方反映增加的无形资产，贷方登记减少的无形资产，期末余额在借方，反映民间非营利组织已入账但尚未摊销的无形资产的摊余价值。

本账户按照无形资类别设置明细账，进行明细核算。

【例16－40】动物保护基金会向国家土地管理部门申请土地使用权，根据合同规定，以银行存款支付土地出让金和相关费用共计250 000元。账务处理为：

借：无形资产——土地使用权　250 000

　　贷：银行存款　250 000

【例16－41】动物保护基金会成功研制了一项专利技术，发生的研发人员工资、研发费用等共计50 000元，申请专利发生的注册费用等9 600元，预计使用期限为4年。账务处理为：

研发过程中发生的费用：

借：管理费用　50 000

　　贷：应付职工薪酬　50 000

资产入账：

借：无形资产——专利技术　9 600

　　贷：银行存款　9 600

按月摊销：

借：管理费用　200

　　贷：无形资产——专利技术　200

【例16－42】接【例16－41】华中环保基金会将自行开发的专利技术在持有2年后出售，获收入200 000元。账务处理为：

借：银行存款　200 000

　　贷：无形资产　4 800

　　　　其他收入——无形资产处置收益　195 200

五、受托代理资产的核算

（一）受托代理资产的含义

受托代理资产是指民间非营利组织接受委托方委托从事受托代理业务而收到的资产。

民间非营利组织的业务活动中有一类特殊的业务，即受托代理业务。在受托代理过程中，委托人通常需要明确指出受托代理资产的具体受益人姓名或受益单位的名称，民间非营利组织只是从委托方收到委托资产，并按照委托人的意愿将资产转赠给指定的其他组织或者个人，或者按照有关规定将资产转交给指定的其他组织或者个人。在这个过程中，民间非营利组织本身只起到中介作用，只是帮助捐赠人将款项或其他资产转赠给其他单位或个人，无权改变受托代理资产的用途或者变更受益人，对受托资产没有控制权，也不是受托代理资产的最终受益人，只是代受益人保管这些资产。

（二）受托代理资产的核算

受托代理资产的确认和计量比照接受捐赠资产的确认和计量原则进行，但在确认一项受托代理资产时，应当同时确认一项代理负债。因此民间非营利组织对受托代理资产进行核算，应设置“受托代理资产”和“受托代理负债”两个账户。

“受托代理资产（资产类）”账户，借方记收到的代理转赠或转交的资产的价值，贷方记转赠或转出受托代理资产价值，期末余额在借方，反映民间非营利组织期末尚未转出的受托代理资产价值。民间非营利组织应设置“受托代理资产登记簿”，并根据具体情况设置明细账，进行明细核算。

“受托代理负债（负债类）”账户，贷方记收到的代理转赠或转交的资产的价值，借方记转赠或转出受托代理资产价值，期末余额在贷方，反映民间非营利组织期末尚未清偿的受托代理负债。本账户应当按照指定的受赠组织或个人，或者指定的应转交的组织或个人设置明细账，进行明细核算。

民间非营利组织在收到受托代理资产时，按照应确认的入账金额，借记“受托代理资产”账户，贷记“受托代理负债”账户。

【例16－43】2023年9月1日，爱心慈善会与金冠公司、上海路敬老院签订一份捐赠协议，协议规定：在重阳节到来之际，金冠公司将通过宁康慈善会向上海路敬老院 捐赠全新电视机10台，每台电视机账面价值2 100元。金冠公司应在节日到来前3天将电视机运至宁康慈善会，以便宁康慈善会能及时将电视机运往敬老院。

宁康慈善会收到电视机时：

借：受托代理资产——电视机	21 000	
贷：受托代理负债——上海路敬老院		21 000

【例16－44】2023年5月20日，慈惠慈善会与凌云集团、淮南路儿童福利院签订一份捐赠协议，协议规定：凌云集团通过慈惠慈善会向淮南路儿童福利院捐款100 000元，签订协议后的5日内凌云集团应将款项汇到慈惠慈善会的账户，慈惠慈善会应当在“六·一”

前将款项汇往淮南路儿童福利院。

慈惠慈善会收到款项时：

借：银行存款——受托代理资产　　100 000

　　贷：受托代理负债——淮南路儿童福利院　　100 000

民间非营利组织在转赠或者转出受托代理资产时，应当按照转出受托代理资产的账面余额，借记“受托代理负债”，贷记“受托代理资产”。

【例 16－45】承【例 16－43】爱心慈善会按照协议规定将电视机送至上海路敬老院。

借：受托代理负债——上海路敬老院　　21 000

　　贷：受托代理资产——电视机　　21 000

【例 16－46】承【例 16－44】慈惠慈善会将款项转出至淮南路儿童福利院的银行账户。

借：受托代理负债——淮南路儿童福利院　　100 000

　　贷：银行存款——受托代理资产　　100 000

第三节　负债的核算

负债是指过去的交易或事项形成的现时义务，履行该义务预期会导致含有经济利益或者服务潜能的资源流出民间非营利组织。负债按其流动性分为流动负债、长期负债和受托代理负债等。

一、流动负债的核算

（一）流动负债的内容

流动负债是指将在 1 年内（含 1 年）偿还的负债，包括短期借款、应付账款、应付职工薪酬、应交税费、预收账款、预提费用和预计负债等。

（二）流动负债的核算

1. 短期借款

短期借款是民间非营利组织向银行或其他非银行金融机构借入的期限在 1 年（含 1 年）以下的各种借款。

为对各种短期借款进行核算，民间非营利组织应设置“短期借款（负债类）”账户，该账户贷方记借入的短期借款的本金数，借方记偿还的本金数，期末余额在贷方，反映民间非营利组织尚未偿还的短期借款的本金。

本账户按债权人设置明细账户，并按借款种类及期限进行明细核算。

【例 16－47】动物保护基金会于 2023 年 1 月向银行借款 400 000 元，期限 6 个月，借款利率为 6%，利息按月支付。账务处理为：

取得借款时：

借：银行存款　　400 000
　　贷：短期借款　　400 000
按月支付利息时：
借：筹资费用　　2 000（400 000×6%÷12）
　　贷：银行存款　　2 000
到期归还本金及支付最后一个月利息时：
借：短期借款　　400 000
　　筹资费用　　2 000
　　贷：银行存款　　402 000

如果短期借款的利息是按季度或半年支付，或者是在借款到期时连同本金一并归还，并且金额较大，可采取预提的办法，预提时，借记“筹资费用”账户，贷记“预提费用”账户，支付时，借记“预提费用”账户，贷记“银行存款”账户。

2. 应付账款的核算

应付账款是民间非营利组织因购买材料、商品和接受服务供应等而应付给供应单位的款项。

民间非营利组织的应付账款按总价法记账。

主要账务处理：

(1) 发生应付账款时，按照应付未付的金额，借记“存货”“业务活动成本”“管理费用”等账户，贷记“应付账款”账户。

(2) 偿还应付账款时，借记“应付账款”账户，贷记“银行存款”账户。

(3) 开出、承兑商业汇票抵付应付账款时，借记“应付账款”账户，贷记“应付票据”账户。

(4) 确实无法支付或由其他单位承担的应付账款，借记“应付账款”账户，贷记“其他收入”账户。

3. 应付票据的核算

应付票据是民间非营利组织购买材料、商品和接受服务供应等而开出、承兑的商业汇票。

主要账务处理：

(1) 因购买材料、商品和接受服务供应等而开出、承兑的商业汇票时，借记“存货”等账户，贷记“应付票据”账户。

(2) 以承兑商业汇票抵付应付账款时，借记“应付账款”账户，贷记“应付票据”账户。

(3) 支付银行承兑汇票的手续费时，借记“筹资费用”账户，贷记“银行存款”账户。

(4) 应付票据到期时，分别情况处理：收到银行支付到期票据的付款通知时，借记“应付票据”账户，贷记“银行存款”账户；若无力支付票款，按应付票据的账面金额，借记“应付票据”账户，贷记“应付账款”账户。

(5) 如果是带息应付票据，应当在期末或到期时计算应付利息，借记“筹资费用”账户，贷记“应付票据”账户。到期不能支付的带息应付票据，转入“应付账款”账户后，期末时不再计提利息。

4. 预收账款

预收账款是民间非营利组织向服务和商品购买单位预收的各种款项。

主要账务处理：

（1）向购货单位预收款项时，按照实际预收的金额，借记“银行存款”账户，贷记“预收账款”账户。

（2）确认收入时，按本科目账面余额，借记“预收账款”账户，按应确认的收入金额，贷记“商品销售收入”等账户，按照补付或退回的款项，借记或贷记“银行存款”账户。

5. 应付职工薪酬

应付职工薪酬是民间非营利组织应付未付的员工工资，包括各种工资、奖金、津贴等。

民间非营利组织应设置“应付职工薪酬（负债类）”账户，核算应付给职工的工资总额。该账户贷方记本月应发放的工资，借方记实际发放的工资和结转的从应付职工薪酬中扣还的各种代垫代扣款项，期末一般无余额。

主要账务处理：

（1）支付工资时，借记“应付职工薪酬”，贷记“现金”“银行存款”等账户。从工资中扣还的各种款项（如代垫的房租、家属药费、个人所得税等）借记“应付职工薪酬”账户，贷记“其他应收款”“应交税费”等账户。

（2）期末应将本期应付职工薪酬进行分配，分别记入有关的成本费用账户。行政管理人员工资记入“管理费用”账户，各项业务活动人员的工资，记入“业务活动成本”“存货——生产成本”等账户，由在建工程负担的人员工资，记入“在建工程”账户。

【例16－48】动物保护基金会2023年5月的应付职工薪酬情况如下：应付职工薪酬总额为200 000元，其中，行政管理人员工资50 000元，在建工程负担的人员工资60 000元，各项业务活动人员工资90 000元。当月员工应缴纳的养老保险、失业保险、医疗保险共计27 000元，应缴纳的住房公积金为30 000元，应缴纳的个人所得税为12 000元，应由员工缴纳的各种款项已从工资中扣下，实发工资131 000元，由银行转入职工个人工资账户。

对实发工资部分：

借：应付职工薪酬	131 000	
贷：银行存款		131 000

根据工资组成情况核算应付职工薪酬：

借：管理费用	50 000	
在建工程	60 000	
业务活动成本	90 000	
贷：应付职工薪酬		131 000
其他应付款——养老、失业、医疗保险		27 000
——住房公积金		30 000
应交税费——应交个人所得税		12 000

6. 应交税费

应交税费是民间非营利组织应交未交的各种税费，包括增值税、城市维护建设税及教育费附加、土地使用税、房产税、车船税、印花税、企业所得税、个人所得税等。

民间非营利组织应设置“应交税费（负债类）”账户，核算按国家税法的有关规定应当交纳的各种税费，该账户贷方记按规定计算结转应交未交的各种税金，借方记已缴纳的税金，期末余额在贷方，反映民间非营利组织应交未交的税金。本账户下按税种设明细账户进行明细核算。

（1）增值税。增值税是对在我国境内销售货物或者提供加工、修理修配劳务，以及进口货物的单位和个人，就其取得的货物或应税劳务的销售额，以及进口货物的金额计算、征收的一种流转税。由于增值税的缴纳按一般纳税人和小规模纳税人区别对待，民间非营利组织若发生增值税纳税义务，首先应确定其身份。根据现行增值税税法的有关规定，年应纳税额未超过小规模纳税人标准的个人、企业性单位、不经常发生增值税应税行为的企业，视同小规模纳税人纳税。所以，民间非营利组织如果发生了增值税纳税义务，通常被认定为小规模纳税人。

小规模纳税人实行简易办法计算增值税应纳税额，即按销售额和《增值税暂行条例》规定的3%的征收率计算应纳税额，不得抵扣进项税额。

小规模纳税人增值税的计算、缴纳特点决定了民间非营利组织应交增值税的核算有以下特点：一是民间非营利组织购入货物时，不论是否取得增值税专用发票，其支付的增值税均应计入购入货物的成本；二是民间非营利组织在销售应税货物或提供应税服务时，应将含税价款换算成不含税的收入，并分别记录收入金额和应交增值税金额。

【例16－49】动物保护基金会购入办公用品一批，增值税专用发票上列示买价为2 000元，增值税260元，款已付。账务处理为：

借：存货	2 260	
贷：银行存款		2 260

【例16－50】北方治沙基金会收到附属非独立核算的汽车修理厂交来当天营业收入1 030元，当即送存银行。账务处理为：

借：银行存款	1 030	
贷：提供服务收入		1 000［1 030÷（1＋3%）］
应交税费——应交增值税		30

【例16－51】北方治沙基金会用银行存款交纳增值税30元。账务处理为：

借：应交税费——应交增值税	30	
贷：银行存款		30

民间非营利组织收到先征后返的增值税时，计入政府补贴收入，一般情况下，借记“银行存款”账户，贷记“政府补贴收入——非限定性收入”账户，如果返还的增值税受到限制，则贷记“政府补贴收入——限定性收入”账户。

（2）城市维护建设税和教育费附加。城市维护建设税和教育费附加是对缴纳增值税、消费税（简称“二税”）的单位和个人就其实际缴纳的“二税”税额为计税依据而征收的税费。如果民间非营利组织按照税法的规定需要交纳城市维护建设税和教育费附加，则应在发生城市维护建设税和教育费附加的纳税义务时，依法纳税并进行相应的账务处理。

按照税法规定计算出应交纳的城市维护建设税和教育费附加时，借记“业务活动成本——业务活动税金及附加”“其他费用”等账户，贷记“应交税费——应交城市维护建设税”和“应交税费——应交教育费附加”账户；实际缴纳城市维护建设税和教育费附加时，借记“应交税费——应交城市维护建设税”和“应交税费——应交教育费附加”账户，贷记“银行存款”账户。

【例16-52】动物保护基金会在2023年8月按税法规定应缴纳的增值税计8 000元，其适用的城市维护建设税税率为7%，教育费附加的征收比率为3%。则其应纳城市维护建设税和教育费附加为560元和240元。账务处理为：

借：业务活动成本——业务活动税金及附加	800	
贷：应交税费——应交城市维护建设税		560
——应交教育费附加		240

（3）土地使用税、房产税和车船税。如果民间非营利组织需要交纳房产税、土地使用税、车船税，按照税法规定计算的应纳税额应当计入管理费用，借记“管理费用”账户，贷记“应交税费——应交房产税（或土地使用税、车船税）”账户；实际交纳税款时，借记“应交税费——应交房产税（或土地使用税、车船税）”账户，贷记“银行存款”账户。

（4）印花税和契税。印花税是对书立、领受购销合同等凭证行为征收的税款。契税是对境内转移土地、房屋权属，向承受的单位和个人征收的一种税。印花税和契税这样不需要预计应交数额的税金，不存在与税务部门发生结算或清算关系的税金，不需要通过“应交税费”账户进行核算。民间非营利组织在购买印花税票时，直接借记“管理费用”或“待摊费用”账户，贷记“银行存款”账户；在缴纳契税时，按照实际交纳的契税额，借记“固定资产”“无形资产”等账户，贷记“银行存款”账户。

（5）企业所得税。企业所得税是指国家对境内企业和组织（指经国家有关部门批准，依法成立的事业单位、社会团体等），就其生产经营所得和其他所得征收的一种税。民间非营利组织如果发生所得税纳税义务，应依法计算、缴纳所得税。

民间非营利组织计算出应交纳所得税时，借记“其他费用——所得税”账户，贷记“应交税费——应交所得税”账户；实际交纳所得税时，借记“交应税金——应交所得税”账户，贷记“银行存款”账户。如果民间非营利组织按照现行税法的规定纳税，年终汇算清缴时发生退税，在实际收到退回的税款时冲减当期的其他费用，按照实际收到的金额，借记“银行存款”账户，贷记“其他费用——所得税”账户。

（6）个人所得税。个人所得税是对个人（自然人）取得的应纳税所得征收的一种税。民间非营利组织应当在“应交税费”账户下设“应交个人所得税”明细账户，核算其代扣代交的个人所得税。民间非营利组织按规定计算出应代扣代交的个人所得税时，借记“应付职工薪酬”等账户，贷记“应交税费——应交个人所得税”账户。在实际交纳时，借记“应交税费——应交个人所得税”账户，贷记“银行存款”账户。

7. 其他应付款

其他应付款是指民间非营利组织应付、暂收其他单位或个人的款项，如应付经营租入固定资产的租金、存入保证金等。

主要账务处理如下：

（1）接受附条件的捐赠或附条件的政府补助而发生应付款。民间非营利组织接受了附条件的捐赠或政府补助后，因无法满足捐赠所附条件或政府补助所附条件，存在必须将全部或部分捐赠（或补助）资产退还给捐赠人（或政府）的现时义务时，按照需要偿还的金额，借记“管理费用”账户，贷记“其他应付款”账户。

【例16－53】2023年12月15日，畅想科技开发公司（民间非营利）与大通集团签订一项捐赠协议。协议规定，大通集团将向畅想科技开发公司捐赠800 000元，协议签订10日内款项汇入畅想科技开发公司的银行账户，捐赠款项用于指定课题的研究，1年内完成，完成时大通集团有权对研究成果进行评审。如果畅想科技开发公司不能在1年内完成这一项目；或能够完成项目但未通过大通集团的评审，则应当向大通集团退回捐赠款项的1/4。假设截至2023年12月31日，畅想科技开发公司尚未发生课题经费支出。1年后，由于技术力量及其他因素的影响，课题完成但没能通过评审，按协议规定应退还200 000万元捐赠款项。

账务处理为：

收到捐赠时：

借：银行存款　800 000

　　贷：捐赠收入——限定性收入　800 000

2023年12月31日，结转净资产：

借：捐赠收入——限定性收入　800 000

　　贷：限定性净资产　800 000

2023年12月15日，畅想集团完成的课题未能通过评审，承担向大通集团偿还部分捐款的义务，应确认一笔其他应付款：

借：管理费用　200 000

　　贷：其他应付款　200 000

（2）应付经营租入固定资产租金发生应付款。对于应付未付的经营租入固定资产租金，按照应付的金额，借记“管理费用”“业务活动成本”等账户，贷记“其他应付款”账户。

（3）收到其他单位或个人存入的保证金发生应付款。收到其他单位或个人存入的保证金，借记“银行存款”或“现金”账户，贷记“其他应付款”账户。

（4）其他应付、暂收事项引起的应付款

民间非营利组织每日终了盘点现金时若发现账款，在查明原因之前，借记“现金”，贷记“其他应付款”。

8. 预提费用

预提费用是民间非营利组织按照规定预先提取的已经发生但尚未支付的费用，如预提的租金、保险费、借款利息等。

主要账务处理如下：

（1）按照规定预提计入本期费用时，借记“筹资费用”“管理费用”等账户，贷记“预提费用”账户。

（2）实际支出时，借记“预提费用”账户，贷记“银行存款”等账户。

9. 预计负债

预计负债是指民间非营利组织对因或有事项所产生的现时义务而确认的负债。所谓或有事项是指因过去的交易或事项形成的一种状况，其结果须由未来不确定事件的发生或不发生加以证实。

民间非营利组织比较常见的或有事项主要有对外提供担保、商业承兑票据贴现、未决诉讼、未决仲裁等。

预计负债的金额不太确定，需要进行合理估计。估计时，如果偿还债务所需支出存在一个金额区间，则预计负债的最佳估计数按区间的上、下限金额的平均数确定；如果所需支出在不存在一个金额范围，则最佳估计数分情况确定：若或有事项涉及单个项目，最佳估计数按最可能发生的金额确定，若或有事项涉及多个项目，最佳估计数按各种可能发生额及其发生概率计算确定。

民间非营利组织应当设置“预计负债”账户核算符合确认条件的或有负债。贷方登记确认的预计负债，借方登记实际偿付和转回的预计负债，期末余额在贷方，反映民间非营利组织已预计但尚未支付的债务。

该账户应当按照预计负债项目设置明细账，进行明细核算。

【例 16－54】 2023 年 8 月，凯丰慈善会收到明达公司的捐款 200 000 元。明达公司要求将这笔捐款在当年 11 月用于举办“远离毒品，珍爱生命”系列宣传活动，并签订了相应的捐赠协议。11 月份，因资金紧张，慈善会将该笔捐款挪用于偿付债务，导致本应在当月举办的社会公益活动推迟。明达公司认为凯丰慈善会违反了合同的约定，在当年 12 月向法院提起诉讼，要求凯丰慈善会归还捐款，并支付资金占用补偿费 3 000 元，法院受理了这一诉讼。截至年底，法院尚未对该诉讼事项作出判决。假设凯丰慈善会预计很可能败诉，并预计除归还捐款外，将要支付的资金占用补偿费在 1 000－2 000 元之间。账务处理为：

2023 年 12 月，凯丰慈善会应确认由诉讼事项引起的预计负债，其金额为 201 500［200 000＋（1 000＋2 000）÷2］元。

借：管理费用	201 500	
贷：预计负债——未决诉讼		201 500

【例 16－55】 承【例 16－54】，2024 年 1 月，法院做出判决，要求凯丰慈善会向明达公司归还捐款，并支付资金占用补偿费 1 200 元。凯丰慈善会于当月支付了所有款项。账务处理为：

2024 年 1 月，支付和转回预计负债，支付金额为 201 200（200 000＋1 200）元，转回金额为 300（1 500－1 200）元。

借：预计负债——未决诉讼	201 500	
贷：银行存款		201 200
管理费用		300

二、长期负债的核算

（一）长期负债的内容

长期负债是指民间非营利组织偿还期限在 1 年以上（不含 1 年）的负债，主要包括长期借款、长期应付款和其他长期负债。

（二）长期负债的核算

1. 长期借款的核算

长期借款是指民间非营利组织向银行或其他金融机构等借入的期限在1年以上（不含1年）的各种借款。

民间非营利组织应设置“长期借款（负债类）”账户，核算长期借款的取得、应计利息和归还本息的情况。该账户贷方记长期借款的本金及其应计利息，借方记偿还长期借款的本息，期末余额在贷方，反映民间非营利组织尚未偿还的长期借款的本息。

该账户按贷款单位设置明细分类账户，并按贷款种类进行明细核算。

取得长期借款时，应按照实际借入额，贷记“长期借款”科目，借记“银行存款”科目。

对长期借款的利息进行会计处理，首先应当判断是否需要将借款利息予以资本化。如果借款利息符合资本化的条件，则应当予以资本化处理，计入在建工程成本，借记“在建工程”科目，贷记“长期借款”科目；如果借款利息不符合资本化的条件，或长期借款并非为购建固定资产专门借入，则应当将借款利息费用化，计入当期费用，借记“筹资费用”科目，贷记“长期借款”科目。

【例16－56】 2023年2月1日，动物保护基金会为建一座博物馆向银行借入资金1 200万元，期限2年，年利率6%，利息按季支付。2月1日，博物馆正式动工建造。6月1日，由于调整设计及原料供应原因，工程中断3个月。9月1日工程恢复，继续建造，并于2024年4月30日竣工，达到预定可使用状态。借款到期如数偿还。账务处理为：

2023年2月1日，借款到账时：

借：银行存款	12 000 000	
贷：长期借款		12 000 000

2023年2～5月，每月应计提借款利息60 000（12 000 000×6%÷12）元，借款利息符合资本化条件，应予以资本化，计入在建工程：

借：在建工程	60 000	
贷：长期借款		60 000

2023年6～8月，每月应计提借款利息60 000元，由于工程发生非正常中断，并且中断时间达3个月［固定资产购建活动发生非正常中断，且中断时间超过3（含3个月）个月，应当暂停借款费用资本化，将中断期间内发生的借款费用确认为当期费用，直至资产的购建活动重新开始］，这段时间内的利息不能予以资本化，而应费用化，计入当期费用：

借：筹资费用	60 000	
贷：长期借款		60 000

2023年9月～2024年4月，每月应计提借款利息60 000元，由于工程恢复，借款利息符合资本化条件，应继续予以资本化，计入在建工程。

借：在建工程	60 000	
贷：长期借款		60 000

2023 年 4 月 ~2025 年 1 月，每月应计提借款利息 60 000 元，由于工程竣工，资产达到预定可使用状态，因此借款利息应停止资本化，改为费用化，计入当期费用。

借：筹资费用　　60 000

　　贷：长期借款　　60 000

按季度支付利息时：

借：长期借款　　180 000

　　贷：银行存款　　180 000

归还本金时：

借：长期借款　　12 000 000

　　贷：银行存款　　12 000 000

2. 长期应付款的核算

长期应付款主要指民间非营利组织融资租入固定资产发生的应付租赁款。

民间非营利组织应设置“长期应付款（负债类）”账户，对长期应付款的发生和支付予以核算。该账户贷方反映长期应付款的增加数，借方反映归还的长期应付款，期末余额在贷方，反映尚未支付的各种长期应付款。

民间非营利组织发生融资租入固定资业务，应当按照租赁协议或者合同确定的价款、途中保险费、运输费以及融资租入固定资产达到预定可使用状态前发生的借款费用等，借记“固定资产——融资租入固定资产”账户，贷记“长期应付款”账户；支付应付款项时，则借记“长期应付款”账户，贷记“银行存款”账户。

三、受托代理负债的核算

受托代理负债是指民间非营利组织因从事受托代理业务，接受受托代理资产而产生的负债。

在受托代理业务活动中，民间非营利组织接受委托方委托从事受托代理业务而收到的资产称为受托代理资产，因从事受托代理业务、接受受托代理资产而产生的负债称为受托代理负债。在确认一项受托代理资产时，应当同时确认一项受托代理负债。受托代理负债应当按照相对应的受托代理资产的金额予以确认和计量。受托代理资产的确认和计量应当比照接受捐赠资产的确认和计量原则进行。

受托代理负债的核算见本章第二节“受托代理资产的核算”。

思政园地

会计名称溯源

会计命名于西周，这一时期的青铜器铭文已经出现“会”和“计”这些形状的字体，而且其含义已基本定型。“会”字，上有“合”，下有“曾（古时是‘增’的通假字）”，故其有增加、聚合和汇总之意。“计”字左为“言”，又为“十”。古时直言曰“言”，难言曰“语”，故“计”字包含务必要求准确，不虚假乱造之意。“十”字，由代表东西的“一”和南北的“|”组成；古时，以所在的部落为中心，人们沿着东西南北的方向分别外出狩

猎，归时将猎物一起放于中央，汇合加重，进行计算。根据西周的具体情况，“会计”在此时的含义就是既有零星的核算，又有年终的岁总合算。

感悟：会计的得名，说明了此时的会计已经从国家职能的附属部分，逐渐独立出来，成为一个独立的部门。事实上，西周时确立的一些会计习惯深远的影响了以后几千年的封建社会，如“入”和“出”作为记账的符号地位此时得到了确认，以后一直沿用了下来。

【复习思考题】

1. 何谓民间非营利组织会计？
2. 民间非营利组织会计的会计要素有哪些？
3. 民间非营利组织资产包括哪些内容？
4. 长期投资与短期投资的核算有什么不同？
5. 民间非营利组织负债包括哪些内容？

第十七章 民间非营利组织收入、费用和净资产的核算

学习目标

本章主要介绍民间非营利组织收入的内容及其核算；费用的内容及其核算；净资产的核算。要求了解收入和费用的内容，掌握不同收入渠道的不同核算方法；业务活动成本和管理费用的核算；净资产的核算方法。

第一节 收入的核算

一、民间非营利组织收入的内容

收入是指民间非营利组织开展业务活动取得的、导致本期净资产增加的经济利益或者服务潜力的流入。

根据收入来源的不同，民间非营利组织的收入可分为捐赠收入、会费收入、销售商品收入、提供服务收入、政府补助收入、投资收益和其他收入等。

根据收入的使用是否存在限制，民间非营利组织的收入可分为限定性收入和非限定性收入。其中，限定性收入是资产提供者对所提供的资产的使用设置了时间限制或者用途限制，则所确认的收入即为限定性收入；非限定性收入是资产提供者没有对资产的使用设置时间限制或者用途限制，非营利组织所确认的相关收入即为非限定性收入。

根据收入性质的不同，民间非营利组织的收入可分为交换交易收入和非交换交易收入。交换交易是指交易双方按照等价交换原则所从事有交易，即当某一主体取得资产、获得服务或解除债务时，需要向交易对方支付等值的或大致等值的现金，或者提供等值或大致等值的货物、服务等的交易，如商品销售收入、提供服务收入、投资收益、其他收入等。非交换交易是指除交换交易之外的交易。在非交换交易中，某一主体取得资产、获得服务或解除债务时，不必向交易对方支付等值的或大致等值的现金，或者提供等值或大致等值的货物、服务等；或者某一主体在对外提供货物、服务时，没有收到等值或者大致等值的现金、货物等，如捐赠收入、政府补助收入、会费收入等。

二、捐赠收入和会费收入的核算

（一）捐赠收入的核算

捐赠一般是指某个单位或个人（捐赠人）自愿地将资产无偿的转让给另一个单位或个人（受赠人），或者无偿的清偿或取消该单位或个人（受赠人）的负债。这里的资产可以是现金、材料、产品、股票、债券、房屋、设备、无形资产和劳务等。

捐赠收入是民间非营利组织接受其他单位或者个人捐赠所取得的收入。根据资产提供者（捐赠人）对资产的使用是否设置了限制，捐赠收入具体分为限定性收入和非限定性收入。如果捐赠人对资产的使用设置限制，则所确认的相关捐赠收入为限定性捐赠收入；如果没有设置限制，则为非限定性捐赠收入。

需要注意的是，受托代理、捐赠承诺与劳务捐赠不确认为捐赠收入。

如果民间非营利组织在捐赠活动中只是起中介作用，即只是接受委托方（捐赠人）的委托将资产转给指定的组织或个人，或按规定将资产转交给指定的其他组织或个人，并未获得捐赠也未做出捐赠，那么此时的捐赠属于受托代理捐赠，按受托代理业务处理，不能确认为捐赠收入。

捐赠承诺是指捐赠现金或其他资产的口头约定或书面协议。承诺兑现的可能性无法可靠估计，这样与捐赠交易相关的含有经济利益或服务潜力的资源不一定流入民间非营利组织并为其所控制，所以捐赠承诺不能进行会计确认，但可以在会计报表附注中披露。

劳务捐赠因其所形成的收入金额无法可靠计量，因此民间非营利组织会计制度规定不予确认，但应在会计报表附注中作相关披露。

为核算接受其他单位或者个人捐赠所得的收入，民间非营利组织应当设置“捐赠收入（收入费用类）”账户，贷方记当期取得的捐赠收入，借方记会计期末转出的捐赠收入，即将“捐赠收入——非限定性收入”转入“非限定性将资产”或者将“捐赠收入——限定性收入”转入“限定性将资产”，期末结转后该账户无余额。

本账户按捐赠收入是否存在限制设置“限定性收入”和“非限定性收入”二级明细账户，还可在这两个明细账户下再按照捐赠项目设置三级明细账户，进行明细核算。

接受捐赠时按照应确认的金额，借记“现金”“银行存款”“短期投资”“存货”“长期股权投资”“长期债权投资”“固定资产”“无形资产”等账户，贷记“捐赠收入——非限定性收入”或者“捐赠收入——限定性收入”。

对于接受的附条件捐赠，如果存在需要偿还全部或部分捐赠资产或者相应金额的现时义务时（比如因无法满足捐赠所附条件而必须将部分捐赠款退还给捐赠人时），按照需要偿还的金额，借记“管理费用”账户，贷记“其他应付款”等账户。

如果限定性捐赠收入的限制在确认收入的当期得以解除，应当将其转为非捐赠收入，借记“捐赠收入——限定性收入”，贷记“捐赠收入——非限定性收入”。

【例17-1】2023年1月6日，李先生与爱心慈善会签订协议，向爱心慈善会捐赠80万元，用于家乡教育事业，由爱心慈善会负责监督款项的使用，爱心慈善会收到李先生签发的支票。账务处理为：

借：银行存款　　800 000

　　贷：捐赠收入——限定性捐赠收入　　800 000

【例17-2】 2023年5月2日紫宵宫（寺院）收到游客捐赠的善款现金2 000元。账务处理为：

借：现金　　2 000

　　贷：捐赠收入——非限定性收入　　2 000

【例17-3】 2023年11月6日爱心慈善会为使西藏受灾地区同胞有一个温暖的冬天，积极向社会组织募捐，共收到大米16万公斤，价值320 000元，棉被2 000床，价值300 000元。账务处理为：

借：存货——大米　　320 000

　　　　——棉被　　300 000

　　贷：捐赠收入——限定性收入　　620 000

【例17-4】 2023年3月5日爱心慈善会收到本会董事捐款现金60 000元。账务处理为：

借：现金　　60 000

　　贷：捐赠收入——非限定性收入　　60 000

【例17-5】 为丰富儿童假期生活，青联公司联合中原少年儿童基金会拍摄一部科普片，2023年2月8日双方签订了协议。协议规定，该片总费用预计4 000 000元，其中3 600 000元由宏发公司向中原少年儿童基金会捐赠，协议签订后10日内款项到账，另400 000元由中原少年儿童基金会筹集，期限1个月，如1个月内中原少年儿童基金会不能筹足资金，青联公司有权收回全部捐款。账务处理为：

收到捐款时：

借：银行存款　　3 600 000

　　贷：捐赠收入——限定性收入　　3 600 000

若1个月后中原少年儿童基金会不能筹足资金，按协议规定应退还全部捐款：

借：管理费用　　3 600 000

　　贷：其他应付款　　3 600 000

若1个月后中原少年儿童基金会不能筹足资金，宏发公司又与中原少年儿童基金会重签了一份协议，决定将捐款中的10%留给基金会自由支配，余款收回，则基金会的账务处理为：

借：捐赠收入——限定性收入　　360 000

　　贷：捐赠收入——非限定性收入　　360 000

借：管理费用　　3 240 000

　　贷：其他应付款　　3 240 000

（二）会费收入的核算

会费收入是指民间非营利组织根据章程等的规定向会员收取的会费。一般情况下，除非相关资产提供者对资产的使用设置了限制，民间非营利组织的会费收入为非限定性收入。

民间非营利组织应设置“会费收入（收入费用类）”账户，核算其根据章程等的规定向会员收取的会费收入。该账户贷方记当期实际收到的会费收入数，借方记会计期末转出的会费数额，期末结转后，该账户无余额。

本账户下设置“非限定性收入”和“限定性收入”二级明细账户，还可以按照会费种类（团体会员、个人会员）在“非限定性收入”或“限定性收入”二级账户下设置三级明细账户，进行明细核算。

【例17－6】动物保护基金会2023年1月收到会员缴纳的本季度会费共计126万元，其中，单位会员会费118万元，以转账方式支付，个人会员会费8万元，以现金缴纳。账务处理为：

收到会费时：

借：现金　　80 000

　　银行存款　　1 180 000

　　贷：预收账款　　1 260 000

确定1月份的会费收入：

借：预收账款　　420 000

　　贷：会费收入——非限定性收入　　420 000

三、提供服务收入和商品销售收入的核算

（一）提供服务收入的核算

提供服务收入又称提供劳务收入，是指民间非营利组织根据章程等的规定向其服务对象提供服务取得的收入，包括学费收入、医疗费收入、培训收入等。对于因交换交易所形成的提供服务收入。

对于因交换交易形成的提供服务收入，应按以下规定予以确认：

（1）在同一会计年度内开始并完成的劳务，应当在完成劳务时按合同或协议总金额确认收入。

（2）如果劳务的开始和完成分属于不同的会计年度，在与提供劳务的经济利益很可能流入民间非营利组织、劳务收入和劳务成本能够可靠计量、劳务完成程度能够可靠确定的情况下，可以按完工进度或完成的工作量确认收入。

为核算民间非营利组织根据章程等的规定向其服务对象提供服务取得的收入，应设置“提供服务收入（收入费用类）”账户。该账户贷方记当期实现的服务收入，借方记期末将提供服务收入转入非限定性（或限定性）净资产的数额，期末结转后该账户无余额。

本账户可根据实际需要设置“非限定性收入”“限定性收入”二级明细账户，进行明细核算。

【例17－7】民办奥新高级中学2023年2月收到其学生交纳的当学期学杂费收入2 000 000万元。账务处理为：

借：现金　　2 000 000

　　贷：提供服务收入——非限定性收入　　2 000 000

【例17－8】2023年3月南方商贸大学（民办）举办为期1个月的物流师考前培训班，

向社会招生，当期共收到培训费120 000元。账务处理为：

借：现金　　120 000
　　贷：提供服务收入——非限定性收入　　120 000

（二）商品销售收入的核算

商品销售收入是指民间非营利组织销售商品等形成的收入，如销售报纸杂志等出版物，出售外购或自制的药品，出售接受捐赠的物品等。

为核算销售商品所形成的收入，民间非营利组织应设置“商品销售收入（收入费用类）”账户，贷方登当期实现的商品销售收入，借方记销售退回、销售折让金额以及会计期末转入“限定性（或非限定性）净资产”的金额，本账户期末无余额。

本账户可按“非限定性收入”“限定性收入”设置二级明细账户进行明细核算。

民间非营利组织销售成立，取得收入时，按照预收的、实际收到或应当收取的价款，借记“预收账款”“现金”“银行存款”“应收票据”“应收账款”等，贷记“商品销售收入——非限定性收入”或“商品销售收入——限定性收入”。

【例17－9】2023年3月6日安养慈善会将雅阁公司捐赠的电器一批进行义卖，获收入339 200元，所得款项用于资助本地区残疾人和特困家庭。雅阁公司捐赠提供的发票显示该批电器的成本为290 000元。账务处理为：

借：银行存款　　339 200
　　贷：商品销售收入——限定性收入　　320 000（339 200/1＋6%）
　　　　应交税费——应交增值税　　19 200
借：业务活动成本——商品销售成本　　290 000
　　贷：存货——电器　　290 000

【例17－10】颐寿名老中医诊所（民办非营利）2023年8月3日门诊收入日报表中列示，当日药品销售收入8 200元，诊疗收入400元。账务处理为：

借：银行存款　　8 600
　　贷：商品销售收入——非限定性收入　　8 200
　　　　提供服务收入——非限定性收入　　400

（三）折扣与折让的核算

折扣包括商业折扣和现金折扣。商业折扣又称打折，是销货方为了促进销售而给购货方提供的一种价格上的优惠，即按照商品标明的价格扣除一定的数额后销售，商业折扣不构成最终成交价格的一部分；现金折扣是指在采用赊销方式销售商品时，为了鼓励购货方在一定期限内尽早偿付货款，而规定一个短于规定期限的折扣，是销货方发生的理财费用；销售折让是销货方出售给购货方的商品存在质量、规格等问题，销货方给与购货方的价格折让。

1. 商业折扣

由于商业折扣不体现在最终的售价中，或者说购货发票价格与实际价格是一致的，所以会计核算不必进行反映。

2. 现金折扣

现金折扣习惯上存在三种处理方法：总价法、净价法和混合法，《民间非营利组织会计制度》采用了总价法的处理方式，计算销货款时不考虑现金折扣，而是在其实际发生时，计入当期的“筹资费用”中。按照实际收到的金额，借记“银行存款”等，按照实际给予的现金折扣，借记“筹资费用”，按照应收的账款，贷记“应收账款”“应收票据”等账户。

购买方实际获得的现金折扣，冲减取得当期的筹资费用，借记“应付账款”“应付票据”等，按照实际获得的现金折扣，贷记“筹资费用”，按照实际支付的价款，贷记“银行存款”等账户。

3. 销售折让

销售折让应当在实际发生时直接从发生当期实现的商品销售收入中扣减。

【例17-11】普惠慈善会为遭受台风“桑美”袭击地区的居民组织社会募捐，其中服装太多，慈善会将其中一部分进行义卖，阳光集团购买了该批服装，总售价为530 000元，成本450 000元。为尽快收回货款，及时支援灾区，双方商定的现金折扣条件为：1/10，n/20。账务处理为：

销售实现时：

借：应收账款	530 000	
贷：商品销售收入——限定性收入		500 000
应交税费——应交增值税		30 000

结转已销商品成本：

借：业务活动成本——商品销售成本	450 000	
贷：存货——服装		450 000

10天内收到欣宜集团支付的货款时：

借：银行存款	524 700	
筹资费用	5 300	
贷：应收账款		530 000

若10天后收到货款：

借：银行存款	530 000	
贷：应收账款		530 000

（四）销售退回的核算

销售退回是售出的商品存在质量、品种不符合要求等原因而发生的退货。销售退回应当区分具体情况分别处理：

（1）未确认收入的已发出商品的退回，不需要进行会计处理。

（2）已确认收入的销售商品退回，一般情况下直接冲减退回当月的商品销售收入、商品销售成本等。按照应当冲减的商品销售收入，借记“商品销售收入”及其相关明细账户，按照已收或应收的金额，贷记“银行存款”“应收账款”“应收票据”等账户；按照退回商品的成本，借记“存货”，贷记“业务活动成本”账户。如果该项销售发生现金折扣，应当在退回当月一并处理。

（3）报告期间资产负债表日至财务报告批准报出日之间发生的报告期间或以前期间的销售退回，应当作为资产负债表日后事项的调整事项处理，调整报告期间会计报表的相关项目：按照应冲减的商品销售收入，借记“非限定性净资产”（如果所调整收入属于限定性收入，应当借记“限定性净资产”账户），按照已退或应退的金额，贷记“银行存款”“应收账款”“应收票据”等账户；按照退回商品的成本，借记“存货”账户，贷记“非限定性净资产”账户。

如果该项销售已发生现金折扣，应当一并处理，按照原确认的现金折扣金额，借记“银行存款”等账户，贷记“非限定性净资产”或“限定性净资产”账户。

【例17－12】颐寿名老中医诊所（民办非营利）于2023年12月10日赊销一批自制药膏共计100箱，每箱单价300元，每箱药品成本为220元，药品和发票均交给买方，没有保留对药品的继续管理和控制权。为尽快收回货款，给了买方现金折扣，条件是：2/10，1/20，n/30。2023年12月15日，因药品质量问题买方退回了2箱，同时支付了98箱的药品款。2023年1月10日，因药品质量问题买方又退回了1箱，康泰名老中医诊所同意退款，但尚未支付。该诊所的财务报告批准报出日为每年的2月1日。账务处理为：

2023年12月10日，实现销售时：

借：应收账款　　30 000
　　贷：商品销售收入——非限定性收入　　30 000
借：业务活动成本——商品销售成本　　22 000
　　贷：存货——××药品　　22 000

2023年12月15日，收到买方支付的货款，同时处理销售退回，冲减退回月份的销售收入和销售成本：

借：银行存款　　28 812
　　筹资费用　　588
　　贷：应收账款——××单位或个人　　29 400
借：商品销售收入——非限定性收入　　600
　　贷：应收账款　　600
借：存货——××商品　　440
　　贷：业务活动成本——商品销售成本　　440

资产负债表日至财务报告批准报出日之间发生的销售退回，应当作为资产负债表日后的调整事项处理：

借：非限定性净资产　　300
　　贷：应付账款——××单位或个人　　300

冲减退回商品已发生的现金折扣：

借：应付账款——××单位或个人　　600
　　贷：非限定性净资产　　600

转回退回商品成本：

借：存货——××药品　　220
　　贷：非限定性净资产　　220

四、投资收益的核算

投资收益的核算见第十五章第二节“短期投资和长期投资的核算”。

五、政府补助收入和其他收入的核算

（一）政府补助收入的核算

政府补助收入是指民间非营利组织接受政府拨款或者政府机构给予的补助而取得的收入。民间非营利组织为社会提供公共服务，开展公益活动，在一定程度上弥补了“政府不足”和“市场不足”，为了支持和培育民间非营利组织的成长，政府往往要给予其财力补助。

为核算因政府拨款或者政府机构给予的补助而取得的收入，民间非营利组织应当设置“政府补助收入（收入费用类）”账户，贷方记当期收到政府补助收入的实际发生额，借方记会计期末转出的政府补助收入额，期末将本账户贷方累计发生额转入“限定性（或非限定性）净资产”账户，结转后该账户无余额。

接受政府补助时，按照确认的金额，借记“现金”“银行存款”等账户，贷记“政府补助收入——限定性（非限定性）收入”。对于接受的附条件政府补助款，如果民间非营利组织存在需要偿还全部或者部分资产或者相应金额的现时义务时（比如因无法满足政府补助所附条件而必须退还部分政府补助时），按照需要偿还的金额，借记“管理费用”账户，贷记“其他应付款”账户。如果限定性政府补助收入的限制在确认收入的当期得以解除，应当将其转为非限定性捐赠收入，借记“政府补助收入——限定性收入”，贷记“政府补助收入——非限定性收入”。

【例17－13】2023年3月1日苍山青少年教育基金会与当地政府签订协议，由政府向苍山青少年基金会拨付补助款100万元，在本月25日前由苍山青少年基金会将该款项用于当地山区学校校舍建设。若在规定时间内因故未能将款项按照政府要求如数转给山区学校，必须退还99万元，另1万元作为对基金会的补助。账务处理为：

收到政府拨款时：

借：银行存款	1 000 000	
贷：政府补助收入——限定性收入		1 000 000

若在规定时间内因故未能将款项按照政府要求如数转给山区学校，则：

借：管理费用	990 000	
贷：其他应付款		990 000
借：其他应付款	990 000	
贷：银行存款		990 000

另1万元转为非限定性收入：

借：政府补助收入——限定性收入	10 000	
贷：政府补助收入——非限定性收入		10 000

（二）其他收入的核算

其他收入是民间非营利组织除前述各项收入以外的收入，如确实无法支付的应付款项、银行存款利息收入、现金盘盈、存货盘盈、固定资产盘盈、固定资产处置净收入、无形资产处置净收入等。一般情况下，民间非营利组织的其他收入为非限定性收入，除非相关资产提供者对资产的使用设置了限制。

主要账务处理如下：

（1）现金、存货、固定资产等盘盈，根据管理权限报经批准后，借记“现金”“存货”“固定资产”“文化文物资产”等账户，贷记“其他收入——限定（非限定）性收入”账户。

（2）对于固定资产处置净收入，借记“固定资产清理”账户，贷记“其他收入”账户。

（3）对于无形资产处置净收入，按照实际取得的价款，借记“银行存款”等账户，贷记“无形资产”，如果实际取得价款大于该项无形资产的账面余额，按照其差额，贷记“其他收入”账户。

（4）确认无法支付的应付账款，借记“应付账款”等账户，贷记“其他收入”账户。

（5）会计期末，将“其他收入”账户的余额转入非限定性净资产，转账后本账户无余额。

【例 17－14】2023 年 11 月，动物保护基金会对其实物资产进行盘点，发现一项固定资产已不需用了，该资产账面价值 20 000 元，已提折旧 8 000 元，报经董事会批准后将其出售，售价 14 000 元，款已收讫。账务处理为：

借：固定资产清理	12 000	
累计折旧	8 000	
贷：固定资产		20 000
借：银行存款	14 000	
贷：固定资产清理		14 000
借：固定资产清理	2 000	
贷：其他收入		2 000

第二节　费用的核算

一、民间非营利组织费用的内容

费用是民间非营利组织为开展业务活动所发生的、导致本期净资产减少的经济利益或服务潜能的流出。

按照费用的具体用途（功能），民间非营利组织的费用可分为业务活动成本、管理费用、筹资费用和其他费用。

二、业务活动成本的核算

（一）业务活动成本的含义

业务活动成本是民间非营利组织为了实现其业务活动目标、开展其项目活动或者提供服务所发生的费用。民间非营利组织的业务活动有商品销售活动、对外捐赠活动、服务活动、研究活动以及教育活动等。

（二）业务活动成本的核算

为核算民间非营利组织开展业务活动或提供服务所发生的费用，应设置"业务活动成本（收入费用类）"账户，借记发生的业务成本，贷方登记期末转入非限定性净资产的数额，结转后本账户无余额。

各民间非营利组织可以根据自身实际情况，在"业务活动成本"下设置明细科目。如果民间非营利组织从事的业务或提供的服务比较单一，可以将所发生的全部费用归集在"业务活动成本"项目下进行核算和列报；如果民间非营利组织从事的项目、提供的服务或者开展的业务种类较多，可在"业务活动成本"项目下分别项目、服务或者业务大类进行核算和列报，如在"业务活动成本"下设"捐赠项目成本""会员服务本""提供服务成本""商品销售成本""专项补助成本""业务活动费"等，以便与那些通过费用支出所取得的收入项目对应起来。

民间非营利组织发生的业务活动成本，按照其发生额计入当期费用。业务活动成本发生时，借记本账户，贷记"现金""银行存款""存货""应付账款"等账户，会计期末，将本账户的余额转入非限定性净资产，借记"非限定性净资产"账户，贷记本账户。

（1）捐赠项目成本。该项目核算对外捐出的款项和物资等的实际成本，直接从事对外捐赠业务的人员工资、福利费等，对外捐赠时发生的相关运输费用等，捐赠的宣传费用以及应由捐赠项目负担的分摊费用。

【例17－15】 接【例17－3】，11月10日，博爱慈善会将收到的社会各界捐赠的16万公斤大米、2 000床棉被运往西藏，发生运费10 000元，以银行存款支付。账务处理为：

借：业务活动成本——捐赠项目成本	630 000	
贷：存货——大米		320 000
——棉被		300 000
银行存款		10 000

（2）会员服务成本。这是获取会费收入所发生的成本，通常核算那些直接向会员提供服务的员工工资及福利费，免费提供给会员的商品的实际成本，免费向会员提供咨询、培训等服务活动的实际成本以及免费向会员提供的杂志成本等。此外，还应包括分摊给会员服务成本项目负担的共同费用。

【例17－16】 2023年4月20日，动物保护基金会免费对新会员进行培训，发生教材费2 000元，教师授课费500元，教材从仓库中领取，教师授课以现金支付。账务处理为：

借：业务活动成本——会员服务成本　　2 500
　　贷：存货——教材　　2 000
　　　　现金　　500

（3）提供服务成本。核算当期所提供服务的实际成本，如提供服务的人员工资，提供服务所发生的资产耗费等与提供服务有直接关系的成本，还包括应由服务成本负担的民间非营利组织的共同费用。其具体核算见上一章提供服务收入的会计核算。

【例 17－17】接【例 17－8】2023 年 3 月南方商贸大学（民办）举办的物流师考前培训班，为学员购买教材费发生费用 16 000 元，授课教师劳务费 8 000 元，两项费用均以银行存款支付。账务处理为：

借：业务活动成本——提供服务成本　　24 000
　　贷：银行存款　　24 000

（4）商品销售成本。商品销售成本是指为获取商品销售收入而发生的销售成本。具体包括所出售商品的实际成本，直接从事商品销售的员工工资和福利费，为销售商品发生的邮寄费、运输费、包装费、保险费、广告费等与销售商品有直接关系的费用。此外还包括应由商品销售成本负担的民间非营利组织的共同费用。其具体核算见商品销售收入的核算。

（5）专项补助成本。核算民间非营利组织为取得政府专项资金补助所发生的全部费用。

【例 17－18】2023 年 3 月 4 日，S 寺院取得政府专项修葺款项共计 50 万元，已转至寺院的银行存款账户；为取得该款项发生差旅费等共计 1 000 元。账务处理为：

借：银行存款　　500 000
　　贷：政府补助收入——限定性收入　　500 000
借：业务活动成本——专项补助成本　　1 000
　　贷：现金　　1 000

（6）业务活动费。核算因为业务活动发生的、无法直接记入某项业务活动，需要由几项业务活动合理分摊的费用。该费用发生时借记“业务活动成本——业务活动费”账户，贷记“现金”“应付职工薪酬”等账户。

此外，当民间非营利组织发生了商品销售收入或提供劳务收入等收入时，应该就其所取得的收入缴纳各种流转税款，为此，应当设立“业务活动税金及附加”明细科目。当发生应交纳的流转税时，借记“业务活动成本——业务活动税金及附加”账户，贷记“应交税费”账户。

会计期末，应将业务活动成本的金额转入非限定性净资产。

三、管理费用的核算

（一）管理费用的内容

管理费用是民间非营利组织为组织和管理其业务活动所发生的各项费用。其内容包括：

（1）民间非营利组织董事会（或者理事会或者类似权力机构，下同）经费。这是民间非营利组织最高权力机构董事会及其成员为执行职能而发生的各种费用，具体包括差旅费、会议费、津贴等。

（2）行政管理人员的工资、奖金、津贴、福利费、住房公积金、住房补贴、社会保障费（民间非营利组织用于职工医疗、养老、待业、住房方面的费用）。

（3）离退休人员工资与补助。是指民间非营利组织支付离退休职工的退休金、价格补贴、福利费、医药费、职工死亡丧葬费、抚恤费和其他费用。

（4）办公费。是民间非营利组织在日常行政管理过程中发生的办公用品、清洁用品的购置费，订阅公用书报费以及运输工具的牌照费、油料费和养路费等。

（5）水电费、邮电费。

（6）物业管理费。需要缴纳物业管理费的民间非营利组织向其所在地的物业管理部门交纳的有关物业管理费用。

（7）差旅费。民间非营利组织职工因公出差发生的费用。

（8）折旧费。民间非营利组织对行政管理所用固定资产按照预计的折旧率计算提取的折旧费用。

（9）修理费。是指民间非营利组织对行政管理部门使用的固定资产进行修复所发生的费用。

（10）租赁费。

（11）无形资产摊销费。是指民间非营利组织分期摊销的专利权、商标权、著作权、土地使用权等无形资产的价值，也包括非专利技术和商誉等的摊销。

（12）存货盘亏损失。是指民间非营利组织存货盘点的盘亏、盘盈净额，但不包括计入营业外支出的存货损失。

（13）资产减值损失。民间非营利组织提取资产减值准备而确认的资产减值损失。包括坏账准备、存货跌价准备等。

（14）因预计负债所产生的损失，如因确认负债而确认的费用。

（15）聘请中介机构费。是指聘请会计师事务所进行查账、验资、资产评估、清账等发生的费用。

（16）应偿还的受赠资产。

（17）其他。除了上述项目以外应计入管理费用的项目。

（二）管理费用的核算

民间非营利组织应设置“管理费用（收入费用类）”账户，核算其为组织和管理上述活动所发生的各项费用。其借方记发生的管理费用，贷方记期末结转至“非限定性净资产”账户的管理费用，期末结转后本账户无余额。

民间非营利组织应当按照管理费用种类设置明细账，进行明细核算；同时，可以根据具体情况编制管理费用明细表，以满足内部管理等有关方面的信息需要。

主要账务处理如下：

（1）现金、存货、固定资产等盘亏，根据管理权限报经批准后，按照相关资产账面价值扣除可以收回的保险赔偿和过失人的赔偿等后的金额，借记本账户，按照可以收回的保险赔偿和过失人赔偿等，借记“现金”“银行存款”“其他应收款”等账户，按照已提取的累计折旧，借记“累计折旧”账户，按照相关资产的账面余额，贷记相关资产账户。

【例 17-19】2023 年 7 月 30 日，慈惠慈善会对存货进行盘点，发现有一批存货变质不能使用，该存货的账面价值为 20 000 元，已提存货跌价准备 1 000 元。经调查，存货变质有保管方面的原因，也有货物本身质量的原因。货物质量方面的问题由保险公司赔偿，可获得赔款 2 000 元；保管不善造成的损失，按规定的程序报经批准，由责任人赔偿账面价值的 50%，其余损失列入管理费用。账务处理为：

借：管理费用	7 000	
存货跌价准备	1 000	
其他应收款——责任者	10 000	
——保险公司	2 000	
贷：存货		20 000

（2）对于因提取资产减值准备而确认的资产减值损失，借记本账户，贷记相关资产减值准备账户。冲减或转回资产减值准备，借记相关资产减值准备账户，贷记本账户。

【例 17-20】2023 年 10 月 28 日，动物保护基金会发现本月初购买的一款小汽车发生减值，该车账面价值为 98 000 元，当日的市场价值为 92 000 元。账务处理如下：

借：管理费用——固定资产减值准备	6 000	
贷：固定资产减值准备		6 000

如果发生转回，则作相反会计分录。

（3）提取行政管理用固定资产折旧，借记本账户，贷记“累计折旧”账户。

（4）无形资产摊销时，借记本账户，贷记“无形资产”账户。

（5）发生的应归属于管理费用的应付职工薪酬、应交税费等，借记本账户，贷记“应付职工薪酬”“应交税费”账户。见应付职工薪酬的核算。

（6）对于因确认预计负债而确认的损失，借记“管理费用”，贷记“预计负债”。

【例 17-21】2023 年 5 月 30 日，上海路敬老院因估计将会在未决诉讼中发生败诉，如果败诉，可能导致 3 万元的损失。账务处理如下：

借：管理费用	30 000	
贷：预计负债		30 000

（7）发生的其他管理费用，借记本账户，贷记“现金”“银行存款”等账户。

（8）期末，将本科目的余额转入非限定性净资产，借记“非限定性净资产”，贷记“管理费用”。期末结转后，本账户应无余额。

四、筹资费用的核算

（一）筹资费用的内容

筹资费用是民间非营利组织为筹集业务活动所需资金而发生的费用，包括：

（1）为获得捐赠资产而发生的费用，指民间非营利组织为了获得捐赠资金而发生的费用，通常包括举办募款活动费，准备、印刷和发放募款宣传资料费以及其他与募款或者争取捐赠资产有关的费用。

（2）借款费用，指民间非营利组织因借款而发生的利息、辅助费用，以及因外币借款而发生的汇兑差额。

（3）汇兑损失，指民间非营利组织因向银行结售或购入外汇而产生的银行买入、卖出价与记账所采用的汇率之间的差额；以及月度（季度、年度）终了，各种外币账户的期末余额，按照期末规定汇率折合的记账人民币金额与原账面人民币金额之间的差额等。

（二）筹资费用的核算

民间非营利组织应设置“筹资费用（收入费用类）”账户，核算其为筹集业务活动所需资金而发生的各项费用。该账户借方记发生的筹资费用，贷方记期末结转至“非限定性净资产”账户的筹资费用，期末结转后应无余额。本账户应当按照筹资费用种类设置明细账，进行明细核算。

【例17－22】接【例17－5】，2023年2月10日，西部少年儿童基金会为募集科普片拍摄款，举行文艺晚会，发生以下费用：以现金支付场地租金500元，以银行支付宣传资料印刷费2 000元、演出单位劳务费5 000元。当晚收到捐款300 000元。账务处理如下：

借：筹资费用	7 500	
贷：现金		500
银行存款		7 000
借：银行存款	300 000	
贷：捐赠收入——限定性收入		300 000

【例17－23】西部少年儿童基金会2023年1月31日的人民币账户借款金额为50万元，借款年利率为6%，该款项用于建造固定资产，目前所建固定资产已达到预定可使用状态并已交付使用，1月份的长期借款利息费用为500 000×6%×1/12＝2 500元。账务处理为：

借：筹资费用	2 500	
贷：长期借款		2 500

【例17－24】2023年3月20日，西部少年儿童基金会收到银行的结息通知，本季度银行存款利息收入共计5 000元。账务处理为：

借：银行存款	5 000	
贷：筹资费用		5 000

五、其他费用的核算

（一）其他费用的内容

其他费用是指民间非营利组织发生的、无法归属到业务活动成本、管理费用或者筹资费用中的费用，如固定资产处置净损失、无形资产处置损失等。

（二）其他费用的核算

民间非营利组织应设置“其他费用（收入费用类）”账户，核算该组织发生的固定资产处置净损失、无形资产处置净损失等。其借方记发生的固定资产处置净损失、无形资产处置净损失等，贷方记期末转入非限定性净资产的其他费用。期末结转后应无余额。本账户应当按照费用种类设置明细账，进行明细核算。

【例 17 -25】 2023 年 4 月 20 日，泰安孤儿院一台锅炉因燃料变换原因不能继续使用转入清理。该锅炉账面原值 300 000 元，已提折旧 250 000 元。清理过程中发生清理费 4 000 元，以现金支付；取得清理收入 20 000 元。该项固定资产处置净损失 = 300 000 - 250 000 + 4 000 - 20 000 = 34 000（元）

借：固定资产清理　　50 000
　　累计折旧　　250 000
　　贷：固定资产　　300 000
借：固定资产清理　　4 000
　　贷：现金　　4 000
借：银行存款　　20 000
　　贷：固定资产清理　　20 000
借：其他费用——固定资产处置净损失　　34 000
　　贷：固定资产清理　　34 000

【例 17 -26】 2023 年 5 月 23 日，因资金紧张，花园山敬老院将一块准备扩建用地转让，收进款项 48 万元，该地一年前购入，购进价 50 万元。账务处理为：

借：银行存款　　480 000
　　其他费用——无形资产处置损失　　20 000
　　贷：无形资产　　500 000

第三节　净资产的核算

一、净资产的内容

净资产是指资产减去负债后的余额，用公式表示为“净资产 = 资产 - 负债”。

民间非营利组织的净资产代表的是组织自身享有要求权的资产。民间非营利组织的资源提供者不享有组织的所有权，也不从组织取得回报，因而不存在所有者权益和对所有者的分配问题。

按是否受到限制，民间非营利组织的净资产分为限定性净资产和非限定性净资产。如此分类，有利于民间非营利组织更好地向资源提供者等会计信息使用者反映净资产的构成、来源及使用情况，有利于信息使用者了解民间非营利组织中有多少是使用受到限制的，有多少是可以自由支配和使用的。

二、限定性净资产的核算

（一）限定性净资产的含义

如果资产或资产所产生的经济利益（如资产的投资收益和利息等）的使用受到资产提供者或国家有关法律、行政法规所设置的时间限制或用途限制，则由此形成的净资产为限定性净资产，国家有关法律、行政法规对净资产的使用直接设置限制的，该受限制的净资产亦为限定性净资产。

这里所说的时间限制，是指资产提供者或国家有关法律、行政法规要求民间非营利组织在收到资产后的特定时期之内或特定日期之后使用该项资产，或对资产的使用设置了永久限制；用途限制则是指资产提供者或国家有关法律、行政法规要求民间非营利组织将收到的资产用于某一特定的用途。

（二）限定性净资产的核算

民间非营利组织应设置“限定性净资产（净资产类）”账户核算限定性净资产的增减变化，贷方记收入类账户所属“限定性收入”明细账户的余额转入数，国家法律、行政法规对净资产直接设置了限制，将非限定性净资产转为限定性净资产数，借方记限制解除将限定性净资产转为非限定性净资产数，期末贷方余额反映民间非营利组织历年积存的限定性净资产数。

主要账务处理：

（1）期末，将各收入类账户所属的“限定性收入”明细账户的贷方余额转入“限定性净资产”账户的贷方。

【例17-27】 2023年9月30日，动物保护基金会各有关收入类账户所属的“限定性收入”明细账户的期末余额见表17-1，结转本月限定性净资产。

表17-1

单位：元

账户名称	金额
捐赠收入——限定性收入	8 200 000
政府补助收入——限定性收入	3 100 000
商品销售收入——限定性收入	150 000
提供服务收入——限定性收入	40 000
合　计	11 490 000

借：捐赠收入——限定性收入　　8 200 000
　　政府补助收入——限定性收入　　3 100 000
　　商品销售收入——限定性收入　　150 000
　　提供服务收入——限定性收入　　40 000
　　贷：限定性净资产　　11 490 000

（2）如果限定性净资产的限制被撤销，或因时间到期或用途已经实现而解除，应对净资产进行重新分类，将限定性净资产转为非限定性净资产。

【例 17－28】慈惠慈善会 2023 年 8 月 6 日收到东新公司捐款 1 000 000 元，东新公司要求将此款用于资助本地贫困大学生，资助截止时间为 9 月 20 日，到 9 月 20 日若有余款未用，可由慈善会自由支配。到 8 月 31 日止，已资助 200 人，资助金额为 800 000 元，9 月 1 日至 9 月 20 日，又资助了 60 人，资助金额为 140 000 元，还有 60 000 元未用。账务处理为：

2023 年 8 月 6 日，收到捐款时：

借：银行存款　　1 000 000

　贷：捐赠收入——限定性收入　　1 000 000

资助贫困大学生时，根据具体金额：

借：业务活动成本——捐赠项目成本

　贷：现金（银行存款）

2023 年 8 月 31 日，将限定性捐赠收入结转净资产；同时本月资助付出的 800 000 元款项的用途已经实现，限制解除，应转为非限定性净资产：

借：捐赠收入——限定性收入　　1 000 000

　贷：限定性净资产　　1 000 000

借：限定性净资产　　800 000

　贷：非限定性净资产　　800 000

2023 年 9 月 20 日，资助付出的 140 000 元的用途已经实现，限制解除，又由于资助截止日期已到，剩余 60 000 元的限制也被解除，应对相应金额的限定性净资产进行重分类：

借：限定性净资产　　200 000

　贷：非限定性净资产　　200 000

【例 17－29】2023 年 7 月 3 日，夕阳红楹联学会收到其会员赵先生捐赠的书画收藏品，公允价值为 2 000 000 元，赵先生要求学会收藏、展示 2 年，期满后，由学会自由处置。账务处理为：

2023 年 7 月 3 日收到文物文化资产时：

借：文物文化资产　　2 000 000

　贷：捐赠收入——限定性收入　　2 000 000

2023 年 7 月 31 日，结转净资产：

借：捐赠收入——限定性收入　　2 000 000

　贷：限定性净资产　　2 000 000

两年后收藏、展示期满，用途实现，则限制解除，应对相应金额的限定性净资产进行重分类：

借：限定性净资产　　2 000 000

　贷：非限定性净资产　　2 000 000

【例 17－30】2022 年 3 月 21 日，宝通禅寺收到政府拨款 2 300 000 万元，用于重修主殿。2023 年 4 月 29 日完工达到预定使用状态，总造价 2 300 000。账务处理为：

2022年3月21日，收到政府拨款：

借：银行存款　　2 300 000

　　贷：政府补助收入——限定性收入　　2 300 000

2022年3月31日，结转净资产：

借：政府补助收入——限定性收入　　2 300 000

　　贷：限定性净资产　　2 300 000

2023年4月29日完工时，一方面增加固定资产，另一方面将相应金额的限定性净资产转为非限定性净资产，因为政府拨款的用途已经实现，限制解除：

借：固定资产　　2 300 000

　　贷：在建工程　　2 300 000

借：限定性净资产　　2 300 000

　　贷：非限定性净资产　　2 300 000

（3）如果因调整以前期间收入、费用项目而涉及调整限定性净资产的，应当就需要调整的金额，调增或调减限定性净资产。

【例17-31】2023年12月31日，动物保护基金会进行年终清理时发现，10月份鸿达公司捐赠的一辆越野吉普车还未入账，该车的市场价值为150 000元，将其入账，并补提11、12两个月的折旧，金额为2 500元。鸿达公司对该车的用途设置了限制。账务处理为：

借：固定资产　　150 000

　　贷：限定性净资产　　150 000

借：限定性净资产　　2 500

　　贷：累计折旧　　2 500

（4）当国家法律、行政法规对净资产直接设置了限制时，应将相应的净资产从非限定性净资产转为限定性净资产。

【例17-32】《民办教育促进法实施条例》规定：捐资举办的民办学校等应从当年净资产（指非限定性净资产）增加额中按不低于25%的比例提取发展基金，专门用于学校的建设、维护和教学设备的添置、更新等。假设某捐资举办的民办学校2023年度的非限定性净资产的增加额为30万元，发展基金的计提比例为25%，则应当计提的发展基金为7.50万元。账务处理为：

借：非限定性净资产　　75 000

　　贷：限定性净资产　　75 000

三、非限定性净资产的核算

（一）非限定性净资产的含义

民间非营利组织净资产中除了限定性净资产之外的其他净资产，即为非限定性净资产。也就是说如果净资产的使用不受资产提供者或国家有关法律、行政法规的限制，那么该净资产即为非限定性净资产。但要注意的是，虽为非限定性净资产，并不意味着这项资产的使用没有任何约束，其使用必须符合民间非营利组织的宗旨、目的或章程规定。

（二）非限定性净资产的核算

民间非营利组织应设置“非限定性净资产（净资产类）”账户核算非限定性净资产的增减变化，贷方记收入类账户所属“非限定性收入”明细账户的余额转入数，限制解除后相应金额的限定性净资产转为非限定性净资产数，借方记各费用类账户的余额转入数，国家法律、行政法规对净资产直接设置了限制，将相应金额的非限定性净资产转为限定性净资产数，期末贷方余额反映民间非营利组织历年积存的非限定性净资产数。

主要账务处理：

（1）期末，将各收入类账户所属的“非限定性收入”明细账户的贷方余额转入“非限定性净资产”账户的贷方，将各费用类账户的余额转入“非限定性净资产”账户的借方。

【例 17－33】 2023 年 9 月 30 日，动物保护基金会各有关收入类账户所属“非限定性收入”明细账户的期末余额和各费用类账户的期末余额见表 17－2，结转本月非限定性净资产。

表 17－2 单位：元

账户名称	金　额	账户名称	金　额
捐赠收入——非限定性收入	200 000	业务活动成本	32 000 000
会费收入——非限定性收入	400 000	管理费用	620 000
政府补助收入——非限定性收入	100 000	筹资费用	380 000
商品销售收入——非限定性收入	50 000	其他费用	50 000
提供服务收入——非限定性收入	40 000		
投资收益——非限定性收入	20 000		
其他收入——非限定性收入	26 000		
合　计	836 000		33 050 000

借：捐赠收入——非限定性收入　　200 000
　　会费收入——非限定性收入　　400 000
　　政府补助收入——非限定性收入　　100 000
　　商品销售收入——非限定性收入　　50 000
　　提供服务收入——非限定性收入　　40 000
　　投资收益——非限定性收入　　20 000
　　其他收入——非限定性收入　　26 000
　　贷：非限定性净资产　　836 000

借：非限定性净资产　　33 050 000
　　贷：业务活动成本　　32 000 000
　　　　管理费用　　620 000
　　　　筹资费用　　380 000
　　　　其他费用　　50 000

（2）如果限定性净资产的限制被撤消，或因时间到期或用途已经实现而解除，应对净资产进行重新分类，将限定性净资产转为非限定性净资产。核算举例见本节“限定性净资产的核算”。

（3）如果因调整以前期间收入、费用项目而涉及调整非限定性净资产的，应当就需要调整的金额，调增或调减非限定性净资产。核算举例参见本节“限定性净资产的核算”。

思政园地

金寨县地处于鄂、豫、皖三省结合部，安徽省西部边远山区，集老区、库区、山区于一体。总面积3 814平方公里，山场面积426万亩，占总面积的80%。全县现辖28个乡镇，424个行政村，总人口61.4万人。“八山半水半分田，一分道路和庄园”正是全县的地理特征。特殊的县情和历史的原因，导致交通不便、信息闭塞，人们赖以生存的耕地少，土地生产力和劳动生产率低，商品经济不发达，使金寨经济发展落后和人民生活贫困，收入水平难以维持简单再生产和基本生活需求。

自1983年被国务院列为全国重点扶贫的贫困县之后，中国国际经济技术交流中心和中国民间国际组织合作促进会对金寨县早日摆脱贫困，开发山区经济给予积极帮助。从1990年至1995年，金寨县得到了德国米泽瑞组织、澳门天主教福利会援助资金2 551 043元，地方配套资金1 899 500元，安排了6个项目。其中发展生产型项目4个，即面冲乡茶叶项目，燕子河乡妇女抽纱项目，汤山丝毯厂项目，花石乡牛羊养殖项目，投入资金共计3 146 373.5元，其中外援资金1 777 873.5元，地方配套资金1 368 500元：卫生公益事业项目2个，即面冲乡饮水项目，长岭乡卫生院项目，投入资金1 304 169.9元，其中外援资金占773 169.9元，地方配套投入5 310 004.78元。在援助项目带动下，全县已形成了茶叶生产和牛羊养殖两大支柱产业，产值、效益已占全县开发性农业的近一半。

感悟：公益事业项目的实施，为金寨县精神文明建设起到了促进和示范作用。金寨县的成功是民间非营利组织与国际组织合作成功的一个典型例子。它说明了非营利组织只要有好的项目，本着为社会服务的精神，可以积极争取到国际的合作，通过利用国外资金提高非营利组织项目实施的能力，提高资源利用的效率，实现各方面的利益，达到“多赢”的局面。

【复习思考题】

1. 民间非营利组织有哪些收入渠道？
2. 什么是限定性捐赠收入？
3. 民间非营利组织的费用包括哪些内容？

第十八章 民间非营利组织会计报表

学习目标

本章主要介绍民间非营利组织各种会计报表的编制方法。要求了解会计报表的内容和编制方法。重点掌握业务活动表和现金流量表的编制方法。

第一节 资产负债表

一、资产负债表的含义及格式

资产负债表是反映民间非营利组织某一会计期末全部资产、负债和净资产的情况的报表。

此表是民间非营利组织最重要的一张报表，习惯上称其为“01”号表，应于每月末、季末、年末报出。该表通常按照会计等式“资产 = 负债 + 净资产”的方式排列，即报表的左侧列示资产项目的合计数，右侧列示负债和净资产项目的合计数，且资产的合计数应该等于负债与净资产的合计数。这样排列，一方面能体现资产的来源状况，包括负债和组织自有的资产，另一方面，资产和负债内部按流动性排列，流动资产对应流动负债，也反映出民间非营利组织的偿债能力。

民间非营利组织资产负债表的格式见表 18－1。

二、资产负债表的编制方法

（一）“年初数”的填列

本表“年初数”栏内各项数字，应当根据上年年末资产负债表“期末数”栏内数字填列。如果本年度资产负债表规定的各个项目的名称和内容与上年度不相一致，应对上年年末资产负债表各项目的名称和数字按照本年度的规定进行调整，填入本表“年初数”栏内。

表18－1　　　　资产负债表

编制单位：　　　　年　月　　　　单位：元

资　产	行次	年初数	期末数	负债和净资产	行次	年初数	期末数
流动资产：				流动负债：			
货币资金	1			短期借款	61		
短期投资	2			应付款项	62		
应收款项	3			应付职工薪酬	63		
预付账款	4			应交税费	65		
存货	8			预收账款	66		
待摊费用	9			预提费用	71		
一年内到期的长期债权投资	15			预计负债	72		
其他流动资产	18			一年内到期的长期负债	74		
流动资产合计	20			其他流动负债	78		
				流动负债合计	80		
长期投资：							
长期股权投资	21			长期负债：			
长期债权投资	24			长期借款	81		
长期投资合计	30			长期应付款	84		
固定资产：				其他长期负债	88		
固定资产原价	31			长期负债合计	90		
减：累计折旧	32						
固定资产净值	33			受托代理负债：			
在建工程	34			受托代理负债	91		
文物文化资产	35			负债合计	100		
固定资产清理	38						
固定资产合计	40						
				净资产：			
无形资产：				非限定性净资产	101		
无形资产	41			限定性净资产	105		
				净资产合计	110		
受托代理资产：							
受托代理资产	51						
资产总计	60			负债和净资产合计	120		

（二）“期末数”的填列

（1）“货币资金”项目，反映民间非营利组织期末库存现金、存放银行的各类款项以及其他货币资金的合计数。本项目应当根据“现金”“银行存款”“其他货币资金”账户的期末余额合计填列。如果民间非营利组织的受托代理资产为现金、银行存款或其他货币资金且通过“现金”“银行存款”“其他货币资金”账户核算，还应当扣减“现金”“银行存款”“其他货币资金”账户中“受托代理资产”明细账户的期末余额。

（2）“短期投资”项目，反映民间非营利组织持有的各种能够随时变现并且持有时间不准备超过1年（含1年）的投资，包括短期股票、债券投资和短期委托贷款、委托投资等。本项目应当根据“短期投资”账户的期末余额，减去“短期投资跌价准备”账户的期末余额后的金额填列。

（3）“应收款项”项目，反映民间非营利组织期末应收票据、应收账款和其他应收款等应收未收款项。本项目应当根据“应收票据”“应收账款”“其他应收款”账户的期末余额合计，减去“坏账准备”账户的期末余额后的金额填列。

（4）“预付账款”项目，反映民间非营利组织预付给商品或者服务供应单位等的款项。本项目应当根据“预付账款”账户的期末余额填列。

（5）“存货”项目，反映民间非营利组织在日常业务活动中持有以备出售或捐赠的，或者为了出售或捐赠仍处在生产过程中的，或者将在生产、提供服务或日常管理过程中耗用的材料、物资、商品等。本项目应当根据“存货”账户的期末余额，减去“存货跌价准备”账户的期末余额后的金额填列。

（6）“待摊费用”项目，反映民间非营利组织已经支出，但应当由本期和以后各期分别负担的、分摊期在1年以内（含1年）的各项费用，如预付保险费、预付租金等。本项目应当根据“待摊费用”账户的期末余额填列。

（7）“一年内到期的长期债权投资”项目，反映民间非营利组织将在1年内（含1年）到期的长期债权投资。本项目应当根据“长期债权投资”账户的期末余额中将在1年内（含1年）到期的长期债权投资余额，减去“长期投资减值准备”账户的期末余额中1年内（含1年）到期的长期债权投资减值准备余额后的金额填列。

（8）“其他流动资产”项目，反映民间非营利组织除以上流动资产项目外的其他流动资产。本项目应当根据有关账户的期末余额分析填列。如果其他流动资产价值较大的，应当在会计报表附注中单独披露其内容和金额。

（9）“长期股权投资”项目，反映民间非营利组织不准备在1年内（含1年）变现的各种股权性质的投资的可收回金额。本项目应当根据“长期股权投资”账户的期末余额，减去“长期投资减值准备”账户的期末余额中长期股权投资减值准备余额后的金额填列。

（10）“长期债权投资”项目，反映民间非营利组织不准备在1年内（含1年）变现的各种债权性质的投资的可收回金额。本项目应当根据“长期债权投资”账户的期末余额，减去“长期投资减值准备”账户的期末余额中长期债权投资减值准备余额，再减去本表“一年内到期的长期债权投资”项目金额后的金额填列。

（11）“固定资产”项目，反映民间非营利组织的各项固定资产的账面价值。本项目应当根据“固定资产”账户的期末余额，减去“累计折旧”账户的期末余额后的金额填列。

（12）“在建工程”项目，反映民间非营利组织期末各项未完工程的实际支出，包括交付安装的设备价值、已耗用的材料、工资和费用支出、预付出包工程的价款等。本项目应当根据“在建工程”账户的期末余额填列。

（13）“文物文化资产”项目，反映民间非营利组织用于展览、教育或研究等目的的历史文物、艺术品以及其他具有文化或者历史价值并作长期或者永久保存的典藏等。本项目应当根据“文物文化资产”账户的期末借方余额填列。

（14）“固定资产清理”项目，反映民间非营利组织因出售、毁损、报废等原因转入清理但尚未清理完毕的固定资产的账面价值，以及固定资产清理过程中发生的清理费用和变价收入等各项金额的差额。本项目应当根据“固定资产清理”账户的期末借方余额填列；如果“固定资产清理”账户期末为贷方余额，则以“－”号填列。

（15）“无形资产”项目，反映民间非营利组织拥有的为开展业务活动、出租给他人或为管理目的而持有的没有实物形态的非货币性长期资产，包括专利权、非专利技术、商标权、著作权、土地使用权等。本项目应当根据“无形资产”账户的期末余额填列。

（16）“受托代理资产”项目，反映民间非营利组织接受委托方委托从事受托代理业务而收到的资产。本项目应当根据“受托代理资产”账户的期末余额填列。如果民间非营利组织的受托代理资产为现金、银行存款或其他货币资金且通过“现金”“银行存款”“其他货币资金”账户核算，还应当加上“现金”“银行存款”“其他货币资金”账户中“受托代理资产”明细账户的期末余额。

（17）“短期借款”项目，反映民间非营利组织向银行或其他金融机构等借入的、尚未偿还的期限在1年以下（含1年）的各种借款。本项目应当根据“短期借款”账户的期末余额填列。

（18）“应付款项”项目，反映民间非营利组织期末应付票据、应付账款和其他应付款等应付未付款项。本项目应当根据“应付票据”“应付账款”“其他应付款”账户的期末余额合计填列。

（19）“应付职工薪酬”项目，反映民间非营利组织应付未付的员工工资。本项目应当根据“应付职工薪酬”账户的期末贷方余额填列；如果“应付职工薪酬”账户期末为借方余额，以“-”号填列。

（20）“应交税费”项目，反映民间非营利组织应交未交的各种税费。本项目应当根据“应交税费”账户的期末贷方余额填列；如果“应交税费”账户期末为借方余额，则以“-”号填列。

（21）“预收账款”项目，反映民间非营利组织向服务和商品购买单位等预收的各种款项。本项目应当根据“预收账款”账户的期末余额填列。

（22）“预提费用”项目，反映民间非营利组织预先提取的已经发生但尚未实际支付的各项费用。本项目应当根据“预提费用”账户的期末贷方余额填列。

（23）“预计负债”项目，反映民间非营利组织对因或有事项所产生的现时义务而确认的负债。本项目应当根据“预计负债”账户的期末贷方金额填列。

（24）“一年内到期的长期负债”项目，反映民间非营利组织承担的将于1年内（含1年）偿还的长期负债。本项目应当根据有关长期负债账户的期末余额中将在1年内（含1年）到期的金额分析填列。

（25）“其他流动负债”项目，反映民间非营利组织除以上流动负债之外的其他流动负债。本项目应当根据有关账户的期末余额填列。如果其他流动负债金额较大的，应当在会计报表附注中单独披露其内容和金额。

（26）“长期借款”项目，反映民间非营利组织向银行或其他金融机构等借入的期限在1年以上（不含1年）的各种借款本息。本项目应当根据“长期借款”账户的期末余额减去其中将于1年内（含1年）到期的长期借款余额后的金额填列。

（27）“长期应付款”项目，反映民间非营利组织承担的各种长期应付款，如融资租入固定资产发生的应付租赁款。本项目应当根据“长期应付款”账户的期末余额减去其中将于1年内（含1年）到期的长期应付款余额后的金额填列。

（28）“其他长期负债”项目，反映民间非营利组织除以上长期负债项目之外的其他长期负债。本项目应当根据有关账户的期末余额减去其中将于1年内（含1年）到期的其他长期负债余额后的金额分析填列。如果其他长期负债金额较大的，应当在会计报表附注中单独披露其内容和金额。

（29）“受托代理负债”项目，反映民间非营利组织因从事受托代理业务、接受受托代理资产而产生的负债。本项目应当根据“受托代理负债”账户的期末余额填列。

（30）“非限定性净资产”项目，反映民间非营利组织拥有的非限定性净资产期末余额。本项目应当根据“非限定性净资产”账户的期末余额填列。

（31）“限定性净资产”项目，反映民间非营利组织拥有的限定性净资产期末余额。本项目应当根据“限定性净资产”账户的期末余额填列。

三、资产负债表编制举例

【例18－1】资料：设兴业会计学会2023年12月初各账户“年初数”“期末数”“本年累计数”见11月份的资产负债表（表18－2）和业务活动表（表18－3）。

表18－2 资产负债表

编制单位：兴业会计学会 2023年11月 单位：元

资产	行次	年初数	期末数	负债和净资产	行次	年初数	期末数
流动资产：				流动负债：			
货币资金	1	200 000	4 440 000	短期借款	61	150 000	150 000
短期投资	2	300 000	300 000	应付款项	62	450 000	450 000
应收款项	3	200 000	200 000	应付职工薪酬	63		
预付账款	4			应交税费	65		
存货	8	300 000	280 000	预收账款	66		
待摊费用	9			预提费用	71		
一年内到期的长期债权投资	15			预计负债	72		
其他流动资产	18		2 000	一年内到期的长期负债	74		
流动资产合计	20	10 000 000	5 222 000	其他流动负债	78		
				流动负债合计	80	600 000	600 000
长期投资：							
长期股权投资	21			长期负债：			
长期债权投资	24			长期借款	81	400 000	400 000
长期投资合计	30			长期应付款	84		
固定资产：				其他长期负债	88		
固定资产原价	31	5 000 000	5 010 000	长期负债合计	90	400 000	400 000
减：累计折旧	32	2 000 000	2 021 000				
固定资产净值	33	3 000 000	3 005 000	受托代理负债：			
在建工程	34			受托代理负债	91		

续表

资　产	行次	年初数	期末数	负债和净资产	行次	年初数	期末数
文物文化资产	35			负债合计	100	1 000 000	1 000 000
固定资产清理	38						
固定资产合计	40	3 000 000	3 005 000				
				净资产：			
无形资产：				非限定性净资产	101	2 000 000	6 207 000
无形资产	41			限定性净资产	105	1 000 000	1 020 000
				净资产合计	110	3 000 000	7 227 000
受托代理资产：							
受托代理资产	51						
资产总计	60	4 000 000	8 227 000	负债和净资产合计	120	4 000 000	8 227 000

表18－3　　　　　　　　**业务活动表**

编制单位：兴业会计学会　　　　　　2023年11月　　　　　　单位：元

项目	行次	本月数			本年累计数		
		非限定性	限定性	合计	非限定性	限定性	合计
一、收入							
其中：捐赠收入	2						
会费收入	2				200 000		200 000
提供服务收入	3				4 800 000		4 800 000
商品销售收入	4						
政府补助收入	5				180 000	50 000	230 000
投资收益	6						
其他收入	9				20 000		20 000
收入合计	11				5 200 000	50 000	5 250 000
二、费用			—			—	
（一）业务活动成本	12		—		700 000	—	700 000
其中：	13		—			—	
	14		—			—	
	15		—			—	
	16		—			—	
（二）管理费用	21		—		320 000	—	320 000
（三）筹资费用	24		—			—	
（四）其他费用	28		—		3 000	—	3 000
费用合计	35		—		1 023 000	—	1 023 000
三、限定性净资产转为非限定性净资产	40				10 000	－10 000	0
四、净资产变动额（若为净资产减少额，以“－”号填列）	45				4 187 000	40 000	4 227 000

12 月份发生的经济业务

（1）收到政府拨入的补助款 200 000 元，用于指定课题的调查，款已到账。

（2）收到培训收入 300 000 元，存入银行。

（3）购入培训用资料 120 000 元，验收入库，款已付。

（4）从仓库领取培训资料 120 000 发放给培训班学员。

（5）以银行存款支付水电费、电话费等 2 000 元。

（6）培训结束，提现支付老师授课费 30 000 元。

（7）本月应付职工薪酬 60 000 元，计入管理费用。

要求：根据 12 月份发生的经济业务，编制会计分录并编制 12 月份的资产负债表。

账务处理：

1. 根据 12 月份发生的经济业务，编制会计分录，并进行月末转账。

（1）借：银行存款	200 000	
贷：政府补助收入——限定性收入		200 000
（2）借：银行存款	300 000	
贷：提供服务收入——非限定性收入		300 000
（3）借：存货	120 000	
贷：银行存款		120 000
（4）借：业务活动成本——提供服务成本	120 000	
贷：存货		120 000
（5）借：管理费用	2 000	
贷：银行存款		2 000
（6）借：现金	30 000	
贷：银行存款		30 000
借：业务活动成本——提供服务成本	30 000	
贷：现金		30 000
（7）借：管理费用	60 000	
贷：应付职工薪酬		60 000
（8）借：政府补助收入——限定性收入	200 000	
贷：限定性净资产		200 000
借：提供服务收入——限定性收入	300 000	
贷：非限定性净资产		300 000
借：非限定性净资产	212 000	
贷：业务活动成本——提供服务成本		150 000
管理费用		62 000

2. 编制 12 月份的资产负债表（见表 18－4）

表 18－4　　　　资产负债表

编制单位：　　　　2023 年 11 月　　　　单位：元

资　产	行次	年初数	期末数	负债和净资产	行次	年初数	期末数
流动资产：				流动负债：			
货币资金	1	200 000	4 788 000	短期借款	61	150 000	150 000
短期投资	2	300 000	300 000	应付款项	62	450 000	450 000
应收款项	3	200 000	200 000	应付职工薪酬	63		60 000
预付账款	4			应交税费	65		
存货	8	300 000	280 000	预收账款	66		
待摊费用	9			预提费用	71		
一年内到期的长期债权投资	15			预计负债	72		
其他流动资产	18		2 000	一年内到期的长期负债	74		
流动资产合计	20	10 000 000	557 000	其他流动负债	78		
				流动负债合计	80	600 000	660 000
长期投资：							
长期股权投资	21			长期负债：			
长期债权投资	24			长期借款	81	400 000	400 000
长期投资合计	30			长期应付款	84		
固定资产：				其他长期负债	88		
固定资产原价	31	5 000 000	5 010 000	长期负债合计	90	400 000	400 000
减：累计折旧	32	2 000 000	2 021 000				
固定资产净值	33	3 000 000	3 005 000	受托代理负债：			
在建工程	34			受托代理负债	91		
文物文化资产	35			负债合计	100	1 000 000	1 060 000
固定资产清理	38						
固定资产合计	40	3 000 000	3 005 000				
				净资产：			
无形资产：				非限定性净资产	101	2 000 000	6 295 000
无形资产	41			限定性净资产	105	1 000 000	1 220 000
				净资产合计	110	3 000 000	7 515 000
受托代理资产：							
受托代理资产	51						
资产总计	60	4 000 000	8 575 000	负债和净资产合计	120	4 000 000	8 575 000

第二节　业务活动表

一、业务活动表编制的含义及格式

业务活动表是反映民间非营利组织在某一会计期间内开展业务活动的实际情况的报表，

也被称为业绩表。该表反映民间非营利组织资金的来源及使用情况，即从哪些途径获得资金，各自是多少，又被用于哪些方面，各方面用了多少，以及本期末可以运用的资金是多少。根据此表可以分析民间非营利组织获得收入的能力和趋势以及未来财务状况的好坏。

业务活动表按收入减费用等于净余额的原理设计，其格式见表 18－5。

表 18－5　　业务活动表

编制单位：　　年　月　　单位：元

项目	行次	本月数			本年累计数		
		非限定性	限定性	合计	非限定性	限定性	合计
一、收入							
其中：捐赠收入	2						
会费收入	2						
提供服务收入	3						
商品销售收入	4						
政府补助收入	5						
投资收益	6						
其他收入	9						
收入合计	11						
二、费用			—			—	
（一）业务活动成本	12		—			—	
其中：	13		—			—	
	14		—			—	
	15		—			—	
	16		—			—	
（二）管理费用	21		—			—	
（三）筹资费用	24		—			—	
（四）其他费用	28		—			—	
费用合计	35		—			—	
三、限定性净资产转为非限定性净资产	40						
四、净资产变动额（若为净资产减少额，以“－”号填列）	45						

二、业务活动表的编制方法

（一）本月数、本年累计数的填列

（1）本表“本月数”栏反映各项目的本月实际发生数；在编制季度、半年度等中期财务会计报告时，应当将本栏改为“本季度数”“本半年度数”等本中期数栏，反映各项目本中期的实际发生数。在提供上年度比较报表时，应当增设可比期间栏目，反映可比期间各项目的实际发生数。如果本年度业务活动表规定的各个项目的名称和内容同上年度不相一致，应对上年度业务活动表各项目的名称和数字按照本年度的规定进行调整，填入本表上年度可比期间栏目内。

（2）“本年累计数”栏反映各项目自年初起至报告期末止的累计实际发生数。

（3）“非限定性”栏反映本期非限定性收入的实际发生数、本期费用的实际发生数和本期由限定性净资产转为非限定性净资产的金额；“限定性”栏反映本期限定性收入的实际发生数和本期由限定性净资产转为非限定性净资产的金额（以“－”号填列）。在提供上年度比较报表项目金额时，限定性和非限定性栏目的金额可以合并填列。

（二）收入、费用、净资产项目的填列

（1）“捐赠收入”项目，反映民间非营利组织接受其他单位或者个人捐赠所取得的收入总额。本项目根据“捐赠收入”账户的发生额填列。

（2）“会费收入”项目，反映民间非营利组织根据章程等的规定向会员收取的会费总额。本项目根据“会费收入”账户的发生额填列。

（3）“提供服务收入”项目，反映民间非营利组织根据章程等的规定向其服务对象提供服务取得的收入总额。本项目根据“提供服务收入”账户的发生额填列。

（4）“商品销售收入”项目，反映民间非营利组织销售商品等所形成的收入总额。本项目根据“商品销售收入”账户的发生额填列。

（5）“政府补助收入”项目，反映民间非营利组织接受政府拨款或者政府机构给予的补助而取得的收入总额。本项目根据“政府补助收入”账户的发生额填列。

（6）“投资收益”项目，反映民间非营利组织以各种方式对外投资所取得的投资净损益。本项目根据“投资收益”账户的贷方发生额填列；如果为借方发生额，则以“－”号填列。

（7）“其他收入”项目，反映民间非营利组织除上述收入项目之外所取得的其他收入总额。本项目根据“其他收入”账户的发生额填列。

上述各项收入项目应当区分“限定性”和“非限定性”分别填列。

（8）“业务活动成本”项目，反映民间非营利组织为了实现其业务活动目标、开展其项目活动或者提供服务所发生的费用。本项目应当根据“业务活动成本”账户的发生额填列。民间非营利组织应当根据其所从事的项目、提供的服务或者开展的业务等具体情况，按照“业务活动成本”账户中各明细账户的发生额，在本表第12行至第21行之间填列业务活动成本的各组成部分。

（9）“管理费用”项目，反映民间非营利组织为组织和管理其业务活动所发生的各项费用总额。本项目根据“管理费用”账户的发生额填列。

（10）“筹资费用”项目，反映民间非营利组织为筹集业务活动所需资金而发生的各项费用总额，包括利息支出（减利息收入）、汇兑损失（减汇兑收益）以及相关手续费等。本项目根据“筹资费用”账户的发生额填列。

（11）“其他费用”项目，反映民间非营利组织除以上费用项目之外发生的其他费用总额。本项目根据有关账户的发生额填列。

（12）“限定性净资产转为非限定性净资产”项目，反映民间非营利组织当期从限定性净资产转入非限定性净资产的金额。本项目根据“限定性净资产”“非限定性净资产”账户的发生额分析填列。

（13）“净资产变动额”项目，反映民间非营利组织当期净资产变动的金额。本项目应当根据本表“收入合计”项目的金额，减去“费用合计”项目的金额，再加上“限定性净资产转为非限定性净资产”项目的金额后填列。

三、业务活动表编制举例

【例 18－2】接【例 18－1】，编制兴业会计学会 12 月份的业务活动情况表（见表 18－6）。

表 18－6　　业务活动表

编制单位：兴业会计学会　　2023 年 11 月　　单位：元

项目	行次	本月数			本年累计数		
		非限定性	限定性	合计	非限定性	限定性	合计
一、收入							
其中：捐赠收入	2						
会费收入	2				200 000		200 000
提供服务收入	3	300 000		300 000	5 100 000		5 100 000
商品销售收入	4						
政府补助收入	5		200 000	200 000	180 000	250 000	430 000
投资收益	6						
其他收入	9				20 000		20 000
收入合计	11	300 000	200 000	500 000	5 500 000	250 000	5 750 000
二、费用			—			—	
（一）业务活动成本	12	150 000	—	150 000	850 000	—	850 000
其中：	13		—			—	
	14		—			—	
	15		—			—	
	16		—			—	
（二）管理费用	21	62 000	—	62 000	382 000	—	382 000
（三）筹资费用	24		—			—	
（四）其他费用	28		—		3 000	—	3 000
费用合计	35	212 000	—	212 000	1 235 000	—	1 235 000
三、限定性净资产转为非限定性净资产	40				10 000	-10 000	0
四、净资产变动额（若为净资产减少额，以“-”号填列）	45	88 000	200 000	288 000	4 275 000	240 000	4 515 000

第三节　现金流量表

一、现金流量表的含义及格式

现金流量表是反映民间非营利组织在某一会计期间内现金和现金等价物流入和流出的信息的报表。

现金流量表的编制基础为现金和现金等价物。现金包括库存现金、可以随时用于支付的银行存款和其他货币资金；现金等价物是指民间非营利组织持有的期限短、流动性较强、易于转换为已知金额现金、价值变动风险很小的投资（除特别指明外，以下所指的现金均包含现金等价物）。每个民间非营利组织当根据自身实际情况划定现金等价物的范围，并保持该标准的一贯性，如果改变划分标准，应当视为会计政策变更，需在会计报表附注中披露。

现金流量表按照业务活动产生的现金流量、投资活动产生的现金流量和筹资活动产生的现金流量等项目反映，每项的现金流量包括流入量和流出量，具体内容见表18－7。

表18－7

项目	行次	金　额
一、业务活动产生的现金流量：		
接受捐赠收到的现金	1	
收取会费收到的现金	2	
提供服务收到的现金	3	
销售商品收到的现金	4	
政府补助收到的现金	5	
收到的其他与业务活动有关的现金	8	
现金流入小计	13	
提供捐赠或者资助支付的现金	14	
支付给员工以及为员工支付的现金	15	
购买商品、接受服务支付的现金	16	
支付的其他与业务活动有关的现金	19	
现金流出小计	23	
业务活动产生的现金流量净额	24	
二、投资活动产生的现金流量：		
收回投资所收到的现金	25	
取得投资收益所收到的现金	26	
处置固定资产和无形资产所收回的现金	27	
收到的其他与投资活动有关的现金	30	
现金流入小计	34	
购建固定资产和无形资产所支付的现金	35	
对外投资所支付的现金	36	
支付的其他与投资活动有关的现金	39	
现金流出小计	43	
投资活动产生的现金流量净额	44	
三、筹资活动产生的现金流量：		
借款所收到的现金	45	
收到的其他与筹资活动有关的现金	48	
现金流入小计	50	
偿还借款所支付的现金	51	
偿付利息所支付的现金	52	
支付的其他与筹资活动有关的现金	55	
现金流出小计	58	
筹资活动产生的现金流量净额	59	
四、汇率变动对现金的影响额	60	
五、现金及现金等价物净增加额	61	

二、现金流量表的编制方法

（1）“接受捐赠收到的现金”项目，反映民间非营利组织接受其他单位或者个人捐赠取得的现金。本项目可以根据“现金”“银行存款”“捐赠收入”等账户的记录分析填列。

（2）“收取会费收到的现金”项目，反映民间非营利组织根据章程等的规定向会员收取会费取得的现金。本项目可以根据“现金”“银行存款”“应收账款”“会费收入”等账户的记录分析填列。

（3）“提供服务收到的现金”项目，反映民间非营利组织根据章程等的规定向其服务对象提供服务取得的现金。本项目可以根据“现金”“银行存款”“应收账款”“应收票据”“预收账款”“提供服务收入”等账户的记录分析填列。

（4）“销售商品收到的现金”项目，反映民间非营利组织销售商品取得的现金。本项目可以根据“现金”“银行存款”“应收账款”“应收票据”“预收账款”“商品销售收入”等账户的记录分析填列。

（5）“政府补助收到的现金”项目，反映民间非营利组织接受政府拨款或者政府机构给予的补助而取得的现金。本项目可以根据“现金”“银行存款”“政府补助收入”等账户的记录分析填列。

（6）“收到的其他与业务活动有关的现金”项目，反映民间非营利组织收到的除以上业务之外的现金。本项目可以根据“现金”“银行存款”“其他应收款”“其他收入”等账户的记录分析填列。

（7）“提供捐赠或者资助支付的现金”项目，反映民间非营利组织向其他单位和个人提供捐赠或者资助支出的现金。本项目可以根据“现金”“银行存款”“业务活动成本”等科目的记录分析填列。

（8）“支付给员工以及为员工支付的现金”项目，反映民间非营利组织开展业务活动支付给员工以及为员工支付的现金。本项目可以根据“现金”“银行存款”“应付职工薪酬”等科目的记录分析填列。

民间非营利组织支付的在建工程人员的工资等，在本表“购建固定资产、无形资产所支付的现金”项目中反映。

（9）“购买商品、接受服务支付的现金”项目，反映民间非营利组织购买商品、接受服务而支付的现金。本项目可以根据“现金”“银行存款”“应付账款”“应付票据”“预付账款”“业务活动成本”等账户的记录分析填列。

（10）“支付的其他与业务活动有关的现金”项目，反映民间非营利组织除上述项目之外支付的其他与业务活动有关的现金。本项目可以根据“现金”“银行存款”“其他应付款”“管理费用”“其他费用”等账户的记录分析填列。

（11）“收回投资所收到的现金”项目，反映民间非营利组织出售、转让或者到期收回除现金等价物之外的短期投资、长期投资而收到的现金。不包括长期投资收回的股利、利息，以及收回的非现金资产。本项目可以根据“现金”“银行存款”“短期投资”“长期股权投资”“长期债权投资”等账户的记录分析填列。

（12）“取得投资收益所收到的现金”项目，反映民间非营利组织因对外投资而取得的现金股利、利息，以及从被投资单位分回利润收到的现金；不包括股票股利。本项目可以根据“现金”“银行存款”“投资收益”等账户的记录分析填列。

（13）“处置固定资产和无形资产所收回的现金”项目，反映民间非营利组织处置固定资产和无形资产所取得的现金，减去为处置这些资产而支付的有关费用之后的净额。由于自然灾害所造成的固定资产等长期资产损失而收到的保险赔款收入，也在本项目反映。本项目可以根据“现金”“银行存款”“固定资产清理”等账户的记录分析填列。

（14）“收到的其他与投资活动有关的现金”项目，反映民间非营利组织除上述各项之外收到的其他与投资活动有关的现金。其他现金流入如果金额较大的，应当单列项目反映。本项目可以根据“现金”“银行存款”等有关账户的记录分析填列。

（15）“购建固定资产和无形资产所支付的现金”项目，反映民间非营利组织购买和建造固定资产，取得无形资产和其他长期资产所支付的现金。不包括为购建固定资产而发生的借款利息资本化的部分，以及融资租入固定资产支付的租赁费。借款利息和融资租入固定资产支付的租赁费，在筹资活动产生的现金流量中反映。本项目可以根据“现金”“银行存款”“固定资产”“无形资产”“在建工程”等账户的记录分析填列。

（16）“对外投资所支付的现金”项目，反映民间非营利组织进行对外投资所支付的现金，包括取得除现金等价物之外的短期投资、长期投资所支付的现金，以及支付的佣金、手续费等附加费用。本项目可以根据“现金”“银行存款”“短期投资”“长期股权投资”“长期债权投资”等账户的记录分析填列。

（17）“支付的其他与投资活动有关的现金”项目，反映民间非营利组织除上述各项之外，支付的其他与投资活动有关的现金。如果其他现金流出金额较大的，应当单列项目反映。本项目可以根据“现金”“银行存款”等有关账户的记录分析填列。

（18）“借款所收到的现金”项目，反映民间非营利组织举借各种短期、长期借款所收到的现金。本项目可以根据“现金”“银行存款”“短期借款”“长期借款”等账户的记录分析填列。

（19）“收到的其他与筹资活动有关的现金”项目，反映民间非营利组织除上述项目之外，收到的其他与筹资活动有关的现金。如果其他现金流入金额较大的，应当单列项目反映。本项目可以根据“现金”“银行存款”等有关账户的记录分析填列。

（20）“偿还借款所支付的现金”项目，反映民间非营利组织以现金偿还债务本金所支付的现金。本项目可以根据“现金”“银行存款”“短期借款”“长期借款”“筹资费用”等账户的记录分析填列。

（21）“偿付利息所支付的现金”项目，反映民间非营利组织实际支付的借款利息、债券利息等。本项目可以根据“现金”“银行存款”“长期借款”“筹资费用”等账户的记录分析填列。

（22）“支付的其他与筹资活动有关的现金”项目，反映民间非营利组织除上述项目之外，支付的其他与筹资活动有关的现金，如融资租入固定资产所支付的租赁费。本项目可以根据“现金”“银行存款”“长期应付款”等有关账户的记录分析填列。

（23）“汇率变动对现金的影响额”项目，反映民间非营利组织外币现金流量及境外所属分支机构的现金流量折算为人民币时，所采用的现金流量发生日的汇率或期初汇率折算的人民币金额与本表“现金及现金等价物净增加额”中外币现金净增加额按期末汇率折算的人民币金额之间的差额。

（24）“现金及现金等价物净增加额”项目，反映民间非营利组织本年度现金及现金等价物变动的金额。本项目应当根据本表“业务活动产生的现金流量净额”“投资活动产生的现金流量净额”“筹资活动产生的现金流量净额”和“汇率变动对现金的影响额”项目的金额合计填列。

三、现金流量表编制举例

【例 18－3】 接【例 18－1】以兴业会计学会 12 月份发生的经济业务为依据，示意现金流量表的编制方法（见表 18－8）。

表 18－8　　**现 金 流 量 表**

编制单位：兴业会计学会　　年度　　单位：元

项目	行次	金　额
一、业务活动产生的现金流量：		
接受捐赠收到的现金	1	
收取会费收到的现金	2	
提供服务收到的现金	3	300 000
销售商品收到的现金	4	
政府补助收到的现金	5	200 000
收到的其他与业务活动有关的现金	8	
现金流入小计	13	500 000
提供捐赠或者资助支付的现金	14	
支付给员工以及为员工支付的现金	15	
购买商品、接受服务支付的现金	16	150 000
支付的其他与业务活动有关的现金	19	2 000
现金流出小计	23	152 000
业务活动产生的现金流量净额	24	348 000
二、投资活动产生的现金流量：		
收回投资所收到的现金	25	
取得投资收益所收到的现金	26	
处置固定资产和无形资产所收回的现金	27	
收到的其他与投资活动有关的现金	30	
现金流入小计	34	
购建固定资产和无形资产所支付的现金	35	
对外投资所支付的现金	36	

续表

项目	行次	金　额
支付的其他与投资活动有关的现金	39	
现金流出小计	43	
投资活动产生的现金流量净额	44	
三、筹资活动产生的现金流量：		
借款所收到的现金	45	
收到的其他与筹资活动有关的现金	48	
现金流入小计	50	
偿还借款所支付的现金	51	
偿付利息所支付的现金	52	
支付的其他与筹资活动有关的现金	55	
现金流出小计	58	
筹资活动产生的现金流量净额	59	
四、汇率变动对现金的影响额	60	
五、现金及现金等价物净增加额	61	348 000

思政园地

京沪高铁全线累计开行列车159.1万列，安全运送旅客16.1亿人次，全线累计行驶里程超过15.8亿千米，是中国客流量最大的高铁线路，采取北斗卫星系统等很多高科技手段确保旅客安全。截至2022年底，京沪高铁会计信息披露的资产总额28 854 504.71万元，负债总额8 126 533.99万元，资产负债率为28.16%，企业需履行偿债义务，这是当代会计学人的责任与担当。

感悟：通过案例了解交通强国发展战略，提升民族自豪感和制度自信。

【复习思考题】

1. 民间非营利组织应编制哪些会计报表？
2. 业务活动表有哪些内容？
3. 现金流量表有哪些内容？